女性・スポーツ大事典

子どもから
大人まで 課題解決に役立つ

編著 ● スタウロウスキー

日本語版監修 ● 宮下充正

監訳 ● 井上則子　山田ゆかり

西村書店

Women and Sport
Continuing a Journey of Liberation and Celebration
Edited by
Ellen J. Staurowsky, EdD.
Drexel University

Copyright © 2016 by Ellen J. Staurowsky
Photographs（interior）: © Human Kinetics, unless otherwise noted
Illustrations : © Human Kinetics, unless otherwise noted

All rights reserved. Except for use in a review, the reproduction or utilization of this work in any form or by any electronic, mechanical, or other means, now known or hereafter invented, including xerography, photocopying, and recording, and in any information storage and retrieval system, is forbidden without the written permission of the publisher.

Japanese edition copyright © 2019 by Nishimura Co., Ltd.
Printed and bound in Japan

日本語版監修者序文

　本書『女性・スポーツ大事典　子どもから大人まで課題解決に役立つ』は、スポーツ科学を専門とする出版社として世界的に有名な Human Kinetics 社から出版されたものである。13 名の専門家たちが資料をきめ細かに当たって、系統的にわかりやすくまとめられており、第 1 部「女性スポーツの過去と現在をつなぐ」、第 2 部「強い女性たち、子どもも大人も」、第 3 部「女性、スポーツ、そして社会的立場」、第 4 部「スポーツ産業界の女性たち」からなっている。

　たとえば、第 1 部の「タイトル IX、そしてその先へ」では、教育における性差別を禁止する法律"タイトル IX"を取り上げ、その制定後も、教育機関におけるスポーツ活動における性差別を撤廃させるまでには、いくつかの法廷闘争を含めて、長い年月を要したことなどが記述されている。さらに、第 2 部では「あらゆる世代の女性のスポーツ参加の恩恵とリスク」「生理学と女性アスリート」、第 3 部では「女性のスポーツと加齢」「障がいをもつ女性とスポーツ」、第 4 部では「女性スポーツの商品化とマーケティング」「宗教と政治が女性スポーツに与える影響」などの話題を扱っている。

　監修者である筆者は、女性とスポーツに関連して、平成のはじめから「女性のスポーツ生理学」、「女性のライフステージからみた身体運動と健康」、「女性アスリート・コーチングブック」の 3 冊を監修し、本書は 4 冊目となる。平成の 30 年間、わが国の女性のスポーツ界での活躍は目を見張るばかりであった。そればかりか、ふつうの女性がスポーツへ参加する人数の増加も著しい。しかし、依然として女性が不当に扱われることがある。わが国では、セクシュアルハラスメントといった事件を除いて、女性のスポーツ活動参加に対しての差別は社会的な問題とはならなかった。本書では、そういったさまざまな面にも行き届いた内容が網羅されていて、わが国のスポーツ指導者には読んでもらいたい本である。また、増え続けているスポーツ・健康科学専攻の学生にとって将来、必ず役立つ本として推薦したい。

宮下　充正

翻訳者一覧

●日本語版監修

宮下充正　　　　　　　　東京大学名誉教授、学校法人日本教育財団首都医校 校長

●監訳

井上則子　　　　　　　　津田塾大学 学芸学部 教授

山田ゆかり　　　　　　　一般社団法人飛騨シューレ 代表理事

　　　　　　　　　　　　津田塾大学 学芸学部 非常勤講師

●翻訳　　　・五十音順。　・＊は翻訳担当章を表す。

井上則子　　　　　　　　津田塾大学 学芸学部 教授　　　＊第3章、第4章、終章

薄井澄誉子　　　　　　　早稲田大学 スポーツ科学学術院 講師　　＊第5章、第8章

岡　伊織　　　　　　　　津田塾大学 ウェルネス・センター 非常勤カウンセラー　　＊第10章

國寶真美　　　　　　　　成城大学 社会イノベーション学部 専任講師　　＊第1章

ソリドーワル　マーヤ　　津田塾大学 学芸学部 講師　　＊第6章、第15章

田中　愛　　　　　　　　武蔵大学 人文学部 准教授　　＊第2章

谷野悦代　　　　　　　　津田塾大学 学芸学部 非常勤講師　　＊第14章

辻元早苗　　　　　　　　津田塾大学 学芸学部 非常勤講師　　＊第13章

針ヶ谷雅子　　　　　　　明治大学 経営学部 兼任講師　　＊第12章

山田ゆかり　　　　　　　一般社団法人飛騨シューレ 代表理事

　　　　　　　　　　　　津田塾大学 学芸学部 非常勤講師

　　　　　　　　　　　　＊はじめに、序文、序章、第9章、第11章、第13章、第15章

吉村麻奈美　　　　　　　津田塾大学 学芸学部 准教授　　＊第7章

●翻訳協力者　　　・五十音順。

石田理恵、石原みき子、川井孝子、河村多恵子、黒江晶子、後藤礼圭、笹川あゆみ、
佐々木奈央、佐藤和枝、高木泉、谷口玲子、立花英里、長田直美、中村千秋、三ツ矢孝子、
山本知佳子

はじめに

> 「アメリカという国は、国民がもっている才能の半分しか使わなかったがゆえに、四苦八苦して成功を収めてきた。歴史上ほとんどの場合、女性は才能があっても、サイドラインに追いやられていたのだ」
>
> ──ウォーレン・バフェット Warren Buffett（億万長者の投資家、『フォーチュン』誌2013年5月2日号）

　私は絶対にサイドラインという位置に甘んじたくはなかった。フィールドやコートで起きていることに、強く引き込まれずにはいられなかった。私は自分のボールを手に、ベースライン、一塁、あるいはフリースローラインにいたかったのだ。ユースの頃からプロ選手になるまで、スポーツで競う機会があったおかげで、私は経歴を積むことができ、精神力を育み、当時まだはっきりとしていなかったが、男社会であるスポーツ業界において草分けとなるために必要な自信を得ることができた。

　ボール、試合、フィールド、そしてコートで培われたパワーは極めて強力であり、いかに戦うか、あるいは、いかに勝つか、ということはもとより、リーダーシップ、チームワーク、勤勉、忍耐を学ぶための手段になる。これらすべてはこれまで、男性たちが得ていたスポーツの恩恵を受けてこなかった女の子たちや若い女性たちの才能の開発になくてはならない教訓になるのだ。

　女性は、アスリートとしてもファンとしても、また、管理者、企業人、消費者としても、全面的にスポーツに関わる価値ある参加者として男性に比べ劣っているわけではない。このことを証明するという重大な使命を、私は、強い女性を象徴するブランド、WNBA（ウィメンズ・ナショナル・バスケットボール・アソシエーション）の会長になって初めてはっきりと自覚した。まずカルチャーショックから回復する必要があった。予期していてしかるべきだったのだが、国際的な男子プロゴルフツアーの頂点として高く評価され潤沢な資金をもつPGAツアーを去り、その重要性にもかかわらず軽視されがちだったWNBAの会長となったとき、本当にこれほどの格差があるとは思っていなかったのだ。10億ドル規模のビジネスの交渉をしていた私が、数ドルの寄付をお願いする電話をかけるようになった、とよく冗談を言ったものだ。それは私の偽らざる本音だったし、今も同じだ。もう1つ、明らかな事例がある。女子サッカーのアメリカ代表チームが2015年のワールドカップで勝ち進み、優勝して世界を沸かせたとき、テレビ放映は記録的な高視聴率を達成し、NBA（ナショナル・バスケットボール・アソシエーション）の決勝を超えることさえあった。女性が主役のゲームに対する大きな関心が十分に証明されたわけだ。にもかかわらず、FIFA（国際サッカー連盟）の賞金配分とし

v

て女性が受け取った手当は、前年の男性が受け取った額に比べると雀の涙ほどだった。

　そろそろ女性の視点から見た、スポーツ界の包括的な影響や範囲を思慮深く徹底的に研究した成果が出てもよいころだ。これまでは、女性による女性についての研究や項目や話が不足しているため、それまで積み重ねていたリソースに重大な抜けがあった。だが、ありがたいことに、ドレクセル大学のスポーツマネージメント研究を専門とする教授、エレン・スタウロウスキー（Ellen Staurowsky）博士の手により、学術的でありながらも読者の意欲を引き出すような本書がようやく出版される運びとなった。博士はカレッジスポーツ分野に精通した研究者であるだけでなく、実績のある著名な教員でもある。男女を問わず、大学代表チームのコーチや大学のスポーツ局長を歴任し、ジェンダーエクイティについての専門家として数えきれないほどのキャリアをもつ博士であればこそ、本書の広範囲にわたる内容を一貫性をもってまとめ上げることが可能となった。経験豊かで博学な執筆者たちの協力を得て、スタウロウスキー博士は、深遠で豊かな内容を精選した。これは、まさに変革のための試金石であり、その洞察と新しい視点はスポーツ界にとってとても有益だろう。女性とスポーツの接点を包括的に扱った本書では、歴史の流れの中で、女性がスポーツとどう関わってきたかを解説するにとどまらず、さらにその経緯や、障壁とメリット、メディア、リーダーシップ、ビジネス等の諸問題についても考察している。

　本書は、女性アスリートたちがたどってきた解放から称賛への長く、そして今もなお続く道のりの結実である。女であれ男であれ、スポーツ業界で能う限りの成功を収めたいと願うすべての人々にとって、「女性とスポーツ」の全貌をより深く理解することは不可欠である。スポーツ業界に身を置きたい男性は、本書に書かれていることを無視すれば、自分が危険に曝されることを警告したい。変わりゆく世界で、人々は多様化し続ける。そうした世界では成功の評価基準は、消費者基盤のそれを手本とするリーダーシップ層との結びつきをますます強めている。そしてその消費者基盤では、女性が購買決定の85％以上に影響を与えている、もしくは自身で行っている。それを考えると、ジェンダーエクイティがビジネスにもたらす様々な価値を尊重することが、生死を分けるほどの重要性を帯びてくる。

　本書は、スポーツをする女性たちの行動力や底力、影響力や成長ぶり、粘り強さに関する現在進行中の物語でもある。執筆者たちがすばらしい仕事をしてくれたおかげで、「女性とスポーツ」の出発点を描くだけでなく、女性たちが思い切って立ち上がるきっかけとなるような本に仕上がった。これは、まさに今現在起こっている、アクションアドベンチャーでもある。女性とスポーツについて知るという礎を与えてくださったスタウロウスキー博士に感謝します。

　さぁ、みなさん、ページを開きましょう！

ドナ・オレンダー（Donna Orender）

はじめに

　ドナ・オレンダー氏はオレンダー・アンリミテッド社の CEO。同社は企業（既存企業かスタートアップ企業かを問わず）向けに、革新的な販売、マーケティング、メディア、および多様性戦略を導入してその成長と繁栄を支援することに注力している。同氏は、女性リーダーシップのプラットフォームである Generation W の創設者でもある。このプラットフォームは、すべての世代の女性たちが声を上げられる場として支え合う上で、大きな貢献をした。6 年にわたり WNBA の会長を務めた他、PGA ツアーのコミッショナー室にてシニア・バイス・プレジデントとして戦略開発を担当した。また、女子プロバスケットボールリーグ（WBL）で 3 年間プレイしたことがあり、オールスターゲームに出場して、いくつかの殿堂入りも果たしている。スポーツ界で最も影響力のある女性 10 人のうちのひとりとして認識されており、マーチ・オブ・ダイムス・スポーツ・リーダーシップ賞を受賞している。現在は、Solera Capital の営業担当エグゼクティブとして勤務すると同時に、PowerIce、Vardama Inc. および Gudpod の役員も務めている。オレンダー氏は社会に恩返しをするという強い信念のもと、誇りをもって UJA Sports for Youth Initiative の共同議長および Maccabi USA の副会長を務める他、Monique Burr Foundation for Children、V Foundation for Cancer Research、Jacksonville Public Education Foundation、Brooks College of Health、そしてメンターの組織である W. O. M. E. N. の役員として名を連ねている。

序文

　ここに、1936年オリンピック・ベルリン大会で撮影された写真がある。アスリートが2人並んで座っている。にこやかな表情だけでなく、競技の合間に談笑している2人の、いかにも気心の知れた友人という様子が興味深い。世界中からやってきた陸上選手が集うオリンピックスタジアムで、世界記録で金メダルを獲得し、母国に栄光をもたらした2人のトップランナーが、くつろいだ雰囲気で、友だちとして、同輩かつチームメイト、そしてアメリカ人同士として、親密な時間を共に過ごしている。2人の服装はまったく同じで、「USA」のロゴ・トレーナーを着、首にはタオルを巻き、スウェットパンツにスパイクを履いている。フレームで切り取られたこの小さな世界では、2人はあらゆる点で平等であることが示唆される。

　写真が撮られたその瞬間、2人はお互いに平等であり、またオリンピックスタジアムの中にいる誰とでも平等だったはずだ。しかし、開催国のドイツではナチスが白人アスリートの人種的優越性を誇示しようとする中、このオリンピックでは、政治的・イデオロギー的な世界観についての闘いが目立たざるをえなかった。だからこそ、写真を見る私たちは、100 m走、200 m走、走幅跳、400 mリレーで金メダルを勝ち取り、50年近くも破られない記録を打ち立てた（アフリカ系アメリカ人の）ジェシー・オーエンス（Jesse Owens）の偉業に改めて感銘を受けるのだ。彼は国民的なヒーローになったとはいえ、アメリカではまだ人種差別の問題は解決されていなかった。国外で国の名声を高めたオーエンスも、国内では二流市民としかみなされなかったのだ。オリンピック後に

1936年オリンピック・ベルリン大会にて、ランナーのヘレン・スティーヴンスとジェシー・オーエンス。

語ったオーエンス本人の痛烈なコメントがある。「意義のある闘いは、金メダルを取るためのものではない。」(Spence, 2009)。

スポーツは、しばしば、人種、民族、宗教、セクシュアリティ、ジェンダーに関わる社会的闘争が、明白かつ公然と、そして微妙かつ私的に表れる場であり続けている。前述の写真に写った女性はヘレン・スティーヴンス (Helen Stephens) だが、彼女の運命を考えてみると、時にこのような苦闘がいかに表沙汰にならないものであったかがわかる。スティーヴンスは、当時オーエンスと同じくらい有名だったが、今日その名前を聞いたことのある人はどれほどいるだろうか？　スポーツ記者たちは、スプリンターとしてのその驚くべき速さから、彼女に「ミズーリ急行」や「フルトンフラッシュ」などのニックネームをつけたほどだった。1936 年のオリンピック・ベルリン大会でスティーヴンスが出した 100 m 走の記録は、その後 24 年間にわたり、塗り替えられることがなかった。しかし、スポーツ界のリーダーとしてのスティーヴンスは、ニックネーム通りの一瞬のフラッシュではなかった。短距離走だけでなく走幅跳と円盤投でも次々と記録を出し、幅広い才能を示したのだ。1938 年には、女性で初めてセミプロのバスケットボールチームを創設し、オーナー兼ヘッドコーチとなったこのヘレン・スティーヴンスという偉大な女性を知る人がほとんどいないのはなぜだろう。

その理由は、スティーヴンスがオリンピックの活躍で新聞を賑わしてから 1 年後の 1937 年 11 月、『クリーブランド・プレーン・ディーラー』紙のスポーツ欄に答えが見つかる。それは、「スポーツでは女性らしい体型が台無し、と語る」という見出しの記事で、記者のボブ・コンシディン (Bob Considine) が、女性の身体文化専門家とされるミス・レベッカ・ディーン (Miss Rebecca Dean) の意見について書いたものだ。ディーンは「筋肉派反対キャンペーン」を繰り広げ、女の子が行ってよいスポーツは水泳とゴルフだけだと主張し、当時、彼女たちの世代で最も偉大な女性アスリートだったベイブ・ディドリクソン (Babe Didrikson) やヘレン・スティーヴンスを例に挙げ、スポーツの荒々しさが、アメリカ人女性の女らしさ、結婚の可否、子どもを産む能力に影響している、激烈なスポーツに女性が参加することに反対するのが自分の生涯の使命だ、としていた。ちなみに、ボブ・コンシディンがこの記事を書いたとき、ディドリクソンもスティーヴンスも結婚していなかった。

アメリカ文化において、平等の実現が一筋縄ではいかないことと、偉大な女性アスリートがどのような体験をしているのかを考えることは、女性アスリートの競技成果を称賛し、子どもから大人まで女性の一生におけるスポーツの重要性を理解することにおいてアメリカ社会がどれほど躍進を遂げたかを真に評価するための出発点になる。同時に、今日においてもなお、女性アスリートは、メディアでの取り上げられ方、適切なトレーニングレベルと安全なテクニック、スポーツ参加にあたっての障壁にまつわる議論に見られるように、また、相変わらず二流市民であることをさりげなく感じさせられて

いることからも、難度の高い綱渡り状態を続けている（第1章、第2章参照）。本書は、アメリカにおける女性スポーツの歴史を紐解くものではないが、女性アスリートであることや女性がスポーツ業界で働くことが何を意味するのかについて、現在の世論を形成してきた出来事や人々の信念・態度をヒントに考察している。過去の影響を認識することによって、今日の差し迫った課題をより深く理解することができる。

　アメリカ国内では少年少女が共に学び、男性と女性が職場で机を並べ、リトルリーグ、『フォーチュン』誌が選んだ500社、プロサッカーリーグ、アメリカ合衆国下院といった様々な組織において男女が平等にその長を務めることが、教育・経済・政治の世界においてはすっかり当たり前のことと思われるようになってきた。しかし、スポーツの世界では大部分が男女別のままである。結果として、あのヘレン・スティーヴンスの輝かしい業績を国民全体の記憶から消してしまうことを許す力が、今もなお存続している。これは、ブリトニー・グリナー（Brittney Griner）のような女性アスリートにまつわる疑念という形で表出している。グリナーはベイラー大学のバスケットボールチームでキャリアを積んでいた間、彼女がより強くなり力をつけるにつれ、そのセクシュアリティと気質がたびたび疑問視されたのだ。また、それぞれの世代はそのとき共通に体験した出来事や話題になった人物からその世代としての記憶を引き継ぐものの、男性のスーパースターのほうが女性のスーパースターよりはるかに長期にわたって記憶されるという事実に変わりはない。ブリトニー・グリナーは、女性のバスケットボール選手として、おそらく史上最も偉大な選手のひとりに数えられるが、あと20年経てば、ヘレン・スティーヴンスと同様、アメリカ国民から忘れ去られてしまうのだろうか？　その答えはまだ出ていないが、それが何を意味するかを私たちは知っている。このようなすばらしい女性たちがスポーツ史から消されてしまえば、数世代にわたり男女共にその才能の可能性を思い描く機会を奪われ、女性は生涯にわたり潜在能力を発揮できる機会を奪われることになる。先ほどの疑問をもとに、女性アスリートたちが夢と決意を達成するためのサポート体制を構築する方法や女性の成功を阻む障壁について探っていきたい。本書では、プレーするためのフィールド、グランドだけでなく、チーム経営側の立場を勝ち取り、大いなる未来に向かって地歩を固めていく女性に焦点をあてながら、女性解放としてのスポーツと、称賛されるものとしてのスポーツとの結びつきを考察する。

執筆者一覧

編著者

エレン・J・スタウロウスキー
（Ellen J. Staurowsky, EdD）

ドレクセル大学スポーツマネジメント学部教授。カレッジスポーツビジネス、カレッジアスリートの権利、タイトルIXとジェンダーエクイティの権威として名高い。これまで数多くの国内メディアに取り上げられ、歴史的なオバノン訴訟では証人を務めた。実践家と学者の両方で30年を超える経験を積み、数々の大学で大学対抗競技スポーツディレクターを、フィールドホッケー、女子ラクロス、男子サッカーでは大学対抗レベルでコーチを務めた。2011年にドレクセル大学に赴任する前はイサカカレッジの教授。同校には20年近く勤めた。女性とスポーツ、スポーツにおけるジェンダー問題、タイトルIXの法的基盤、スポーツの社会学、などの講義を受けもっている。College Sport Research Institute 諮問委員、アーサイナスカレッジ評議員の他、様々な職能団体に所属し、かつて北米スポーツ社会学会（NASSS）の会長を務めたこともある。著作は共著者として *College Athletes for Hire：The Evolution and Legacy of the NCAA'S Amateur Myth*、筆頭著者として *Big-Time College Athletes, Labor, and the Academy*（刊行予定）。（第1～4、8、10、12、13章、終章）

執筆者

ドゥンジャ・アントゥノヴィッチ（Dunja Antunovic, PhD）
ブラッドリー大学のスポーツコミュニケーション専門特別認可学校准教授。女性アスリートの表象、ジャーナリズムにおける女性の地位、女性ファンなど、スポーツメディアにおけるジェンダー問題を中心に研究を行う。以前 *New Media & Society*、*International Review for the Sociology of Sport* に寄稿していた。ペンシルベニア州立大学で PhD（マスコミュニケーション）を取得、副専攻は女性学。（第11章）

アキラ・カーター・フランシク（Akilah Carter-Francique, PhD）

テキサスＡ＆Ｍ大学健康・運動学部（スポーツマネジメント）准教授。主な助成金を受けた研究、指導、業務においては、過去および現在のスポーツおよび身体活動参加者の経験、教育機関（K-20）における黒人男女学生、スタッフの経験、有色人種女性の健康とウェルビーイングに重点的に取り組んでいる。カレッジアスリートおよびスポーツアドミニストレーターとしての経験があることから、現在の多様性と社会的公正、参加と表出、場と機会の問題が仕事を方向づけている。スポーツと身体活動における女性と有色人種の経験について共著書と雑誌寄稿が多数ある。北米スポーツ社会学会（NASSS）の執行委員、*Journal of Issues in Intercollegiate Athletics* の編集委員。女性の黒人カレッジアスリート間のつながりを育てる正課併行リーダーシップ開発プログラムである Sista to Sista の共同設立者であり、監督を務めている。**(第 6 章)**

デイナ・B・ダニエルズ（Dayna B. Daniels）

リースブリッジ大学（カナダ、アルバータ州）名誉教授（女性、ジェンダー、キネシオロジー研究）。生涯を通じて多くのスポーツと身体活動を行い、コーチやアドミニストレーターを担う他、ボランティアとしても活動する。女性が生涯にわたってスポーツや身体活動に関われる機会をすべての側面において改善することに専念してきた。著作に *Polygendered and Ponytailed : The Dilemma of Femininity and the Female Athlete* がある。**(序章)**

コリーン・ファルネティ（Corinne Farneti, PhD）

マウントセントメリーズ大学准教授(スポーツマネジメント)。スポーツにおける人事、メディア表出のジェンダー、ファンタジースポーツ（シミュレーションゲーム）、チーム力学の分野で出版および全米各地でプレゼンテーションをしている。現在の研究の関心は NCAA（全米大学スポーツ協会）規則、コミュニティレクリエーションの社会資本など。イサカカレッジで学士号、ジョージア大学で修士号、オハイオ州立大学で博士号取得。**(第 14 章)**

マリー・ハーディン（Marie Hardin, PhD）

ペンシルベニア州立大学コミュニケーション学部教授(ジャーナリズム)、学部長。コミュニケーションおよびスポーツ関連のジャーナルに発表した研究は、主としてスポーツメディアの職場におけるジェンダー問題を扱っている。2005 年から 2014 年までペンシルベニア州の John Curley Center for Sports Journalism 副所長、現在は 2014 *Routledge Handbook of Sport and New Media* 共同編集者。**(第 11 章)**

執筆者一覧

マリー・A・ハム（Mary A. Hums, PhD）

ルイスビル大学教授（スポーツマネジメント）。オハイオ州立大学で PhD（スポーツマネジメント）、アイオワ大学で MA（スポーツアドミニストレーション）および MBA、ノートルダム大学で BBA（マネジメント）取得。2009 年 North American Society for Sport Management より、同組織の学術栄誉として最も名高い Earle F. Zeigler 講師に選ばれる。2014 年には同組織より Diversity Award（ダイバーシティ賞）を授与された。2008 年，ベルギーのルーヴェン・カトリック大学でエラスムス・ムンドゥス客員国際教授。2006 年にはアメリカオリンピック委員会により選出されてギリシャのオリンピアで開催された国際オリンピックアカデミー教育者セッションにアメリカ代表として参加している。1996 年の夏季パラリンピック・アトランタ大会、2002 年冬季パラリンピック・ソルトレークシティ大会、2010 年冬季パラリンピック・バンクーバー大会、2015 年トロントのパラパンアメリカン競技大会にボランティアとして参加。2004 年にはギリシャのアテネに住んで、オリンピック（ソフトボール）とパラリンピック（ゴールボール）両方の競技運営に関わった。(第 9 章)

ヴィッキー・クレーン（Vikki Krane, PhD）

ボーリンググリーン大学人間動作、スポーツ、余暇研究学部（専門教授法）教授。同校では提携教授会員として女性、ジェンダー、セクシュアリティ、アメリカ文化の諸研究プログラムにも関わる。教員、学者として、スポーツ心理学、スポーツにおけるジェンダーとセクシュアリティを重視している。*The Sport Psychologist*、*Women in Sport and Physical Activity Journal* の編集者を務め、現在は *The Sport Psychologist*、*Psychology of Sport and Exercise* 誌の編集委員。国際応用スポーツ心理学会（AASP）認定のコンサルタント。ナショナル・アカデミー・オブ・キネシオロジーおよび AASP フェロー。デニソン大学で学士号、アリゾナ大学で修士号、ノースカロライナ大学（グリーンズボロ）で博士号取得。(第 7 章)

ジャクリーン・マクドウェル（Jacqueline McDowell, PhD）

ジョージメイソン大学余暇、保健、観光学部准教授。スポーツマネジメントに着目した運動学でテキサス A＆M 大学で PhD 取得。スポーツと余暇関連組織における多様性とインクルージョンが研究テーマで、なかでも参加を阻む障害を取り除くために実施可能な戦略とプログラムの調査開発に着目している。最近は健康リスク低減におけるスポーツとスポーツプログラムの効用についての研究を進めている。(第 6 章)

xiii

キャロル・オグレスビー（Carole Oglesby, PhD）
40年あまり教授職にあり、パデュ大学で1969年（運動学）、テンプル大学で1999年（カウンセリング）にPhD取得。スポーツにおけるジェンダー学および女性学、そしてスポーツ生理学の2つの領域の成長発展が学者としての専門。National Association of Girls and Women in Sport、女性スポーツ財団（WSF）、女子スポーツインターナショナル（WSI）、国際応用スポーツ心理学会（AASP）、国際女性スポーツワーキンググループ（IWG）で要職を務めてきている。**(第15章)**

シャロン・フィリップス（Sharon Phillips, PhD）
ホフストラ大学准教授(専門教育プログラム)。ロングアイランド在住。ロングアイランド以前は外国在住でニュージーランドのワイカト大学のスポーツとレジャー学部で講師を務めた。体育に対する学生の態度、体育教育における指導と学習に重点を置いて研究を行っている。公立校教師時代に体育教員としての高い能力を評価され、Teacher of the Yearを受賞したのがキャリアのハイライトの1つ。キャリア外では、自身の母と兄を記念するChristopher and Susan Phillips Foundation（クリストファー・アンド・スーザン・フィリップス基金）を設立して奨学金資金を集めている。**(第5章)**

ケイティ・セル（Katie Sell, PhD, CSCS*D, TSAC-F, ACSM EP-C）
ホフストラ大学准教授。保健専門職学部で学部生の運動科学プログラムをコーディネートしている。運動生理学、体力測定、研究解釈を学部生・院生に講義する。原野火災専門消防士とカレッジアスリートの体力測定が主たる研究。NSCA（全米ストレングス＆コンディショニングス協会）Tactical Strength and Conditioning SIG Executive Councilにて戦略アスリート（軍事要員、消防士、法執行機関、緊急時ファースト・レスポンダー）の体力トレーニングに関する情報周知に携わる。**(第5章)**

モウリーン・スミス（Maureen Smith, PhD）
カリフォルニア州立大学サクラメント校キネシオロジーおよび健康科学部教授（スポーツ史とスポーツ社会学）。北米スポーツ史学会元会長であり、現在はNASSS（北米スポーツ社会学会）およびWestern Society for the Physical Education of College Womenで積極的に活動。ISHPES(国際体育・スポーツ史学会）に10年あまり所属し、同評議員を7年務めた後部長に選出された。ナショナル・アカデミー・オブ・キネシオロジーフェロー。*Journal of Sport History*、*International Journal of the History of Sport*、*Journal of Sport and Social Issues*に加えて多くのedited collection（https://en.wikipedia.org/wiki/Edited_volume）でも成果を発表している。オリンピック、パラリンピック参加のジェンダー側面、第二次世界大戦後のアメリカの人種問題、スポーツ像、メディアとスポーツなど幅広い関心をもつ。オハイオ州立大学でPhD取得（スポーツ文化研究）。**(第12章)**

目　次

日本語版監修者序文　iii
翻訳者一覧　iv
はじめに　v
序　文　viii
執筆者一覧　xi

序章　女性アスリートになる ……………………………………………………… xx

21 世紀の女性アスリートであること ……………………………………… xxi
女性と男性の違いに関する社会的通念と通説 ……………………………… xxiii
社会における女性らしさの構成概念 ………………………………………… xxix
現代のロールモデルの重要性 ………………………………………………… xxxi
人は様々な社会的構成概念の中で生きている …………………………… xxxiv
スポーツ団体における組織的障壁 ………………………………………… xxxvi

第 1 部　女性スポーツの過去と現在をつなぐ　　1

第 1 章　歴史のレンズを通して見た女性スポーツ ……………………………… 3

1800 年代後半の女性の教育 …………………………………………………… 7
女性の愁訴と、女性は弱いとする根拠のない科学 ………………………… 10
女性の体育教育と美しいが弱い性 …………………………………………… 12

第 2 章　タイトル IX、そしてその先へ　公民権と女性運動が
女性スポーツに与えた影響 ……………………………………………… 19

タイトル IX の背景にある物語 ……………………………………………… 22
タイトル IX の法制定の経緯の概要 ………………………………………… 24
タイトル IX 以降のスポーツプログラムの発展 …………………………… 29
タイトル IX について知っておくべきこと ………………………………… 30

xv

タイトル IX の今後 ································· 34

第3章　21世紀の女性スポーツ ···················· 37

子どもから大人までの女性のスポーツ参加：基礎データの変化 ········· 40
女性アスリートのパラドックスの概念 ····················· 42
女性アスリート"戦士"のパラドックス ···················· 43
自分が強いことに対して申し訳ないという気持ちをもってしまう
　強靭な女性アスリートのパラドックス ··················· 49
女らしさと男らしさのパラドックス ····················· 50
パラドックスを超越する：釈明しない女性アスリート ············· 51
「分離すれども平等に」は女性アスリートに影響を与える
　パラドックスを取り除くのか？　それとも強化するのか？ ········· 53

第2部　強い女性たち、子どもも大人も　　57

第4章　あらゆる世代の女性のスポーツ参加の恩恵とリスク ····· 59

学業上の経歴とスポーツ参加 ························· 63
女性のスポーツ参加が身体的健康に及ぼす恩恵 ················ 64
女性アスリート、メンタルタフネス、精神的な落ち込み ··········· 65
女性アスリートと物質使用と乱用 ······················ 69
女性アスリートと性的リスク回避 ······················ 73
女性アスリートの三主徴：摂食障害、無月経、骨粗しょう症 ········· 75
女性アスリートと傷害 ···························· 77

第5章　生理学と女性アスリート：生物としての宿命なのか？ ······ 81

思春期前の男女のトレーニングの違い ···················· 83
思春期における男女の身体能力向上の違い ·················· 84
早熟が運動能力に及ぼす影響 ························· 85
月経とスポーツパフォーマンス ······················· 87
思春期後の身体の違いと運動能力の変動 ··················· 90
女性アスリートへのトレーニングの影響 ··················· 92
生理学的相違と傷害リスク ·························· 98

目次

女性、メディア、女性像について ……………………………………… 100

第3部　女性、スポーツ、そして社会的立場　　　103

第6章　有色人種女性アスリートの経験 …………………… 105

周辺で生きる有色人種女性 ……………………………………………… 110
アメリカにおける有色人種女性のスポーツ経験 …………………… 112
有色人種女性の前向きなスポーツ経験をつくる ……………………… 124

第7章　性自認と性指向　スポーツにおけるインクルージョンと偏見 ………… 129

トランスジェンダーのユーススポーツ参加者 ……………………… 131
思春期後、および成人のトランスジェンダーアスリート ………… 133
性指向と女性スポーツ …………………………………………………… 136
異性愛規範、同性愛否定主義、およびトランスジェンダー否定主義の
　必然的結果 …………………………………………………………… 140
スポーツ界の風潮を受け入れ、肯定すること ……………………… 142

第8章　女性のスポーツと加齢 …………………………… 147

女性、加齢、そしてアメリカにおけるスポーツ人口の傾向 …………… 151
文化、加齢、および高齢女性 ………………………………………… 153
高齢女性の競技スポーツへの参加機会 ……………………………… 155
高齢女性がスポーツに参加するメリット …………………………… 157
スポーツを続けて上手に歳をとる …………………………………… 157
高齢女性のスポーツ参加に立ちはだかる障壁 ……………………… 158

第9章　障がいをもつ女性とスポーツ …………………… 163

障がい者スポーツの歴史 ……………………………………………… 165
障がいをもつ女性アスリートの参加 ………………………………… 165
アクセスツールとしての法制度 ……………………………………… 171
障がい者スポーツ界における女性リーダーたち …………………… 176

障がいをもつすべての世代の女性たちの、
スポーツ現場における将来像 178

第 10 章 女性、スポーツ、性暴力 181
スポーツに関わるすべての世代の女性における性的被害のまん延 184
コーチ―アスリート関係における境界線の曖昧さ 188
法的手段 192
教育と防止プログラム 195

第 4 部 スポーツ産業界の女性たち   199

第 11 章 女性、メディア、そしてスポーツ 201
スポーツメディアにおける女性たちの歴史 204
スポーツメディアにおける女性たちの挑戦 207
類似点：女性アスリートと、その報道をする女性 211
女性アスリートとメディア 213

第 12 章 スポーツ組織・団体における女性リーダー 219
スポーツ関連の職場におけるジェンダー問題を概括する 222
スポーツ組織・団体：プロスポーツの分野 225
スポーツ組織・団体で働く女性は不足している 231
スポーツ界の女性幹部たちの物語の意義 234

第 13 章 高校スポーツ・カレッジスポーツに関連する
職場における女性リーダー 237
高校スポーツ・カレッジスポーツに関連する職場の性別志向 241
学校スポーツという環境で女性が就ける仕事 244
高校スポーツ・カレッジスポーツに関連する職場における女性の進出 246
学校スポーツに関連する職場における女性の雇用、定着、昇進 248
高校スポーツ・カレッジスポーツに関連する職場における女性の将来 255

目 次

第14章 女性スポーツの商品化とマーケティング ················· 259

消費者そしてファンとしての女性 ····························· 261

女性消費者をターゲットとする商品とスポーツ用品 ··········· 262

女性スポーツにおけるマーケティングへのアプローチ ········· 265

女性スポーツを売り込む努力 ······························· 269

スポーツのマーケティング戦略 ····························· 273

女性スポーツマーケットにおける機会の逸失 ················· 280

第15章 宗教と政治が女性スポーツに与える影響 ··············· 283

スポーツガバナンスの女性における宗教、慣習、力関係 ······· 285

スポーツにおけるジェンダー・ポリティクスの変容 ··········· 287

組織を知ること ··· 292

オリンピック・ムーブメントの根本原則とミッション ········· 294

スポーツ界内外における女性進出の影響 ····················· 300

終章　女性アスリートの未来を垣間見る ····················· 305

参考文献　309

写真クレジット　346

あとがき　347

xix

序 章
女性アスリートになる

　幼い頃の私はスポーツが大好きで、いつもスポーツがしたくてたまらなかったが、組織化されたチームに加わる機会は皆無に等しかった。住んでいる場所やその地域の民族的多様性、両親の社会的地位などによっては、女の子でも様々なスポーツ活動に参加することができた。ダンスやフィギュアスケート、乗馬、テニス、水泳などで、当時こうした活動は女の子向きとされた。激しく戦い競い合うことがほとんどないスポーツだからだ。また、これらはどれもチームスポーツでもない。通常はチームで行い、体がぶつかり合うことの多い荒々しいコンタクトスポーツは男の子向きとされた。まるでビクトリア朝時代（1837～1901年）のようだが、それが現実だった。私は**それほど**歳を取っているわけではないが、タイトルIX（第2章参照）の制定前、女の子（特に中流階級の白人）の遊びやスポーツ活動には、ジェンダー（社会的性差）に適した行動を理想とするビクトリア朝時代的な考え方が色濃く反映されていた。他の民族集団（アフリカ系アメリカ人等）や宗教集団（社会的経済的階級にかかわらず）は、アメリカ社会の歴史の中でそれぞれ異なる経験をしてきたため、女の子にふさわしい身体活動に関する態度はそれぞれ異なっていた。たとえばアフリカ系アメリカ人の女の子たちは「強くなれ」と励まされ、陸上競技大会や野球、バスケットボールといったチームスポーツなど様々な活動に参加することを奨励された。ネイティブ・アメリカンには優れた女性騎手が多く、また主だったアメリカ人がまったく知らないような乗馬の技能を磨くための活動に積極的に参加していた。

　歴史的に見ると、女の子や女性のスポーツや身体活動への参加は、実際には性別よりも人種や社会的階級に関係していた。ビクトリア朝時代であっても、貴族の子女は屋敷をとり囲む塀の内側で、またプライベートクラブ（乗馬、ゴルフ、テニス、スイミング）等で様々な活動を行っていた。労働者階級や農村地域の女の子たちは、農場や工場で働くのに必要な体力や敏捷性を鍛えられるような活動に参加した。産業革命で中流階級が台頭したことで一般市民的感覚が打ち出され、やがてそれがアメリカ社会全体の常識になった。一例を挙げれば、少年少女がすべきこと／すべきではないことに関するルールができあがり、バスケットボールや野球等のチームスポーツは、これらの競技が誕生した1800年代から、女の子であろうと大人の女性であろうと行ってきたにもかかわらず、はしたないので良家の子女がする活動ではないと考えられるようになった（Cahn, 1994）。

　私や同世代の女の子の中学・高校時代、学校にはいくつかのスポーツプログラムが

あった。それらには制限があり、男子チームに与えられていた特権は、女の子には認められなかった（ユニフォーム、リーグもなければ、大会も限られていた）。女の子が体育館や運動場を利用できるのは、男子チームが練習を終えた後だった。たいていは女性の体育教員が女子チームのコーチを兼任し過重労働を強いられていたのに、コーチ代は支給されていなかった。大学生になっても、スポーツチームや活動の選択肢は増えたものの奨学金はなく、女子チームのコーチの報酬は、男子チームのコーチよりもはるかに少なかった（支払われていた場合の話だが）。

　私自身、競技者になるための決まりごとを知ったのは8歳くらいの頃だった。リトルリーグのミーティングに初めて参加したとき、私はこう告げられた。「君は女の子だから、プレーはできないよ。」いくらスキルがあって、やる気満々であっても、またどんなにその競技が好きでも、プレーできるわけではなかったのだ。そこに居合わせた男の子たちの多くは、好きで参加しているようには見えなかった。男の子だからといってスポーツが好きなわけではなく、様々な理由で申し込んでくるよう両親から言われてきたにすぎないのだ。しかし結局のところ、心からそのスポーツがしたくて参加したか否かにかかわらず、参加できるのは男の子に限られていた。

　タイトルIXが制定されて以来、女の子がプレーできない理由は北アメリカからほぼ消滅した。女性スポーツ財団のデータを引用して、Kaneは「タイトルIX制定以前には、アメリカの高校でスポーツに携わっている女子は30万人程度だったが、2011年にはこの数は300万人を超えるまでになった」と報告している（Kane, 2013）。一方、一部のスポーツを女の子にさせまいとして、従来の「君は女の子だから」という口実にかわる別の理由が申し立てられるようになった。

　おそらく歴史家にとってはあまりにも明らかだろうが、この4世紀の間、西洋科学の理論やメソッド、感性は、厳密に男性だけのものだった。この期間の大部分において、男性中心の社会が、すべての科学者（その功績の程度にかかわらず）を輩出してきた。そして政治であれ芸術であれ、経済、学問、社会的倫理、哲学であれ、どの分野においても、男性が社会の標準と見なされた。ロンダ・シービンガー（Londa Schiebinger）が論じているように、「現代科学の核の部分には、（女性の参加を認めなかった団体がつくりあげてきた）科学的研究を今もなお女性を排除する根拠として用いる自己強化型システムがある」（Rozsak, 1999, p.14）。

21世紀の女性アスリートであること

　人間は生来、身体を動かすこと、すなわち身体活動を必要としている。身体を動かすことは、人生を首尾よくしっかり生きていくのに必要な運動スキルを発達させる根源である。何世紀もの間、こうした動作やスキルは、主に娯楽のためではなく生きるための

ものだった。様々な競技に参加することで生きる楽しみがもたらされるが、概してそれらの基盤となっているのは、こうした生活に不可欠な身体の動きであった。したがって、男女を問わず、また子どもも大人も、誰もが様々な競技に参加した。では女性であることとアスリートであることは、どんな関係にあるのか？　この問いに対する簡潔な答えは、「本質的にまったく関係ない」のである。

　残念なことに、21世紀のスポーツ界の現状は、もう少し複雑になっている。第二次世界大戦後、アメリカの社会情勢は著しく変化した。20世紀前半の経済や政治、社会の大混乱と冷戦の開始により、アメリカ国民の生活は不安定で不確かなものになった。家計を安定させ人口を増やす必要性が生じた。中流家庭では男性のみが一家の稼ぎ手となり、女性は家の中に留まることが奨励された。大人も子どもも男性がアメリカ文化の表向きの顔となり、女性は主として目につかない私的な存在に格下げされた。

　アマチュア部門とプロ部門におけるスポーツの組織化は、国民精神の確立に不可欠とみなされるようになった。男性のチームスポーツが表舞台に立ち、注目を集めた。子どもから大人までの女性たちも、ほぼすべての競技や活動に参加し続けてはいたが、その努力が称賛されることはなかった。公私が分離され、女の子のスポーツ活動は無意味なこと、あるいは不適切なこととみなされた。日々の中継や報道を、男性スポーツに限定したテレビもこの分離を助長した。女性はもはやアスリートとは見なされず、スポーツに常時参加する存在ではなくなった。女性スポーツ史は次第に忘れられていった。しかし、アスリートとしての女性の能力自体が失われたわけではなかった。

　人間は、生物学的宿命により、すなわち遺伝の構造で、23番目の染色体の対がXXであると女性になる。だがそれは絶対的・普遍的事実というわけではなく、男女の（そして同性間の）生物学的な違いは、程度の差にすぎない。Fausto-Sterling（1993）によれば、5通りの性が1つの連続体として並べられているという。すなわち雌、雌の偽雄雌同体、雄雌同体、雄の偽雄雌同体、雄である。間性〔訳注：雌雄を分ける遺伝子の構造が中間的性質を示す〕である人々の大部分は、服を着ていれば外見のみで区別することはできない。したがって、ここでは引き続き男女という分け方を使用することにする。もちろん間性や性転換した人を軽視してはならない（このテーマについては第7章でさらに詳しく論じている）。しかし「まぎれもなく女性である」からといって、「だから競技者になれない」とはならないのである。どんな女性よりも強い男性がいるかもしれないが、男性よりも強い女性も数多く存在する。柔軟性では女性の方が勝るかもしれないが、男性の中にも優れた柔軟性を有する人は数多くいる。生まれつき男性の方が女性より強い、女性の方が男性より身体が柔らかい、といった断定はできない。こうした特性をもっていなくても、アスリートとしての成功を目指し努力すべきなのである。誰もが様々な身体的特徴を備えているが、トレーニングや練習を積むことで、スポーツに不可欠な要素を変化させ、増強し、高めていくことができるのである（詳しくは第5章参照）。

序章　女性アスリートになる

　21世紀のアスリートであることは、性別とは無関係である。世代を問わず女性が直面している障壁は、社会的に構築された厳格な行動規範によって男性競技者と女性競技者を区別した社会構造の名残なのだ。

　大人も子どもも、男女間の運動能力の違いは、機会の有無、コーチングや用具の質の差、練習時間や競技レベルの差によるものである（Sokolove, 2008）。学校教育で性別による差異が解消されたことで（これについてはスポーツ領域におけるタイトルIXと同様に異論が多いが）、ほぼすべてのスポーツ活動で成功する女性が急増しているとはいえ、社会には女性が競技者になるのを阻む障壁がまだ残っている。

　女性スポーツの歴史、および女性がスポーツでの地位を求めようと葛藤してきた様子を如実に描いた映画に『American Masters：Billie Jean King』（Erskine & Gregory, 2013）と『Shooting Stars』（Stein, 1987）がある。『American Masters』は、スポーツの民主化と、より統合的で公明正大な社会の創出に測り知れない影響を及ぼした伝説のスポーツ選手を描いた映画である。『Shooting Stars』はエドモントン・グラッズという女子バスケットボールチームの25年の歴史を伝えている。このチームは1915年から1940年にかけて世界各国の大会に出場し、また、1934年、1935年、1936年には北米選手権で優勝している。

　当然ながら、子どもから大人まですべての女性が自ら選んだスポーツで、望んだレベルに到達できるわけではない。これは誰にでも当てはまることだ。だが、それを決定するのは選手の性別ではなく、個人を、そして文化を構成している、様々な生物学的・社会的要素なのである。

女性と男性の違いに関する社会的通念と通説

　本質的に、女性、男性、間性、性転換者のいずれについても、アスリートをつくりだす身体的特性に、魔法の組み合わせというものはない。どのスポーツも身体活動も、競技特性に応じた能力を必要とする。またこの能力は年齢、技術レベル、参加の程度、競争の激しさといった要因にも影響される。確かに、どの運動能力にも求められる共通の特性はある。強さ、柔軟性、パワー（有酸素性・無酸素性）、敏捷性、スピード、リズム、コーディネーション能力（運動神経）は、どれもある程度人間の身体運動に必要である。しかし特殊なスポーツ、チームスポーツの個々のポジション、総合スポーツ大会を含むいろいろな競技会に注目すれば、その活動や種目に求められる生化学的・生理的要求（いうまでもなく心理的要求も）を成功裏に導くためには、特定の身体的特性の組み合わせが不可欠であることがわかる。背の低い人は、トップレベルのバレーボールやバスケットボールでは不利かもしれないが、男女に関係なく、背が低くても基本的なスキルは身につけられるし、高度なレベルにまで引き上げることだってできる。体操や飛

xxiii

び込みでは小柄なほうが有利だ。とはいえ、たとえ背が高くても、これらのスポーツの
スキルを身に付け、きちんと実践することはできる。スポーツ活動に興味をもつことこ
そ、スキルを習得し、それをうまく実践に移す上で、選手の体型や性別よりも重要なモ
チベーションとなる。

　自ら選んだスポーツで最高レベルに達するのに必要な身体的・心理的特性を最良の組
み合わせでもつ人は稀である。しかし、自分の潜在能力を最大限に発揮できるよう鍛錬
を積むことはできる。どんなスポーツであれ、オリンピックに出場するチームやプロ
チームを見てみると、1つのチームの中でも、あるいは同じ競技種目でも、それぞれの
選手の体格や体型、体力、柔軟性、知力、精神力といったものは人によって大きく異なっ
ている。もちろん共通する部分もあるが、オリンピック選手やプロ選手に求められる特
性をもたないからといって、それがスポーツを心得、アスリートレベルに到達するのを
妨げることになるだろうか？　この点をさらに検討するため、男女のアスリートに関し
ての事実と、間違った考えをいくつか検討してみることにする。

事実：トレーニングをしていない男女を比較すると、概して体格も体力も男性が女性を
上回る。
誤認：体格も体力も男性が女性を上回る。

　350 ポンド（159 kg）の守備ラインマンは、この誤認の格好の裏付けとなる例だろう。
しかし、競馬騎手はこれに当てはまらない。騎手の身体的特性を有するアスリートが、
男性であるという理由だけで NFL（ナショナル・フットボール・リーグ）でも活躍でき
ると考えるのは、女性が NFL でプレーできることは決してないだろう、あるいは 350 ポ
ンドの守備ラインマンにワイドレシーバーが務まるはずはない、ましてや騎手なんて絶
対に無理だ、というのと同じくらい間違っている。

反論

　1．トッププロ級アスリートの身体的特性をもたないからといって、そのスポーツが
できない、あるいはすべきではないとは言えない。自分の子どもが参加するスポーツを
するのに必要なスキルレベルや平均的な体格を判断するには、初心者レベルの1つか2
つ上を見ればいい。

　2．特定のスポーツに女の子を参加させない根拠として、男性の体力と体格を引き合
いにすることは、プロチームを例として用いることによっていっそう強調される。無数
にある個人競技のプロ選手を見るとわかるように、トップレベルの選手には女性アス
リートもいる。概してどのスポーツも女性同士、男性同士で競い合うが、男女混成の種
目がある競技も多い（テニス、バドミントン、カーリング等）。馬術では男女が直接競い

序章　女性アスリートになる

合う。個人スポーツ、女性のチームスポーツ、パラリンピックやマスターズ、ゲイ・ゲームズ、スペシャル・オリンピックスの報道（特にテレビ）が少ないという事実も、男性だけの参加を支持する考えを助長している（第14章参照）。

　3．男性同士が直接に戦うことが、体格と体力の差のために極めて一方的な試合になりそうな場合は、体重別の階級制が用いられる。ヘビー級ボクサーがフライ級ボクサーと対戦することが決してない理由は容易に理解できる。体格に関するこうした妥協的措置を広範なアスリートの体格の差に拡大していければ、男性と同様に女性も競技に参加し成功するチャンスが得られるはずである。柔道、テコンドー、ボクシング、レスリングといった体重別階級制を用いているすべての競技に、大人も子どもも女性が参加し見事に戦っている。こうした直接に対決するコンタクトスポーツへの女性アスリート参加に対する異議を形づくっているのが、偽りの「男らしさ」（後半で詳しく論じる）なのである。

事実：男性は女性よりもテストステロンの分泌量が多い。
誤認：女性は男性ほど強くなれない。

　運動生理学者のケイティ・セル（Katie Sell）とシャロン・フィリップス（Sharon Phillips）が思春期直前の男女に関して述べているように（第5章参照）、男女の体力や持久力、スキルに統計的有意差があるという理論を裏づける証拠はほとんどない。12歳未満の男女を比較すると、筋力では女の子が男の子を上回る。思春期になると、身体の成長とテストステロンの分泌量が増えるにつれ、平均的に体力では男の子が女の子を上回るようになる。男女の違いを否定してもなんの意味もない。とはいえ、それを強調しすぎるのはもっと問題である。Epsteinが指摘しているように（2014, para. 18）、「単に最速のランナーを見たいなら、人間ではなくチータを走らせればよいのだ。しかし、スポーツというのはよくよく考えてつくられたものであり、取り決めたルールの下で競い合うことに意義がある。競技に参加したいすべての女性が、確実にそのチャンスをもてるように配慮すべきであるが、男性と同等の能力を示さなければ女性の競技パフォーマンスを優れているとみなすことはできないというなら、女性競技者の功績を認めないということになる」。

反論
　1．男性の方が女性よりも自然に分泌されるテストステロンの量が多いというのは事実だが、運動生理学の研究で明かされつつあるのは、女性は男性とは違うホルモンによって筋力を高めるという事実である（McArdle, Katch, & Katch, 2007）。
　2．体力の評価で、筋力のみを唯一かつ完全な尺度とするのは適切ではない。体力全

xxv

般の評価尺度には絶対尺度と相対尺度がある。前者はものを持ち上げる、または押す力の強さを評価するものである。オリンピックに出場する重量挙げの男子選手は、400 ポンド（181 kg）以上のバーベルを持ち上げることができる。女子体操選手に同じ能力を期待することはできないだろうが、体重対筋力でいえば、（その場）宙返りあるいは（バランスを崩さない）着地では自分の体重の 5〜6 倍の重さをコントロールしなければならない。したがって、それができる女子体操選手は、重量挙げの男子選手よりも明らかに力が強いということになる。

3．男女の筋力を比較してみると、身体の部分・部位によって異なることがわかる。筋力全体の絶対値の測定では、男女の平均的筋力が重なり合う割合は約 85% だが、下半身の筋力だけを見ると、男女差はほとんどない。柔軟性を比較要素にすると、女性が男性を上回るだろう。女性の競技への参加を認めるべきではないとする根拠として、しばしば柔軟性ではなく筋力を問題にするのはこのためである。しかし柔軟性がなければ、どんなアスリートでも大怪我をするのを恐れて、高度なパフォーマンスに挑もうとはしなくなってしまうだろう。

事実：スポーツをしていて傷害を負う頻度は男女で同じである。
誤認：女性は男性よりも傷害を負いやすい。

研究によれば、十分なトレーニングとコーチングを受け、その競技に求められるスキルと身体的資質を備え、また最高かつ最新の用具を使いこなせる環境にある女性アスリートは、男性アスリートよりも負傷する頻度も傷害の程度も低いことが統計資料からわかる（Sokolove, 2008）。

反論

1．男の子は練習や試合で負傷しても、指導者から我慢を強いられることがままある。たとえベンチに下がったり病院に行ったりしたとしても、怪我が治り切らないうちにプレーさせられたりする。スポーツは男の領域であり、この考え方を理由に女性を入りこませないスポーツもあるし、怪我に対して男の子と同じように対応しろと指導される女の子も多い。男女の違いは、負傷した場合に女の子の方が男の子よりも重症化しやすく、スポーツができなくなる事例も多いということだ。これは女だからというわけではなく、女の子は男の子ほど十分なトレーニングを受けていない、あるいはスキルが未熟だからであり、その結果、怪我を負いやすくなるのである。

解剖学的・生理学的な男女差が実際にあるとすれば、女性アスリートのプレーを改善するためのトレーニングメソッドを開発する、スキルを育むなどして、男性ではないために生じる負傷を回避する策を講じる必要がある。女性であることは、スポーツをさせ

序章　女性アスリートになる

ない口実にはならない。

事実：健康な人なら誰でもやりたいスポーツをする機会がもてるようにすべきである。
誤認：現役のプロレベルの人だけがスポーツをすべきである。

　トップレベルのスポーツを基準にそのスポーツを始めるかどうかを判断するなら、多くの人々に障壁を築くことになってしまう。この基準を用いるとすれば、比較的最近知られるようになったパラリンピックレベルの選手や、身体障がい（視覚・聴覚障がいを含めて）や知的障がいをもつ人は、自分にできるスポーツはないと考えてしまうだろう（第9章参照）。また、年齢が低ければ初心者レベルでもよく、トップレベルのスキルや有利な体格を有していれば参加できる、とされるなら、若手選手や成人選手は、年齢のために自分には無理だと思ってしまう。プロスポーツやチームスポーツの特定のポジションに、特定の人種や民族の選手が存在しないとすれば（**スタッキング**として知られる民族差別プロセスの結果であることが多い）、人種や民族もまた障壁になる（第6章参照）。子どももその親も、参加者やロールモデルの不在には正当な理由があると考えるだろう。そして最後の大きな障壁が性別である。プロスポーツ（主にフットボール［訳注：本書ではアメリカンフットボールを指す］、野球、バスケットボール、ホッケー）にアスリートとして注目されている女性は（たとえいるとしても）非常に少ない。これは、女の子にはふさわしくない、ということだろうか？　これもまた間違った考え方である。

反論
　1．自分の子どもが将来プロ選手やオリンピック選手のような体格になると見込んで、6歳の子どもをNFLの登竜門であるピーウィー・フットボール（育成チーム）に入れたり、4歳の子どもに体操を習わせてオリンピックチームに入れようとするのは、賢明ではない。子どもが目新しいスキルを学び、スポーツを楽しんでくれる以外のことに関しては、現実的な期待をもつべきである（何の期待も**しない**のが一番だが）。指導者（ブルース・ブラウン〔Bruce Brown〕、ロブ・ミラー〔Rob Miller〕）によれば、両親が応援してくれている、支えてくれていると子どもが感じられるように、親は「お前がプレーしているのを見ているのが大好きだ」と伝えるべきである、ということだ（Henson, 2012）。
　2．北米チームスポーツの4大プロリーグを除けば、ほどのスポーツでも、子どもから大人までの女性の参加者が増えているのがわかる。中には男女同数あるいは女の子のほうがはるかに多いスポーツもある。アメリカにおけるサッカーはなかなかプロレベルに到達できずにいた。男子プロリーグのために様々な試みがなされ失敗してきたが、近年ようやく北米プロリーグとしての地位を確立しつつある。その一方で、1999年ワー

xxvii

ルドカップでアメリカ代表の女子サッカーチームが優勝して以来、サッカーを始める女の子が急増している。多くの地域で、男のスポーツとするサッカーへの反感が弱まりつつあり、その一方でサッカー熱が大いに盛り上がっていったことが、女子プロサッカーの勝利につながった。

事実：健康な人なら誰でもやりたいスポーツをする機会をもてるようにすべきである。
誤認：歴史的に男性が行ってきたスポーツは、今後も男性限定のスポーツであるべきだ。

　文化的領域では、特定のスポーツは男性だけのものとして踏襲すべき、という考え方は薄れつつあるが、アメリカでは今なお男性限定とされているスポーツもある。秋のユース・スポーツリーグのフットボールとチアリーディングの出場者募集広告は、いまだに「フットボールは少年/男性、チアリーディングは少女/女性」というメッセージを伝えている。

反論

　1．オリンピック・プログラムの中で、すでに定着しているトップレベルのスポーツをそのレベルで女性が始めるのは難しいかもしれないが、初心者やその他のレベルでは、そうとは限らない。ビクトリア朝時代、男女差を理由に、あるいは運動は女性の生殖能力を脅かすという誤った憶測によって、男女が競い合うことは禁じられていただけでなく、ほぼすべての競技への女性参加も禁じられていた（第1章参照）。

　これまで女性に閉ざされていたオリンピック競技に参加しようとする女性の葛藤が、スキージャンプの例に見て取れる。女子スキージャンプの世界選手権は長年行われてきた。2010年カナダで開催されたオリンピック・バンクーバー大会では、IOC（国際オリンピック委員会）やカナダ最高裁の決定に世界中からの抗議の声が集まったにもかかわらず、女性のスキージャンプへの参加は認められなかった。しかし2014年のロシアのソチ大会では、女性の参加が認められた。当初女性の参加が禁じられた根底には、女は弱いという誤ったビクトリア朝時代の概念と、着地の際の激しい衝撃により生殖機能を損なうという懸念があった。こうした不当な考え方により、子どもから大人まで、女性たちは20世紀後半まで多くのスポーツ活動への参加が認められなかった（Daniels, 2009）。不当で時代遅れの社会的関心事こそが真の障壁だったのだ。

　IOCは、夏季・冬季オリンピックの新種目の参加要件を変更し、オリンピック種目に追加したすべての新種目に、男女の参加を認めるべきとした。また性転換したアスリートのオリンピックレベルの競技参加に関する明確なガイドラインも設けられた。エントリーするには、これらのどのスポーツでもハイレベルのパフォーマンスが要求される。このようにすべてのアスリートが等しく参加し、等しくトレーニングを積むことで、高

度なパフォーマンスが等しく得られるのである。

事実：男性と同じくらい優れた女性アスリートがいても、マスコミは報道しない。
誤認：アスリートとしては男性の方が優れているので、女性のスポーツシーンは誰も見たがらない。

　アスリートとして男性の方が女性よりも優れている、あるいは誰も女性のスポーツに興味をもっていない、といった誤信を広め持続させる一因をつくりだしている最たる元凶はマスコミ報道である。新聞やテレビのスポーツ報道の大部分が、NFL、MLB（メジャー・リーグ・ベースボール）、NBA（ナショナル・バスケットボール・アソシエーション）、NHL（ナショナル・ホッケー・リーグ）に関するものである。オリンピックやゴルフ、テニス、フィギュアスケート等のメジャーな大会を除けば、女性スポーツに関する報道は極めて少ない。女性のスポーツ大会を報じているチャンネルもあるが、それを見るための視聴料が高いため、これらの報道を目にする機会も影響も限られたものになっている。

反論
　1．Kane によれば、「スポーツメディアと覇権的男性性［訳注：男性学者であるオーストラリア人の社会学者ボブ・コンネルが主として提唱した概念］との間には、象徴的な関係性がある」（2013, p.232）。女性のスポーツが報道される割合は全体の 2％ 未満にすぎず、女性はスポーツに興味がないので放送スケジュールに含めても仕方がない、あるいは女性のスポーツを放送しても誰も見ようとしない、といった**誤ったストーリー**が引き続き語られていることがわかる（Kane, 2013, p.232）。しかしこうした議論はどれも根拠のないことである。
　2．Kane の主張の証拠として、WCWS（女子大学ワールドシリーズ）として知られる NCAA（全米大学スポーツ協会）ディビジョン I の女子ソフトボール選手権を、ESPN［訳注：アメリカのスポーツ専門チャンネル］がどう報道したかを見てみよう。2014 年 5 月 22 〜 25 日に、ESPN プラットフォーム（ESPN, ESPN2, ESPNU, ESPNNEWS）で放映された試合の視聴者数は、計 2634 万 7000 人と前年度よりも 3 割増えていた。このことから、女性スポーツが報道されれば、視聴者の興味もまた高まっていく可能性があると言える（Volner, 2014）。

▍社会における女性らしさの構成概念

　社会構造の一要素としての女性らしさとは、人々が世界と交わり、社会権力やイデオ

ロギーの力学に遭遇する中で発展してきた一連の概念を表す。私たちは概して、自分の現実や視点が周囲の人々との交わりの中で形づくられる（時にはかすかに、また時には明確に）、という事実に気づかないでいる。女の子や女性が、アスリートとしての能力が劣ると見なされるのは、主に社会的な理由からである（Bem, 1993）。子どもも大人も、女性は身体を動かす活動に積極的であったとしてもアスリートにはなれない、という見方の中で受容されてきた障壁は、性別に関する様々な信念（女性らしさと男性らしさの定義）から生じてきた。

　スポーツと**アスリート**という用語を詳しく見てみると、どちらもやや現代的な解釈であることがわかる。これらは、高度に組織化・専門化され、競争の激しい、専門的（報酬にかかわらずほぼ終日鍛錬を積む）で公的な、そして性別を反映した領域を表す用語となった。スポーツとアスリートに関する近年の解釈、すなわち「スポーツは男性の領域」（アスリートは男性に限られ、男らしくあるべきである）という定義が生まれた最大の要因はジェンダーである。元来ジェンダーというのは生物学ではなく言語学の用語である。西洋史を通して、社会的、政治的、身体的なパワーゆえに、文化にとって望ましく、価値が高いものは、男性のものだとされるようになった。しかしどの男性にも等しく男性としての地位が与えられたわけではなく、社会的地位、財産、市民としての身分、宗教、民族性といったものにより、特定の男性が他の男性よりも高い文化的立場を得てきた。男性であれば誰にでも、体力や権力のレベルにかかわらず、男性としての特権が与えられたというわけではなかったのである。

　女性に望ましいとされる特徴は、望ましい社会的地位と見合うものではなかったが、やはり特定の女性に限定されていた。社会のエリート層の妻（そして妻にふさわしい女性）や娘に与えられていた、女性らしさの象徴としての特性や能力は、社会の下層階級の女性にはほぼ無縁のものだった。慎み深く、上品で、控えめで、男性を敬い、男性に付き添う中上流階級の女性は、か弱い存在とみなされた。資産家の女性は、一家の稼ぎ手として世に出ていく夫と対照的な存在として、その生涯を夫と家庭生活に捧げたのである。

　20世紀の初め、性科学者や精神分析医らは学問としてのジェンダー研究を開始した。男性でも女性でも、ジェンダーは万人が有する特性であると同時に、興味でも能力でもあるのだが、こうした特徴のいくつかが伝統的に「女性的」「男性的」「中性的」のいずれかに分類されてきたことで、ジェンダーは、両端に「女性」と「男性」があり、中間に「中性」がある1つの連続体と見なされるようになった。

　ジェンダーに関する初期の研究では、特定した特徴の分布によって、人を女性的か男性的かに分類する試みがなされた（Terman & Miles, 1936）。しかし、その研究結果にかかわらず、何人かの研究者が、「健康で正常な」女性や男性であれば、女性が男性的人格を、男性が女性的人格をもつことはありえないとしたことで問題が生じた。このように

序章　女性アスリートになる

解釈するなら、中性的特徴の多くを無視することになる。現在も残るこうした研究結果の誤解釈の影響には、次の2つがある。①ジェンダー（女性らしさと男性らしさ）は個人の性（女性と男性）に付随するものであり、また②生物学に関係しているため、自然発生的なものである。つまり、性とジェンダーとの関係をこのように誤って結びつけたために、女性とは女性的**であり**、男性とは男性的**である**という誤信が生じたのである。

　ジェンダーとは人間の様々な特性や好みを散りばめた連続体であり、そこには女性でも男性でもない中性が存在する、と考えるのではなく、ジェンダーを個人の性と結びつけた二元的なものとする見方がなされるようになった。性と特定のジェンダーとを関連づけたことでさらに問題となったのは、ある性の特性を別の性が有することの道徳的解釈である。つまり、男性的特徴を示す女性（そしてその逆）は病気であり、また不自然で有害である、あるいはレズビアンのような他の「望ましくない」性質をもつ存在と見なされた。

　このようなジェンダーの定義をスポーツにおける女性の地位の通事的分析に当てはめてみると、女性とスポーツのネガティブな関係性が受け入れられ、認められてきた理由がわかる（ジェンダーの解釈に関する拡大的説明と分析は、Daniels, 2009 参照）。スポーツを男性の領域のものと捉えるなら、スポーツをしたい女性は様々な面で女性らしさに欠けると見なされる（Messner, 2002）。しかし、ジェンダーについてのこのような解釈と説明は、その当時の支配的な人種、階級、宗教、民族の人々、つまり中流階級の白人、アングロサクソン人、キリスト教徒といった集団にのみ該当することを忘れてはならない。これらの集団に属さない人々は、本質的に無視されていたのである。したがって、上流階級と労働者階級の子どもから大人までの女性は、それぞれの様々な環境の中で、より自由に多くのスポーツや活動に携わることができた。このように、母集団全体のスポーツへの関与の状況が不明瞭だったことで、その現実がわかりにくくなっている。

現代のロールモデルの重要性

　低年齢と10代の女の子のロールモデル（良くも悪しくも）について、現在では盛んに意見が交わされるようになっている。子どもたちは時として家庭よりも俳優、ロックスター、アスリート、教員、コーチ、聖職者などにひかれたりするが、子どもが生きていく上で最も重要なロールモデルは家庭に存在する。子どもにとっては、両親、保護者、兄弟姉妹、その他の近親者が、最も重要で影響力のあるロールモデルとなる。スポーツや身体を動かす活動をしている母親、祖母、叔母、姉、同性のいとこといった近親者がいて、活動的になることを促されている女の子は、その影響を大いに受けて、スポーツや身体活動を始める可能性が高くなる。ただし、影響力の大きいロールモデルになるのは女性だけ、ということではない。逆に、家庭内の男性やその家族の友人である男性が、

xxxi

低年齢の女の子や10代の女の子にとって最高のロールモデルとなる場合もある。しかし、女の子たちにとっては、すべての世代の女性たちが積極的にスポーツや身体活動に参加し、互いに競い合い、自分を鍛えている姿を見ることが重要である。それにより、自分も同じようにやるのは望ましく適切なことだというメッセージを受け取るからだ（Eime et al., 2013）。ただし、これは望ましくないロールモデルについてもまったく同様である。子どもは影響を受けやすい。望ましくない振る舞いは、健全な振る舞いと同様に、たやすく刷り込まれたり、習慣化されたりする。

スポーツと身体活動の良いロールモデルとなるのは誰だろうか？　これは、マスコミが女の子の身体のみに注目したり、その時の大衆文化で、望ましいとされている体型でない女の子がいじめられたりする現実を考えると、悪い方向に進む危険性を秘めている。アスリートとして活躍し成功している女の子や若い女性でさえ、自分の身体を絶えずチェックし、自分が属するスポーツ界の内外で、他の人々から自分がどう見られているかを大いに気にしている。自分の身体を活かしてスポーツをすることが、人為的・社会的につくられた標準的な身体をもつことよりも重要だということを、女の子たちに伝えなければならない。それでも、そうした会話だけでは、すべての世代の女性たちが仲間やマスコミから絶えず受けるプレッシャーを緩和する程度の効果しかない。

マスコミは、スポーツの観点から見ると、すばらしいロールモデルとして活躍中の女性のトップアスリートに対しては、アスリートとしてのパフォーマンスよりも体型と外見ばかりに注目しがちである。メディアで、女性アスリートが各自の種目に参加する様子を表した画像はなかなかみつからないのに、これらの選手が肌を露出したり裸になったりして、ソフトポルノのようなポーズを取っている画像は簡単にみつかる。だが、こうした画像がすべての世代の女性アスリートとしてのすばらしさを伝えているとは言いがたい。こういったマスコミでの表象は両刃の剣（アスリート vs セクシーな女性）であり、期待されるようなスポーツ界でのロールモデルとしての女性のイメージを高めることにはなりそうにない（Daniels, 2012；Knight & Guiliano, 2003）。

ロールモデルとしては、家族もまた矛盾したメッセージを呈している。母親、叔母、祖母、姉がジムやフィットネスクラブで積極的に運動していることは、一見すると身体を動かすことに関する力強いメッセージを幼い女の子に送っているようにも思えるが、よくよく考えてみると、アスリートではない女子大学生くらいの年代の女性たちの多くがジムで行っているのは、概して30〜45分の有酸素運動（エリプティカル・マシン、トレッドミル、エアロバイク等）、ボールエクササイズやヨガ、ストレッチであり、女性アスリートがしているような、パフォーマンス向上を目指す運動スキルや筋力アップをはかるトレーニングではない。フィットネス（健康志向のための運動）のみがトレーニングではアスリートとはいえない。このような限られたワークアウトから、女の子たちはエクササイズの効果を求めて、ハードにワークアウトすることに関して間違ったメッ

セージを受け取ることになる。ジムやフィットネスセンターに通う女性の大多数が減量のために運動している。ここでもやはり、運動する場においていかにパフォーマンスを上げるかより、外見を重視しているのである（Chalk, Miller, Roach, & Schultheis, 2013）。

エリプティカル・マシンを使うのは、健康増進、あるいはクロスカントリースキーやハイキングのためのトレーニングとしてならば何の問題もない。エアロバイクは友達や家族とのサイクリングに備えたウォーミングアップとして適している。大人の女性が女の子たちのロールモデルになる上で重要なのは、スポーツジムでワークアウトをした上で競技会に出場したりスキルを高めようとする態度を示すことである。筋力トレーニング、有酸素/無酸素運動、バランスや敏捷性を鍛える運動、コーディネーショントレーニングも目指すところは同じである。

家族全員が健康志向のスポーツを楽しむには、そのための時間を確保する必要がある。家族みんなでスポーツをすることは、子どもに計り知れない影響を及ぼす。家族で、週に数回、30分運動するだけでも、生涯に渡り子どもにプラスの影響を与える。確かにスポーツをするにはお金がかかる。スポーツクラブに子どもを通わせるのが難しい家庭も多いだろう。地域のスポーツ活動団体やスポーツプログラムを提供する組織が、低所得世帯に補助金や奨学金を提供する例も多く見られる。支援の対象が主として男の子である場合は、この後援者グループの長に（あるいは YWCA〔キリスト教女子青年会〕や地元の女性センターのサポートを得て）女の子への支援を呼びかけよう。

スポーツを始める女の子の数を増やす方法の1つは、大人が子どもと一緒にスポーツをすることだ。娘と一緒にテニスレッスンを受けたり、家族みんなでスキーやスノーボードに出かけたり、ガレージの壁にフープをつけたり、近くの広場へ行ってシュートの練習をしたり、ボールを投げたり蹴ったりしてみよう。アイススケートやホッケー、リンゲット［訳注：青いゴム製のリングにスティックでゴールするスポーツ］を習うのもいいだろう。カーリング大会やゴルフリーグに参加しよう。サッカー場の片隅で娘がサッカーの練習をする様子を眺めるだけではなく、他の母親を誘って自分たちもゲームをしてみよう。家族と一緒に目新しいスポーツや活動に携わることで、家族の楽しい時間が増える。そうすれば子どもたちは（娘も息子も）スポーツを通じて学び合い、楽しみ、学校内外で競い合い、スポーツ選手の奨学金を得て大学に進学するチャンスを得られるかもしれない。いずれは地域や全国、世界レベルでプレーする可能性もある。もしかしたらオリンピックやプロの舞台で活躍できるかもしれない。あるいは、ただ楽しんで、健康を維持するためだけにスポーツをするのでも良い。適切なロールモデルをもつことは、このための大切な1つの要因である。

人は様々な社会的構成概念の中で生きている

ここまで読んできて、こう思っている人もいるだろう。大人の女性は言うにおよばず、娘をスポーツや身体活動に参加させる時間も経済的ゆとりもない家族はどうすればいいのか……と。 参加できる活動や機会の選択肢が限られている小さな町に住む女の子の場合はどうすればいいのか？ 厳格な宗教的規則によって服装や参加できる日が限られている女の子の場合はどうか？ 身体障がいや知的障がいのある女の子や若い女性についてはどうか？ 移民世帯で、移民先の国の文化では女の子向けのスポーツや身体活動が余暇利用に適した活動と見なされていることを親が理解できない移民の女の子の場合はどうか？ こうした条件がすべて重なり合った環境で生活している女の子はどうすべきか？

社会的に定義されたカテゴリー、あるいは社会的構築概念が交わり合い、そこに性別の問題が加わると、アスリートを目指している、またそれに値する実力をもつ女性（子どもから大人まで）の多くが、数え切れないほどの障壁に直面することになる。インターセクショナリティは極めて複雑な優越性の問題となり、性別を超えた（そしてまた性別と重なり合った）理由によって、すべての女性は平等に扱われないことになる。

性別に関する社会的特徴には、年齢、社会的階級、人種、宗教、性指向、学業成績、身体能力（身体障がい）、知力（知的障がい）、先住民/移民という立場、地理的場所、言語といったものがある。こうした特徴はどれも、あらゆる世代の女性たちのスポーツ参加にマイナスの影響を及ぼす特殊な障壁となりうる。女性が、こうした特徴が2つ（あるいは3つ4つ）重なり合った環境で生活している場合、アスリートになるのを阻む障壁を乗り越えることは難しくなるだろう。

伝統的に、女性であるという理由によって、社会の様々な面で参加が制限されてきた。たとえば、教育、財産の所有、公職への立候補、あるいは選挙権などである。プレー（遊び）はやがて正式なスポーツとして組織的に行われるようになり、学校や公的な場で競い合い、国際競技大会という構造ができあがった。そして地域、国、世界中のマスコミがプロスポーツやプロリーグに注目し始めた。スポーツへの参加が官民組織の所轄になる前から、すべての世代の女性たちが積極的にスポーツを行っていたにもかかわらず、こうした文化的形態への女子の参加は組織的に阻まれた。

性別の障壁に目を向けることは、女性（大人も子どもも）でもアスリートになれるように分析を行い、解決策を見つける上で最も重要な点だが、他の社会的特徴も別の意味で影響しているのはなぜか、そしてどのように影響しているかにも注意を向ける必要がある。

1800年代のビクトリア朝時代の初めに、西洋社会の一部では特定の女性に社会的特権を与えるようになった（第1章参照）。多くの基準が設けられており、社会は特定の女

性あるいは女性団体に対してのみ開かれていた。高等教育への門戸が女性に開かれたことは、女性の社会進出の重要な契機となった。女性が大部分を占める大学（あるいは女子大）の学生は、同輩の男性と同様の機会を求めるようになった。例えば体育の授業や競技スポーツへの参加である。やがて様々な社会情勢を背景に、女性は選挙権を求め始めた。参政権を得た女性は、公職に立候補する権利や財産の所有権を要求した（Munkwitz, 2012）。

　一見すると、こうした女性の社会進出は革新的な社会改革であり、社会のあらゆる側面への女性参加の代表例のように思える。忘れてならないのは、こうした特権が得られる女性は、ほんの一握りにすぎなかったことである。大学教育を受けられるのは裕福な家庭の子女のみだった。人種や宗教上の制約のために、大学に進学できるのはプロテスタントの白人女性だけだった。有色人種、移民、ユダヤ人、カトリック教徒らは、それぞれ独自に子女のための中等教育機関を設け、その資金を賄っていた。

　興味深いことに、試合やスポーツに参加する機会がより多かったのは、貧困層や労働者階級の女性、有色人種の女の子や女性、そして様々な移民集団の女性たちである。こうした女性たちは一般社会からはじき出され、社会的階級も低かったために、主流の文化では目につきにくかった。そのため、彼女たちは中流階級の女の子たちが近づくことのできなかった多くの活動に参加することができた。中流階級の人々の目は、下層階級ではなく、常に上方に、すなわち貴族階級の社会的品位と富に向けられていた。このため下層階級の女の子や女性は、フィールドでのスポーツ活動や国内でのリーグ戦等で自由にプレーし競い合うことができ、なかには中上流階級の人々の娯楽のためのプロスポーツで活躍する女性さえいたのである。

　20世紀になると、数多くの社会的・政治的事象が生じ、すべての世代の女性たち、とりわけ特定のグループの人たちの状況が大いに変化することになった。2つの世界大戦時には多くの女性が家を出て学校や工場に行き、技能を身に着けた。このとき学び取った技能により、彼女たちは家庭の外でキャリアを積んでいった。軍事訓練を受けた女性はパイロットや運転手になり、多くの女性がこうした専門技術を活かしてスポーツや危険な職業に挑むようになった。戦争と戦争の合間にも、女性たちの多くは公共セクターに留まったまま、勤務していた工場が主催するバスケットボールや野球の大会、陸上競技会等に参加した。教育者や余暇活動の指導者らは、女の子たちの健康管理に配慮するようになった。学校では体育の授業が行われ、特定の競技スポーツが公立学校の教育課程に追加された。

　限定されたスポーツやメディアプログラミングでは女性アスリートが目立つようになり、それに伴い、1960年代後半から70年代前半にかけて女性運動が盛んになった。この頃アメリカでは、公民権やゲイの権利、また、あまり知られていないが、ネイティブ・アメリカンの権利を求める運動が活発だった。こうした状況も公民権や平等権について

の一般市民の意識を高めることになった。このような活動が集中的に展開されたことで、タイトルIXの必要性が認められ、法案可決の運びとなったのである（第2章参照）。

　女性であることは、こうした市民権運動のいずれにおいても異なる役割を果たしていたが、こうした運動はどれも自由と平等への挑戦と見なされていた。

スポーツ団体における組織的障壁

　学問研究や文献では、地方レベルから国際レベルまで、スポーツ団体に見られる（数ある偏見の中でも）女性を嫌う態度、構造、行為が頻繁に論じられている。女性アスリートに対するこうした組織的な偏見が強力な基盤となり、女性にとっての障壁が定着し、それは多くのスポーツ団体に現在も残っている。タイトルIXによって女の子や女性たちはスポーツにおいてより多くの機会がもてるようになったが、タイトルIXは教育法であることを忘れてはならない。したがって、それ自体が及ぼす影響は学校内のことに限られている。学校現場以外でもタイトルIXは影響しているのかもしれないが、学校現場以外のスポーツシステムに変化をもたらすような法的手段は定められてない。そのため、差別的な制度を現在も維持している（意識的でないにしても）スポーツ団体が依然として数多くあると思われる。

　女性アスリートと彼女を支える人たち（両親、家族、教員、コーチ、パートナー、友人）にとって重要なことは、参加しようとしているスポーツ団体に関して、次のことを尋ねることである。地方、地域、国、あるいは世界的な運営組織構造はどうなっているか？　CEOあるいは常任理事は女性か男性か？　理事会のメンバーは誰か？　女性のコーチや役員のサポートや研修を行っているか？　女性アスリートにも男性アスリートにも公平な組織か、あるいは女性も男性も参加できるようにしているか？　女性と男性のアスリートに等しく経済的支援を行っているか？　スポーツ組織で男性が支配権を握っていること自体が、女性に対する実質的な偏見につながるということではない。女性に好意的な組織か否かの指標となるのは、あらゆるレベルの意思決定、プログラムの作成と提供（有給でも、ボランティアの立場でも）に、女性が関わっているかということである（第12、13章参照）。

　上昇指向の極めて強い（つまり世界レベル・プロレベルの構造やパフォーマンスのみを重視している）スポーツ団体は、子どもや、余暇活動としてそのスポーツを行っている人々にあまり好意的ではない。個々のパフォーマンスレベルに応じたコーチングやメソッドを提供し、規則や用具を変えることに前向きなスポーツ運営組織のほうが、もともとはスポーツ参加者として見なされていなかった人たち（子どもから大人までの女性たち、身体障がい者、その他のこれまでスポーツを行うのが困難だった人々）を歓迎してくれるだろう。

第1部
女性スポーツの
過去と現在をつなぐ

　みなさんは「人は先人の偉業を手本にしている」という言葉を聞いたことがあるだろうか。第1部は、私たちが現在の女性とスポーツについて知っていることの多くには、先例があったことを思い出させてくれる。これまでにたくさんの人々が道を開いてきたということを。女性のスポーツイベントが開かれるようになり（たとえば、2015年FIFA女子ワールドカップ）、私たちは疑問をもつようになり（高校では、野球場のほうがソフトボール場より施設・設備面で恵まれているのはなぜだろうか）、様々な議論が交わされるようになり（DV加害者として告発された女子サッカーのスーパースター、ホープ・ソロ〔Hope Solok〕は、アメリカ代表チームの一員として認められるべきだったのか？）、スポーツとは何かを考え（チアリーディングとダンスはスポーツなのだろうか？）、そして数々の勝利を目にしてきた（テニスのセリーナ・ウィリアムズ〔Serena Williams〕は、2015年に四大大会〔全仏オープン〕女子シングルスで、20回目の優勝を勝ち取った）。何十年、もしくは何世紀にもわたって、女性とスポーツに関するこうした種はまかれてきたのである。今日の女性たちを形づくった歴史のエネルギーを知ることで、これまでの進捗状況を評価し、進歩の停滞に気づき、今後どのように前進し続けるのかを決めるにあたり、重要な視点を得ることができる。

　第1章では、歴史的に女性をか弱いものとみなしていたビクトリア朝時代（1837〜1901年）の女らしさと男らしさの理想に根ざした、社会的、政治的、そして経済的な議論を紹介する。また、このような昔ながらの価値観が、スポーツをする女性を見る目にどのように影響を与えたのかを探っていく。女らしさの強調と、妻や母としての女性の役割への期待は、多くの女性をスポーツ参加から遠ざけていた。スミス・カレッジのような学校の取組み（1892年に初めて女子学生にバスケットボールを導入した）によって女性もスポーツに参加する機会をもてるようになると、女性の健康や頑張りすぎることへの懸念からルールづくりが始まった。19世紀終わり頃から20世紀初めにかけて信じ込まれていた、女性のか弱さへの妄想を物語る話をコラム（p.8）に載せてある。もう1

つのコラム（p.15）は、1904年のセントルイス万国博覧会と同時開催されたオリンピックでチャンピオンになった、フォートショー・インディアン寄宿学校の女子バスケットボールチームの逸話を通して、女性らしさについての考え方と、女性たちがいかにして自分自身の人生を生きるかということとの間には断絶が存在することを説明している。

　第2章は1950年代から1970年代を駆け抜け、アメリカにおける公民権運動と女性運動が女性スポーツに与えた影響を概観する。それにあたり焦点をあてたのは主に、タイトルIX（性別にかかわらず、学生は平等に扱われる権利があるとした法律）が成立した背景、および連邦政府から助成されている学校体育のプログラムに現在、その法律がどのように適用されているのか、である。タイトルIXが求めていることと、求めていないことを正しく理解するために、市民が知っておくべき法の内容に着目する。さらに、タイトルIXと女性スポーツの未来についても考察する。

　過去と現在を結びつける三部作の最終章で語られているのは、21世紀の女性アスリートが直面している一連のパラドックス、もしくは矛盾である。アメリカのスポーツ界に記録的な数の女性たちが参入するようになり、女性のスポーツ参加を阻んできた障壁の多くが打ち崩されてきた。しかし、昔の価値観でつくりあげられた女としてのあり方は、現代の女性たちのスポーツ経験においていまだに共感を呼んでいる。はたして女性はどのくらい強くなれるのか？　どんなに強くても女性として見られるのか？　女性の小柄な身体が美しいとされる文化の中で、アスリートは大きく、速く、強くあることを要求される事実を女性はどう捉えたらよいのか？　男と女は身体のつくりではっきりと区別することが打ち立てられており、かつ社会的にも経済的にも男性をより高く評価しがちなスポーツ界において、男女平等はどのようになされるのだろうか？　スポーツにおける男女平等のエビデンスはあるにしても、それはすべての女性に保証されているのだろうか？　それともほんの一握りの女性だけなのだろうか？

　第1部は特に歴史的観点から本書全体が読まれることを意図しているが、女性スポーツ史に関して余すところなく考察するものではない。女性スポーツ史はあまりにも複雑で多面的であり、すべてを数章で語ることはできない。本書で取りあげているすべてのトピックスや問題には過去の経緯があるということを理解した上で、いまだ触れられていないパズルのピースは何か、を問うてほしい。女性とスポーツの関係とジェンダーの平等性についての議論の中で、男性と女性にとって何が危機的状況なのか、理解をより深めるために、目の前の明らかになった事柄だけではなく、その奥に潜んでいる問題にも目を向けてほしい。

第1章
歴史のレンズを通して見た女性スポーツ

本章のポイント

- 女性は劣っており男性のほうが優れているというビクトリア朝時代（1837～1901年）の考え方が、現代のスポーツをどのように形づくってきたのか。
- スポーツにおけるすべての世代の女性たちの実体験が、スポーツ活動への女性アスリートの参加制限を正当化するために用いられてきた、規則に従った通俗的な医学・科学的解説と一致しないことが、いかに多いか。
- 女性がスポーツに関わるにあたり、いかに過去の歴史がその機会に影響を及ぼしているか。

第 1 部　女性スポーツの過去と現在をつなぐ

　2014 年 6 月 26 日、カリフォルニア州サクラメントのホーネット競技場で行われた全米陸上選手権の 800 m 走に、この種目で過去 5 回優勝しているディフェンディングチャンピオン、アリシア・モンタノ（Alysia Montaño）が他のトップランナーたちと共に出場した。しかし、結果は 1 年前の選手権とはまったく異なるものとなった。試合の際はいつも髪に花を飾って走ることから「フライング・フラワー」と呼ばれているモンタノは、2013 年の 800 m 走では圧倒的な強さで優勝したが、1 年後の同種目では予選最下位という結果で終わった。それどころか、2013 年に優勝したときとは違い、このとき彼女は妊娠 34 週だったのだ。

　ひとり目の子どもをおなかに宿し、臨月まであと 6 週間の状態で走ったモンタノのタイムは 2 分 32.13 秒と遅く、彼女のベストタイムとは 30 秒ほどのギャップがあった。しかしタイムが遅くても、競技に参加することへの喜び、おなかの子どもとの経験の共有、大喝采で拍手を送る観客たちを見れば、モンタノの走りは輝かしい勝利のレースだったと言える。

　競技に出場するためのトレーニング内容を考え、それが母体と子どもの両方にとって良くないのではないかと心配した彼女は、医療チームに相談した。モンタノは長い間トレーニングを続けてきたトップレベルのアスリートだったので、ペースを落としたり、休んだほうが良さそうだと思えるような兆候に注意しつつ、臨月が近づくにつれてトレーニング強度をゆるめることで妊娠の状態にあわせながら、練習を続けることができた。「助産師や医者たちはとても勇気づけてくれました。あなたはプロのランナーで、閾値も乳酸値も他の人たちとはまったく異なります、と説明してもらったおかげで、妊娠中の女性が走ることについて心配する世間の声も気にならなくなりました」と彼女は述べている（Cox, 2014, para. 5）。モンタノはまた、一生のほとんどをアスリートとして過ごす女性が増える中、体を動かすことは概して妊娠中の女性にとって良いことだとわかったという。

　モンタノのように、様々な妊娠期にある女性アスリートたちが妊娠中の女性のスポーツ活動の可能性に関する一般的認識に挑んできた。著名なバスケットボール選手シェリル・スウープス（Sheryl Swoopes）は、テキサス工科大学時代に次々と記録を塗りかえ、1996 年、2000 年、2004 年のオリンピックで、アメリカ代表チームの一員として金メダルに輝いた。WNBA（ウィメンズ・ナショナル・バスケットボール・アソシエーション）1 年目の 1997 年、彼女は妊娠中であったためリーグへの参加が遅れたが、それは妊娠しているアスリートのための道を少し楽にした（Ohikaure, 2013）。そして彼女は息子を産んだ 6 週間後には所属するヒューストン・コメッツの試合に登場し、チームのリーグ優勝に貢献した。

　アメリカ代表のビーチバレーボール選手として、ミスティ・メイトレーナー（Misty May-Treanor）と組んで、2012 年のオリンピック・ロンドン大会で金メダルを獲得した

4

ケリー・ウォルシュ・ジェニングス（Kerri Walsh Jennings）は競技後、実は 3 人目の子どもを宿し、妊娠 5 週目であったことを明かした。妊娠中にオリンピックに出場したアスリートは彼女だけではない。マレーシア代表として参加した初の女性アスリート、ヌル・スフヤニ・モハメド・タイビ（Nur Suryani Mohamed Taibi）は射撃競技に出場したとき妊娠 8 ヵ月だった。タイビの夫は彼女をサポートし、一緒にロンドンまでやってきたが、彼女の友人や親戚たちの一部は彼女のオリンピック参加に賛同しなかった。妊娠してもスポーツを続けたいという思いについて、彼女は次のように語っている。「ほとんどの人たちは、赤ちゃんの健康を危険に曝すことになるといって、私のことをどうかしている、わがままだと批判しましたが、夫は二度とはないかもしれないチャンスなのだからやったほうがいいと言ってくれました。母親は私自身ですし、自分が何をできるかはわかっています。私は頑固なんです」（Pickup, 2012, para. 6）。

　女性がスポーツを行うことへの懸念、リプロダクティブ・ヘルス（性と生殖に関する健康）に及ぼすリスクという考え方は 1800 年代のビクトリア朝時代から現在に至るまで続いており、それは、女性は劣っており弱いものなのだというジェンダーをめぐる固定観念に基づいている[1]。Hoffman、Jette、Vertinsky がこの点を指摘している。

> 女性は男性より肉体的に劣っているという脈々と続く作り話をスポーツ関連政策が体系化してしまったことが、組織スポーツのはらむ主要な問題点であり、それはとりわけ男女別を強要する点に顕著に現れている。女性のスポーツ参加の機会は今までになく広がっているにもかかわらず、こうした政策が女性アスリートと男性アスリートは平等であるという理解を妨げるシステムを助長し続けている。（2009, p.26）

アリシア・モンタノが全米陸上選手権で受けた温かい声援を見れば、スポーツ選手であることと女性であることは、決して矛盾したり相反したりするものではないという理解が進み、それを社会が受け入れるようになってきたことがわかる。しかしながら、女性のスポーツ進出に監視の目を光らせようとする人たちは、スポーツが生殖能力にダメージを与えうる可能性をいまだに懸念している。

　妊娠中のモンタノがホーネット競技場で走ったわずか数ヵ月前には、ロシアのソチで開催された 2014 年冬季オリンピックにおいて、歴史的な出来事が起きていた。フィギュアスケート、スノーボードハーフパイプ、カーリング、アイスホッケー、リュージュ、ダウンヒルなどにまじって、女性のスキージャンプがついにオリンピック種目に加わったのだ。

　Travers が指摘しているように、女性のスキージャンパーとその支援者たちにとっては、「スキージャンプという競技そのものは新しくもなんともなかった。性差別によりそれまで女性がこの種目から締め出されていただけである」（2011, p.127）。

　歴史を正確にたどれば、女性たちは 100 年以上にわたってジャンプ台からスキー板をつけて舞い上がり、できるだけ長く空中にとどまり遠くまで飛ぼうとすることから生じ

第1部　女性スポーツの過去と現在をつなぐ

る高揚感を追い求めてきた。しかしトップレベルのスキージャンプ競技に女性が進出することは、生殖機能に関する懸念のせいで禁止されてきた。IOC（国際オリンピック委員会）に対し、女性のスキージャンプを競技種目として採用するよう求める権限をもっているのは ISF（国際スキー連盟）だが、この組織は何年もその要請をせずにいた。2005年のナショナル・パブリック・ラジオのインタビューで、当時 ISF 会長であったジャン＝フランコ・カスパー（Gian-Franco Kasper）は、スキージャンプを行える女性は多くないとして、女性のスキージャンプをサポートする考えは ISF にないと述べた。そして次のように付け加えた。「たとえば 2 m の高さから地面に飛び降りるのを 1 年に 1000 回行ったとしましょう。医学的見地からいって、これは女性にとって適切なこととは思えません」（Mann, 2005）。

　2009 年に女性のスキージャンパーたちが、バンクーバーオリンピック委員会に対して、この種目を 2010 年の大会に取り入れるべきだと申し立てたとき、フェミニストの研究者たちは書面で次のような意見を述べた。「スポーツの分野において女性が現在置かれている従属的な立場は、ありのままの性別を反映しているわけではなく、女性の体とスポーツ参加についての、長きにわたる家父長制度による偉ぶった見方の名残にほかならない」（Hoffmann et al., 2009, p.27）。21 世紀のスキージャンプ界の中で女性が置かれている状況についての論争は、進行中のより大きな議論の一端であり、その議論自体は 2 世紀近くにわたり構造的に女性アスリートを特定の役割に閉じ込めてきた性差に基づく決まりごとから生じていることが示唆されている。

　スポーツを男女別にすることの基礎となったスポーツにおける性差に基づく決まりごとの基盤は、1800 年代半ばから後半にかけて現れた考え方と密接に結びついている。ビクトリア朝時代、上流・中流階級においては、時代と進歩の流れの中で、男性が家の外の社会に出ていって自分自身と家族のための稼ぎ手になる役割を担うという経済的・家族的条件が生まれていった。その一方、女性は家庭の中にとどまるべきだとされ、妻、母として家族の世話をする役割を果たすことが求められた。こうした考え方が残した影響は、現在に至るまで続いている。

　自分たちのスポーツを追い求め、最高レベルでの競技に参加しようとしてきた女性スキージャンパーたちの積極的な行動を見ると、教育の機会と管理（知識と地位を通しての女性のエンパワーメント）、政治システム（女性参政権）、女性自身の歴史（何百年にもわたって諦めずに参加し続け、「史上初の快挙」を次々と生み出す一例としての女性スポーツ）、そして、女性の健康とウェルビーイング（社会政策と医学上の思い込み）の間に存在する関係性やインターセクションがはっきりとわかる。歴史的に見て、女性が運動する権利というのは、参政権、自由意志で行動する権利と結びついている。そしてまた、従属を要求し、財産権を奪い、自活の機会を制限し、虐待から逃れる手段もほとんどないような状況に女性を追い込む法律と社会的慣習による役割分担から自分たちを解

第 1 章　歴史のレンズを通して見た女性スポーツ

放する権利ともつながっている。

　女性がスポーツで身体を動かし、肉体を通して自分自身の感覚と表現を発揮する権利を主張することは、教育、政治、医学、経済、家族、宗教、そして支配的な価値観や信念に基づいた社会的台本を実行する目的達成手段として機能してきたその他無数の社会制度と密接に関連している。おおよそ 1830 年から 1920 年にかけての時期は、ビクトリア朝時代から**女性参政権運動**への転換期であり、ついに女性参政権獲得が達成された時期である。この頃、女性たちのスポーツの原型となる基本的なルールが定められ、すべての世代の女性たちが一定の身体的活動を行うことが正当化されたものの、自由に、そして思い通りに競いあう機会は与えられないままだった。

　この章では、次のようなテーマを検証したい。まずは、女性が教育機関への入学を認められたことの重要性、すなわち学校の体育科目が女性にスポーツ活動への道を開いた点に注目したい。また、女性は劣ったものであるという医学的見解と、女性が置かれていた複雑な生活状況について、そして、こうした医学的な見方が女性スポーツを支配するルールにいかに統合されていったのかを考察する。そして最後に、過去の出来事や考え方が、現在にどのように影響を与え続けているかについての考察で締めくくる。

1800 年代後半の女性の教育

　1800 年代後半になると、**産業革命**により大きな変化が起こった。機械化時代の幕開けと共に、人々の生計の立て方、住む場所、地域社会のつくられ方も大幅に変わっていった。かつて農業に基盤を置いていた経済が、製造業に取って代わられた。自動車や鉄道といった機械化された交通機関が馬車を上回るようになり、地域間で連絡が取りやすくなっていった。そうした中で、社会・経済的中心は、結びつきの強い農家や小さな農業共同体から人口の多い都市部へと移り、かつては土地と近隣の人間関係に縛られていた家族たちが、住み慣れた場所を離れていった。職場と家庭の距離が変わったことで、男女に期待される社会的役割が労働の分業形態にも反映され、男性の居場所は公的な場、女性は家の中という形が強化されていった。労働者階級の女性たちは、工場労働者、紡績工、教師などとして家庭の外で働くこともあったが、理想の女性像を体現する上流階級の女性たちは、家族と子どもたちのためにすべてをささげ、夫の立身出世の証として流行の服と高価な宝石を身につけ、展示品のように振る舞うことを求められた。しかし、階級や環境にかかわらず、すべての女性にとって最も大切なのは、母としての役目を果たすことだと考えられていた（Gerber, Felshin, Berlin, & Wyrick, 1974；Kimmel, 2012；Sack & Staurowosky, 1998）。

　このような環境の中で、一部の上流・中流階級の女性たちも教育を受けるべきであるとする理論的根拠が支持を得ていった。女性にふさわしい義務という観点から、夫を支

7

第1部　女性スポーツの過去と現在をつなぐ

え、子どもたちを道徳にかなった良き市民に育てるという彼女たちの役割のための手段
として教育をとらえたのだ。女性が背負うべき責任が、家庭と学校をつなげるものと
なったのである。

　女性が教養を身につけることへの不安から、女らしさの理想像が論じられ、女性が教
養を身につけすぎると入念に組み立てられたジェンダーの秩序はどうなってしまうのか
ということに関する荒っぽい憶測が飛びかった。こうした時代にあって、1837 年にマウ
ント・ホルヨーク・カレッジを創立したマリー・リヨン（Mary Lyon）のような女子教
育の先駆者たちは、教育を受けた女性は「男性のようになり、下品で、女性の性的特徴
を失ってしまい」、役割を果たすに欠ける女性になるといった不安の声を取り除くこと
に、日常的に力を注がねばならなかった（Sack & Staurowky, 1998, p52）。

　子どもたちを、自立して充実した人生を送れるような大人に育てあげることが理想的
な女性の役目と思われていた時代に、周囲の人たち、特に女性の人生をコンロトールし
ていた男性たちに疑問を投げかける女性たちは、危険な存在とみなされた。参政権を得
るまでは、女性が公の場で話をするという考えさえ議論の的となるほどだった。女子の
入学を認めるような開放的で進歩的な学校でさえも、女性が公の場で話すことを社会が
禁ずる風潮を克服するのは困難で、女子学生が書いた卒業演説の原稿を権威ある男性に
代読させるといったことが頻繁に行われていた。女性が公の場で話すことを禁ずる慣習
はあまりにも根強く、1833 年に女性や黒人にも門戸を開いた進歩的なオバーリン大学
ですら、卒業演説を女子学生自身が読み上げるまでには、それからさらに 20 年以上待
たねばならなかった。

　教育が女性にネガティブな影響を与えるという考えは、何人もの主要な教育者たちが
残した記録にはっきりと現れている。ハーバード大学医学部の教授だったエドワード・
クラーク（Edward Clarke）は、1873 年の著書『Sex in Education（教育における性）』の
中で、女性が頭脳（知的）労働を行うと健康を損ない、神経痛、消化不良、ヒステリー、
その他の神経系障害など、多くの病気を引き起こすと報告している。1869〜1909 年に
ハーバード大学の学長を務めたチャールズ・エリオット（Charles Eliot）は、「実用的で
ない理論」に染まり、経済的な自立は可能で結婚する必要はないと考える女性たちは、
大いなる社会的失望を味わうことになるだろうと予測してみせた。

　典型的な当時の散文調で、エリオットは警告している。「今女性が求めているのが、頭
脳を使って知識を得ようとすることならば（…）低いレベルにとどまるしかない。私た
ちは誰でも失敗をするし、罪を犯し、無知に苦しむが、女性のほうが男性よりもよりその
傾向が強い。女性のほうが男性よりも弱く、我慢する力が劣っているからである」
（Sack & Staurowsky, 1998, p.43）。このような心配に対して、ブリン・マー・カレッジの
学長だった M・カーレイ・トーマス（M. Carey Thomas）は、女性教育についての知識
に関することになると、エリオット学長の脳は「太陽黒点」に侵されているようだ、と

8

返すにとどめた。

女性に関する歴史的な憶測と思い込み

- 医学界の権威者たちの中には、病気もちの女性でも妊娠しさえすれば治癒すると信じている人たちがいた。ビクトリア朝時代のアメリカでは、母親であることに理想の女性像を見出していた。妊娠した女性はまた、男性の性的能力の目に見える証でもあった（Wood, 1973）。
- 見るからに聡明な女性たちは、世界秩序をおびやかすものとみなされた。「ブルー・ストッキング（利口すぎる女性）」は、結婚相手を見つけることのできない、独身人生を送る女性の特徴と考えられていた。
- アメリカの中には、未婚の女性でないと教師になれない州もあった。スミス・カレッジの体育主任だったセンダ・ベレンソン（Senda Berenson）は、同カレッジの英語学科長であったハーバート・アボット（Herbert Abbott）と結婚したため、仕事をやめなければならなかった（Melnick, 2007）。フロンティア・ライフ・プロジェクトによると、「1930年後半の時点で、アメリカの学区の80%において既婚女性は雇われておらず、60%以上が女性教員に結婚後の辞職を義務づけていた」（Czajka, n.d.）。
- 教育を受けている女性に対する社会的抑圧は、女性のスポーツ参加への考え方にも影響を与えた。たとえば、自転車という名の最新式の乗り物を自由に楽しむことさえ、医学界の権威者や社会評論家たちの解釈の対象となった。
  - 1890年代後半から1900年初めにかけて、女性たちは、自転車に乗ることで生じる危険性について警告されていた。自転車のペダルを踏んでバランスをとるという負担がかかるので、**自転車顔**と呼ばれる見た目のよくない姿になってしまい、これは一種の疾患とみなされたのだ（Fee & Brown, 2003）。
  - 『ニューヨーク・ワールド』紙は1895年の記事の中で、自転車に乗る女性が品格と礼儀作法を失わないために避けるべき41のことを並べたてた。風刺と社会評論を混ぜたような形だが、このリストの中には、ファッションに関するアドバイス（「男物の帽子はかぶらないこと」；「どんな感じなのか試してみようと、兄弟の服を着たまま自転車に乗らないこと」）、女性にふさわしい振る舞い（「自転車の俗語は使わないこと。そうしたしゃべり方は男の子たちにやらせておけばいい」；「男性の付き添いなしに、暗くなってから外に出ないこと」；自転車レースをするのはレディにはふさわしくない。"スコーチャー"［訳注：自動車や自転車のスピードを出して乱暴な乗り方をしていた人々の呼び方］がやることだ）、安全な乗り方（上り坂で自転車に乗るときに手助けを断らないこと；坂を下るのは危険である）などが挙げられている。リストの終わりには、女性が自転車に乗ったとしても「公式記録にもならないし、記録破りもできないだろう」、なぜなら「そうしたことはスポーツだからだ」［訳注：女性は"スポーツ"としては自転車に乗れない、ということ］という警告で結んでいる（Popova, n.d.）。

第1部　女性スポーツの過去と現在をつなぐ

女性の愁訴と、女性は弱いとする根拠のない科学

　トーマスの反応は真実をついていたにもかかわらず、エリオットやその他の人物たちが支持したこの時代の科学はしぶとく、女性は傷つきやすい性質だという考えをあおり続けた。19世紀後半の通俗的な医学的見解によれば、女性は生まれつき一定限度量の生命力しか保持しておらず、思春期、生理、そしてとりわけ出産という生殖機能のために、この中で大量のエネルギーを蓄えておく必要がある。女性の人生において最も重要なのは母親になることであるから、生殖という宿命を果たすためにエネルギーの保全が必要であり、厳しい身体運動や高等教育といった負担の大きい余計な活動は控えるべきだとされた（Hoffman et al., 2009）。

　現代から見ると当惑してしまうこうした考え方が生まれた背景には、当時、男女双方にとって、健康上のリスクに関する不安は極めて現実的なものだったことがある。栄養不足、劣悪な衛生設備、大気汚染、過密状態の生活環境、安全性に欠ける職場などが、公衆衛生上の問題を引き起こし、命に関わる病気（コレラ、インフルエンザ、天然痘、結核、腸チフスなど）の蔓延につながった。ほとんど前兆もなく現れ、ひどい結果をもたらす流行性の空気感染症は、回復した人々の心に消しがたい痕跡を残し、健康問題に対する社会的関心と不安をもたらした。

　女性の健康に関する医学的見解は部分的に、女性の行動の選択と自己防衛の手段を重々しく制限する社会的慣習に基づいていた。結婚した女性たちは、夫に服従することを誓い（夫がこの誓いを立てることはなかった）、十分に健康かどうか、またそれを望むかどうかにかかわらず「妻の務め」（夫とセックスをすること）を果たさなければならなかった。こうした状況の中で、男性より弱い性としての女性という歴史的認識は、新しい意味をもつことになる。子どもをたくさん産むことは、身体に大きな負担をかけることにもなる。出産してからまた次の子を妊娠するまでの間に休息を必要としていても、避妊手段はあてにならず、女性たちに選択の余地はほとんどなかった。そこで、女性たちは、自身を守る方法として、女性の弱さからくるとされていた症状が出たふりをしたり、利用したりする戦略をとった（Smith-Rosenberg, 1972）。女性たちはこうしたやり方で、自分の身体をコントロールしようと試みたのだが、めまいや「片頭痛」、一般的不調を装った戦略は、女性は弱いという一般的な認識をかえって強めることになり、症状そのものが矛盾をつくりだす結果になってしまった。全身神経症やヒステリーの発作を起こしやすく、気まぐれで、息苦しそうにしていることが、女性のある種の魅力とさえされたのである。

　自分たちのためにならないことを強いられるのに抵抗しようと女性たちが時に打算的に演出したか弱さは別にして、脆弱とみなされる症状の明らかな原因は、当然のことながらしばしば間違った解釈をされたり、見落とされたりしていた。その代表的な例が、

10

第1章　歴史のレンズを通して見た女性スポーツ

コルセット[2]と呼ばれる、当時の女性が身に着けるのを当然のこととしていた下着である。コルセットは、ウエストのくびれた体形（細い腰、持ち上げた胸、強調された臀部）をつくりだすために、腰をひもで締めあげるガードルだ。このようなものを身に着けていれば、胃腸障害や、腰痛、骨盤の痛みなどで、めまい気味になったとしても不思議はない。

　社会学者であるソースティン・ヴェブレン（Thorstein Veblen）は、コルセットについて、女性の活力を下げる一方、上流階級の女性は生産的な仕事には従事しないという事実を視覚的にも肉体的にもさらに強固にする「mutilation（〔身体〕変工）」だとした（1899）。コルセットは社会と流行に関する表明であり、そこにはいかなる肉体労働にも携わる必要のない有閑階級の財政的余裕が投影されていた。たとえば、女性の手に肉体労働による傷跡や胼胝（タコ）があるなどもっての他で、きれいに手入れされていることが重要視された。上流階級の女性たちはまた、洗練されたおしゃれに精を出し、歩くのに困難なフレンチヒールを履き、ずしりと重い高価な布製の服を何数も着重ね、さらにその下にはコルセットを着けていた。コルセットのせいで失神ソファというソファに連れていかれる女性もいた。これは、コルセットを着けているとまっすぐに座れないため、背もたれの一部分を高くして、コルセットを着けたままでももたれかかれるようにした家具である。

　自分のアイデンティティに悩み苦しんだり、うつ病を患ったり、抑圧的なしつけや独自の思考と精神をものにしようとする重圧で疲れ切ってしまった女性たちを待っていたのは、無情で手荒な治療法だった。医者たちは、女性が全身の不調を訴えたり、神経を張りつめた状態に陥っているのを見ると、女性として満たすべき規範に達しようとする努力が足りないせいだとした。そして、いわゆる安静療法を命じたが、その実態は、女性を数ヵ月、時には数年にわたり、窓に鉄格子のついた部屋に鍵をかけて閉じ込めるというもので、患者たちはただベッドに横になったり食事をとったりするしかできなかった。限られた量しかない女性のエネルギーを従順な性格へと導き、家庭と夫が必要とするものに向けさせる必要があるという理論のもと、安静療法により、患者はものの見方を新たにし、自分自身のことよりも女性に求められる規範を優先して、受け入れるようになるはずだとされていた。

　　前述したような症状は、女性らしさが足りないせいで生じると無意識のうちに考えられていたので、その治療は、処罰であると同時に更生手段になることも意図されていた。治療を通して女性らしさを認識させ、医者の見事な手腕に全面的に依存させようというものだった（Wood, 1973, p.37）。

　作家であるシャーロット・パーキンス・ギルマン（Charlotte Perkins Gilman）が1892年に書いた短編『黄色い壁紙（The Yellow Wallpaper）』で巧みに描写しているように、女性を社会とのつながりから切り離して孤立させ、医者の監視のもと独房に監禁された

ような状態にする安静療法の治療としての有用性には大いに疑問があり、女性たちを狂気に追い込む場合もあったことが明らかにされている。

女性の体育教育と美しいが弱い性

女性は学業のプレッシャーに耐えることができないのではないかという世間の懐疑的な意見に応えるようにして、女性の体育教育は女子大学において展開した。1873年から1910年までスミス・カレッジの学長だったL・クラーク・シーリー（L. Clark Seelye）は就任演説で、大学は女性に悪影響を及ぼすのではないかと危惧する一般的な見方に直接言及して、「もし彼女たちの健康が著しく危険に曝されるようなことがあれば、それが女性の高等教育に対する解決しがたい反対意見であると私たちは認めます」（1875, p.27）と述べた。シーリーのように他の女子大学の学長や創設者たちも、体育教育カリキュラムの導入は、大学に託された女子学生たちの健康に注意を払っていることを示すことができるという意味で、利点があると考えた。そして、女性の体育への積極的参加を妨げる暗く悲観的なシナリオに対して異議を唱える医学原理を探し出し、自分たちの理念を支持してくれる、当時わずかながら医学界に存在した女性たちの意見に目を向けた。

アメリカにおける最初の女医となったエリザベス・ブラックウェル（Elizabeth Blackwell）は、すべての年代の女性たちにとって体育が有意義であることを固く信じて疑わなかった。1859年に行った女性の健康についての一連の講義の中で、ブラックウェルは、運動は人生の第一原則であると述べた。ヴァッサー・カレッジの評議委員会は1865年、体育を女性教育の一環としてとらえ、「最重要ではないにしても、本質的に考えると（…）他のすべてのことの基本となるものである」とし、女子学生が成功を収めるためには、健康こそ不可欠な要素であるという認識を示した。スミス・カレッジのシーリー学長は、「女性特有の身体構造を考慮した運動を取り入れれば、若い女性たちは、普段の活動と同じように安全に体育の授業を受けることができる」と指摘した（1875, p.28）。

大学に通う女性の数が多くなるにつれて、女性の体育教員の必要性も増した。こうした穴を埋めようと、サージェント・スクールとボストン体育教員養成学校は、1900年までに体育の女性指導者養成に取りかかった。母親としての女性の社会的役割を認めつつ女子学生の健康管理に重点を置くという考え方は、カリキュラムにも反映され、身体を鍛えるための運動から育児に関する講義にいたるまで、広範囲にわたる活動が組まれた。女性の体育教員は医療スタッフと連携して学生一人ひとりの健康診断を行い、食生活、体重、睡眠習慣、運動への適応性、月経周期などを細かく記録した。

女子大学の体育教科は、管理下にある学生の健康を守るという大変重要な取組みに重点が置かれていたものの、徐々にではあるが確実にスポーツが取り入れられるようになり、体育の授業を楽しむという側面が生まれていった。私立の女子大学、共学の大学、

州立大学、州立教員養成学校で 1833 年から 1900 年の間に実施された調査によると、長距離ウオーキングからフィールドホッケーに至るまで、14 のスポーツ種目が体育教科のプログラムに取り入れられていた。女性の体育を控え目で緩やかな形の運動に規制しようとする取組みにもかかわらず、女性たちは自分がやりたいと思う身体活動を始めるようになっていった。そしてついに、「女性たちは体操やお決まりの運動にはなかったものをスポーツに見出すようになった」（Sack & Staurowsky, 1998, p.56）。

女性向け体操服の開発

　体育が責任ある女性教育モデルに必要な要素として学校の科目に取り入れられるようになると、その際どういう服を着るべきかという議論が持ち上がった。実際、女性向けの流行のドレスは動きを制限するため、生徒にとっての問題を生み出しはしないが問題を助長する状況をつくりだし、そうした環境で授業を行う女性体育教員は指導能力をきちんと発揮することができなかった。

　「よき服装の教え」に基づく流行の服というのは、通常スカートの下に着けた、最多で 15 層にものぼるペチコートとクリノリン［訳注：スカートを膨らませるために針金などを輪状に連ねた下着］が、締め上げたコルセットの上から床に広がるようなものだった。1800 年代後半のファッション雑誌に見られる流行の女性服は胴の部分が細身で、5〜10 cm の衿には「絶対曲がることのないアルミメッキのカラーサポート」がついていた（Sack & Staurowsky, 1998, p.56）。こうした服を、糊づけしたキャミソールと下着の上に着けるのだった。その他にもスカートの張り骨と腰当といった仕掛けでゆったりとした襞をつくって女性の体に独特の形をつくりだしたが、嵩が増して体全体のバランスを取るのを難しくした。1800 年代後半のスタイリッシュな女性が身に着けていた衣服一式は、9 kg ほどの重量があった（Lebing, 1987）。

　こうしたファッションの監獄から女性を解放しようという動きが、服装の改革を目指す運動を生み出した。女性の体育教員たちも、この運動に足並みをそろえた。女性の独特な服装が女性自身の健康を損ない、受動的な姿勢、明白な依存に追いやるような役割を果たしている事実を理性的に感じたり、女性たちがコルセットと重い服に締めつけられ、そもそも健康に気を配ることすらできないでいるのを見て、改革の現実的な必要性に気づいたからだ（Baker, 2013）。そして、たいていはズボンの上に着るチュニックとセットではなくブルマーという身体を拘束しない服装が、スポーツや体育の際の運動着として、使われるようになっていった（Lannin, 2000；Marks, 1990）。

女性とバスケットボールの出会い

　スミス・カレッジの体育教育主任であったセンダ・ベレンソンが、1890 年代に新しいスポーツであったバスケットボールを取り入れたとき「女子大生たちは教育を通じて自

第 1 部　女性スポーツの過去と現在をつなぐ

由というものを少しずつ実感し始めており、それを表現することのできる競技に取り組む準備はできているようだった」（Sack & Staurowsky, 1998, P.57）。

　ジェームズ・ネイスミス（James Naismith）が YMCA（キリスト教青年会）のスポーツ愛好者のために考案したルールを女性向きにする際、ベレンソンは男性のバスケットボールとは異なる、女性のための空間をつくることに注意を払った。ベレンソンは「以前からよくいわれているように、女性は疲れやすいので、競技性の高いチームスポーツは精神的にも肉体的にも対応が難しい。だから生殖器を傷つけないような、コート上でも女性が動けるようなガイドラインが必要である」（Sack & Staurowsky, 1998, p.57）と考え、女性向けに調整したのだという。女性のスポーツ愛好者が息切れしたり無理をしすぎたりしないようにと、コートは 3 区画に分けられた。ドリブルの回数制限、ボールをキープしていい時間、攻撃的なプレーを禁ずるルールなどを組み込んで、1890 年代のしとやかな女性の基準にあうように、ゲーム方法を修正したのである。

　ルイジアナ州のソフィー・ニューカム・カレッジでは、より厳しく女性のしとやかさが求められた。クララ・ベール（Clara Baer）は、ゲーム方法の変更許可を得るためネイスミスに手紙を書いた後、バスケット（basuquette）という名の新版バスケットボールをつくりだした。コートはやはり分けられたが、今度は 9〜11 もの区画に分けられた。18〜22 人が一度にプレーしたが、決められた区画外に出ることは禁じられ、プレイヤーが無理をしすぎないようにとゲーム中は点をとることよりもパスに重点が置かれた。バスケットはドリブルやガードもなく、転ぶことも、声をかけ合うこともない競技だった。

　こうした新種の女子バスケットボールは、女性は劣っているという社会的観念に疑問をはさまなかったが、「学生たちに与えた解放感は革命的なものだった」（Sack & Staurowsky, 1998, p.57）。ベレンソンもゲームの重要性を評価して、革命的という受けとめ方をした。彼女は、真の女性らしさとは心と身体双方の発達に基づくべきだと信じていた。また、弱い女性を好む社会の傾向には我慢がならなかったとみえ、女性を「か弱さを誇り、失神をおもしろがり、ヒステリーに魅せられている、細い腰、小さな足、小さな頭脳の乙女」だとする考え方を批判している（Ikrad, 2005, p.10 に引用されている）。

　1800 年代後半になると、洗練されたムードの中で礼儀正しく競うことが、女性たちの間で初めて当たり前の光景になっていった（Sack & Staurowsky, 1998）。娯楽を学生たち自身が生み出すしかないような、大学のキャンパス内で制限された寮生活において、女子バスケットボールのゲームは、活力あふれる学生たちが集まり、友人たちを応援し、コミュニティとしての学校内でのつながりを認識することのできる場を与えたのだった。しばしば教員たちの示唆で開かれたクラス対抗のバスケットボール大会が盛り上がってくるにつれ、出場する学生も間近でその様子を見守る学生も、お互いの関わり方や周囲の変化を感じとっていった。歴史家であるリート・ハウエル（Reet Howell）は、こうしたスポーツイベントが生み出す高ぶりを、次のように伝えている。

14

第 1 章　歴史のレンズを通して見た女性スポーツ

「体育館の中は大騒ぎで興奮に満ちていた。廊下と階段は多くの人で埋め尽くされた。どこもかしこも、おしゃべりし、笑い、叫び、クラスの応援歌を歌う女の子たちでいっぱいだった。バルコニー席では（…）1100 人近くの若い女性たちがドキドキしながら更衣室からコートの両側に通じる入り口を見つめていた。そしてバルコニー席は両側共、それぞれのクラスの（イメージ）カラーで派手に飾りつけられていた（Sack & Staurowsky, 1998, p58 に引用されている）。

1904 年万国博覧会でチャンピオンになったフォートショー・インディアン寄宿学校女子バスケットボールチーム

　私たちが知っている女子バスケットボールの歴史の多くは、プレーのために女性が費やすことができるエネルギーと努力を規制し、ルールを定めることに関しての議論により基礎が築かれてきたが、その一方で、いくつかの示唆に富む重要な出来事が見落とされたり覆い隠されたりしてきた。それらは周期的に浮上しては、いつの時代にも女性アスリートにとって多様な現実があったことを思い出させてくれる。1904 年のフォートショー・インディアン寄宿学校女子バスケットボールチームの物語は、まさにそうした一例である。ネイティブ・アメリカンに対するアメリカ政府の政策により、ネイティブ・アメリカンの子どもたちが家から引き離され、政府が運営するインディアンスクールで教育を受けていた時代に、フォートショー・インディアン寄宿学校で学ぶ 7 つの異なる部族出身の 10 人の若い女性たちが、バスケットボールチームとして集まった。フォートショーの「先住民の少女たち」は男子チームと試合をするために 80 km の道のりをはるばる馬車に揺られてやってきて、フルコートで戦い、勝利を収めた。男子チームに対する勝利はとどまることなく、モンタナ大学には 25 対 1、モンタナ州立大学には 22 対 0 で勝利した。熟達したミュージシャンやダンサーでもある彼女たちは、ハーフタイムには芸術の素養も披露し、人種やジェンダーによる偏見（あざ笑われたり、"squaws"［訳注：ネイティブ・アメリカンの女性を軽蔑する表現］と呼ばれたりしただけでなく、自分たちが政府の政策の見世物として使われていることも自覚していた）に曝されたが、持ち前の品位と個性、才能で立ち向かった。フォートショー・チームは、セントルイスで開かれたセントルイス万国博覧会では、つめかけた観客を前にして、ミズーリ州オールスターズを相手に勝利し、モンタナの新聞記者たちは彼女たちのことを「誰もが認める（…）世界チャンピオンだ」と書きたてた（Peavy & Smith, 2008, p.330）。

女性がスポーツを楽しむためのカルチュラル・スクリプト*をつくりだす

＊訳注：ある社会の人たちが共有する基本的な考え方や価値観の集合。

　女性がどれだけ熱心にプレーし、競技中に情熱をむき出しにしていいのかという問いと、女性のスポーツ参加はそもそも不自然なものだという捉え方の間のせめぎあいは続き、女性がスポーツを行う諸条件についての数えきれないほどの議論が繰り広げられた。これは、女性スポーツをめぐる問題の特徴である。

15

第1部　女性スポーツの過去と現在をつなぐ

> 「ミニーという役に対して、とても強い結びつきを感じました（…）彼女には天性の才能があり、私のように背が高く、そして強い意志をもっていました。彼女は両親ともネイティブ・アメリカンという出自でした。フォートショーは単に試合に勝っただけではなく、礼儀正しくもありました。彼女たちに向けられていた憎しみは、勝つごとに薄れていき（…）敬意に変わっていったのです。このチームの活躍が、ネイティブ・アメリカンの文化において、今日に至るまで続くバスケットボール人気に影響を与えていると思います」
> ——ポーレット・ジョーダン Paulette Jordan（フォートショー・チームを題材にした映画『Shoot, Minnie, Shoot』で、ミニー・バートン〔Minnie Burton〕を演じた）

　オハイオ州の体育教員であったグラディス・パーマー（Gladys Palmer）が1929年に書いた著書『Baseball for Girls and Women（あらゆる世代の女性のための野球）』はそうしたケースに当てはまる。パーマーは、1800年代後半から子どもから大人までの女性たちの間で規則に変更を加えたインドアで行う野球の人気が高まっていたにもかかわらず、アウトドアで行う野球のための女性向けルールがない現状を見て、この本を書く必要性を感じたという。女性が野球を楽しむことに対して起きつつある変化を指摘するパーマーは、一見進歩的に見える。彼女は、プロ野球選手からスポーツ用品メーカーの企業家となったアルバート・スポルディング（Albert Spalding）の視点を、女性たちがどのくらい野球に近づいてきたかを測る一種の基準値として用いた。

　女性たちが、クリケット、ローン・テニス、バスケットボール、ゴルフなどのスポーツ分野でささやかながらその存在を確立し始めたのを容認しつつも、スポルディングは、野球は大変激しいスポーツなので「私たちの妻や姉妹、娘、恋人が、グラウンドで野球をプレーするなどありえない」（Palmer, 1929, p.10 に引用されている）という見解にあくまで固執した。彼は、女性が野球場に足を踏み入れることはあってはならないが「スタンドに座って、すばらしいプレーに拍手を送り、三塁打を打ったヒーローにスカーフを振り、この先ずっと地元チームの忠実な同志であり続け、審判がひどい判定を下したら冷笑してみせるのはかまわない」と記している。

　著書の目的を考えれば、パーマーも国内にいる彼女の同僚の体育教員たちも、野球と女性の役割に関するスポルディングの狭い見解に同意するはずがなかった。著書の中で彼女は、野球は男女共に、自身で素早く決断し、考えを行動に移す調整能力を伸ばし、他の選手たちはどう動くか予想する能力を育むことができると主張した。また、男の子でも女の子でも野球によって忠誠心、自信、責任感、スポーツマンシップといった資質を促すことができるとした。

　しかしながらこの進歩的な考え方は、アウトドア野球の女子用ルールを決める指針の原則を導くとなると、彼女の言う「すべての年代の女性に特定の要件」を満たす必要が

あるという見方に取ってかわられる。男の子たちは野球ができるように生まれついているので、上手投げができるけれども、女の子たちは肉体的にも心理的にも、過酷な野球のゲームに耐えられるようにはできていないとしたのだ。パーマーは、長い間野球がすべての年代の女性に不向きとされてきた以下の4つの理由に対しては異議を申し立てず、しかも事実として示したのである（1929, p.11）。

● 野球の複雑なテクニックは難しすぎて、一般女性には習得できない。
● 塁間距離が長すぎる。
● 男性向けの野球に基づきつつ、もっと単純でよく練られていて、激しさを抑えたゲームでなければ、参加しても利点はない。
● 小さくて硬いボールを使うため、不必要な怪我の危険に曝される。

『Baseball for Girls and Women』は、硬いボールを使った本格的なゲームを目指すつもりがないのであれば、女性が野球のようなスポーツを行うのを認めてもいいだろうという、当時の科学と教育の主張に基づいた一連の論点を入念にまとめあげている。パーマーや彼女の同僚たちは、女性が競技を行うことの重要性は認識していたものの、女性向けに野球のルールを改定するのは、1つには女性たちがあくまで娯楽として楽しんでプレーするためで、2つ目には自ら野球を体験することで観客としての参加がしやすくなるからだ、と慎重な姿勢を崩さなかった。

パーマーのルール集はそうした形でルールを改定しただけでなく、政治的・社会的権力者、そして教育界や医学界における権威者たちが掲げる、社会における望ましい女性像についての主張そのものをも広めることになってしまった。今日の私たちから見れば、女性の体育教員が女性の野球参加を全面的に禁じようとするスポルディングの立場に反対しておきながら、一方では女性の身体的・精神的弱さを強調する意見をなぜ受け入れてしまったのかと理解に苦しむ。その理由は複雑で、簡単に答えを見出すことはできないだろう。しかし、いずれにしても、『Baseball for Girls and Women』は、女性の体育教員たちが、女性を従属的な役割におとしめるようなものの見方の制約を受けつつも、女性のスポーツ参加の機会を広げようとするために、思案を重ね、微妙なバランスを取りながら行動していたことを教えてくれる。彼女たちが、女の子も男の子と同じやり方で野球をやればいいと言うのをためらったのは、ジェンダー間の境界を飛び越えることへのプレッシャーがいかに強かったかを示している。

パーマーがこの本を書いたのは、フラッパー［訳注：1920年代に、伝統的な価値観に反発した活動的な女性を指す］時代の終わり頃である。当時、社会の道徳観はゆるみ始めていたものの、女性を弱い性としてとらえる医学的立場がなおも女性のスポーツ能力に関する一般的な理解に大きな影響を与えていた。女性の代弁者であるはずのパーマーは次のよう

第1部　女性スポーツの過去と現在をつなぐ

に書いている。「男の子はみな生まれつきボールを投げる能力があるが、女の子にはないため、ボールを投げようとすると、ゆるく上に投げてしまうか、前腕だけ使った弱々しい投げ方をしがちだ。その結果、投球のスピード、距離、正確さを得るために不可欠な動き、すなわち肩と背中の筋肉を使い、右足から左足へ体重移動するということができない」(1929, p.17)。

　1800 年代以降、時代と共に期待される女性像に大きな変化が生まれ、人間としての将来性と潜在的な力を存分に発揮することが可能になり、女性にとって重要な勝利が勝ちとられた。とはいえ、時代と共に、挫折や撤回もあり、女性がアスリートとして競技に参加し競うこと自体に反対する勢力も存在し続けた。そういった反対勢力は、女性らしさに疑問をはさんだり、品格を中傷したり、スポーツ選手としての業績に対し本当は女ではないのではないかと細かく詮索することをやめなかった。

> 「私は、クレイトン・カーショウ (Clayton Kershaw)〔訳注：メジャーリーグを代表する投手〕のようにカーブを投げ、モネ・デーヴィス (Mo'ne Davis)〔訳注：リトルリーグのピッチャーとして、ワールドシリーズにも出場〕のように速球を投げる」
> 　　　——モネ・デーヴィス

---

[1] 女性の子宮がヒステリーやその他の精神的に不安定な症状の原因になっているという捉え方は、ビクトリア朝時代以前にさかのぼる。属性として用いるにせよ、解釈の仕方として取り入れるにせよ、女性の健康、セクシュアリティ、身体能力、精神状態といった問題への取組みに、そうした見方がいかに長い間、強く影響を与え続けてきたかについては Gilman らの著書 (1993) 第 1 章に詳しい。

[2] コルセットの歴史は複雑で、細い腰を強調する流行のイメージに女性たちがどのくらいこだわっていたのかについては、研究者たちの間に様々な意見がある。腰周りを 35〜38 cm にしぼっていた女性たちの話がたくさんあるが、歴史家たちは、そうした芸当は実際には稀だったのではないかと推測している。コルセットにもいろいろなデザインがあり（砂時計のようにくびれた形のものだけではなかった）、女性の体に及ぼす影響もそれぞれ異なっていた。このテーマに関しては、より詳しい研究が幅広くなされているので、Davis (2014) を参照していただきたい。

第2章
タイトルⅨ、そしてその先へ
公民権と女性運動が女性スポーツに与えた影響

本章のポイント

- 学校教育における男女平等を定めたアメリカ合衆国連邦法であるタイトルⅨ成立の背景。
- タイトルⅨのスポーツ現場での適用。
- タイトルⅨがスポーツ現場に与える影響。
- タイトルⅨと今後。

第 1 部　女性スポーツの過去と現在をつなぐ

2012 年 7 月 4 日、デスクワークの最中にふと目を上げると、家の前を 20 代らしき女性が 5 歳くらいの娘とジョギングで通り過ぎるのが目に入った。母親は見守るように娘の方に顔を向けながら、横を走る小さな足にペースを合わせていた。ブロンドの巻き毛がリズムを打つようにはね、娘はにこやかに母親に微笑みかける。まるで走っていることを誇りに思っているような笑顔だ。その行先に何が待っているかを知るまでには、今後何年もかかるのだろう。

どんなに言葉を尽くしても、またどれほど研究を重ねても、美しく、純粋で喜びに満ちたこの瞬間を――女の子たちが走ったりプレーしたり、世界の中の自分の居場所を主張したりする機会が、自分自身の可能性を発揮することになることを――表現することなどできない。女の子たちは、自分に何ができるか、何に優れているか、何をするのが好きか、誰と一緒にするのが好きか、うまくなるにはどうしたらよいか、といったことに気づき始めている。こうした自己発見はスポーツに限らず、自然に起こることである。心臓が鼓動し、当たり前のこととして呼吸し、脳シナプスが発火し、生命の根源である血液が静脈を流れる、といった活動こそが、人間という存在の証なのである。

わが家の前の並木道で起きたことは、極めて個人的な物語であると同時に、広く政治的な含意のある物語でもある。端的に言えばこの場面は、スポーツと共にある人生がどんなものかを初めて味わっている若い競技者の物語である。それと同時に、平等を勝ち取るためにアメリカの女性が長きに渡り経験してきた物語の一部でもあるのだ。

このように公の場で母親がさりげなく娘にスポーツの手ほどきをする物語は、抑圧的なサイクルがようやく断ち切られ、これが社会的に許容されない政治的革命に等しい行為とはもはや見なされなくなったことを表している。また、ほぼ 2 世紀に渡って繰り広げられてきた女性運動が成功し、アメリカの女性が参政権、財産所有権、生存権、自由権、幸福を追求する権利を求める戦いに勝利したことの証でもある。

あの母親への疑念や娘の先々のことを心配するような社会的抑制因子はいっさい見あたらないのだから、この情景は説得力があった。ジョギングをする女の子にしろ女性にしろ、将来像としての女らしさ、本質的に女性であること、社会的立場や健康を脅かすような権威者の声は聞こえてこなかった。

アメリカでの学校教育における性差別を禁じたタイトル IX が 1972 年に成立してから

「女だからバスケットボールはできない」といった考え方をする社会で育つなんて、私には想像もできなかった。[数々の「変化」について] 時間をとって考えることが、私たちにとって重要であろう」
　　　　──マヤ・ムーア Maya Moore（コネチカット州ハスキーズ史上最多のポイントゲッター、
　　　　　　NCAA〔全米大学スポーツ協会〕で 2 度の優勝経験をもつ）

第2章 タイトルIX、そしてその先へ

40年後、espnW［訳注：アメリカのスポーツ専門チャンネル］はこうした物語を「モザイク画」という言葉を使って表現し、その一例として、ある親子の物語を報じた。図らずもこれはバラク・オバマ元アメリカ大統領と、その娘たちの物語だった。オバマ大統領は、娘のサーシャのバスケットボールチームでコーチを務めた経験について、次のように述べている。

> どんな親にとっても、自分の子どもが好きなことを見つける様子を見ているときほど充実感を覚える時間はない。親は子どもが「やりたいことがあれば、どこまでもそれを追求できる」と信じて成長し、「できるところまでやってみよう」というまさにアメリカ的な考えをもつようになるように、何でもしてやることだろう。（Obama, 2012, para. 2）

オバマ大統領は、男女同権の障壁がすべて取り払われたわけではなく、タイトルIXを浸透させる上でやるべきことはまだ多く残っている、として、「タイトルIXを強く推進し続け、アメリカの学校がすべての児童にとって等しく成功への機会を提供する場となるようにする」という公約を宣言した（2012, para. 9）。当時、タイトルIXとは何か、それが何を求めているのかを正しく理解している人はごく限られていたという事実を考えると、これは重要な公約だった。

オリンピックの陸上競技で3回金メダルに輝いたジャッキー・ジョイナー・カーシー（Jackie Joyner-Kersee）は、タイトルIXの女性スポーツへの影響に関するドキュメンタリー映画『Sporting Chance』の上映挨拶で次のように述べている。「タイトルIXとは何かさえもわかっていない人がたくさんいる。現状を変えなくてはならない」（Simpson, 2012, para. 9）。同様に、2008年オリンピック・北京大会に16歳でアメリカ代表として出場し、金メダルを獲得した体操選手ショーン・ジョンソン（Shawn Johnson）は「オリンピック代表に選ばれるまで、タイトルIXのことを知らなかった」、「育っていく中で実際に教えられているとは思えない」と述べている（Simpson, 2012, para. 13）。

女性スポーツを、そして解放を祝うその瞬間があることの意義を十分に理解するためには、タイトルIXの背景にある物語を知る必要がある。タイトルIXは女性スポーツのみならずアメリカ社会全体の女性の立場にどう影響してきて、また今後どのように影響することになるのか？　タイトルIXをスポーツ現場で適用する上で基礎となるのは何だろうか？

「タイトルIXは立法府が制定した法律なのだから、立法府によって破棄される可能性もあることを、私たちは忘れてはならない」
　　　　──パッツィー・マツ・タケモト・ミンク Patsy Matsu Takemoto Mink
　　　（「タイトルIXの母」として知られるアメリカの政治家）

タイトルⅨの背景にある物語

　教育に熱意をもつ若い女性バーニス・サンドラー（Bernice Sandler）は 1960 年代にメリーランド大学に進学し、博士号を取得して大学の専任教員に就くことを目指していた。聡明で志が高く、勤勉な学生だったサンドラーは、博士課程で優秀な成績を収め、卒業を目前にして将来の可能性に心躍らせていた。しかし卒業後、想像もしていなかったことが彼女を待ち受けていた。非常勤講師をしながら学位を取得した後、何度求人に応募しても採用されなかったのだ。所属学部には空いているポストがいくつもあるのに、彼女にポストを与えようとしないことに疑問を感じ、サンドラーは直に学部長に尋ねた。すると、学部長は、彼女が「女のくせに生意気だ」から雇ってもらえないのだとぶっきらぼうに答えた（Sandler, 1997）。

　「女のくせに生意気だ」というのは、女性を雇いたがらない男性の教授陣や（大学の）経営陣が 1960 年代に共通して感じていたことだった。当時、女性は資質も責任感も男性に劣り、また仕事より結婚や家庭を優先して男性だけの職場環境を乱すとみなされていたので、女性が高等教育の教職に応募しても拒否されるのが常だった。この拒絶をきっかけに、サンドラー博士はアメリカの学校教育における性差別廃止に向けた運動の第一人者となった。

　教育現場における女性の地位に関する報告が皆無に等しかった時代、サンドラー博士は、こうした形の差別が女性当事者や社会全体にどのような害を及ぼしているかを初めて訴えた。当時、性差別という概念はまったく新しいものだった。市民の公正かつ平等な扱いを誇る民主主義国家で、女性が二流市民として扱われている現状を適切に伝える語彙がまだ存在していなかったのである。歴史家スーザン・ウェア（Susan Ware）が指摘しているように「性差別主義やセクシュアルハラスメントという表現は一般的でさえなかった」（2011, p.46）。

　タイトルⅨ法案通過に至るまでは、今日のアメリカ、そして他の西洋諸国では信じられないようなことが慣例となっていた。女の子たちが大学や専門学校に進学するには、男性を上回るテストの点と成績を取らねばならなかった。大学は入学者数を維持することで、限られた人数の女性しか高等教育を受けられないようにした。どんなに優秀な女子学生も、男子学生ほどの経済的支援は受けられなかった。また、単に「女性だから」という理由で、女性が教職に就くこともできなかった。

　サンドラー博士はやがて Women's Equity Action League（女性平等行動連盟）という新組織に関わるようになり、そのメンバーの紹介で下院議員エディス・グリーン（Edith Green）（オレゴン州民主党員）という同志と出会う。グリーン議員は任期中にアメリカの学校教育の改善に全力で取り組み、後に「ミセス・エデュケーション」と呼ばれた（Blumenthal, 2012）。教育関係者が女子学生を平等に扱っていないことを問題視したグ

第 2 章 タイトルⅨ、そしてその先へ

リーン議員は、1970 年夏、高等教育現場で女性が直面している障壁について 7 日間の議会聴聞会を開いた。この聴聞会での証言を聞いたグリーン議員は「アメリカの教育機関は民主主義のとりでとはなっていない」と述べた（Tolchin, 1976, p.32）。サンドラー博士はこの聴聞会の記録の編纂を担当し、2 巻からなる全 1300 ページの報告書を作成し、その中で女性が学校で不当に扱われているとの主張に対する高等教育の先導者らの反論を論破している。聴聞会で明らかになった内容の一部を以下に挙げる（Blumenthal, 2005 ; Sandler, 2002）。

● 1960 年代初頭にバージニア州立大学は女性志願者 2 万 1000 人［訳注：1950 年まで白人のみ、1970 年まで男性のみしか入学が許可されなかった］を不合格としたが、男性の不合格者はいなかった。
● ノースカロライナ大学のパンフレットには、女性の入学は「特に能力が高ければ許可する」（男性はこの限りではない）と書かれていた。結果的に 1970 年の男性入学者 1900 人に対し、女性入学者は 426 人にとどまった。
● ミシガン大学では、志願者のうち優秀な学生は女性の方が男性よりも多かった。このため大学側は女性の入学定員を変更し、新入生のクラスで女子生徒数が男子生徒数の半数以下であり続けるようにした。同数にしなかったのは、女性が「あまりにも多い」のは好ましくないと大学側が判断したからである。
● 当時、医大やロースクールの大部分が、学生 100 人中の女性の数を 5〜10 人以内としていた。このため 1960 年代終盤のアメリカでは、医師のうち女性の割合は 7% にすぎなかった。
● 小学校から高校までの教員の大部分が女性だったが、女性が校長に昇格する例は稀で、学校長はほぼ例外なく男性だった（タイトルⅨが大学、ロースクール、医大、そしてスポーツプログラムへの参加に及ぼした影響については表 2.1 参照）。

サンドラーによれば「何よりの収穫はおそらく、この聴聞会をきっかけに、教育現場の性差別は議論に値する問題と認められたことだ」（Ware, 2011, p.46）。またこの聴聞会を契機として、2 年後のタイトルⅨ採択の準備が整った。グリーン議員は下院議員パッツィー・ミンク（Patsy Mink）（ハワイ州民主党員、p.25 参照）と上院議員バーチ・バイ（Birch Bayh）（インディアナ州民主党員）の協力を得て、議会の流れを方向づけ、この法案を可決に導いた。タイトルⅨが可決されたとき、それがアメリカ社会のあらゆる側面に大きな影響を及ぼすことになろうとは、誰が予想したであろうか。

タイトルⅨは 1972 年教育改正法に取り入れられた。この一括法案の採択後にウォーターゲート事件が発覚し、当時の大統領リチャード・M・ニクソン（Richard M.Nixon）は退任に追い込まれた。オムニバス的にこの法案の「高等教育と奨学金への主要な予算

23

第1部　女性スポーツの過去と現在をつなぐ

表 2.1　1971〜1972 年と 2013〜2014 年の教育プログラムにおける少年・少女および男性・女性の参加比較

プログラムまたは設定	参加者の性別	年間参加	
		1971〜1972	2013〜2014
高校（代表チーム対抗戦）スポーツ競技参加数	少年	3,666,917	4,527,940
	少女	294,015	3,267,664
NCAA（代表チーム対抗戦）スポーツ競技プログラム	男性	170,384	267,604
	女性	29,977	205,021
学位取得数	男性	500,590	787,231*
	女性	386,683	1,052,933*
医学部入学数	男性	10,435	9,499
	女性	1,653	8,579
司法学校入学数	男性	85,554	73,668
	女性	8,914	65,387

＊National Center for Education Statistics, 2014.

配分、奨学金、ネイティブ・アメリカンの教育改善資金」などに関する条項に報道関係者の関心が集まったが、「最も物議をかもしたのは、人種差別に関する裁判所命令の施行が延期されたこと」だった（Buzuvis, 2012, para. 1）。

　タイトルⅨの意味が立法者や教育担当官に浸透するまでには時間を要したものの、間もなくタイトルⅨの時代が訪れ、それ以降のアメリカにおける男子と女子、男性と女性の教育に対する取組みは、それ以前とはまったく異なるものになった。タイトルⅨはわずか 37 語で構成されていることから「最も短い法律」とも呼ばれるが、40 年以上に渡り常にアメリカの教育に影響し続け、この法案成立によって連邦政府からの教育補助金の確保とその利用の機会を変化させることになった（Blumenthal, 2012；Buzuvis, 2012）。

タイトルⅨの法制定の経緯の概要

　タイトルⅨの可決当時、この法案は概して「1960 年代の市民権法ほどの歴史的重要性」はない、地味な法案と見なされていた（Ware, 2011, p.47）。制定当時のタイトルⅨの重要性にかかわらず、その意義と影響力を正しく認識するには、タイトルⅨと 1960 年代以降の市民権法との関係に目を向けねばならない（Anderson, 2012）。タイトルⅨが初めて導入されたとき、バーチ・バイ上院議員は、この法律の文言は、人種、肌の色、国籍による差別を禁じるタイトルⅥの言い回しが反映されていると述べた。バイ議員は、タイトルⅨは法律の抜け穴を埋めるために考え出されたとした上で、「教育のあらゆる

24

第 2 章　タイトルIX、そしてその先へ

タイトルIXの生みの母パッツィー・ミンク

　1958 年のハワイ州議会議員 25 人の集合写真に写っている唯一の女性議員が、パッツィー・マツ・タケモト・ミンク（Patsy Matsu Takemoto Mink）である。ミンクはその生涯を通じて各方面における「最初の」女性となり、その活躍が受け継がれていくことになるのだが、この写真はまさにその象徴である。彼女はマウイ高校時代に女子で初の生徒会長を務め、連邦議会では初のアジア系アメリカ人女性議員となった。

　1964 年の選挙で当選を果たしたミンクは、1965 年から 1977 年までハワイ州選出の連邦議会議員を務め、1990 年に再選されてから 2002 年に没するまで議員職にあった。アメリカ下院議員ではなかった 1977〜1978 年には、ジミー・カーター（Jimmy Carter）政権下で海洋・国際環境担当国務次官補を務めた。また Americans for Democratic Action（民主的行動のためのアメリカ人）会長（1978〜1981）、ホノルル市議会（1983〜1987）評議員を務め、個人としても弁護士業に従事した（1987〜1990）。さらにはハワイ州議会の活動を監視し公表する組織 Public Reporter（1989〜1991）を創設した。

　「女性の権利を積極的に、粘り強く擁護し、ベトナム戦争に真っ先に強く反対し、教育、環境、福祉、市民権に関わる問題を主導した」(Ruth, 2008, para. 2) 女性としても知られるミンクは、タイトルIXの主たる起草者の 1 人でもあり、この法案には後にその功績を称え、彼女の名が付けられた。この法律とミンク自身の影響について、メイジー・ヒロノ（Mazie Hirono）上院議員は次のように述べている。「パッツィーのレガシーは、教室でも競技場でも公明正大に競い合うチャンスを与えられた、アメリカのすべての女子学生と競技者の中に生き続けている」(Wang, 2014, para. 6)。

　ミンクは次のような言葉を残している。「人は自分が耐え忍んでいるものにより形づくられる。だから現状に甘んじ、何も行動しなければ、そのままずっと生きていくことになる。しかし、現状を変化に向けた 1 つの過程と捉えるなら、人生はそれほど不公平なものにはならない。人生はより良いものにできるはずである。それは多分私のためではない。私自身の過去を変えることはできないのだから。でも、これから先、他の女性たちが、私と同じ目にあうことのないように他の誰かを助けていくことはできる」(Wang, 2014, para 5)。

レベルでの性差別撤廃を国是とすべき」だと述べた（1972, p.5807）。

　制定されたタイトルIXの文言は次のとおりである。

　　アメリカ国内における何人も、連邦政府が助成する教育プログラムや活動において、性別を理由に参加を阻まれたり、利益を享受できなかったり、差別されることがあってはならない。（20 U. S. C. Section 1681 (a), 2011）

　多くの人が何年も前から気づいていたように、この法律はスポーツや体育教育の現場については明白に言及していない。議会がこの法律を検討した当時はわずかな質問しか挙がらなかったが、ある時点で、タイトルIXは学校側に男女合同（混成）チームの設置を義務づけているのかという質問があった。それに対しバイ上院議員は次のように答えている。

第1部　女性スポーツの過去と現在をつなぐ

　　私の意見では、この法律ではフットボール場の人種差別廃止を義務づけてはいません。
　　私たちが目指すのは、この法律により学校における教育課程と課外活動の機会が男女
　　に等しく与えられるようにすることであり、これにはフットボールのような特殊な活
　　動は含まれていません。また大学対抗フットボール、あるいは男子ロッカールームでの
　　人種差別廃止を求めているわけでもありません。(1971, p.407)

　タイトルIXをスポーツ現場で適用できるかに関するこうした議場での短いやり取りか
らは、その法律を認識したNCAAの先導者ら（当時は全員男性）の間で沸き起こった論
争は見えてこない。NCAAはジョン・タワー（John Tower）上院議員（テキサス州共和
党員）を筆頭とする連邦議会の主要な政策立案者の支援を取りつけ、タイトルIXの適用
範囲からスポーツを除外する修正案（後に**タワー修正条項**として知られるようになる）
を可決させようとした。この試みが失敗に終わると、NCAAは収益をもたらす男性ス
ポーツ（主としてフットボール、および収益レベルは劣るがバスケットボール）のタイ
トルIX適用除外を訴え始めた。

　これもまた実現には至らなかったが、後に**ジャビッツ修正条項**が可決された。この修
正条項により、HEW（アメリカ保健教育福祉省）は、「各競技の特性」に十分配慮しつ
つ、学校現場でのタイトルIX適用と履行を促す規則を準備し公布する役割を担うことに
なった（NCWGE, 2007）。フットボール関係者の間では、タイトルIXを根拠として男性
スポーツと同額の資金を女性スポーツに提供する義務が課せられるのではないかという
懸念が生じていたが、「各競技の特性」という表現を用いたことで、その懸念はいくらか
弱まった。条文では、期待されていることが明確に述べられつつ、運営方法は競技に
よって異なっており、したがって同額の財政支援が必要というわけではない旨が明記さ
れている。クロスカントリーチームの選手名簿は、フットボールチームの名簿よりも少
ないに違いないし、アイスホッケー選手の装備一式と水泳選手の装備一式では、必要な
金額が異なるに違いない。タイトルIXに基づく平等の考え方では、男女それぞれの競技
者に提供する資金は同額でなければならないという鉄則を当てはめるのではなく、こう
した競技特性による違いを考慮すべきとされた。

　HEW職員にとって規則の作成という任務は日頃より要請されていることで、連邦政
府の3部門［訳注：立法府、行政府、司法府］を象徴するアメリカ政府内のチェックアンドバラ
ンスのシステムを証明することが常に求められていた。学校での性差別を禁じる法の
必要性が明らかになり、連邦政府は立法府の権限の下、タイトルIXを可決した。この法
案が法律になると、今度は行政府がHEWの適切な機関を介してタイトルIXを学校現場
に導入し、遵守させるためのガイドラインをつくる役割を担った。この法律の具体的な
文言の意味と合憲性を巡る議論が生じ、訴訟が起きると、司法府（連邦裁判所制度）の
出番となる。

　しかし、実際にタイトルIXを適用する段になると、その対応は今まで通りというわけ

にはいかなかった。草案作成中にロビイスト、弁護士、教育管理職、アスレチックディレクター、コーチ、教員、保護者らから寄せられた意見は実に 1 万件を超えた（Carpenter & Acosta, 2005）。スポーツ現場はこの法律の対象となる学校教育のほんの一部であるにもかかわらず、これらの意見の 9 割以上がタイトル IX のスポーツ現場での適用を求めていた。

タイトル IX はスポーツ界の痛い所をついたのである。法案可決の時点では、1978 年までに教育現場ではこの法への完全なコンプライアンスが達成されると見込まれていたが、男性スポーツ界からの抵抗にあい、タイトル IX コンプライアンスは 1970 年代どころか 1990 年代半ばまで持ち越されることとなった。しかも女性アスリートへの公平で正当な処遇には、依然としてばらつきが存在していた。

たとえば、スポーツ局をタイトル IX の適用対象外にしたいという NCAA の要請は、「グローブ市立大学対ベル訴訟」の最高裁判決に基づき、短期間ながら 1984 年から 1988 年まで認められた。この訴訟では、ペンシルベニア州西部の小さなキリスト教学校が、自分たちは連邦政府から直接に補助金を受けてはいないのだからタイトル IX コンプライアンス義務はないと主張した。最高裁は、グローブ市の学生は連邦政府の助成金計画の対象となっており、したがって財政支援を受けていることになるとしてこれを認めなかったが、判決文では、大学内でタイトル IX が適用されるのは、学資援助を受けている局に限られることが確認された。

このグローブ市の判決を前例として、スポーツ局が何らかの形で連邦政府の助成金を直接受け取っていない場合は、タイトル IX のコンプライアンス義務はないと考えられるようになった。この判決後、裁判所は大学のスポーツ局等に対するタイトル IX 訴訟を却下するようになった。そして、このグローブ市訴訟の判決の結果、「4 つの公民権の適用範囲が著しく狭まり（…）女性、マイノリティ集団、高齢者、障がい者の基本的公民権が容赦なく脅かされ、否定され、無視される」ことになった（Anderson, 2012, p.343）。これに対し、連邦議会は 1988 年公民権復活法を制定し、タイトル IX が教育機関全体に適用されることを明確にした。

連邦政府がタイトル IX の参考資料を増やしていったことで、曖昧な箇所や混乱を呼ぶ箇所が徐々に明確にされていった。参考資料には、1978 年 12 月発行の「Intercollegiate Athletics Policy Interpretation」、1990 年発行の「Title IX Athletics Investigators Manual」、およびアメリカ教育省の OCR（**公民権局**）（かつての HEW〔保健教育福祉省〕）などの回覧状や書簡などがある（Ali, 2010；Ali, 2011；Cantu, 1996；Cantu, 1998；Monroe, 2007；Monroe, 2008；Reynolds, 2003）。こうした努力にもかかわらず、タイトル IX 制定から 20 年目の 1992 年までに、スポーツ現場において、この法律に従っている学校はごくわずかだった。このことから、女子学生や女性がスポーツ分野で男性と平等の権利と機会を得ようとするとき、いかに大きな抵抗に直面するかがわかる。

第1部　女性スポーツの過去と現在をつなぐ

　ある意味、こうしたコンプライアンスの遅れは、この法の規定解釈を協議し、方針マニュアルをまとめるのに時間を要した結果でもある。また、公民権施行ガイドラインで、コンプライアンスの期限を厳密に定めず、単に「妥当な時間内に」としていたことも遅れの一因となった。しかし管理職らは、不当な扱いに対する原告からの訴え（原告側には高額の費用がかかる）が起きない限り、特にコンプライアンスに向けた努力は必要ないと判断していた。なかには、誠意をもって女子学生の権利擁護に協力し尽力するよりも、訴訟で争う方がましだと考える管理職さえいた（Pemberton, 2012）。

　しかし1990年代にタイトルⅨのコンプライアンスを求める声が高まったのを契機に、事態は進展した。第1にNCAAジェンダーエクイティタスクフォースが、大学対抗戦参加者の7割近くを男性が占めるカレッジスポーツプログラムにはびこる著しい不平等の実態を報告し、物議を醸した。財政の点でいえば、当時は運営予算の77％、奨学資金の70％、新人募集資金の83％が男性のプログラムに投じられていた（Hosick, 2007）。

　第2に、高等教育関係者は「フランクリン対グウィンネット郡公立学校訴訟」での最高裁判決に注目した。この訴訟ではタイトルⅨのコンプライアンス違反を訴えた原告が勝訴し、意図的な差別に対する賠償金と訴訟費用の支払いが命じられた。実質的に、学校現場で性差別の解決に尽力しなければ罰金を命じられる恐れがあることを、教育関係者は初めて実感したのである。この判決後、「1992年から1995年までに、訴訟数において最初の急上昇を見て24件の判決がくだされた」(Anderson & Osborne, 2008, p.150)。

　第3に、「コーエン対ブラウン大学訴訟」という重要な訴訟で、タイトルⅨの履行のために新たに導入された規制が試されることとなった。この訴訟を受けて、学校はこの規制のコンプライアンス義務を負うことになった。

　第4に、タイトルⅨに基づき男子チームへの補助金がカットされれば、タイトルⅨは「逆差別」を招きかねない、という原告男性のいくつもの訴えはすべて却下された。こうした裁判所の判決では、男性スポーツへの助成プログラム等が廃止されたとしても、男性はより多くの機会があり、財政投資の額も多く、より多くの奨学金をもらっているので、男性アスリート全体では女性より利益を得ているとされた。こうした判例から、当初のタイトルⅨの施行計画では、学校でどのスポーツ種目を実施するか、あるいは実施すべきかという規定はなく、その判断は各校に委ねられていたことがわかる。

　第5に、スポーツ競技における情報開示の公正規定（EADA）が1996年に可決された。これにより、連邦補助金を受けている大学には、男性競技と女性競技に提供している資金の内訳を毎年公開報告することが義務づけられた。その結果、特定の学校における男女平等の実態を知りたければ、いつでもインターネットでその報告を見ることができるようになった。競技への経済援助の内訳には不備があっても、こうした報告義務が課せられたことで、市民は地元の学校がタイトルⅨのコンプライアンスのために何をしているかを検証することができるようなった。

こうして地盤が整っていったにもかかわらず、2000年代初頭のジョージ・W・ブッシュ（George W.Bush）政権下では、タイトルⅨのコンプライアンスは遅々として進まなかった。ブッシュ大統領は教育省にタイトルⅨとそれがスポーツの機会に及ぼす影響を検証するために委員会をまとめるよう命じた。こうした政治的圧力を受けて、タイトルⅨが根本的に変更されることになりはしないかという懸念が生じた。タイトルⅨのもとに成し遂げられた進歩が政治により後退させられるかもしれないという意識が広がる中、タイトルⅨをめぐり激しい議論が交わされるようになった。最終的には、2005年にOCRがスポーツにおける女性の利権とその評価方法に関する詳細な規則を公表した。広く告示されることも情報提供されることもなかったこの規則は、事実上、男女学生へ等しくスポーツの機会を提供することに関して学校が満たすべき基準を引き下げてしまった。学校は「コンプライアンスを証明するには、女子学生にEメールでアンケートを送り、学生がそれに返信しなかった場合は、その学生はスポーツに関心がないと見なしてよい」ことになった（Save Title Ⅸ, 2006, p.1）。この規定はやがてオバマ政権によって2010年に撤回されることになる（Hosick, 2010）。

タイトルⅨ以降のスポーツプログラムの発展

タイトルⅨが可決された1972年当時、大学レベルでスポーツをしている女子学生は3万2000人に満たなかった。女性スポーツへの経済支援の割合は2％で、女性のスポーツ奨学金は皆無に等しかった（National Women's Law Center, 2012）。タイトルⅨ可決から数十年を経て、2013〜2014年度には大学レベルでの女性のスポーツ参加率は584％上昇し、参加の機会も20万5021件に増大した。高校レベルでも、2013〜2014年度の女子学生のスポーツ参加率は1011％増加し、高校の女子チームがプレーする機会も1971年〜1972年の29万4015件から326万7664件へと急増した（National Federation of State High School Associations, 2014；表2.2参照）。1965年から2012年までの在籍学生数にはばらつきがあり、近年ではその数が数百万増えてはいるものの、学生数は合計5千万人前後（うち高等学校は約1500万人）にとどまっている。したがって女性のスポーツ参加者の増加は、女子学生全体の数が増えたことだけが原因ではない（National Center for Education Statistics, 2013, 2015）。過去と現在のこのような違いは、現在では女性ア

表2.2　スポーツをする高校生

年	1971〜1972	2013〜2014	増加率
女性	294,015	3,267,664	1,011%
男性	3,666,917	4,527,940	23.46%

Data from National Federation of State High School Associations（2014）.

第1部　女性スポーツの過去と現在をつなぐ

表2.3　NCAA代表チームのスポーツ参加機会

年	1971〜1972	2013〜2014	増加率
女性	29,977	205,021	584%
男性	170,384	267,604	57%

Data from Irick（2014）.

スリートがスポーツをする機会が増えたことによるものだろう。一方、1971〜1972年にはすでに女子よりもはるかに多くの男子がスポーツに参加していたことを考えると、スポーツをする男子がそれほど増えていないのも驚くことではない

　タイトルⅨが男性スポーツを駄目にするという懸念は、子どもから大人までの男性のスポーツ参加者数に関する懸念から生じたものではない。学校の運動選手の数は依然として男子が女子を上回っており、2013〜2014年度の男子高校生のスポーツ人口は450万人を超える（22％の増加：NFSHA, 2014）。大学レベルでは、2013〜2014年の男子のスポーツ人口は1970年代前半と比較して57％高く、男子が学校代表としてNCAAでプレーする機会も26万7604件あった（Irick, 2014, **表2.3**参照）。

　全米女性法律センター（National Women's Law Center）（2012）によれば、高校レベルでは、アスリートの男女比は極めて偏っており、男女が平等に扱われていないことがわかる。「コーエン対ブラウン大学」などのタイトルⅨをめぐる重要な訴訟の多くで女性アスリートを弁護したアーサー・ブライアント（Arthur Bryant）弁護士は、概してNCAAのエリートプログラム（ディビジョンI-FBS）では、学校から女性アスリートに提供されている補助金の割合は、全体で28％、募集費用では31％、そしてスポーツ奨学金は42％にとどまると指摘している（Bryant, 2012）。

タイトルⅨについて知っておくべきこと

　タイトルⅨはこのように学校制度に大きく影響する法律だが、興味深いパラドックスも抱えている。アメリカ史において、タイトルⅨは女性の参政権を認めたアメリカ合衆国憲法修正第19条と同じくらい重要な法律だが、これを生徒に教えるための一致団結した取組みは非常に少ないのである。たとえば、ある研究によれば、タイトルⅨの適用範囲を理解している教育者の割合は半数に満たない（Nash, Klein, & Bitters, 2007）。さらに「タイトルⅨが保障する権利を認識している学生や保護者は極めて限られている」（Nash et al., 2007, p.89）。無作為に選んだアメリカ国民1000人に対する2007年の電話調査も同様の結果となった。回答者の8割以上がタイトルⅨを「強く支持する」と答えたが、約6割の人が準拠のために何をすべきかわからないと回答した（Mellman Group, 2007）。2011年3月に実施された『ニューヨーク・タイムズ』紙/CBSニュースの世論

30

調査では、回答した成人 1266 人のうち 64％がタイトル IX についてほとんど、あるいは
まったく知らないと答えている（2011）。

　スポーツ関係者のうちタイトル IX の知識をもつ人の割合を探った最近の調査によれ
ば、この法律についての知識が皆無に等しい人の割合が極めて高いことがわかる。Stau-
rowsky & Weight（2011）による NCAA の男女コーチを対象とした初めての包括的研究
で、タイトル IX に関する基本的な情報をテスト形式で尋ねたところ、合格者は半分もい
なかった。一方、タイトル IX に関しての正式な教育を受けたことがないと答えたコーチ
の割合は83.4％に上った。タイトル IX の監督役を務めるスポーツアドミニストレーター
を調査したところ、スポーツアドミニストレーター研修の中でタイトル IX についての専
門教育を受けた人は25％にすぎず、タイトル IX の理解度に大きな差があることがわかっ
た。このこともタイトル IX のコンプライアンスに関しスポーツアドミニストレーター間
の意見が一致していない一因だろう（Staurowsky & Weight, 2013）。

　このようにタイトル IX の理解が曖昧で、知識が欠けているために、この法律施行の仕
組みが整わなかったと思われる。タイトル IX の規則が可決された当時は、市民がこの法
の意義と必要性、保障される権利を確実に理解するための仕組みをつくることに注目が
集まり、その中で、各校がタイトル IX のコーディネーターをひとり任命するという要件
が設けられたのだった。この役職はコンプライアンスの検証、苦情の聞き取り、是正措
置と救済措置の監視、法の影響を受ける地域教育を行う役目を任されるはずであった。
しかし、こうした要件が設けられたにもかかわらず、これをいっさい無視する学校や、
こうした義務が課せられていることにさえ気づいていない学校もあった（Carpenter &
Acosta, 2005；Pemberton, 2012）。

　このような流れの中、管理職がタイトル IX の役割を真剣に考慮しているかが問題視さ
れた。Carpenter と Acosta が指摘しているように「タイトル IX の要件に関する情報を学
校内で共有する取組みとして、廊下の掲示板に担当者名と役職を掲示するのみ、という
学校がほとんどだった」（2005, p.8）。指名されたコーディネーターはタイトル IX 違反を
防ぐために、「タイトル IX の要件に関する学生と職員の認識度を定期的に評価し、コンプ
ライアンス義務について、最新情報をスタッフ（スポーツ現場に関係する人たち）に提
供する」ことを義務づけられた（Matthews & McCune, 1975, p.51）。

　おそらくタイトル IX の施行においてこうした機能不全がいくつもあったために、
NCAA のコーチのうち、タイトル IX コーディネーターが誰か知っていると答えたのは
1/3 にすぎず、42.5％がわからない、25.8％が所属大学にタイトル IX コーディネーターは
いないと答えている。「教育の役目は各校が直接担うと期待されていたことで、結果的
に、学生は概してこの法律の要件を理解しているとみなされ、コンプライアンスの取組
みは一貫性のない場当たり的なものになった」（Staurowsky & Weight, 2011, p.198）。

　タイトル IX の施行から 50 年が経過する中、きちんとしたタイトル IX 教育の継続を求

める声が高まっていった。やがて、この法律のスポーツプログラムへの適用方法とその基準に詳しい市民同士のネットワークが生まれた（Staurowsky & Weight, 2011, 2013）。公民権法であるタイトルⅨは、スポーツプログラムへの平等な参加の機会、こうしたプログラムにおける競技者の公平な待遇、の2つを定めている。

　平等な参加機会を与えているか否かは、過小評価されている性別の側（多くの場合女性）の関心と能力が十分受け入れられているかどうか、といった観点から確認される。その方法は**3つの確認**として知られている。学校側は3つの確認（**実質的な比率性、プログラム拡大に向けた経緯と継続的な取組み、関心と能力の受入れ**）のうちどれか1つを満たすべきとされている。このため各校は、以下のいずれかを実証する必要がある（Office for Civil Rights, 1979）。

- 実質的な比率性：男女学生の大学対抗競技会への参加の機会が、それぞれの在学者数の割合にほぼ比例して与えられている。
- 過小評価されているアスリート集団の関心と能力を向上させるためのプログラム拡大に向けた経緯と継続的な取組み。
- プログラムによって、過小評価されている性集団の関心と能力が十分かつ受け入れられている。

　タイトルⅨのもとでは、スポーツの定義に関しても検討されている。公民権局がミネソタ州ハイスクールリーグ宛ての書簡の中で答えているように、「学生が参加する特定の学校活動は、かなりのアスレティシズム的要素を要するが、すべての身体的活動がスポーツとみなされるわけではない」という見解が示されている（*Biediger v. Quinnipiac University*, 2013, p.46）。特定の活動がタイトルⅨの対象となるバーシティスポーツ［訳注：主に大学の代表チーム対抗戦のある競技］に該当するかを判断する際には、いくつかの要因を考慮する必要がある（**表2.4**）。たとえば、その構成と運営、チーム体制、競技性といった要因である（Monroe, 2008）。

　柔軟性を意図して、教育機関がタイトルⅨのコンプライアンス義務を果たすための手段として、高等教育の管理者には、所轄機関の使命、学部生の在校生徒数の構成、財務状況を最大限に反映した計画を自由に策定できる権利が与えられている。タイトルⅨでは、スポーツプログラムにおいて学校が男女を平等に扱うよう求めているが、いかなる場合も男女のアスリートを厳密に等しく扱わねばならないとしているわけではない（Cohen, 2005）。プログラムのうち、アスリートとして積み上げた経験の内容に重大な影響を及ぼし、タイトルⅨの対象となる要素には、トレーニング施設とそのサービス、スポーツ用具と消耗品、住居や食事の充当、ロッカールームとその付随施設、コーチングや学術支援を受ける機会、広報活動、試合と練習についてのスケジューリング、男女

第2章　タイトルⅨ、そしてその先へ

表 2.4　タイトルⅨ適用を決定づける要因の具体例

要因	考え得る要素
一貫したプログラム構造と管理体制	・経常予算 ・サポート体制（スポーツ医学、学術研究、ストレングス＆コンディショニング） ・コーチングスタッフ ・エスタブリッシュドスポーツ（伝統ある競技種目）と同様の推薦入学制度 ・アスリート向けの奨学金を得る機会 ・表彰の機会
チームの準備状況と競技	・練習（日程、時間数、内容） ・バーシティスポーツと同様の高いレベルの試合参加の機会 ・競技に関してのガイドライン、規制、ルールの内容 ・活動の優先目的——競争の機会を提供、あるいは、マーケティングや広報活動支援 ・競技レベルに応じた人的資源と財源（競技レベルを支えるスタッフ、コーチ、遠征費） ・レギュラーシーズンに合わせた、オフシーズンの試合

同額の遠征費の提供等がある（Staurowsky et al., 2007）。さらに学校はスポーツ奨学金を男女等しく提供することが要される（Bonnette, 2004；Carpenter & Acosta, 2005；Cohen, 2005；National Women's Law Center & Piper, 2007）。

タイトルⅨのコンプライアンス

　あなたの所属校のスポーツ局がタイトルⅨに準拠しているかは、どうすれば判断できるか？この法律が学校管理職に求めているベスト・プラクティスとは、タイトルⅨコーディネーターを指名し、タイトルⅨの要件に関するスポーツアドミニストレーター、コーチ、アスリート、家族および地域住民への教育を含めたコンプライアンスへの取組みを監視することである。また学校は、そのスポーツ局が以下の要件を満たしているかを常に確認し判断すべきとされている。

● 3つの確認に基づき、スポーツ参加の機会が平等に与えられている。
● スポーツプログラムに参加する男女のアスリートに、公正にスポーツ関連の財政支援を行っている。
● 男女のアスリートが 11 の処遇（スポーツ用具と消耗品、試合と練習のスケジューリング、遠征費、パーソナルな指導、コーチ、ロッカールームと練習・競技施設、医療施設とトレーニング施設、住居と食事、広報活動、支援、推薦入学等）において公平な待遇を受けているかどうか。

第1部　女性スポーツの過去と現在をつなぐ

　なかにはジェンダーエクイティ評議会を置いている学校もある。この評議会はタイトルIXコンプライアンスのための計画を策定し、必要に応じてそれを変更する責任を担っている。

　一方で、スポーツ局の政策と実践が、タイトルIXで期待されている基準をどの程度満たしているかを確認する仕組みがない学校もある。タイトルIXに甚だしく違反している場合や単に他の代替手段がない場合は、性差別の被害者がアメリカ教育省のOCR（公民権局）にタイトルIXのコンプライアンスに対する苦情を申し立てることができるし、弁護士を立てて訴訟を起こすケースも見られる。

　タイトルIXに基づく苦情をOCRに申し立てるのは、不公平な扱いへの注目を集めるのに比較的手っ取り早い手段である。連邦政府から財政支援を受けている学校がスポンサーとなっているスポーツ局において、性差別と思われる行為を目撃した人は、だれでもオンラインフォームを用いて、あるいはEメール（ocr@gov.edu）で苦情を申し立てることができる。OCR宛てに手紙やファックスを送ってもよい。状況を詳細に述べる（すなわちOCRの調査員が主要な人物の聞き取り調査を行い、特定のプログラム内に存在する問題を明らかにするのに役立つような情報や事実を提供する）ことにより、問題を解決に導きやすくなる。

　タイトルIXの徹底に向けたどのような取組みにも、利点と欠点がある。タイトルIXは性別にかかわらず学生を平等に扱う倫理的使命に関する法律であるため、学校がタイトルIXの履行状況を積極的に監視し、この法律のコンプライアンスによる恩恵を正しく評価することができれば、学校と学生の双方にメリットのある状況が実現される。しかし、学校内の仕組みには矛盾もある。男女のアスリートについてステレオタイプな考えをもち、タイトルIXのコンプライアンスに抵抗しようとする学校管理職もいれば、タイトルIXにより何が期待されているかを知ろうともしない管理職もいる。OCRや裁判所に救済を求めることになれば、原告と所属集団との間に緊張関係が生じかねない。裁判では、タイトルIXを根拠として差別を訴える原告が勝訴することが多いものの、訴訟手続きは時間がかかり、ストレスが大きく、有償の訴訟であれば費用もかさむ。OCRが公表した2015年度の報告書によれば、タイトルIXに基づく苦情申し立て9000件のうち4割近くがスポーツ現場に関するものだった（Lhamon, 2015）。

タイトルIXの今後

　年月が経過するにつれ、これまで教育管理職が不履行の言い訳に用いてきた常套句は、次第に説得力を失った。長年の議論と協議を経てタイトルIXの参考資料が揃ったことで、タイトルIXの要件への学校現場でのコンプライアンスが強く求められるようになった。タイトルIXのコンプライアンスを求めたことでコーチを解任されたアイダホ大学の副学長シンシア・ペンバートン（Cynthia Pemberton）は次のように述べている。「教育の機会均等とタイトルIXのコンプライアンスを達成するための取組みが開始されてから、全米市民の約半数が成人に達したことになる」（2012, p.609）。タイトルIXの施行40周年に当たる2012年、この法律にかつてないほどの注目が集まった。

　アメリカ文化においても、女性がスポーツに参加し、スポーツシーンの一部になるこ

第 2 章　タイトル IX、そしてその先へ

タイトル IX の履行と継続には多くの課題が残っているが、この法律がもたらす結果は明らかであり、より多くの女の子と女性がスポーツに参加する機会を得ることになるはずである。

とが当たり前になってきている。タイトル IX 施行から 40 年目を迎えるにあたり、この法律そのものが『スポーツ・イラストレイテッド』誌の表紙になった。娯楽とスポーツの世界的リーダーを自称する ESPN では、espnW のマイクロサイト、『ESPN The Magazine』誌の特別号といった多くのプラットフォームでタイトル IX を取り上げ、ESPN の番組『30 for 30』では女性スポーツに関する 1 年間のドキュメンタリーシリーズを放映した。NACWAA（全米大学女性スポーツアドミニストレーター協会）といった組織の主導により、タイトル IX がアメリカ全土の大学に属する女性アスリート、コーチ、スポーツアドミニストレーターの人生に及ぼした影響を記録するビデオプロジェクトが立ち上げられ、国内各地の地方紙も、高校スポーツに変化をもたらした女性スポーツの先駆者、娘のために法律の履行を主張した両親などをこぞって取材し、記事にした。2012 年 5 月、カリフォルニア議会では与野党議員 80 人のうち 71 人が共同で発議したタイトル IX 制定 40 周年の祝儀案が可決された。こうした前例のない扱いは、今後の女性スポーツ発展の有望な兆しである

しかし様々な意味において、女性アスリートを既存のスポーツシステムに組み込むための真の取組みは、緒に就いたばかりである。タイトル IX では性別で分ける考え方については何も触れてはいないため、真の男女平等を実現するためにはどうしたらよいか、慎重に検討していく必要がある。またスポーツの各制度で、子どもから大人までのすべての世代の男女を常に分けるべきか、混成チームが標準となる日が訪れるか、といったことを、今後さらに議論していかねばならない。その一方で、タイトル IX が約束したことを今後スポーツ界で実行に移していくためには、さらなる努力が求められている。

第3章
21世紀の女性スポーツ

本章のポイント

- 1970年代から現在までの基礎データの変化。
- 女性アスリートのパラドックスの概念。
- 女性アスリート"戦士"のパラドックス。
- 自分が強いことに対して申し訳ないという気持ちをもってしまう女性アスリートのパラドックス。
- 女らしさと男らしさのパラドックス。
- 女性アスリートのパラドックスを超越した女性アスリート。
- 「分離すれども平等に」主義のスポーツシステムにおける女性アスリート。

第1部　女性スポーツの過去と現在をつなぐ

2014年の夏、もしあなたが、最強のアスリートたちが筋力、敏捷性、タイミング、柔軟性、気転、度胸といった能力を使い、危険をはらんだ障害物を順に制覇していく、NBCテレビの『American Ninja Warrior』という番組を見ていたならば、男性に混じって挑戦する女性を目にしただろう。2014年の女性の活躍について、司会者のマット・アイスマン（Matt Iseman）は「今年は女性の年だった（…）今まで誰も完走できなかった予選コースを、3人もの女性が制覇した」（Bickel, 2014）と語った。元体操選手のケイシー・カタンザロ（Kacy Catanzaro）（身長152 cm、体重45 kg）は、決勝コースで女性初の勝利者を目指し、予選コースを力強く進む中で、「マイティ・ケイシー」というあだ名と、決勝戦出場と賞金50万ドルを手にするチャンスを得た（"Catanzaro Makes History," 2014）。

この番組になじみがない人たちには、テレビに映るコース自体が、手の込んだジャングルジムや、軍隊の新兵訓練風の子ども向け遊具のように見えるだろう。最初のラウンドを勝ち進んだ挑戦者は、様々なステージを進んでいくにつれて、さらなる難題を突きつけられる。タイムで勝敗を競い合うため、各コースの修了者にとって時間は重要である。サーモン・ラダー、ワープド・ウォール、クワッド・ステップス、スパイダー・クライムといったなじみやすい名前の障害物があり、挑戦者は空中につるされたままの状態で上半身だけを使って上下や前後に移動したり、とんでもない角度に据えつけられた場所を歩いたり、ある場所から別の場所へ跳んだり、急カーブの壁を横切ったり、到底登れないような壁をよじ登らされる[1]。足を踏み外したり、距離を見誤った挑戦者は水をはったプールに落ち、脱落となる。

カタンザロは番組の魅力を説明しながら、「タウソン大学を卒業して体操選手を引退した後、私には自分の時間と努力のすべてを捧げる何かが必要だった」と語っている（"Catanzaro Makes History," 2014）。彼女は何度も番組に出たことがある男性（のちにボーイフレンドとなった）に連絡を取り、コース突破の攻略法を探り始め、気楽に、だが強い意志をもって果敢に取り組んだ。2013年に初挑戦したとき、初心者としてはうまくやったが予選突破はできなかった。翌年、彼女はより高い目標を設定した。「私はここに戻ってこなくちゃいけないってわかっていたし、今度は絶対に成功したかった。『American Ninja Warrior』の第6シーズンで、ワープド・ウォールを制覇して女性で初めて予選を突破し、歴史に名を残すという夢がかなった」

スポーツ界において女性はどこまでできるようになったのか、ケイシー・カタンザロは、身体能力の高さ、頭の回転の速さ、強い意志という自身の力でそれを示し、彼女が成し遂げたことに皆が畏敬の念を抱いた。参加者のほとんどは男性だったが、彼女は自身の実力によってがんばり抜いた。彼女の運命は、まさに彼女の肩にかかっていたのだ。American Ninjaの会場ではアスリートとコースとの関係は明々白々であり、彼女の成功が能力やスキルによるものではないと言うならば、それは明らかに性差別である。した

38

がって、メディアの報道には彼女の女らしさに関する内容が含まれていたものの（女性アスリートのメディア報道については第11章を参照）、彼女のパフォーマンスについてのコメントは、常に彼女のアスリートとしての才能を褒めたたえるものであった。

　興味深いことに、カタンザロは男女別に競技するスポーツシステムの申し子である。彼女は元々体操選手であり、アメリカでは体操はあらゆる世代の女性たちにとって優位を占める競技である。2013年のアメリカの体操競技人口10万2295人のうち、72%が女性であった（アクロバティックやリズミック、タンブリングといった競技は含まれていないが、このような競技も含めるならば、女性比率は83%まで上がるだろう：USA Gymnastics, 2013）。

　カタンザロが21世紀のジェンダーを超えたアスリートを代表する存在なのか否かは、じっくり考えなければならない。古来、女性は男性と等しい運動能力をもっていた。それでもタイトルⅨが女性スポーツの普及に大いに貢献しながら、40年以上に渡って影響を及ぼしている世の中で男性と同等の存在として、一緒にあるいは男性に対抗して参加することに対する社会的制約に邪魔されることなく、アスリートとしての生活を思い描けるカタンザロの能力は、スポーツ界で明らかになりつつある女性が進む道が、さらに包括的なものになりつつあるということのエビデンスになるだろう。

　しかし、ここまでの道のりは長かった。その長い歩みの間、何度もめぐり合ってきた、すべての女性たちが果たしてアスリートとして完全に認められるようになったのだろうか、という問いに対する明快な答えはまだ出ていない。この章では、1970年代から現在に至るまでの基礎データをもとに、この間にどのくらい変化が起こったのか、21世紀になってあらゆる世代の女性たちはスポーツ界でどのように位置づけられているのか、を見ていく。

　この章ではさらに、基礎データに現れている変化を、スポーツ界のあらゆる世代の女性たちに関わるいくつかのパラドックスに着目して検討する。具体的には、女性アスリート戦士のパラドックス、自分が強いことに対して申し訳ないという気持ちをもってしまう女性アスリートのパラドックス、そして女らしさと男らしさのパラドックスである。はたしてこのようなパラドックスを女性アスリートたちは認識しているのか、また、「分離すれども平等に」を信条とするスポーツ関連組織は、女性アスリートに影響を及ぼすこれらのパラドックスを取り去るのか、それとも強めていくのかについても検討する。

> 「女性スポーツは、かつてないほど解放され、受け入れられるようになった（…）私たちの祖母の時代には、女性がスポーツをすると眉をひそめられ、時には禁止されもした」
> ──シベール・ミラー Sybele Miller

子どもから大人までの女性のスポーツ参加：基礎データの変化

　あらゆる年代の女性が参加するスポーツ界では、様々な発展が見られるにもかかわらず、平等に関する問題は一向に解決していない。はじめてスポーツを始める年齢の比較では、いまだに女の子は男の子より遅いままである。女性スポーツ財団が行った調査によると、男の子では 60％、女の子では 47％が 6 歳までに両親と一緒にスポーツを楽しんでいたということだった。スポーツの重要性については、小学校および中学校の全学年の男の子の 60％が、スポーツは人格形成において大きな意味をもつと回答した。一方、女の子で同様の回答をしたのは 37％のみであった（Kelly & Carchia, 2013）。

　女性アスリートは、達成感が低下し、心身の疲労からスポーツをやめてしまう燃え尽き症候群の発生率が高いのではないか、という指摘もある（Holden, Keshock, Forester, Pugh, & Pugh, 2014）。女性アスリートが大学でのスポーツ活動をやめてしまう理由として指摘されているのは、自由な時間が足りない、多くの活動に対して義務感を覚え無理をしていると感じる、遊ぶ時間がない、怪我をする、スポーツをするのが楽しくなくなった、などである（Bradford & Keshock, 2010）。

　より多くの子どもにスポーツを楽しむ機会を与える必要性を認識し、女の子は男の子に比べてそのような機会が与えられていないということを理解したアスペン研究所のスポーツ & ソサエティ・プログラム（Aspen Institute Sport & Society Program）は「プロジェクト・プレイ：アメリカの若者のスポーツを再構築する」と名づけたイニシアチブの一環として、2014 年 1 月にスポーツや健康に関する分野の国内の指導者を 250 人集めた。会合の目的は、アメリカでスポーツに参加する機会が最も少ない人たちを妨げているものに焦点が当てられ、さらに、そのような人たちのニーズに対応するための戦略について話し合われた。スポーツに参加する機会が少ないグループの 1 つは女の子である。

　人種や家庭の経済的状況の多様性に焦点を当てると、女の子でスポーツに参加できる子とできない子の格差は、男の子の間の格差より顕著であることがわかる。また、少なくとも 1 つのスポーツ団体に属している女の子の数が、男の子よりも多いということもほとんどない。男の子と女の子のスポーツ参加を、学年別（3 年生から 5 年生、6 年生から 8 年生、9 年生から 12 年生）や地域別（都市在住、郊外在住、地方在住）に見ていくと、男の子より女の子のスポーツ参加度が大きいのは、「地方在住の 3 年生から 5 年生」のグループだけで、女の子のスポーツ参加機会が男の子より 4％高かった（Sabo & Veliz, 2008）。

　2011 年の「平等なき前進」と名づけられた調査によれば、女子高校生のスポーツ参加に関しても同様の傾向がある（Sabo & Veliz, 2011）。この研究による主な結果は以下の通りである。

- 1993〜1994年から2005〜2006年にかけて、女子高校生のスポーツ参加機会が徐々に増えていったものの、2000年以降はジェンダー格差が縮まるペースが遅くなった。
- すべての地域(都市、郊外、町、地方)の各学年において、男子はスポーツ参加のための資金を女子より多く受け取っていた。
- スポーツ参加機会の割合が最も低いのは都会の高校で、最も高いのは地方の高校であった。
- 資金が豊富な高校は、そうではない高校に比べて、生徒たち(男女とも)スポーツに参加する機会が多かった。
- すべての学年と地域(北東部、中西部、南部、西部)において、女子は男子よりもスポーツに参加する機会が同じ割合で少なかった。

大まかにいうと、高校や大学で活躍する女性アスリートの人数の推移からもわかるように、タイトルIXの可決以来、女性のスポーツ参加は驚くほど増えている。図3.1に示されているように、1971〜1972年から2012〜2013年の間で、女子高校生に与えられたスポーツの参加機会は、1000倍近くにまで達している。また、NCAA(全米大学スポーツ協会)が運営する競技に女性の代表チームが参加する機会は570%増加した。

オリンピックレベルでは、冬と夏の大会において女性が参加できる競技種目や参加者数、そして女性の割合は、着実に増えている。1924年フランスのシャモニーで開催された冬季オリンピックに参加した女性は11人で、全競技者の4.3%にすぎなかった。対照

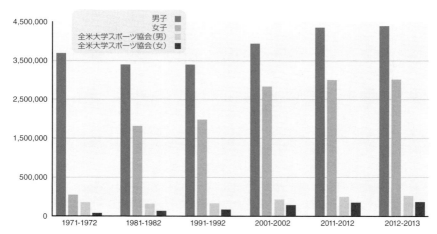

図3.1 学校・大学対抗スポーツへの男女別参加機会(1971〜1972年から2012〜2013年)
Created with participation data from the National Federation of State High School Associations (2013) and the National Collegiate Athletic Association (2013).

的に、2014年ロシアのソチで開催された冬季大会では、女性は全競技者の40.3％を占め、数にして1100人以上であった。夏季オリンピックではさらに女性の参加者が増え、2012年ロンドン大会では全体の44％を占めた。女性の割合が2.2％しかなかった1900年パリ大会と比べると、大きな違いである（International Olympic Committee, 2014）。2012年ロンドン大会では、アメリカ代表チームに参加した女性の数は史上はじめて男性を上回り、金メダルの数も女性のほうが多かった（Burke, 2014）。

　あらゆる世代の女性たちのスポーツ参加は増え続けており、そこから発展が読み取れるものの、スポーツとはそもそも男らしさを誇示するものであり、女らしさとは相容れないとする昔からのジェンダー観の影響はいまだに続いている。このような考え方は、男女どちらのスポーツプログラムに資金を提供するか、男女それぞれに提供する競技種目は何がよいか、男女それぞれにふさわしいとされる競技は何か、メディアは男女アスリートの活躍をそれぞれどの程度取り上げたらよいかを決める際にも影響を及ぼし、究極的には、男女アスリートがそれぞれ、スポーツをどのように経験すべきなのかといったことまでも左右する。本章では、女性アスリート"戦士"のパラドックス、自分が強いことを申し訳ないと思ってしまう強靭な女性アスリートのパラドックス、女らしさと男らしさのパラドックスの3つのパラドックスを通して、このようなジェンダー観の重大さについて探求していきたい。

女性アスリートのパラドックスの概念

　パラドックスとは、矛盾した特徴や性質が結びついている状況や人物、物事を指す言葉である。スポーツをしている女性は、どの世代であっても、女性をスポーツから引き離そうとするステレオタイプな見方と闘い、女性には何ができるのか／どうあればよいのか／どう感じればよいのかをめぐって起きる矛盾に何とか対処してきた。ジェンダー研究者 Vikki Krane ら（Krane, Choi, Baird, Aimar, & Kauer, 2004）が呼ぶところの「女性アスリートのパラドックス」、つまり、アスリートであることと女性であることは矛盾していると思われている状況の中を、女性アスリートは実際に生き抜いてきたのである。

　女性アスリートのパラドックスは、常日頃から語られている。ハフポストライブがインターネット上で公開しているスカイラー・ディギンズ（Skylar Diggins）のインタビュー（2015年5月11日）の事例を取りあげてみよう。WNBA（ウィメンズ・ナショナル・バスケットボール・アソシエーション）のチーム、タルサ・ショック所属の選手であるスカイラーは、「『美女と野獣』の精神で仕事をしている」と語っている（Brekke, 2015）。女性アスリートは競技に必要な強さ、タフさと女らしさの折り合いをどうつけるか「闘って」いる、というのが彼女の意見である。つまり、彼女たちはパラドックスを生きており、スポーツに参加する女性は年代を問わず増えているので、女性アスリートには、様々な矛盾が突きつけられている：

第3章　21世紀の女性スポーツ

- 社会的に女性は戦うことを禁止されている中で、女性アスリート "戦士" は自らの戦いをどのように理解したらよいのだろうか？
- 女性の美しさの基準は、ほっそりしていること、やせていることだと広く認識されている社会の中で、女性アスリートは自らの筋肉質の身体と強さにどう折り合いをつければよいのだろうか？　筋骨のたくましさが、魅力的な女らしさのシンボルになることはあるのだろうか？

　最終的に、私たちは次のような疑問で立ち止まってしまう。女性アスリートと男性アスリートを明確に分けるという前提で構築されたスポーツシステムにおいて、はたして女性アスリートと男性アスリートは平等とみなすことはできるのだろうか？

女性アスリート "戦士" のパラドックス

　アスリート "戦士" のイメージは、長らく男性アスリートと男性スポーツのものであった。フットボールのヒーローからボクシングのチャンピオンまで、男性アスリート "戦士" の頑強な肉体、鼻っ柱の強さ、勝気さ、そして威圧的なイメージは、スポーツ番組で毎日のように賞賛されている。女性アスリート "戦士" は、スポーツ界にまったく存在しないわけではないが、ごく少ない。長い間、選手のほとんど、もしくは全員が男性であったフットボールや野球、フルコンタクトや打撃が男性アスリートには許されても女性アスリートには禁止されているアイスホッケーやラクロスなど、女性アスリート "戦士" の概念は、男性ほど可視化されておらず理解されていない。アスリートであること自体が女らしさとかみ合わず、ボクシング、レスリングや武道のように身体的に接触する対決が必要な競技に参加すれば、問題はもっと複雑化していく。女性に期待される振る舞いと、女性アスリート "戦士" に必要とされるものとの矛盾もまたパラドックスを生む。

　あらゆる年代の女性がどんどんスポーツに参加するようになってきている。女性のスポーツ参加への社会的制約を最初に解き放った競技は、社会に受け入れられやすく、一般的な女らしさの概念を脅かすものでもなかった。たとえば、アーチェリー、ゴルフ、水泳、テニス、陸上競技などである。時がたち、身体的な接触や激しい動きを制限するルールが採り入れられる場合に限って、あらゆる世代の女性のチームスポーツへの参加が認められた。男性 "戦士" イメージが非常に強い競技にすべての世代の女性たちが参加できるようになるには、さらに時間がかかっている。高校スポーツに関するデータを見ると、1971〜1972年に女子の参加がゼロだった競技でも、2012〜2013年になると数千人の女性アスリートが参加していた。野球（1259人）、フットボール（1531人）、アイスホッケー（9447人）、ウェイトリフティング（7790人）、レスリング（8727人）で

43

ある（National Federation of State High School Associations, 2013）。

　興味深いのは、（女性に対して閉じられていた）これらの門は、タイトルIXにより開かれたわけではないということである。「コンタクトスポーツの例外」という、男性のコンタクトスポーツの過失を免れる余地をひねり出した方策が、タイトルIXの規約にあるため、それに参加したいすべての世代の女性たちは、アメリカ合衆国憲法修正第14条の平等保護条項に基づく差別撤廃を主張して、法に訴えなければならなかった。ボクシング、野球、フットボール、レスリングといった競技に女の子たちが参加するための闘いは、少しずつ門を押し開けていったのである（Caggiano, 2010；Fields, 2008）。

　おそらくESPN（スポーツ専門チャンネル）が、プロの総合格闘家ロンダ・ラウジー（Ronda Rousey）を2014年のベスト女性アスリートに選んで以降、女性のスポーツ参加の機会や社会的な受け入れが一気に高まった[2]。ラウジーは有名な柔道家であり、北京オリンピックのアメリカ代表選手として銅メダルを獲得した。男性の総合格闘家と同じように、その後、彼女はプロの格闘家の道を目指した。アルティメット・ファイティング・チャンピオンシップ（UFC）がその舞台となった。

　ラウジーは、UFCのCEOであり総合格闘技を1つの産業として確立させたダナ・ホワイト（Dana White）を説得し、女性格闘家育成に否定的だった彼の考えを変えさせたといわれている。ホワイトがUFCに女子部門を設立することを認めた後、ラウジーは女子部門で最も信頼が厚く成功を収めたが、なおかつ物議をかもす選手の1人になった[3]。

　ラウジーをめぐるジェンダーの話題は、強い女性にまつわる長年のアンビバレンスを呼び起こす。彼女への評価は様々である。身体的な強さを誇る勇者（ケージ[4]内は彼女の独壇場であり、たいていの場合、敵は1ラウンドで倒されてしまう）として称賛され、強烈すぎるアンチヒーローとしての役回りで嫌われ、さらにブロンド美女として性的対象とされる。彼女を恐ろしく威嚇的と感じる人たちがいる一方で、純粋にすばらしいファイターだと評価する人たちもいる。彼女の企業家精神や、その名声とキャラクターをうまく使ってハリウッドにまで進出したタレント性を称賛する人たちもいる[5]。

　ラウジー自身は、挑戦者となる可能性があったが、薬物検査で出場停止となったサイボーグ（ブラジルのクリスチャン・ジュスチーノ〔Cristiane Justino〕）を見下すような発言をし、女性アスリートと女らしさについての文化的疑念を明確にしている。サイボーグをスポーツ界に残すべきではないことを主張しながら、ラウジーはサイボーグの女性らしさを疑問視し、以下のようにコメントした。「あの子は長い間ステロイドを使っているのだから、もはや女性ですらない」（Thomas, 2014）。

　ラウジーをめぐる話題や彼女自身が話題を提供しているにもかかわらず、女性格闘家がベストな女性アスリートとみなされうるという事実は、スポーツ界における女性たちの展望が着々と境界線を越え続けていることを物語っている。

　ラウジーは女の子たちに対する社会全体の価値観や期待の変化を反映した存在なのか

第3章　21世紀の女性スポーツ

カットニスをはじめとする優秀な女性のアーチェリー選手たち

『ハンガー・ゲーム』のヒロイン、カットニス・エヴァディーン（Katniss Everdeen）は、アメリカにおけるアーチェリー人気を復活させた。映画評論家は、話の内容は時間と共に忘れられていき、彼女と同世代の少年少女に与えた影響が完全に理解されるまでには数十年かかるだろうと指摘している。その一方で、弓の使い手である2人の女の子の物語は、いろいろと考えるべき材料を与えてくれる。

サウスカロライナ州に住む好奇心旺盛なエラ・コキンダ（Ella Kokinda）は、7年生になったときにアーチェリーを始めた。サウスカロライナ州の天然資源局から支援を受けることになり、彼女は4年間指導を受けたコーチと共に、高校にアーチェリー部を創部した（Goyanes, 2012）。エラは2012年の全米学生アーチェリー大会で準優勝した。

地球の反対側では、インドのドリー・シバニ・チェルクリ（Dolly Shivani Cherukuri）が、5mと7mの距離で競うアーチェリー大会で200ポイントを出し、幼くして歴史的な記録をつくった。彼女にとって、3歳の誕生日を迎える9日前の出来事だった。父親に指導されて才能を開花させたこの天才児は、ヴォルガ・アーチェリー・アカデミーの希望の星となった。このアカデミーは、国際的なアーチェリー選手で、インドのナショナル・チームのコーチでもあった、彼女の兄も訓練を受けた施設である。誕生と共に弓と矢を贈られたドリーは、一家のアーチェリーの才能をしっかり受け継いでいる（Boren, 2015）。

もしれない。次々と現れる女性戦士たちは、文学や映画を通して女の子たちとその家族の人生に入り込んでいる。たとえば、『ハンガー・ゲーム』[6]のカットニス、『アベンジャーズ』のブラック・ウィドウ、『メリダとおそろしの森』のメリダ、『ダイバージェント』のトリスなど。彼女たちの共通点は、強い意志をもち、自らの人生を支配し、偉大なことを成し遂げるために危険もいとわない性格である。「勇敢で大胆、度胸があって反抗的で頑固。ステレオタイプなプリンセス役の少女とは全然違う」（Disney, 2012）と描写されるメリダのように、かつての「女らしさ」をもとにした「女の子らしさ」の概念はつくりかえられている。スポーツが得意なことでよく知られている21世紀のプリンセスであるキャサリン妃（ケンブリッジ公爵夫人）[7]のように、王国で一番の弓の使いとして国中に知れわたったメリダは、悲嘆にくれる王女のイメージを打ち破った。

戦う女性の人気を反映して、おもちゃメーカーは弓矢やおもちゃの銃といった戦闘モノの開発を進めて市場に出すように路線を変更した。おもちゃ売り場の通路の両側には一方にメイクアップやヘアセットのおもちゃ、ベイビードール、おままごとセットがずらりと並び、もう一方にはピンクや紫色のピカピカ光る戦闘モノのおもちゃが並んでいる（Stout & Harris, 2014）[8]。

『Playing to Win：Raising Children in a Competitive Culture（勝つために遊ぶ：競争文化の中での子育て）』の著者フリードマン（Friedman）（2013a）は、親と子どもは多様

45

第 1 部　女性スポーツの過去と現在をつなぐ

『ハンガー・ゲーム』のように、女性戦士が主役として描かれている人気のあるフィクションによって、女の子たちは身体能力が高いアスリート・ヒーローと自分自身を重ね合わせて、想像をふくらませるようになった。

な女らしさの形を受け入れるようになってきていると指摘する。200 人近い親、子ども、教員、コーチに、女の子たちが参加する活動（ダンス、サッカー、チェスなど）についてインタビューした結果、娘に対する親の期待には 3 つのタイプがあったという。優雅な女の子、攻撃的な女の子、そしてピンク色の戦う女の子、である。これらの言葉（表現）は、親が娘に特定の活動を勧める理由や、娘が希望する活動に対する親の反応を説明する際、顕著に用いられた。

> 「私はスポーツが好き。学校でのストレスや、友達との家での暇つぶしから逃れることができるから。運動するときはすべてのエネルギーを一瞬に集中させる。余計なことは何も考えなくていいし、とても気持ちよく感じる」
> 　　『Graceful Girls, Aggressive Girls, and Pink Warrior Girls（優雅な女の子たち、攻撃的な女の子たち、ピンク色の戦う女の子たち）』に登場する女子アーチェリー選手の言葉

　たとえば、娘にダンスをしてほしいと考えている親は、優雅な振る舞い方や社交のエチケット、対人関係のコツなどを教わる活動が娘には大切であると感じていた。また、このような親は、男性目線で評価される魅力を磨くことの真価も認めていた。競技はダンサーの努力を外部の人に評価してもらうことで間接的なものとなるように注意深く運営されていたので、彼女たちはお互いに支えあうようになった。
　フリードマンの調査対象者の親の中で、娘にサッカーのようなスポーツを勧める親

は、娘が「オンナノコオンナノコした子（ダンスを選ぶような女の子）」にならないように育てようと強く意識していた。ある父親は、娘に対する期待をこのように語っている。

　　娘にはもっと積極的になってもらいたい。彼女はとてもかわいいけれど、女の子っぽい子にはなってほしくない。チアリーダーみたいね。チアリーダーが悪いってわけじゃないんだけれど、娘には人生の選択肢を広げてほしい。もしも会社の重役になりたいとしても、その道でやっていけるように。(Friedman, 2013b, p.135)

　フリードマンによれば、インタビューの間、サッカー少女のすべての親が「積極的（agressive）」または「自己主張が強い（assertive）」という言葉を使っていた。

　チェスが娘に何か可能性を与えてくれるのではないかと思っている親は、娘がピンク色の戦士(男の子と面と向かって競り勝ちながらも、自分が望むのなら女らしさを要求する社会的圧力に同意することもある女の子)になることに対して寛容さをもっている

ミスティ・コープランドとアンダーアーマーの「私の意志のままに」キャンペーン

　2014年、スポーツシューズとウェアのメーカー、アンダーアーマーは、女性アスリートにアピールする新しいキャンペーンを始めた。ターゲットはハイレベルな競技に参加するアスリートや、ピラティスやキックボクシング、フィットネスバイクといった激しいワークアウトプログラムの参加者と、様々である。メディアを意識して企画されたキャンペーンは、6人のすばらしい女性アスリートを特集しており、そのひとりはオリンピックに出場したスキー選手のリンゼイ・ボン（Lindsey Vonn）である。彼女たちは、困難への挑戦、女性としての彼女たちに対する他人からの評価、そして人生の夢などについて語っている。

　最初にリリースされたのは、アメリカン・バレエ・シアターのダンサーであるミスティ・コープランド（Misty Copeland）であった。カメラが踊り始めるコープランドの姿を映し出すと、不合格を伝える手紙を読む女の子の声が流れてくる。「受験者へ　残念ながら、あなたは入団を認められませんでした。あなたの身体は、バレエ・ダンサーにふさわしい脚、アキレス腱、ターンアウト、胴の長さ、そして胸の形に欠けています。バレエ向きの身体ではありません。しかも、13歳はバレエを始めるには遅すぎます」、カメラは空中を優雅に飛ぶコープランドを追っていく。最後に、彼女の名前とアメリカン・バレエ・シアターのバレリーナ・ソリストであるということを表示して、「I will what I want（私の意志のままに）」というキャッチコピーと共にCMは終わる。コープランドの根気強さが、観衆の共鳴を呼ぶ。この動画は瞬く間にネット上で評判となり、最初の1週間で視聴回数が400万回を超えた。2015年6月30日、コープランドはアフリカ系アメリカ人としてはじめてアメリカン・バレエ・シアターのプリンシパル・ダンサーへと昇進するという歴史的な快挙を成し遂げた。

ミスティ・コープランドのアンダーアーマーのCMを見たい方はこちらのURLへ：
www.youtube.com/watch?v=ZY0cdXr_1MA

第 1 部　女性スポーツの過去と現在をつなぐ

ことを Friedman は見出した。愛好家たちの間ではチェスはスポーツなのか否かの議論が、何年にもわたって繰り広げられてきた（McClain, 2011）。チェス・マスターでジェンダーとチェスに関する著作もあるスーザン・ポルガー（Susan Polgar）は、女の子にとってチェスは男の子と同じ土俵で競うことを学ぶための完璧なゲームであると言っている。

> 女の子は、自分たちも男の子と同じ可能性があることを理解すべきだ。チェスは知的活動としてもすばらしい。身体を使うスポーツでは生まれつき男の子の方が強くて速いかもしれないが、チェスは男女平等に勝負できることを証明できるのだ。（Friedman, 2013b）

ダンス、サッカー、チェスといった競技と結びつけられた言葉「女の子っぽい」「積極的」「ピンク色の戦士」に注目すると、1 つは女性優位な言葉であり、残りの 2 つは男性優位な言葉である。Chessmaniac.com（2012）によると、アメリカ代表のチェス選手の 7％が女性であり、また、アメリカチェス連盟（2014）はグランド・マスターの称号をもつトップ選手のうち、女性の割合は 25％に満たないと報告している[9]。天才チェス選手のカリッサ・イップ（Carissa Yip）は 9 歳のとき、全米で最年少のエキスパート・レベルになった。彼女の目標は、いつの日か女性部門だけではなく全ての部門のチャンピオンになることである（Associated Press, 2013）。

それぞれの環境や状況の中でジェンダーの影響があり、女の子が男の子と違うようになってほしいのか、それとも同じようになってほしいのか、また、どのような活動であれば娘たちは成功する女性へとなれるのか、親たちのわが子に対する投資が見られる。娘にサッカーやチェスを勧める親は、中流上層から上流階級で高学歴な家庭の出身である傾向がある。ダンスを進める親は、中流か労働者階級の出身である可能性が高い（Friedman, 2013a）。

理想的な女性の身体や振る舞いに関する文化的な影響を受けているジェンダー・パフォーマンスは、女の子たちを取り巻く社会的領域にも存在する。そして、彼女たちに影響を与える人々や、彼女たちがこうなりたいという理想像にも影響をもたらす。「女の子は砂糖とスパイス、それに素敵なものばかりでできている。男の子はヘビやカタツムリ、子犬のしっぽでできている」という童謡は、かつてほど信じられてはいないが、女の子はやさしくて、礼儀正しく、こぎれいでかわいらしい、そして、うやうやしく扱う相手というステレオタイプは議論がなされないままでいる。身体活動に関する女の子の意識調査によれば、女の子は運動するときにヘアスタイルや化粧が崩れてしまうのではないかと心配している（American Psychological Association, 2013）。

スポーツフェミニズムが、外見についての悩みから女性アスリートを解放しようとしてきた一方、女性アスリートはいまだに周囲からそのような目で見られている。これはアメリカ代表の体操選手ギャビー・ダグラス（Gabby Douglas）が、2012 年オリンピッ

ク・ロンドン大会で女子団体と個人総合で金メダルを取り、一気にスターとなったとき
に明らかになった。金メダルを取った後、メディアは彼女の髪の毛についてのコメント
で埋め尽くされた。女性スポーツの世界では、このような女性アスリートのアイデン
ティティの葛藤は、時に「女性の釈明」と呼ばれるものを理解することで描かれてきた。

自分が強いことに対して申し訳ないという気持ちをもってしまう強靭な女性アスリートのパラドックス

　タイトルIXが可決された頃にFelshin（1974）がつくりだした**女性の釈明**という概念
は、アメリカ社会の中で女性アスリートの居場所が根付いているとはいいがたく、女性
がスポーツへそそぐ情熱は、社会的に期待される女らしさと相容れないものであること
を表していた。この2つの要因から、女性アスリートは自分たちの成し遂げたこととそ
の強さに対して申し訳ないという気持ちをもつことになる。競技の場で思う存分戦う、
強くて他人に依存しない激しい女性、勝つことを目指し、その強さが皆に認識され、も
しかしたら男性にも勝つかもしれない女性、このようなイメージは、当時の伝統的な理
想の女性像とは必ずしも一致していなかったのだ。女性アスリートは、自分たちのイ
メージをやわらげるような行動をとっているとみなされていた。たとえば、外見や身だ
しなみ（髪や化粧、服装）に気をつけて、勝利してもあまりそのことに触れず、強さを
控えめにし、男性アスリートの偉大さや成果を高く評価する。また、男性と一緒のとき
は異性愛主義であることを示し、当時の感覚でタブーとされるようなセクシュアリティ
の持ち主と疑われるようなことは避けていた（Davis-Delano, Pollock, & Vose, 2009）[10]。
Felshinはジェンダーと性役割についての考え方が開放的になっていくにつれて、女性の
釈明行動は減っていったと考えている。

　女性の釈明という概念をふまえて、ある研究では、女性アスリートはスポーツ参加を
女性化しない一方で、スポーツ以外の活動、特に見た目や社交においては、女性の釈明
をする傾向があると報告している（Ezzell, 2009；Festle, 1996；Ross & Shinew, 2008）。
時代と共に女性の釈明行動は消えつつあるが、完全になくなったわけではなく、女性ア
スリートはある種の女性の釈明をするように社会的圧力を受け続けている。いまだに女
らしい外見を気にしたり、攻撃的な振る舞いを慎んだり、異性愛であると表明し続けて
いる女性アスリートたちもいる。

　NCAAのディビジョンIIとディビジョンIIIに所属するバスケットボール選手、ソフト
ボール選手、サッカー選手（被験者40人）に行った調査によれば、半数以上の選手が
時々何らかの形で女性の釈明行動を行うことがあると答えている。ソフトボール選手
は、自分たちに対する印象を良いものにするために、最もよく女性の釈明行動を行って
いると報告されている。たとえば、「公的な場での女性とのスキンシップは避ける」

第 1 部　女性スポーツの過去と現在をつなぐ

（47％）、「攻撃的な態度や身体的な強さについて申し訳ないと思う」（47％）、「女らしく見えるように様々な努力をする」（50％）といった行動をとっている（Davis-Delano et al., 2009）。ソフトボールのメディアガイド研究（Riemer & Wainwright, 2011）によれば、大学のソフトボールの代表選手たちの表象においては、髪型とメイクを念入りに整えていることが際立った特徴だということだ。

　理想的な女性像をめぐる葛藤は、女性アスリート自身が経験することや、女性アスリートに対する女性たちの見方の隅々に見られる多様な女らしさの表現の中に見てとれる。スポーツで競い合う女性アスリートのイメージについて、13 歳から 17 歳までの思春期の女の子と 18 歳から 22 歳までの女子大学生は、女性アスリートの才能、競技結果、決断力、集中力、また自分が情熱を傾けるものに対するコミットメントに対して、好意的な反応を示した。彼女たちは女性アスリートの性的なイメージを見せられると、女性の身体やセクシーさについてコメントしたが、そこではアスリートとしての女性自身の存在感は失われていた。そして女性アスリートの顔やスタイル、引き締まったウエストをほめる一方で、自立して活動する能力に対しては評価しなかった（Riemer & Visio, 2003）。

　女性アスリートの外見と伝統的な女らしさとの一致については、女性よりも男性が評価しているようである。大学生 267 人を対象にした女性アスリートに関する意識調査では、男性はジェンダーステレオタイプの女性アスリートに対して好意をもつ傾向があった。女性は、競技中に女性アスリートが発揮するパワーを支持する傾向があった（Jones & Greer, 2011）。

女らしさと男らしさのパラドックス

　強靭さと筋骨のたくましさに価値が置かれるアスリートの世界では、性別にかかわらず、アスリートが自分のパワーとそのパワーを使って高度なパフォーマンスを発揮する能力に満足感を得ることは、当然であるように思われる。しかしながら、女性アスリートにとって、自分のしているスポーツにおいて強くなり、ある程度筋骨がたくましくなるという要求にどのように関わっていくかは、外見の女性らしさの基準に対してどのように折り合いをつけていくかを映し出している。

　筋骨のたくましさに対する考え方を男女で比較すると、男性アスリートは筋骨を鍛えることに対してやる気満々である。女性アスリートは、一般の女子学生よりもやる気はあるが、男性アスリートに比べると消極的である。女性アスリートへのインタビュー調査によれば、45％のアスリートは、機能性（競技でより高いパフォーマンスを発揮する能力）のために筋力を高めざるをえないと考えている。42％は健康上の理由から、より強壮になることに価値を置いている。20％強は、彼女たちの筋肉を称賛する声を楽しんでいると答え、18％は自分がもっと頑強でたくましくなることに満足していると回答し

50

ている。全員が筋肉をつけたい男性アスリートと違って、女性アスリートの16％は筋骨隆々にならずに強くなりたいと考えている（Steinfeldt, Carter, Benton, & Steinfeldt, 2011）。

スポーツ参加で当たり前と思われているのが、アスリートたちが着るユニフォームだ。身体にぴったりと張りつくようなものや、着心地より効率を重視したものなどが多いユニフォームは、女性アスリートにとって彼女たちの外見と身体に関わるストレス要因となっている可能性がある。たとえば、ビーチバレーや陸上競技では、女性アスリートの標準的なユニフォームは男性と比較すると肌の露出が多い（ビキニボトムやへそ出しルック）。身体意識が高い文化の中では、女性アスリートは、観衆の視線に曝し、男性ファンの性的興味の対象となるほどに身体のサイズと筋骨のたくましさをはっきりと見せるユニフォームを不快に感じている（Thompson & Sherman, 2010）。

NCAAのディビジョンIのバレーボール選手の調査によれば、女性は、プレー中のアスリートとしての身体に誇りと自信をもっており、自分の力強さを感じることを楽しんでいた。しかしながら、彼女たちは、観衆の中で自分の身体、特にユニフォームを着ている身体が、どのように見られているのか気になるという矛盾も抱えていた。また、彼女たちは、ファンに試合を見に来てもらうためにはどうすればよいのか気にしていた。競技の人気を高めるためには性的な要素が必要だという感覚が、選手たちの間にあった。異性愛の男性ファンを試合観戦に呼びこむには、ぴっちりとしたユニフォームを着たたくさんの女性を見ることができる機会を提供することだと認めていたのである。他方、ファンに女性の身体のデリケートな部分を揶揄され、それを公開されたという屈辱を経験した女性アスリートもいた（Steinfeldt, Zakrajsek, Bodey, Middendorf, & Martin, 2013）。

自らの身体を自尊心の源として満足している女性アスリートであっても、スポーツ界や一般社会の中には、確固たる自信をもって自分の専門種目に全力投球する力量が削がれる誘因が存在していると感じているだろう。アスリートとして強くなるということは筋肉がより大きくなるということだが、この社会では身体が大きくなるということ自体が、女性にとって必ずしも良いことだとは考えられていない。この種の葛藤は、摂食障害やトレーニングへのアンビバレンスな感情へとつながる可能性がある。女性の中には、スポーツウェアを着ると自分の身体がどう見えるかが不安で、スポーツをやってみようと思わない人たちさえいる。このような不安をもちながらも、競技を続けるために、その割り切れない思いをアスリート生活の外へ振り切り、そして不快に感じるウェアにも慣れて、ストレスの対処法をあみだす女性アスリートもいる（Krane et al., 2004）。

パラドックスを超越する：釈明しない女性アスリート

限定的な女らしさの外見の基準に合わせよという圧力が、女性アスリートの釈明を助長している。女性のラグビー選手の研究を行ったBroad（2001）は、このような女らし

さの基準を誇示するスポーツに対する好みを釈明しない女性アスリートもいると指摘する。また、女性のラグビー選手に関する他の研究では、攻撃的で身体がぶつかり合うコンタクトスポーツが、彼女たちにジェンダーステレオタイプを超越する勇気を与えていると主張している（Chase, 2006；Fields & Comstock, 2008；Lawler, 2002）。

　社会がいまだに女性に妻や母親としての役割を押し付け、自己犠牲を強いているという考えに呼応して、女性のラグビー選手は、ラグビーをすることで自分らしさを発揮できるので、ラグビーに安らぎを見出していた。女性アスリートはラグビーのことを、女性が自信をつけるための手段であると見なしていた。激しい身体的接触がある中で戦いたい女性は、思い切りタックルしてあざだらけにもなるが、攻撃性や暴力性を思う存分に発揮できる楽しみがあり、しかもお互い同意のもとで戦っているため、選手同士で謝る必要もない（Chase, 2006；Fields & Comstodk, 2008；Lawler, 2002）。

　女性のラグビー選手に関する研究で、女性は「生まれながらにして攻撃的であり」「ラグビー選手になることを選択している」と Broad は述べている（2001, p.199）。ラグビー選手としての経験を語ってほしいと言われたある女性は、オープン・フィールド・タックルを決めるのはすばらしい経験だと述べた。

　女性のラグビー選手にとって、あざは特別な誇りである。あざができることを楽しみにしている選手もいるし、目のまわりの黒あざを名誉のしるしとする選手もいる。この勲章をラグビー以外の世界の人々がどう見るのかは、女性の脆弱性や被害者性、女性を殴ることに関連する複雑な問題と関わっている。ある選手によれば、彼女の目のまわりの黒あざを見た高齢男性から、男性を怒らせると女性は殴られることもあるということを知っておくべきだったと冗談めかしながら言われたという。また、なぜ顔にあざがあるのか、人々が不思議に思うだろうとわかった上で、公衆の前であざを見せびらかしたいという選手もいる。インタビューを受けた選手の中には、もしこのような態度が認められるのであれば、競技中でも他の状況においても、誰かと真正面からぶつかり合うこと自体まんざらではないと言う選手もいた。彼女たちはラグビー以外の場での戦いも受け入れていた。

　釈明しない女性は、ジェンダーやセクシュアリティ、アイデンティティに関する支配的な概念が崩れる中で、新しい形の女らしさとして、時折引き合いに出されてきた。しかしながら、Martin（2012）は、ラグビー選手は男性であっても女性であっても男性として扱われており、ラグビーの世界は性的なことに無関心であると述べている。さらに彼女は、男性がコンタクトスポーツに参加できるのならば、女性も同様に参加できる、というだけでは合理性が不十分だと主張する。女性アスリートにとって、男らしさと女らしさという対立軸を明確にしたり、異性愛と同性愛を維持する二項対立を崩すだけでは十分ではなく、それ自体を完全に取り払う必要があると指摘している。彼女は「フェミニズム思想に反しないラグビーをつくりあげるためには、男性中心のジェンダー秩序

第3章 21世紀の女性スポーツ

のパワーを逆転させることだけに集中するべきではない」と警告する（2012, p.196）。むしろ、ラグビー選手として、まぎれもない女性であることが意味するものの見極めを、検証すべきであると言う。

「分離すれども平等に」は女性アスリートに影響を与える パラドックスを取り除くのか？　それとも強化するのか？

　第2章で見たように、タイトルⅨはあらゆる女性のスポーツを発展させてきたという重要な意味をもつと同時に、男女別のスポーツ社会の構造をほとんど変えることなく、「分離すれども平等に」を広めたともいえる。このような議論は、少女と少年の間、男性と女性の間には身体的な違いがあるという認識、および男性優位のスポーツ界にいる女性は、男性が長い時間をかけてつくりあげた高度なスポーツシステムに追いつかなければならないという認識を前提としている。したがって、男女別のスポーツ環境が、あらゆる年代の女性がアスリートとして成長し、最大の力を発揮するために、最も有益であると思われてきた。

　21世紀になっても、このような考え方には正当性があると思われているが、「分離すれども平等に」というスポーツシステムには限界もある。生来的に男性が優位で女性が劣っている点に関する思い込みが、直接的であれ間接的であれ、その正当性を問われることなく通ってしまうのである。男女を分離した競技システムでは、男性と女性に差があることに対する意識がますます強められるし、実際そういうシステムはそうした差異を維持するための資金を提供されてもいる。性別で分離するシステムにとどまる限り、性別集団間に不平等が生じる条件は整っている。そして結果的に、男女アスリートが一緒に競技をし、リソースや施設、支援を奪い合う敵同士ではなくて、純粋な仲間として競技空間を共有できたらどんな人生になるかを経験する機会は非常に限られてしまう。

　アスリートの世界には「分離は不平等である」という主張もある。McDonagh & Pappano（2012）によれば、アスリートが男女別のシステムで競技を続ければ、女性アスリートは先天的に劣っているという間違った考え方をあおり、その結果、女性アスリートは二流市民としての地位をあてがわれる。

　注目すべきことに、スポーツ界では、様々な理由により様々なレベルで、男女混合は実現している。子どもの頃、男の子も女の子も同じチームでTボール［訳注：野球に似た球技］を楽しむだろう。レクリエーションや学内で行われる競技では、規定に沿って男女混合チームが編成されることもある。

　男女混合スポーツ活動の意義を提唱する研究者の数は増えている。Messner（2002）は、男女が一緒にスポーツに参加することは、男女アスリートに公平な機会を与えるだけでなく、より公正で公平な世界とは何かということを、参加者が学ぶことができると

53

いう意味もあると言う。このようなことが可能となる一方で、男女混合という状況であったとしても、女性参加者への偏見はあるという指摘もある。男性の優位性を当然とする認識は、男女混合フラッグフットボールのような競技のルールにも反映されている。女性参加者は4回（男性は3回）のダウン［訳注：攻撃の単位］ごとにパス、もしくはキャッチしなければならないのである。Wachsは、男女混合ソフトボールでは、女性がチームに貢献できる役割が制限され、世代を問わず女性参加者はサポート役に格下げされていると言う（2002, 2005）。サッカーの男女混合学内リーグの調査によると、女性がゴールした得点は2倍にカウントされ、また、彼女たちが怪我をしないようにとスライディングタックルが禁止されていた（Henry & Comeaux, 1999）。参加者から男女隔てなくプレーしたいという要望があったにもかかわらず、男性アスリートが一方的にゲームで権勢をふるい続けたという報告もある。

男女別のスポーツシステムにおいて、優秀な女性アスリートはどうなるのだろうか？

　あなたのコーチがどうしたらいいのかわからないほど、あなたがすばらしいことを想像できるだろうか？　これは、14歳のときにニューヨーク州高校女子選手権大会で1500m走の新人戦記録を塗り替えたマリー・ケイン（Mary Cain）に実際に起きたことである。高校2年生のときバルセロナで行われたジュニア世界大会に出場し、1500m走で4分11秒01というアメリカ新記録を打ち出した。彼女の才能はコーチの想定を超えていたため、彼はマリー自身にすべてを任せて彼女の指導から完全に身を引いてしまった。『ニューヨーク・タイムズ』紙のインタビューで、ケインの父は「娘は練習を始めたよ、我流でね。大きな可能性をもっているのに、コーチがいないのを見るのは、親としては胸が張り裂けるような思いだ」と語った。彼女が所属する高校とニューヨーク州のスポーツシステムでは、どちらもどうしたらいいのかまったくわからなかった。しばらくの間、ケインは男子チームと一緒に走っていた。しかし、ニューヨーク州には、もし女子選手が陸上競技のシーズン中に、トレーニングとして男子と一緒に走るのであれば、選手権大会でも男子と一緒に走らなければならないという規則がある。そのため、ケインは女子だけの競技フィールドに戻った。結局のところ、彼女は偉大なアメリカのランナー、アルベルト・サラザール（Alberto Salazar）から電話をもらい、オレゴン州で一緒に練習しないかという誘いを受けることになる。

　最終的には、彼女の才能を大事に育てようとする人物の目に留まったのであるが、このケースは問題を提起した。際立った才能をもつ男性アスリートが、自分で何とかしなさいと放り出されたようなことが最近あっただろうか？　ケインのケースは、スポーツシステム自体の欠陥のために、才能を開花させることができない女性アスリートが他にもいることを示しているのだろうか？　マリー・ケインのような女の子は、どうすればいいのだろうか？

マリー・ケインについて、さらに知りたい場合はWeil（2015）を参照。

第 3 章　21 世紀の女性スポーツ

　男女混合スポーツが広がるにつれて、しばしば男女混合の中で男女隔離が行われることが多かった。本当の意味で、最初の本格的な男女混合スポーツとされるコーフボールでは、男性参加者は他の男性参加者を、女性参加者は他の女性参加者をマークすることになっている（Cohen, Melton, & Peachey, 2014）。

　このように男女アスリートを同じチームでプレイさせるという試みは、様々な形のルール変更や配慮を促している。また、女性アスリートと共に共通のゴールを目指すことによって、男性アスリートの仲間の女性を見る目に本質的な変化が生じることを立証した研究もある（Fink & Maxwell, 2010；Voepel, 2006）。女子バスケットボールの練習相手として男子選手を参加させる試みは、女性アスリートの練習機会を減らしてしまうとして、長年論争を引き起こしてきた。ESPN のレポーター、メシェル・ヴェーペル（Mechelle Voepel）は、NCAA ディビジョン I の女子バスケットボールのプログラムで、男性が練習相手になることを禁止しようとする動きがあることを記事に書いた。その後、彼女の元には当事者である複数の男子選手から、NCAA ディビジョン I の優秀な女子バスケットボール選手を支えるための彼らの役割について書かれたメッセージが届いた。ある男性は「大学生活が充実しただけでなく、以前と比べてはるかに女性アスリートのすばらしさがわかりました」（Voepel, para. 11）と書いていた。別の男性は、自分の人生に最も大きな影響を与えた女性のひとりとして、女子バスケットボールのコーチをあげた。彼はさらに、「若い女性と同じチームで練習する機会を得たおかげで、全面的に女性のゲームを尊敬するようになりました。彼女たちの、カレッジアスリートになるための献身と努力を大いに讃えます。この経験が、私をより善き人間にしてくれました」（para.17）とつづった。また、他の男性は以下のように言っている。

　　　私は女性たちの勇気と競技への愛情に感銘を受けました（…）彼女たちはゲームをコントロールし、時に体をぶつけあい、高校のときの男性チームメイトよりもはるかに自由にはっきりと意見を述べていました。3 年間、私は圧倒されっぱなしでした。彼女たちは女性がどう扱われるべきか（コートの中だけでなく）について多くを教えてくれ、様々な方法で私を正しい方向へ導いてくれました。（para. 25）

　真に男女平等が可能なスポーツは、クイディッチ［訳注：『ハリー・ポッター』に登場する架空のスポーツ。アメリカでは本格的なスポーツとしてルールが作られ、大会も開かれている］かもしれない。人気が高いハリー・ポッター・シリーズの中で、国際クイディッチ協会は、競技は男女混合であると明言している。ルールブックには女性参加者に対する特別な配慮は書かれておらず、単にチェイサー、シーカー、ビーター、そしてキーパーとして競うようにと、クイディッチ愛好家を励ましているだけである。スポーツ界における性差別撤廃への意識の高さが、異性の選手に対する態度に与える影響を調査した研究によれば、調査参加者は、クイディッチが女性にも男性にも男女混合の良い経験を提供していると考え、また、ジェンダーをめぐる葛藤が露骨に表れていない男女平等を目指すスポーツ

55

第1部　女性スポーツの過去と現在をつなぐ

に参加することは良い経験であるため、似たようなスポーツを体験したいと思っていることが報告されている。また、男女共にジェンダーステレオタイプは減少して、女性の自信やプライドは向上していること、スポーツ界に広く知れ渡っている男女の仮説に挑戦しているが、女性アスリートに対する潜在的な偏見が残っていることも明らかになった。完全な男女統合を実現する雰囲気をつくりあげるには時間がかかるが、全体的には、クイディッチが男女ともに同等なチームメイトや競争相手となるという、スポーツの新たな未来の基礎を築いていると報告している（Cohen et al., 2014）。クイディッチはじめ男女混合スポーツが増えている一方で、一部の女の子たちはスポーツに参加する機会がないという男女別のスポーツシステムは、そのまま存続している。

---

1 『American Ninja Warrior』に出てくる障害物については、www.nbc.com/american-ninja-warrior を参照。

2 ESPN の 2014 年ベスト女性アスリートの他の候補者は、以下の通りである。ミカエラ・シフリン（Mikaela Shiffrin）（2014 年冬季オリンピック・ソチ大会アルペンスキー女子回転金メダリスト）、ブレンナ・スチュワート（Breanna Stewart）（コネチカット大学女子バスケットボール選手。同大学のシーズン無敗に貢献したとして、2014 年 AP 通信全米優秀選手賞を受賞）、マヤ・ムーア（ミネソタ・リンクス所属の女子プロバスケットボール選手。チームを WNBA 優勝に導き、WNBA ファイナルの MVP 選手に選出される）（Zucker, 2014）。

3 総合格闘技の選手は、ボクシング、柔道、柔術、空手、レスリングなどから集まっている。

4 ボクシングや他の格闘技では、選手はリングの中で戦う。リングの周りにはロープが張られている。UFC の総合格闘技の選手は閉鎖型リングであるケージの中で戦う。ケージを囲む壁は、金網フェンスのような素材でつくられている。

5 2014 年にラウジーは、アクションスターのアーノルド・シュワルツェネッガー（Arnold Schwarzenegger）とシルベスター・スタローン（Sylvester Stallone）が主演した『エクスペンダブルズ3 ワールドミッション』で映画デビューを果たしている。

6 コリンズの小説『ハンガー・ゲーム』三部作（ハンガーゲーム、燃え広がる炎、マネシカケスの少女）と、2012 年初めに公開された映画『ハンガー・ゲーム』の人気の勢いに乗って、2011 年 12 月以降、アメリカにおけるアーチェリーのクラブの数は 279 から 540 へとほぼ倍になった（Rubin, 2012）。

7 キャサリン妃は学生時代、フィールドホッケーの選手だった。

8 全米スポーツ・グッズ協会の調査（Ryan & Schwartz, 2013）によれば、2013 年、銃を使用する狩猟への参加が 18％増加した。特に女性の参加が急激に増え、2011 年に比べて 29％近く増加した。

9 女性は男性ほど知的ではないため、チェスの世界では男性ほど成功していないという推論が広まっている。Bilalic ら（Bilalic, Smaldone, McLeod, & Gobet, 2008）は、チェスにおいて男性が優位であるということは、単に男性プレイヤーが多いという事実によって説明できると反論した。

10 Davis-Delano, Pollock, and Vose（2009）は、スポーツにおける「女性の釈明」の包括的概観と多くの研究を紹介している。ある研究では、女性アスリートの中には女性の釈明行動をとる者がいるが、そうでない者もいると報告している。Hardy は女性アスリートの釈明行動を、以下のように定義している。「女性アスリートが女らしさを強く意識して行ういかなる行動をも含む。この釈明行動は、女性のスポーツ参加に関わる男性性および／もしくはレズビアンのステレオタイプによるものである。女性の釈明行動は、ジェンダー・ヒエラルキーを強く意識させるものとして、メディアを通してよく見られる」（2015, p.155）。

第2部
強い女性たち、子どもも大人も

　スポーツ参加は一般的に、体力をつけ精神的にも強くなるため、また、物事がうまくいかず失意に沈んでいるときに問題解決をするため、そして自分の可能性を最大限に生かすべく前進するための方法として奨励される。以前に比べれば、スポーツをする機会はすべての女性たちに平等に与えられるようになってきてはいるが、女性アスリートが競技をする機会の損失とその結果については、まだ一般に向けて啓蒙していくことが必要である。ジェンダーに対する意識が高まり、年齢を問わず女性たちがスポーツを行うことのメリットが理解されるようになってきており、スポーツ参加に伴うリスクと脆弱性の特定と、それに対する対処もしやすくなってきている。

　第4章では、スポーツをすることによる学歴や学業成績への影響、また体力と精神力に対するメリットなど、すべての女性たちがスポーツに参加することで得られる様々なメリットを広く概観する。長年にわたる研究で、若い頃スポーツをして身体をよく動かしていた女性は、心疾患、糖尿病、肥満になりにくい傾向があり、ある種のがんの罹患率も低いことが明らかにされている。

　年齢を問わず、女性はスポーツに親しむことで健康増進を期待できるが、これは万能薬ではない。一部の研究によれば、スポーツによっては、女性アスリートのほうが、暴飲や摂食障害、食行動異常、過剰なトレーニングへの憂慮が多く見られる場合があるからだ。第4章の締めくくり部分では、話題になることが特に多い2つの傷害、すなわち膝の故障と脳しんとうに焦点を当て、女性アスリートと傷害についても述べる。

　第5章では、身体の違いによる運命は変えられないのか、という問題を考えながら、女性アスリートと男性アスリートの生理学的差異を検討する。筆者らは、どんな場合、どこに女性アスリートと男性アスリートの生理学的違いが見られるのかに注目し、こうした違いが何を意味するのかについて述べている。この章の最後では、女性アスリートの生理機能の理解から、それをどのように適切なトレーニングにつなげていくことができるのかについて解説する。

第4章
あらゆる世代の女性のスポーツ参加の恩恵とリスク

本章のポイント

- スポーツ参加と学業上の経歴と女性アスリート。
- あらゆる世代の女性のスポーツ参加の身体的メリット。
- 女性アスリート、メンタルタフネス、精神的な落ち込み。
- 女性アスリートと物質乱用（アルコール、タバコ、ステロイドを含むその他の違法薬物の使用）。
- 女性アスリートと性的リスク回避。
- 女性アスリートと傷害（前十字靱帯損傷と脳しんとう）。
- 女性アスリートの三主徴_{トライアッド}。

第 2 部　強い女性たち、子どもも大人も

　優れたアスリートの中でもひときわ非凡なアスリートたちがいるが、キム・キアレッリ（Kim Chiarelli）もそのひとりである。彼女はビショップ・ユースタス私立全寮制高校（ニュージャージー州：2004〜2007 年）で活躍した女子サッカー選手であり、1999〜2002 年の 4 年間、サウス・ジャージー女子サッカーリーグ選抜選手に選ばれている。2003〜2007 年には、ジャージー・デビルズ（遠征チーム）のメンバーとして活躍した。高校時代から頭角を現していた彼女は、当時の WPSL（ウィメンズ・プレミア・サッカー・リーグ）のアトランティック・シティ・ディアブロスにスカウトされた。彼女のプロサッカー選手としてのキャリアはスタートしてすぐに WPSL の解散により終わりを迎えてしまったが、そのまま放っておかれるには才能がありすぎた。

　彼女はドレクセル大学の女子サッカーチームにスカウトされ、そこで徹底的なアスレティシズム、闘争心、そしてリーダーシップの素質を発揮した。学業も優秀だった彼女は、ひっぱりだこの選手であった。大学に入学するとまもなく、CAA（コロニアル・アスレティック・アソシエーション）大学スポーツ協会[1]の新人王になった。ドラゴンウィメンズサッカーチームでは、チームの要となり、チームメイトから尊敬を集め、仲間のプレーレベルを向上させるほど影響力のある選手だった。

　ドレクセル大学でのアスリートとしての彼女のキャリアは、サッカーだけに終わらなかった。大学に在籍して 5 年目、キムは極めて珍しいことをした。フィールドホッケーチームにゴールキーパーとして加わったのだ。サッカーでは主にミッドフィルダーだったが、フィールドホッケーは初めてで、もちろん、ゴールを守ったことは一度もなかった。

　キムがサッカーからフィールドホッケーへたやすく転向したことを、彼女のかつてのサッカーコーチ、レイ・グーン（Ray Goon）は驚きもせずに、次のように述べている。「キムは闘争心が強く、そしてすばらしいリーダーだった。彼女はあらゆるものに対して勝利を望んだ。試合だけではなく、すべての練習、あるいは練習試合、たとえそれがじゃんけんであったとしても、彼女は一番になることを望んでいた」（Ciminera, 2011）。世界で最も優れたフィールドホッケーのコーチのひとりであるデニス・ゼレナク（Denise Zelenak）は、当時、ドレクセル大学のフィールドホッケーのヘッドコーチだけでなく、アメリカ代表女子インドアフィールドホッケーのコーチも務めていた。彼女はこう述べている。「キムは練習を頑張り、新しいポジションについて学ぶべきことはすべてやりました。チームプレーを心がけている選手で、自然にチームにとけ込んでいきました。彼女は、まさにフィールドホッケー選手ですね」（Ciminera, 2011）。試合に出場する数週間前から彼女は先発ゴールキーパーに選ばれ、対戦チームがマークするほど CAA では評判が高かった。

　キムは偉大なアスリートたちに称賛される多くの資質、たとえば運動能力、適応力、勇敢さ、リスクに立ち向かう態度、リーダーシップ、そして堂々たる存在感を兼ねそな

えていた。2つの違ったスポーツの大学チームで活躍していたときでさえも、彼女は他の仕事にも取り組んでいた。コミュニケーション学専攻の大学生として、キムは学位条件としての2つの実習をこなし、コミュニケーションとメディアの助手としてフィラデルフィア電力会社で働き、またコミュニケーションと編集アシスタントとしてフィラデルフィア小児病院で働いた。彼女は最終的に、ドレクセル・スポーツ・インフォメーション・オフィスに助手として雇われて、多くのスポーツを担当した。その間、スポーツマネジメントの修士号を取得した（Kim Chiarelli, personal communication, May 15, 2014）。

　キムは、同世代の女性アスリートのように、アスレティシズムをそなえており、フィールド内では影響力のある選手として、フィールド外ではその道に秀でた職業人として、そして常に大切な友人として、もっている自身の能力を表現した。キムの物語は、あらゆる年代の女性の人生における1つの道筋を示している。彼女たちの人生は可能性に満ちて、前途を恐れず、行動力にあふれている。

　女性スポーツは規模も大きく、多くの人が参加しているだけに、彼女たちのナラティヴはいつもそれだけで完結するものではなく、記憶に残るだけのものもある。キムが学生生活を送ったドレクセル大学からわずか数ブロック離れた所で、別の女性アスリートが、同じように夢のために競い、努力していた。フィラデルフィアで活躍してきたニュージャージー出身の少女、マディソン・ホラーラン（Madison Holleran）はキムと似た経歴を歩んでいた。彼女もまた、すばらしいアスリートであった。彼女はサッカーの奨学金の申し出を受けたが、それよりも陸上競技チームに入るというペンシルベニア大学の誘いを受け入れた。チームメイトは彼女を、「努力しなくてもすぐにできる人」「すべてにエレガントさと品格が備わっている人」のひとりであると評価した。彼女は哲学と政治学を専攻し、大学の第1学期はがんばって取り組んでいた（Volk, 2014）。彼女は学業も優秀で、第1学期にはGPA（成績平均点）3.5を取ったが、成績優秀な学生たちに囲まれていたので、不安を抱き始めていた。アスリートと学業との両立は難しく、新しい環境は彼女にとってストレスが多く、カウンセラーに助けを求めたほどであった。両親が彼女を支えていたが、大学へ戻ることは難しく、とうとう自殺してしまった。マディソンが突然命を絶ったことは、多くの問いと心に重くのしかかるものを残した。自ら命を絶った理由が、彼女の孤独にあるという答えもあれば、一方で、若い女性たちが成人になるために通らなければならない困難な道と関係している、という答えもある。彼女が自ら命を絶ったということは、女性スポーツのナラティヴの重要な部分である[2]。

　女性のスポーツ参加、そしてスポーツが心身の健康と同様に学業上の経歴にもメリットがあることについて、様々な領域で研究が行われているが、この章では、キムとマディソンの2人の事例を、その広い範囲の中に位置づけている。スポーツ参加はすべての世代の女性にとってメリットがあることを強く支持するエビデンスがある一方で、女

第 2 部　強い女性たち、子どもも大人も

チームメイトが落ち込んでいるかどうか、その手がかりとなるものは？

チームメイトが憂うつな気分に苦しんでいるというサインを送っているかもしれない。

抑うつの警戒サイン
- 全身的な疲労感あるいは睡眠習慣の変化（睡眠障害、不眠、過眠）。
- 欠食、拒食、過食。
- アルコールや薬物使用。
- 身の周りで起きていることへの関心の欠如（孤立感の高まり）。
- 全身的な活力不足、あるいは活力レベルの低下。
- 死や自殺念慮。
- 悲しい気持ちの持続。
- 無力感と絶望感（解決法がないという感覚）。
- 集中したり、専念することが難しい（コースワークができない、課題をこなせない、練習時間を忘れる）。
- 泣いたり、不安感を感じている。
- 消えない痛みやくり返す怪我と病気。

精神的に落ち込んでいるチームメイトを助ける方法
- チームメイトにとって安心な環境をつくる（誰のことも責めない環境）。
- 心配していることを当事者に知らせる。
- 助けてもらえる人たちに頼り、助けを求めるように励ます。

アスリートとメンタルヘルスに関する情報源
- The National Athletic Trainer's statements on mental health for college and high school athletes：www.nata.org/NR03032715
- NCAA（全米大学スポーツ協会）の論文 "Mind, Body and Sport"：www.ncca.org/health-and-safety/sport-science-institute/mind-body-and-sport-depression-and-anxiety-prevalance-student-sthletes

全米自殺防止ホットライン
- あなたは極めて不安定な状態ですか？　1-800-273-TALK（8255）へ電話をして、助けを求めることで一歩を踏み出してください。この電話はアメリカ国内は無料で、あなたの地域の電話緊急相談センターにいるベテランのカウンセラーにつながります。

性アスリートは時々、スポーツ参加によって悪影響を受けることもある[3]。したがって、本章では女性アスリートの物質使用と乱用、**女性アスリートの三主徴**（トライアッド）、さらに女性アスリートが特定の傷害によって、どのような影響を受けるかについて検討する。

学業上の経歴とスポーツ参加

　ここ数十年の間に行われてきた調査研究は、一般的に、高校生のスポーツ参加と様々な教育成果の肯定的な関係を明らかにしてきた（Farb & Matjasko, 2012；Feldman & Matjasko, 2005）。スポーツプログラムに参加する高校生は、女子が男子よりも学業でメリットを得ているという研究もある（Hanson & Kraus, 1988；1999；Pearson, Crissey, & Riegle-Crumb, 2009；Veliz & Shakib, 2014）。

　研究者は女の子のスポーツ参加と、数学や科学のように歴史的に男性優位とみなされてきた学問領域における成功との関係を検証してきた。その論拠は、女の子にとってスポーツは、女らしさについてのステレオタイプにとらわれない前提を学ぶ独自な文化的環境である、というものである。このようにして、女の子はできることやできないことについての通説に異議を唱えることに慣れていくのである（Hanson & Kraus, 1998；1999；Pearson et al., 2009；Veliz & Shakib, 2014）。

　2009～2010年度に4644の公立高校を対象に行った全国規模の調査では、AP（アドバンスト・プレースメント［訳注：飛び級］）への入学率は、女子が男子よりも高く、数学（4.32％対4.22％）、科学（4.91％対4.09％）、外国語（3.29％対1.93％）であり、あるAPコースでは18.9％対13.35％であった。男女アスリート間のジェンダー比が1対1である学校では、AP科学コースにおける女子の入学率は男子より高いことがわかる（Veliz & Shakib, 2014）。

　スポーツ参加は、大学に進学し、卒業したいという志をもった女の子に良い影響を与えているのかもしれない。Lipscomb（2006）によれば、高校でスポーツに参加している女子は、スポーツをしていない女子と比べて、5％多く大学進学を希望していた。Troutman と Dufur（2007）は、他の要因（両親の学歴、世帯所得、学校形態、生徒の期待、世帯規模、人種、高校の成績、大学の成績、そして大学でスポーツを続けているかどうか）を考慮するとその結果は弱まるとはいえ、スポーツをしている女子は学位を取ろうとする傾向が男子よりも強いと報告している。

　FGR（連邦卒業率）のデータによれば、NCAAの女性アスリートは、男性アスリートや一般学生よりも卒業率が高いが、これは人種の影響もある。2006年度に大学に入学したアスリートにおいて、白人女性アスリートは一般学生よりFGRが11％高かったが、アフリカ系アメリカ人の女性アスリートの卒業率は、一般学生よりやや低かった（62％対64％）（National Collegiate Athletic Association, 2013）。

第2部　強い女性たち、子どもも大人も

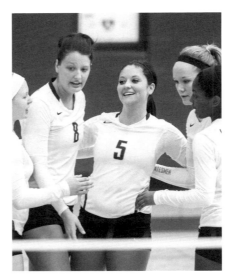

スポーツに参加することによって、女子は大学への進学率が5％高くなる（Lipscomb, 2006）。

　アスリートが全体として一般学生よりも卒業率がよいかどうかについては、FGRが明らかにしてきたように、近年、疑問視されている。FGRが互換バイアスを考慮していないとは言えないが、Southallら（2014）は、NCAAのアスリートの卒業率は一般学生より低いかもしれないと報告している。調整卒業率格差（FGRと、互換バイアスを除いた調整数値との間の差を表す）という統計を用いると、主な競技連盟にいるNCAAの女子バスケットボール選手は－13.6の調整卒業率格差があった。

　全体として見れば、すべての世代の女性はスポーツに参加することによって、学力が向上し、教育の機会の展望を開くこともできる。女性のスポーツ参加と学業の関係をより深く理解するために、Southallらの観点からなすべきことはまだまだある。

女性のスポーツ参加が身体的健康に及ぼす恩恵

　何十年にもわたる研究は、スポーツ参加と定期的な身体活動が、女性が健康的で充実した生活を送るために重要であることを裏づけている。日常生活の要求や厳しさに対応できる体力が強化される、前向きな態度で毎日のチャレンジを受け止めることができるメンタルヘルスが養われる、そしてチームメイトやスポーツ現場で育まれた友情により社会的メリットが得られる——身体活動にはこれだけのメリットがあるのであり、身体

第 4 章　あらゆる世代の女性のスポーツ参加の恩恵とリスク

に良いと表現するのでは控えめすぎる。

　栄養、十分な睡眠、節酒のバランスが良ければ、身体活動とスポーツ参加は、すべて
の世代の女性により良い QOL（生活の質）と、将来の健康をもたらすことが明らかに
なっている。閉経した女性 6 万 5838 人を対象とした研究では、ACS（アメリカがん学
会）の予防ガイドラインをもとに、食事、身体活動、BMI（現在と 18 歳時の）、アルコー
ル消費を 0 〜 8 までの数字で評価した。ACS スコアが高い女性は、あらゆるがんのリス
クが 17％低く、乳がんでは 22％、大腸がんでは 52％、全死因では 27％、がん死亡では
20％低いと報告されている（Thomson et al., 2014）。

　定期的な運動と規則的な食事は、アメリカ人女性の主要死因との関係が明らかになっ
ている心臓病のリスクを減らすめざましい効果もある。アメリカ合衆国保健福祉省の女
性健康局（2012）によると、有色人種の女性は、高血圧、糖尿病、肥満を含む心臓病の
複合的な危険因子である冠動脈性心疾患に罹患しやすい。『Journal of Women's Health』
（Giardina et al., 2011）に掲載されたある研究では、ラテン系女性の 57％、アフリカ系ア
メリカ人女性の 40％、そして白人女性の 32％が、心臓発作になる危険因子を 3 つ、あ
るいはそれ以上をもっていた。これらの女性たちは、心臓発作の警戒サインに気づいて
もいなかった。

　がんリスクの軽減と心臓の健康増進以上に、女性は身体運動を行うことによって身体
的メリットを得る。適度な運動により、メンタルヘルスの維持、骨粗しょう症予防、認
知症の緩和、体重やバランス・動作に影響を及ぼす体幹の筋力を維持できる。そして糖
尿病や睡眠障害のように、運動をしないで座りがちな生活習慣に起因する病気を防ぐこ
とが明らかになっている。このような身体への運動効果によって、女性は年をとっても
良い QOL を保つことができる（詳細は第 8 章を参照）。

> 「水泳選手は、身体が感じるものを解放し、レース、ストローク、あるいは、ゴールを目
> 指す助けとなるあらゆるものに集中する精神力が必要です」
> 　　　　──サリー・アンダーソン Sally Anderson（女子競泳・飛込み、ペンシルベニア州）

女性アスリート、メンタルタフネス、精神的な落ち込み

　運動科学の研究者は、ダンスであれ、サッカーであれ、ウェイトリフティングであれ、
ヨガであれ、身体活動への定期的な参加が気分を向上させるという良い効果をもたらす
ことを長年にわたって検証してきた。気分に影響を及ぼす方法は主に 2 つあり、運動中
に分泌される化学物質（ドーパミン、エンドルフィン、アドレナリン、セロトニン）は、
ストレスや疲労をためないよう、気分を良くし、睡眠を調整する手助けをする。また運
動には、ニューロンの修復と新しいニューロンの発生を助ける脳由来神経栄養因子の生

第 2 部　強い女性たち、子どもも大人も

成を刺激する働きもある（Craft & Perna, 2004；Warren, 2013）。

　スポーツや身体活動によって、アスリートがメンタルタフネスを発揮したり、向上させたりすることがしばしばある。ある女性アスリートがクリンチから逃れたときのような、スポーツ場面での感動的な瞬間について考えてみると、メンタルタフネスとは何かがわかる。アメリカ代表女子サッカーのスター選手、アビー・ワンバック（Abby Wambach）を思い出してほしい。2011 年女子ワールドカップで、アメリカが到底勝てそうにもないブラジルとの重要な試合で、彼女は感動的なゴールを決めて試合の流れを変えた。メンタルタフネスは 4 つの要素からなると考えられている（Kaufman, 2014）：

● **希望**：試合での目標を達成するための能力への揺るぎない自信（「私は窮地を脱する多くの方法を考えることができる」）。
● **楽観主義**：良いことが起こるだろうという総対的な期待感（「先行きが不安なときにも、私はいつも最高のことを思い浮かべる」）。
● **忍耐力**：目標を達成することと、逆境に直面したときに簡単に諦めないことへの一貫性（「私は他の人たちがあきらめても、長くやり続けることを心がけている」）。
● **回復力**：環境の変化に対応する能力（「私は、自分がどうすることもできないことにあれこれ悩みはしない」）。

アスリートは一般の人と比べると、より多くこれらの資質をもっていると考えられている。

　多くの研究が、スポーツへの参加は心理的メリットと関連していること、また様々なストレスの原因を和らげることを示唆してきた（Proctor & Boan-Lenzo, 2010）。これはアスリートの**冷静な人格**、つまり、怒り、憂うつ感、緊張、疲労や精神錯乱が少ないと共に、活力が高いことに結びついている。（Morgan, 1980；Morgan & Pollock, 1977；Puffer & McShane, 1992；Terry, 1955）。他の人たちと比べると、アスリートは全般的にうつを感じるレベルが低いことも明らかになっている（Terry, 1995）。

　身体活動が、レクリエーションレベルであれエリートレベルであれ、より大きな自尊心と自信をもたらすことに疑いの余地はない。その一方で、アスリートの憂うつ感は、弱さを認めること、あるいは助けを求めることをよしとしない社会的な縛りにより、過小報告されていることが認識されつつある。アスリート文化には、打ちのめされると感じさせるような課題がつきもので、特に、学校や家族など競技以外の生活にストレスがある場合は、それが顕著になる。レベルの高い練習や競技をするというプレッシャーがアスリートに問題を生み出し、男性アスリートよりも女性アスリートでうつ状態のリスクを高めることが明らかになっている（Donohue et al., 2004；Stroch, Stroch, Killiany & Roberti, 2005）。傷害を受けたアスリートは、キャリアの中断とその後のリハビリによ

> 「あなたは強く、パワフルに、そして美しくなれる」
> ──セリーナ・ウィリアムズ Serena Williams

り、短期のうつ状態と長期のうつ状態を経験する（Sabo, Miller, Melnick, Farrell, & Barnes, 2005）。リハビリはチームのサポートからの離脱感や距離感をしばしばもたらし、そして女性アスリートは、男性アスリートに比べて、傷害を受けた後に陥るうつ状態のレベルが高い（Appaneal, Levine, Perna, & Roh, 2009）。

スポーツに付随する美徳によって、カレッジアスリートは多くの要因から憂うつ感を経験するかもしれない。日々のトレーニングの重圧、かかってくる時間と費用、のしかかる引退の時期、怪我による損傷が大きくなりすぎることなどにより、四六時中ストレスを感じ、多くのアスリートがスポーツをやめようと考えるようになってしまう。アスリートの競技前後の憂うつ感レベルを調査した研究では、競技前には68％が抑うつ症状の標準値に達しており、憂うつ感を経験している女性アスリートが男性アスリートに比べて多かった。競技後では、これらのアスリートの1/3以上が標準値に達していたが、26％がうつ状態の軽度から中等度の症状であった。アスリートがエリートであるほど、抑うつの症状が見られ、エリートのグループでは、パフォーマンスの失敗が抑うつに大きく関係していた（Hammond, Gialloreto, Kubas, & Hap Davis, 2013）。

アスリートの競技生活を支えていた家族、チームメイト、コーチ、友人を失望させることや、彼らからの非難を受けることに対する不安が、スポーツ界から身を引くさまたげになっている。パフォーマンスの頂点を極めたいと期待し続けることが、明けても暮れても、そして年中、重荷になる。特に、アスリートがスポーツ奨学金を受けているならば、競技をやめたときに奨学金を失う恐れがあり、ストレスになるのである（Gill, 2008；Proctor & Boan-Lenzo, 2010；Yang et al., 2007）。

ジョージタウン大学メディカルセンターの研究（Mallet, 2013）では、カレッジアスリートは、大学を卒業したアスリートと比べて、うつ状態の傾向が2倍であることを報告している。この結果は、一般に考えられているよりも大学スポーツへの参加がストレスになることを示している。

2007年に、NCAAは『Managing Student-Athlete's Mental Health Issues（カレッジアスリートのメンタルヘルス問題への対応）』という資料を発行した（National Collegiate Athletic Association, 2007）。自殺の可能性を伴う抑うつは、重篤な病気として説明されている。カレッジアスリートのメンタルヘルス問題について、スポーツ部門の職員の認識を促すために、ハンドブックには次のように書かれている（p.8）、

コーチは時々、学生アスリートはアスリートなのだから健康なのは当然だと考えたくなる。コーチは、彼らが単に学生アスリートだけではないことを、心にとめておかなけ

第 2 部　強い女性たち、子どもも大人も

　　ればならない。彼らは一般学生と同じ弱さをもった人間なのだ。彼らは、生活の複雑
　　さ、大学生活、そして競技に伴うプレッシャーに対処しようとしている若者なのだ。
　スポーツ医学の専門家は、アスリートのメンタルヘルスの問題に、より大きな関心を
寄せている。無症状の怪我と描写されるように、NCAA のデータによると、2004〜2008
年の間、自殺はカレッジアスリートの主な死因の第 3 位である（Noren, 2014）。2013 年
の秋、NATA（全米アスレティックトレーナー協会）は、精神的に不安定なアスリート
に目を向けるための計画を作成するよう大学スポーツ局に推奨した。メンタルヘルスの
問題に対する大学スポーツ局の反応に対して、シラキュース大学のスポーツ医療次長
で、NATA のリーダーのひとりであるティム・ニール（Tim Neal）は、次のように述べ
ている。「私は、学生アスリートのメンタルヘルスの問題への認識や対処を、10〜15 年
前に脳しんとうの重篤さを認識し対処したときにたとえている。私が思うに、メンタル
ヘルスの問題への対応は、そのときよりもやや遅れている」（Noren, 2014, para. 11）。女
性アスリートの健康とウェルビーイングという大切な問題に取り組むために、教育は重
要である。NATA は、包括的なリストではないが、以下の行動パターンが、アスリート
が苦しんでおり、専門的な援助を必要としていることを示しているかもしれないと主張
してきた（Neal et al., 2013）。

精神的に不安定な状態を示しているかもしれない行動
- 食習慣や睡眠習慣の変化。
- 原因不明の体重の増減。
- 薬物やアルコールの乱用。
- ギャンブルへの参加。
- 社会性の退行。
- 関心の低下。
- 危険な行動をとる。
- 感情喪失や感情の急変。
- 無責任や虚言。
- 死や死ぬことについての話。
- 専念することや集中力の問題。
- ネガティブなひとり言。
- 頻繁な疲労、病気、傷害。
- 高まる興奮性や怒りの問題。
- 自制できない感情。
- 原因不明の傷や故意の傷跡。
- 法的問題や法廷闘争。

第4章　あらゆる世代の女性のスポーツ参加の恩恵とリスク

- 気分変動。
- 妥協を許さない思考。
- 過度の心労や不安。
- 動揺。
- 身震いや震え。
- 胃の疾患や頭痛。
- 持続的な傷害。

　より詳しい情報については、全米精神疾患団体や全米自殺予防ライフラインにアクセスしてみてほしい。

女性アスリートと物質使用と乱用

　社会通念は、スポーツ経験が物質使用と乱用を抑制するかもしれないという印象をつくってきたが、『Her Life Depends on It III（それに依存する彼女の生活3）』（Staurowsky et al., 2015）で、著者はこう述べている。

> 実証的な研究では、スポーツと物質使用の関係は複雑であることを示している。競技場でスポーツをすることは、タバコ、違法な「ハード」ドラッグのようなある種の物質使用を減らす助けとなるかもしれない。しかし、無煙タバコ、アルコール、そして筋肉増強剤などの危険性は増えてしまう。ジェンダーが、さらにその難しい問題を複雑にしている。伝統的に、女子は男子よりも物質使用の割合は低かった。しかし、長年にわたりジェンダー格差は縮まっており、特にこれは、スポーツと密接に関わってきた物質使用についてあてはまる（p.62）。

女性アスリートとアルコール摂取

　人生のある時期にスポーツをしているあらゆる世代の女性にとって、アルコール摂取とスポーツ参加の関係は複雑である。多くの研究が、高校と大学の女性アスリートは、一般学生よりも大量飲酒（女性アスリートが過度に飲酒をする可能性のある行事において）のような飲酒問題に関わる傾向が強いことを示している（Diehl et al., 2012；Kwan, Bobko, Faulkner, Donnelly, & Cairney, 2014；Lisha & Sussman, 2010；Turrisi, Mallett, Mastroleo, & Larimer, 2006）。しかし、このような研究結果は不変ではない。他の研究では、女性アスリートは一般学生よりアルコールの過剰摂取への関わりが低いこと、あるいはスポーツ参加それ自体はアルコール摂取に影響を及ぼす可能性がないことを明らかにしている（Mays & Thompson, 2009；Yusko, Buckman, White, & Pandina, 2008）。

　仲間の影響、スポーツに関わるアイデンティティ、そしてスポーツサブカルチャーが、

69

第 2 部　強い女性たち、子どもも大人も

物質乱用の兆候を示したアスリートを助ける方法

　物質乱用問題のあるアスリートに救いの手を伸ばすことは難しい。専門家は、そのアスリートに彼らの行動に関する事実を説明すること、注意や心配を伝えること、そして利用可能な支援の情報を提供することをすすめている。薬物あるいはアルコール乱用の問題がある可能性を示す特異行動の例には、次のようなものがある。

● アスリートが社会的に自制できないとき（前の晩に自分がしたことを覚えていない）。
● 自分がどのようにしてそこに着いたか記憶がないまま、異なる場所で意識を失い、目覚める。
● 複数の相手と、避妊手段をとらない性交渉。
● 普段の振る舞いと違った言動をする（喧嘩、対立行為、他人を脅す）。
● 友人、家族、チームメイトとの関係悪化。
● 犯罪行為に関与する（物的損害、盗み、飲酒運転、逮捕される）。
● 健康を害することが起こる（使用後に身体的に回復するのに時間を要する、嘔吐や吐き気）。
● 過度の興奮と不安（不眠、破壊的、他人の話がきけない、あるいは他人の近くにいられない）。
● 運動技能やパフォーマンスに悪影響があるものの使用をやめられない（シュート率の低下、守備に戻ることができない、タイミングがずれている、強さがなくなる、チームへの貢献がかつてほどではないとコーチやチームメイトが気づく）。
● 学業への影響（授業の欠席や課題のやり忘れ、試験を受けに行くのを忘れる、単位を落とす）。

　物質乱用者は拒絶が特に強い。医療介入は使用を続けたいという乱用者の欲求を脅かすことになるため、難しい。発覚による禁止は、アスリートへの影響が特に強くなる。コーチあるいはチームキャプテンに対して、アスリートが物質乱用問題を認めたならば、チームの行動規範を理由に、自分はチームから追い出されるだろうと思うかもしれない。乱用に対して娯楽目的の使用をめぐる問題を、チームが定期的に調査することは有用であろう。
　より詳しい情報は、Hainline, Bell & Wilfert（n. d.）を参照。

スポーツ参加と飲酒行動との複雑な関係において、仲介の役割を果たしている可能性がある。大学アルコール調査は「大学のスポーツプログラムに参加していない学生よりも、男性アスリートは 16％、女性アスリートは 19％を上回る割合で飲酒しており、飲酒に関わる良くない結果の経験も多かったことをつきとめた」（Isaac, 2010, p.34）。NCAA の調査（2014）によると、女子大学生の 1/3 が大量飲酒の基準に達する飲酒パターンを自己申告している。これは、大学の女性アスリートの 41％が一気に 4 杯あるいはそれ以上の飲酒を報告した 2005 年からこれまでのデータよりも減少している。
　女性アスリートが過度の飲酒を行う理由はいろいろとあるだろう。スポーツ文化において、競技や怪我に伴うストレスや不安に対処するために、アスリートが自分で自分の不調を治すことは珍しいことではない。フィールドホッケー、サッカー、ラクロスなどに見られるようなチームスポーツのサブカルチャーは飲酒を助長する。カレッジアス

第 4 章　あらゆる世代の女性のスポーツ参加の恩恵とリスク

リートは、飲酒の過大評価、一時的な大量飲酒、あるいは、トレーニング時の規則違反のうわさにより、チームメイトのアルコール使用に対する認識が誇張されている可能性がある（Dams-O'Connor, Martin, & Martens, 2007；Perkins & Craig, 2012）。女性と男性アスリートの比較は、飲酒理由がジェンダーによって異なることを示している。つまり、女性アスリートは、コーピング（ストレスへの対処法）として飲酒し、男性アスリートは社会的理由のために飲酒をする傾向が強い（Wilson, Pritchard, & Schaeffer, 2004）。

女性アスリートと喫煙

　ある研究によれば、スポーツ参加は喫煙から女の子たちを守ることが明らかになっている。女の子がスポーツに長く関われば関わるほど、非喫煙傾向は高まる。スポーツ参加や身体活動が、特に女の子の喫煙率を低くしている（Kaczynski, Mannell, & Manske, 2008；Kaczynski, Manske, Mannell, & Grewal, 2008）。女性のカレッジアスリートとスポーツをしていなかった女子学生を比較すると、女性アスリートはシーズン中とシーズンオフどちらの場合も、喫煙をする傾向は 2〜3 倍少なかった（Yusko et al., 2008）。女性アスリートの喫煙率の低さの理由は、パフォーマンスを危うくする息切れを引き起こす行動を避けようとする、彼女たちの意志によるものかもしれない（Wichstrom & Wichstrom, 2009）。

　喫煙を禁止するチームの規則は、女性アスリートが仲間の誘惑に負けず、喫煙の機会を断る必要があるという抑止力にもなるかもしれない。喫煙が原因でチームから出場停止にされる、あるいは解雇されるという可能性は、説得力のある抑止力になるはずである。Miller、Sabo、Melnick、Farrell、Barnes（2001）によると、普段スポーツをしている女の子たちは、時々スポーツをする人よりも喫煙しない傾向にある。3 つあるいはそれ以上のチームに入っている女の子たちは、喫煙の経験が最も少ないグループである。スポーツ参加レベルと女性アスリートの喫煙習慣とのこのような関係は、研究者が「身体的活動概念」と呼ぶものに起因しているのかもしれない（Rodriguez & Audrain-McGovern, 2004；Verkooijen, Nielsen, & Kremers, 2008）。この概念は、喫煙が単に身体的に活発な女性の自己概念に合わないことを意味している。ストレスを軽減し、気分を高揚させ、そして社会的地位を向上させる可能性があるスポーツに参加することによって、女性アスリートは喫煙する必要性を感じなくなるのかもしれない（Audrain-McGovern, Rodriguez, Cuevas, & Sass, 2013）。

　喫煙は、身体的パフォーマンスを低下させる可能性とコーチからの処罰により、アスリートには負の習慣として記号化されているが、スポーツ文化は無煙タバコ、かみタバコとも関係がある。薬物をよく知らない人のために、タバコはバラバラの状態のものを小さな容器やポーチに入れて売られている。喫煙者は、タバコをひとつまみ取り出し口に入れる。この習慣は喫煙と同じく常習的なものになる。アスリートはリラックスする

71

第2部　強い女性たち、子どもも大人も

方法として、噛んだり吐き出したりすることが必要だと気づくのかもしれない。たとえば野球では、コーチや選手による無煙タバコの使用はその試合の文化的特徴であり、それが若いアスリートに模倣される（Severson, Klein, Lichtenstein, Kaufman, & Orleans, 2005）。健康への深刻な影響（たとえば、口腔や顎などの様々ながん）にもかかわらず、男女どちらのアスリートも無煙タバコを楽しんでいる。NCAA によると（2009）、前年度の自分の行動を報告した際に、男性アスリート 29％と女性アスリート 2％が、無煙タバコを使用していた。NCAA は、ソフトボール選手の無煙タバコの使用は 6％と、他の女性アスリートより高いが、一方で、野球選手の使用率は 52％と報告している（National Collegiate Athletic Association, 2012）。

女性アスリートと違法薬物使用

　全体の傾向として、女性アスリートは一般女性よりも薬物使用率が低い。これは、スポーツ参加が違法薬物使用を禁止する役割を果たしているかもしれないことを示している。ある研究によれば、運動をしている高校の女性アスリートと女子高校生はマリファナ、コカイン、あるいはその他多くの違法薬物の使用が少なく、白人の女の子が、薬物使用に対するスポーツの防御効果の影響を最も受けやすい（Miller et al., 2001；Pate, Trost, Levin, & Dowda, 2000）。女性のカレッジアスリートは、一般の女子学生よりも医療外処方の精神安定剤と鎮痛剤の乱用が少ないことが明らかになっている（Ford, 2007）。

　マリファナの使用に関するデータは疑わしい。カレッジアスリートは一般学生よりもマリファナの使用傾向は少ないが、NCAA の女性アスリートの 18％がこの 1 年間にマリファナを使用したと報告した（National Collegiate Athletic Association, 2012）。使用率が高いのは、アイスホッケー（36％）、ラクロス（30％）、サッカー（23％）の選手で、低いのは、テニス（15％）、バスケットボール（15％）、陸上（9％）である。

　これらの統計が、スポーツ参加と女性アスリートのマリファナ使用の関係を示しているかどうかを解釈するのは、困難である。なぜならば、NCAA のアスリートは資格基準を保持するために薬物テストへの同意が求められており、マリファナは比較的長い間、体に残り続けるタイプの薬物なので、薬物使用が発覚してしまうかもしれないという恐怖が薬物常用を思いとどまらせているかもしれないからである。それでも、選択されたスポーツにおける NCAA の女性アスリートの 25～40％がマリファナを使用していると報告しているのだから、その抑止効果はそこまで強くはないのかもしれない。

　多くの要因が、薬物使用についての女性アスリートの決断に影響しているであろう。自分が選んだスポーツで秀でたい、パフォーマンスの頂点を極めたいという欲求が、女性アスリートが薬物を使用しないことを後押ししているかもしれない。スポーツ経験により強化された自尊心が、違法薬物を使用するようなプレッシャーから女性アスリートを守るかもしれない。女性アスリートは管理されていない時間がほとんどないという事

実も、同様に現実的な理由かもしれない。チームメイト、コーチ、医療専門家（スポーツ医学の専門家、アスレティックトレーナー、栄養士、カウンセラー）によって構成される社会性のあるネットワークを利用できるようにすることが、違法薬物を使用させない場所をつくりだす可能性がある。

ステロイドとパフォーマンス向上薬物の使用

　スポーツ心理学者の Joel Fish（2012）は数多くの研究に言及しながら、男子5.9％、女子4.6％が筋肉をつけるために一時期ステロイドを使ったことがあると推測している。アスリートは、ステロイド使用と乱用のリスクが高い集団である。さらに、あらゆる年代の女性は、彼女たちがアスリートであろうがなかろうが、引き締まって、しなやかな、健康的な身体（洗濯板のような、または6つに割れた腹筋）を魅力的とするという現代の基準の影響を受けている。身体の問題に夢中になっている人には、ステロイドの使用が摂食障害、不健康なボディ・イメージ、体重に対する強迫観念のような、より深刻な事態の一端となるのかもしれない（Elliot et al., 2006；Gruber & Pope, 2000）。健康のリスクをおかしやすい人々にとって、ステロイド使用の傾向は、性的リスクを負うこと、暴力、自殺傾向、病気を引き起こす体重コントロール、その他の不健康な行動のリスクと同様に、アルコール、タバコ、その他の違法薬物の使用への高いリスク傾向を現している可能性もある（Elliot, Cheong, Moe, & Goldberg, 2007；Harmer, 2009；Miller, Melnick, Barnes, Farrell, & Sabo, 2005；Wichstrom & Pedersen, 2001）。しかし、アスリートと非アスリートのステロイド使用には、違いがあるように思える。というのは、スポーツ参加は、その他の危険な行動に関わるリスクを低くすることに関係している（Miller et al., 2005）。ステロイドは、組織的なスポーツあるいはボディビルディングで使用される一方で、実際は、これらのスポーツをする思春期の女性よりも、一般女性のほうがステロイドをよく使用している。女性のステロイド使用のデータは、単に試してみた女の子、つまり一度か二度ステロイドを試してみたが使用は続けなかった者を除けば、女性アスリートの使用率は一般女性よりも低い（Harmer, 2009）。興味深いことに、フィットネスクラブのメンバーを対象にステロイド使用に関する調査を行った結果、容姿をよくするために使用するよりも、パフォーマンス向上のための使用に対してのほうが、少なかった（Dawes, Dukes, Elder, Melrose, & Ocker, 2013）。

女性アスリートと性的リスク回避

　思春期の女の子のスポーツ参加は、ある状況によっては、早い性的初体験、複数の性交相手、避妊手段をとらない性交のようなリスクを伴う性的行動の減少につながる（Dodge & Jaccard, 2002；Eitle & Eitle, 2002；Erkut & Tracy, 2000；Lehman & Koerner,

第2部　強い女性たち、子どもも大人も

2004；Miller, Miller, Verhegge, Linville, & Pumariega, 2002）。中学生と高校生の女の子を対象に行った研究では、アスリートは一般女子に比べて、オーラルセックスや性交を多く行っている傾向があったが（Habel, Dittus, DeRosa, Chung, & Kerndt, 2010）、性行為に積極的なアスリートは、そうではない仲間のアスリートと比べて、安全な性行為を行う傾向が強かった。性行為に積極的な女の子の中で、チームスポーツに属している人は、コンドームを使い、相手と性交歴について話し、健全な性行為に関する情報やサービスを求める傾向がある（Lehman & Koerner, 2004）。なぜ若い女性アスリートが、よりリスクのない性的行動をとるのかを以下に示した。

- 思春期の女性アスリートは、より大きな自尊心、コーピング能力、自己強化感覚、身体的強さなど、性的状況に対処するより多くの力を秘めている可能性がある。
- 思春期の女性アスリートは、トレーニングや競技機会への障害につながるようなリスクを伴う行動は避けようとする（すなわち、妊娠を避ける）。
- 思春期の女性アスリートは、放課後に準備、管理されているスポーツ活動に参加する結果として、あまり時間がないので、性的体験の問題に向かい合う機会が少ない。

　女性アスリートに対するスポーツ参加による保護効果は、実際には彼女たちが年を重ね、大学に進むにつれて少なくなっていく。大学のスポーツ参加と安全でない性交、過度の飲酒の関係については、いくつかの研究が報告している（Faurie, Pontier, & Raymond, 2004；Grossbard, Lee, Neigbors, Hendershot, & Larimer, 2007）。それらの研究は「女性のカレッジアスリートが、実際は、一般の女子大学生より、なんらかの安全でない性交、特に過度な飲酒状態での性交に対して、高いリスクがあることを明らかにした」（Staurowsky et al., 2015, p.76）。2万人以上のカレッジアスリートを対象とした最近の全国規模の調査によれば、女性のカレッジアスリートの8％が、この1年間に避妊手段をとらない性交をしたことがあり、9％に複数の性交相手がいた（Huang, Jacobs, & Derevensky, 2010）。

　女性アスリートは性的暴行を受けにくいとかつては考えられていたが、ある研究はこの点に関しても曖昧な結果を示した。スポーツによる保護という仮説を検証した研究では、女性アスリートは性的被害者になる傾向はあまりないことを見出した（Fasting, Brackenridge, Miller, & Sabo, 2008）。最近の研究では、女性アスリートを対象とした強姦や強姦未遂事件が多いことが報告されている。この研究論文の著者は、その説明として、女性アスリートがリスクが大きくなる状況に置かれていると推測した。女性アスリートの大量飲酒と男性アスリートとの交流という組み合わせが、性的暴行が起こりやすい状況を招いていた（Brown, Spiller, Stiles, & Kilgore, 2013）。

74

第 4 章　あらゆる世代の女性のスポーツ参加の恩恵とリスク

女性アスリートの三主徴（トライアッド）：摂食障害、無月経、骨粗しょう症

　子どもから大人まで、多くの女性たちが、長期にわたって定期的な身体活動に参加することで様々なメリットを受ける。それにもかかわらず、一定の割合の女性が、**女性アスリートの三主徴**と呼ばれる、1 つあるいはそれ以上の深刻な症状を経験しているかもしれない。女性アスリートの三主徴を成す 3 つが相互作用する症状で、最も重症な例は摂食障害（拒食、過食、嘔吐）、無月経（女性の月経周期の中断や消失）、そして骨粗しょう症（骨量が減少して骨がもろくなる）である。「これらのいずれか 1 つが単独で生じるが、女性の身体活動レベルに対して栄養が不足していれば、しばしば 3 つすべてを次々に引き起こす」（IOC Medical Commission Working Group Women in Sport, 2006, p.2）。

　女性アスリートは、健康的な食事パターンと病的な食事パターンをくりかえすような、摂食行動異常を引き起こしやすい（Sundot-Borgen & Torstveit, 2010）。十分な栄養がなくても身体がその状態に適応するので、女性アスリートは月経不順になってしまう。カルシウムと骨量の減少は、必要な栄養素とカロリーが不足してそれを補う方法を体が探すときに生じるが、これが疲労骨折のリスクを上げる。

　あらゆる年代の女性アスリートが三主徴になる可能性があるが、思春期の女の子たちは、そのリスクが最も高い。それは 10 代の時期に伴う活発な生物学的変化、急成長、仲間や社会からのプレッシャー、そして生活環境の急速な変化が原因である。『Archives of Pediatric and Adolescent Medicine（小児および青年期の医学アーカイブ）』に掲載された研究では、カリフォルニア州の女子高校生アスリートの 20％が、女性アスリート三主徴の少なくとも 1 つの兆候を示していた（Nichols, Rauh, Lawson, Ji, & Barkai, 2006）。

　体重、体型や容姿、食べ物を気にする傾向は、女性アスリートも一般女性と同じである。「摂食行動異常は女性アスリートで 0～27％、一般女性で 0～21％である」（Coelho, Gomes, Ribeiro, & Soares, 2014, p.106）。摂食行動異常と摂食障害の関わりは、一般女性よりも女性のエリートアスリートで強い。摂食行動異常の女性を対象とした研究では、女性のエリートアスリートの 18％、一般女性の 5％が臨床面接で摂食障害であると診断された（Sundot-Bergot, 1993）。

　減量に伴う異常な食行動は、摂食行動異常をもたらす。摂食行動異常の女性アスリートは健康的な食習慣が、体重を減らし、体脂肪を減らし、もっと身体をひきしめるような努力にとってかわっている。そして特異な食事選択（低脂肪食だけを選び、食事制限すること）に頼り、重ね着しながら過度なエクササイズで水分量を減らすという減量を行い、外見上より良く見えるように努力している。食事についての決めごとは神経性無食欲症（拒食）あるいは神経性過食症（食べ過ぎや嘔吐）のような摂食障害を招き、ますます極端なものになる。女性アスリートの中には、**アノレキシア・アスレティカ**として知られる、アスリート特有の症状が現れる人もいる。この種の障害を抱える女性アス

75

第2部 強い女性たち、子どもも大人も

注意すべき女性アスリートの摂食障害のサイン

　摂食障害は様々な影響を身体に与え、体調や行動に変化が生じるかもしれない。女性アスリートが摂食障害に苦しんでいる可能性を示すサインは、以下の通りである（Natinal Eating Disorders Associatoin, 2011）。

● 態度の変化：いらいらしていて、怒りっぽく、憂うつな状態である、あるいは食べ物について悩んだり、頭がいっぱいになっている（食事制限、絶食、選りすぐりの食物のみ食べる）、体重増加や水分を保つことへの不安から水を飲むことを避ける、容姿や完璧主義に対して過剰な心配を見せる。
● パフォーマンスに関する心配：活力の低下、練習やワークアウト後の回復に長い時間を要する、協調性の低下、スピードの低下、筋肉の痙攣、オーバートレーニング。
● 身体的問題：疲労の増加、集中力の低下、悪寒を感じる、めまいやくらくらするのを感じる、胃痛や腹痛、肉離れ、関節捻挫。
● 社会的問題：孤立していて、他の人たちに囲まれて過ごすことに気乗りしない、休日を楽しめないあるいはワークアウトをしない、コーチやチームメイトとぎくしゃくした関係にある。

リートは、自分の専門スポーツで動けるだけの十分な量は食べるだろうが、実は消費エネルギーが摂取ネエルギーをはるかに上回っている。女性アスリートは、それ自体が破壊的にもなる健康的な食行動への強迫観念である**オルトレキシア**にもなるかもしれない。

　身体、人間のパフォーマンス、競技の優位性を重要視するスポーツ環境は、アスリートが摂食行動異常や摂食障害を発症するリスクの多い環境をつくりだしている。すべてのアスリートがこれらの影響を受けているが、体重別スポーツ（レスリング、ボクシング、武術など）、採点系スポーツ（飛び込み、体操、フィギュアスケート、アーティスティックスイミングなど）、持久系スポーツ（長距離走、水泳、クロスカントリースキー、自転車競技など）、フライングスポーツあるいは重力に反するスポーツ（高跳び、スキージャンプ、棒高跳びなど）は、アスリートを食事や体重に固執させる（Coelho et al., 2014）。

　体重階級別スポーツで競技するアスリートは、94％が試合のために極端な減量をしている。女性アスリートの摂食行動異常の見積もりは、採点系スポーツ40％、体重別スポーツ30％、チームスポーツ（バスケットボール、フィールドホッケー、ラクロス、サッカー、ソフトボール）15％であった（Coelho et al., 2014）。女性アスリートは、一般女性よりも身体の満足度が高いが、カレッジアスリートの諸調査によれば、女性アスリートの40.7％がカロリーを燃焼するために、1日1時間からそれ以上の運動をしており、15.6％はこの1年間に2回あるいはそれ以上の断食や徹底した減量を行っていた（Greenleaf, Petrie, Carter, & Reel, 2009；Petrie, Greenleaf, Reel, & Carter, 2008）。女性のカ

レッジアスリートの 6.2〜16.2％が過食をしていることも明らかになった（Carter & Rudd, 2005；Johnson, Powers, & Dick, 1999）。

骨量の減少や生殖周期の崩壊につながる摂食行動異常や摂食障害、そして生物学的意義に対する女性アスリートの脆弱性ゆえに、「摂食障害予防は、すべてのスポーツで、コーチとアスリートの教育カリキュラムにおいて必修にすべきである」（Coelho et al., 2014, p.110）。危険因子、栄養、パフォーマンスへの影響、長期的な健康の重要性についてコーチとアスリートが情報を共有すること以上に、アメリカ小児科学会、国際オリンピック委員会医学委員会、スポーツ医学学会を含む数多くの団体は、国内外のスポーツ団体や連盟が、リスクを伴う減量をやめさせる方針や手続きを提案することをすすめている。教育プログラムが防止策として用いられてきた研究では、女性アスリートに摂食障害のリスクについて教育することが効果的であったことを明らかにしているが、研究はまだ、これらのプログラムが行動を変えたかどうかまでは明らかにしていない。

女性アスリートと傷害

すべてのアスリートと同様に、女性アスリートも傷害のリスクをおかし、また、スポーツ参加や競技のために犠牲を払っている。女性アスリートがその競技人生の中で受けるかもしれない身体的な傷害についての幅広い議論まで掘り下げることは、紙面の制限もあってここではできないが、女性アスリートが経験する 2 つの傷害で最もよく報告され、議論されているのは、ACL（前十字靭帯）断裂と脳しんとうである。なぜ女性アスリートにこのような傷害が起こるのか、また女性アスリートはこのような傷害からどのように回復するのかについて十分に理解するには、ジェンダーに特化した処置とリハビリについて知ることが重要であることがわかっている。

ロヨラ大学医療センターのスポーツ医学部長である、ピエトロ・トニーノ（Pietro Tonino）によると、スポーツに参加する女の子が多ければ多いほど、ACL 損傷傷害が起こりやすくなる（Loyola University Health System, 2014）。アメリカスポーツ医学整形外科学会は、女性のバスケットボール選手とサッカー選手は、男性アスリートよりも、2〜8 倍も ACL 損傷を経験すると報告している。ACL を損傷する女性アスリートは、思春期に人数のピークを迎え、その後は減ってくる（Dharamsi & LaBella, 2013）。

男性アスリートに比べて女性アスリートの ACL 損傷の発生率が高い理由は、ホルモンの影響と筋神経が要因とされている（Dharamsi & LaBella, 2013）。急成長を促すホルモンの変化と、重心の変化を起こす女性アスリートの変わりやすい筋肉の成長の影響を受ける思春期の始まりが、女性アスリートの ACL 断裂の発症率が高い原因となるようである。

筋神経のレベルで男性アスリートと比較すると、女性アスリートはトレーニング中に

衝突度の高いスポーツでは、女性は脳しんとうのリスクが大きい。

膝の動きをあまりコントロールしておらず、ハムストリングよりも大腿四頭筋に頼っている。女の子はまた、脚力が強いほうの脚をよく使い、筋肉の強さが左右非対称である傾向もある。この種の不均衡が、ACL に大きな負担をかける状況をつくりだす。女の子は体幹があまり強くないため体重心がずれてしまう（Zazzali, 2013）。そして、女の子はジャンプから着地するとき、男性とは異なるメカニズムを使い、骨と靭帯に頼っている（Dharamsi & LaBella, 2013）。女性アスリートは、膝を曲げた姿勢で着地するときに、膝と身体のバランスを安定させるために大腿四頭筋（大腿部前面の筋肉）に頼る傾向がある。対照的に、男性アスリートはハムストリング（大腿部後面の筋肉）を使っている。この筋肉は一般に大腿四頭筋より強い（Brody, 2010）。

　トニーノは、実際に現場で女性アスリートの ACL の傷害が増えているのを見て、それを憂いて次のように述べた。「これらの傷害の多くは、数分行う単純なウォームアッププログラムで防げたであろう」（Loyola University Health System, 2014, para. 3）。このようなプログラムの 1 つは、FIFA（国際サッカー連盟）の 11＋という、約 20 分で完結するウォームアップである。FIFA は、週に 2 回ウォームアップするチームにおいては、ACL を損傷する確率が 30〜50％減少すると報告している（Loyola University Health System, 2014）。女性アスリートにおける ACL 損傷についてのより深い議論は、第 5 章を参照のこと。

　ニュース報道と訴訟の結果、過去 10 年間に、アスリートの脳しんとうの重篤さについての認識が高まってきている。非常に簡潔にいうと、脳しんとうは脳の傷害であり、科学団体では軽度外傷性脳損傷であるとみなされている。そうしたことから、脳しんとうに苦しむアスリートは、多くの短期的あるいは長期的な後遺症と向きあっている。頭痛やめまいは、最も一般的に報告されている 2 つの症状である。意識喪失は脳しんとう

第4章　あらゆる世代の女性のスポーツ参加の恩恵とリスク

ヘッドバンドはサッカー選手の頭部への衝撃を防げるのか？

　2015年6月、女子ワールドカップがカナダで開催された。対オーストラリア戦の前半に、アメリカ代表女子サッカーチームのメンバーのひとり、アリ・クリーガー（Ali Krieger）は、選手の頭を守るようにデザインされた用具で、アンイコール社製のヘイロ（Halo）と呼ばれるヘッドバンドをしていた。ワールドカップの数週間前に、彼女は2回目の脳しんとうを起こしたので、ヘッドバンドを用いて意識的に頭を保護したのだ。メーカーによると、ヘッドバンドは軍隊や警察職員用の服や用具として使われている素材でつくられていて、力強い衝撃を吸収、分散する。スポーツ現場では、ヘッドバンドがヘディングしたときのボールの衝撃力を減らしてくれる。

　このような用具の必要性、そしてこの用具が保証する魅力は明白である。しかしながら、小児科医によると、サッカー選手がヘッドギアをつけることにも限界があると言う。サッカーは中程度から高程度の激突するスポーツとして分類されるからである。結果として、身体への打撃や地面への落下から脳しんとうを起こす可能性がある。女性アスリートは、脳しんとうに対してより長い回復時間を要し、影響もより深刻になる傾向にある。彼女たちは、防護や防止の方法としてヘッドバンドが発展してきたときに、ヘッドバンドが何をしてくれるのかしてくれないのかを、はっきり知っておかなければならない。

このヘッドバンドについてもっと読みたい人は、www.sporttechie.com/2015/06/10/u-s-womens-soccer-player-wears-hi-tech-headband-prevent-concussions を参照のこと。

を経験したアスリートの約10％に起きているが、他の症状としては嘔吐や頭痛を伴う吐き気も含まれ、急性胃腸炎の兆候も見られる。めまいは、心臓が正常に機能していない可能性（急性心疾患）とも関連がある。脳しんとうを起こしたことのあるアスリートは記憶喪失、ゆがんだ視界、平衡感覚障害、睡眠障害、抑うつ、そして注意欠陥障害なども経験する（Eichelberger, 2013；Harmon et al., 2013）。

　基礎テストを受けた脳しんとう歴のないカレッジアスリートの中で、59％がこの1年間に脳しんとうのような症状を報告していた。高校生レベルでは、脳しんとう歴のないアスリートの50〜84％が脳しんとうのような症状を報告していた（Harmon et al., 2013）。

　高校から大学に通う年代（15〜25歳まで）では、バイク事故が脳しんとうの主要な原因であり、スポーツ関連の事故や傷害がそれに次ぐ。アメリカでは毎年、およそ30万件ものスポーツ関連の脳しんとうが報告されている。アスリートは、練習時よりも試合で戦っているときに、脳しんとうを起こす。そして、高校生アスリートでは、サッカーが最も脳しんとう率が高い。一方で、女子サッカーは2番目に発症率が高く（8.2％）、男子レスリング（5.8％）、女子バスケットボール（5.5％）がそれに続く。ジェンダーで比較できるスポーツでは、女子（総数1万人中1.7％）は男子（総数1万人中1.0％）より発症率が高かった（Marar, McIlvain, Fields, & Comstock, 2012）。ImPACTと呼ばれる

79

第 2 部　強い女性たち、子どもも大人も

プログラムを使って、プレシーズン中に基礎テストを行ったメイン州の高校生アスリートの脳しんとう発症率は、2312 人の女性アスリートを除くと、14％が 1 度あるいはそれ以上、また 3.8％が 2 度かそれ以上、さらに、1.0％は 3 度からそれ以上の脳しんとう歴を報告していた（Iverson, Gerrard, Atkins, Zafonte, & Berkner, 2014）。

　同様のスポーツ（サッカー、バスケットボール、ソフトボール/野球、レスリング）をしている男女アスリートを比較すると、男性アスリートよりも女性アスリートのほうが多く脳しんとうを経験している。また、女性アスリートの脳しんとうの症状は長く続き、回復するまでの時間も年齢にかかわりなく女性のほうが長かった（Harmon et al., 2013）。

　なぜ女性アスリートが長く症状に悩まされ、より重篤な症状が現れる可能性があるのか、それについては多くの論拠がある。最初に考えられるのは、女性アスリートの首の筋肉が、男性アスリートに比べ発達していない、あるいは太くないという推論だ。2 番目に考えられるのは、（女性特有の）エストロゲンの分泌と脳に至る血流条件の違いが、女性アスリートの重い症状と、脳しんとうからの回復期間に関係している可能性があることだ。そして 3 番目には、女性アスリートの体幹の強さの程度も考えられるかもしれない（Franks, 2013；Harmon et al., 2013）。

---

[1] CAA 大学スポーツ協会は、多くの優秀な女性アスリートを輩出してきた。その中にはデラウェア大学のエレーナ・デレ・ダン（Elena Delle Donne）もいる。彼女は 2012～2013 年ホンダスポーツアワードのバスケット部門の受賞者である。

[2] 2015 年 5 月 7 日、ESPN がホラーランの話を扱った『Split Image（スプリット・イメージ）』という番組を放映した（Fagan, 2015）。この番組は、メンタルヘルスについての会話が促しており、重要な目的を果たしたと考えた者もいた。しかし、『ハフィントンポスト』紙の編集者は、自殺報道について全米メンタルヘルス協会のガイドラインに違反していると注意した（Holmes & Turgeon, 2015）。作者は、このような問題をいかにして、どのような方法で扱うのか、そしてこの種の会話を授業でどのように扱うべきかについての懸念を述べている。

[3] 男女どちらのアスリートもスポーツ参加に結びつく恩恵とリスクをもっている。この本は女性とスポーツに関する内容なので、本章で着目したのはスポーツに関わる女性が直面する恩恵とリスクである。

第5章
生理学と女性アスリート：
生物としての宿命なのか？

本章のポイント

- 子どもに過酷なトレーニングを実施する際に、考慮すべき重要な事柄。
- アスリートの発育発達とトレーニングに関する、思春期前の男女の類似点と相違点。
- 身体レベルと身体能力に関する、思春期の男女の発達の違い。
- 早熟が運動能力に及ぼす影響。
- 女の子の自己認識の役割と、それがトレーニングに及ぼす影響。
- 運動能力に影響を及ぼす、思春期後における男女の身体組成と生理学的な違い。
- 月経周期の乱れと、ホルモン避妊薬がパフォーマンスに及ぼす影響。
- 女性アスリートに推奨されるトレーニング。
- 女性アスリートの自己認識に対するメディアの役割。

第2部　強い女性たち、子どもも大人も

「高校スポーツにおいて、男女混合はありうるだろうか？」という見出しが、2014年の秋、『インディアナポリス・スター』紙の紙面を飾った。男性もしくは女性アスリートが、異性チームのメンバーの一員になるたび、男女を見極める問題が持ち上がり、数十年にわたって議論され続けてきた。州や地域によっては、男女が同じチームでプレーしても（女の子が男子ゴルフチームで競う、男の子が女子ホッケーチームのメンバーとして活躍するなど）話題にすらされないが、その一方で、声高な反論も多々ある。1976年、インディアナ州のベン・デービス高校は、女子チームに3人の少年を選手登録し、全米バレーボール選手権大会で優勝した。しかし、それから1ヵ月も経たぬ間に、インディアナ州高等学校スポーツ協会は、女子チームの競技に男性アスリートが参加することを禁じるルールを可決し、現在でもそのルールは有効とされている。禁止に至った根拠は、「女子メンバーを想定したチームに男性が参加すると、フィジカル面や技量の均衡が崩れ、公平性を欠くから」ということであった（Benbow, 2014, para. 7）。

男女混合で、普通にスポーツを行うのは実現不可能なのだろうか。男女では生理学的能力の差がありすぎるため、考慮にすら値しないことなのだろうか。2014年、男の子と同じルールのもと、競技に参加した女の子たちの報道が複数あることは、単なる偶然では片づけられない。リトルリーグのピッチャーとして一躍有名になり、今やユースリーグのピッチャーとして知られるモネ・デービス（Mo'ne Davis）は、13歳にして時速112キロの速球を投げ、リトルリーグ・ワールドシリーズを制した。同じく2014年秋、シェルビー・オズボーン（Shelby Osborne）は、カレッジフットボールにおいて初の女性ディフェンス・バックに指名され、キャンベルビル大学（ケンタッキー州）チームの登録選手として、その名を連ねた。彼女たちのような女性アスリートは特例なのだろうか？生理学的に差があるという思い込みから、女性アスリートたちの能力を過小評価してはいないだろうか？

この章では、スポーツの観点から見た、男女の生理学的な違いを理解するために構築された研究に着目する。その目的は、女性アスリートに対する間違った見識や、女性アスリート特有の、スポーツ傷害の罹患率および危険因子について理解を深めることである。さらに、ある特定集団のトレーニングについても詳しく説明していく。男女混合競技の問題は、今後も論議され続けるだろうが、この章では、生理学的なトピックスに焦点をあてることで、次シーズンに向けて頑張る、女性アスリートたちの未来に光を投じることになるだろう。

過去20年間にわたり、エビデンスに基づいた研究が進んだことで、女性アスリートに対するトレーニングの誤解が減り、資格を有したフィットネスの専門家（パーソナルトレーナーやストレングス＆コンディショニングコーチ）の人口が急増した。その結果、男性アスリートと同様、女性アスリートたちの間でも、ストレングス＆コンディショニングトレーニングが普及し始めた。しかしながら、ACSM（アメリカスポーツ医学会）

第 5 章　生理学と女性アスリート：生物としての宿命なのか？

によると、2014 年の「トップフィットネストレンド」の調査（世界中のフィットネス専門家へのアンケート）では、「ストレングストレーニング」と「フィットネス専門家の育成、認定、経験を積むこと」が、それぞれ 3 番目、4 番目を占めた（Thompson, 2013）。このことから、女性アスリート向けトレーニングプログラムの適用は、いまだ一般的とはいえず、性別や競技などの個々の要因（**これらに限定されるわけではないが**）に、かなり左右されていると推測される。

　一般的に、女性アスリートは生理学的な理由で競技成績、トレーニングの適応、運動能力において男性より劣るという誤解がある。生理学的に見れば、確かに鍵となる男女の違いはいくつかあるが、競技における相対的能力の差は、トレーニングの内容、心構え、モチベーション、その他の個々の要因（体格やスキルなど、そのスポーツに有利な条件）によって変わる。研究によると、生理学上の性差は、ある特定のトレーニングに対する適応度合に影響（かなりの量のサプリメント服用なしに）を及ぼす可能性があるが、男性同様、その適応率に制限はない（Chandler & Brown, 2013）。しかし、思春期を過ぎると、多くの生理的な男女差が生じ、それによってトレーニングの適応やパフォーマンスに及ぼす影響もより顕著になる。

思春期前の男女のトレーニングの違い

　少年と少女、男と女、紳士と淑女、男性と女性。呼び方は何であれ、この 2 つの性はいろいろな意味で、生まれながらに異なり、身体的にはまったくの別物である。その身体的な違いは、単なる解剖学的な構造の相違というだけでなく、アスリートの成長過程においても役割を果たす。この節では、思春期前の子どもについて、そして彼らがどのようにトレーニングを積むべきかについてを、男女の類似点と相違点をもとに考える。

　性別における違いを考える前に、子どもに対するトレーニングの役割を考えることは、重要である。本来、思春期後を想定した、過酷なスポーツ活動を行う子どもたちが、徐々に若年化しており、それにより、子どもたちに及ぼす身体的生理学的な影響に対する、コーチ、体育教員、両親らの意識や懸念が高まりつつある（American Academy of Pediatrics, 1976；Borms, 1986）。「catch them young（若いうちに発掘せよ）」という哲学（原理）から、アスリートを育成するには、思春期前から過酷なトレーニングを始める必要がある、という考え方が世に広く浸透している（Baxter-Jones and Mundt, 2007）。このような見解のもと、多くの子どもが、幼い頃から極めて高度なレベルのトレーニングを行っており、それによって彼らはエリートスポーツへの参加に伴う身体的生理学的なプレッシャーを乗り越えられるようになる、と言われている（Borms, 1986；Kentta, Hassmen, & Raglin, 2001；Matos & Winsley, 2007）。具体的には、8 歳までは、男女共に、全身の基礎体力と運動能力を向上させる様々な活動に参加させ、その後、そのスポーツ

83

第 2 部　強い女性たち、子どもも大人も

幼いときから過度なトレーニングに集中しすぎると、のちの総合的スキルの修正が難しくなる。

種目の特性スキルを指導するよう推奨されている。幼少期に特定の競技に固定してしまうと、のちに本格的に取り組んだ際、全般的な運動能力に偏りが出るおそれがある（Borms, 1986）。また、思春期前の子どもの運動能力は、彼らの思春期後の運動能力を予測する上で、確固たる指標にはなりえないことも示唆されている（Williams, Armstrong, Kirby, & Welsman, 1995）。

　子どもたちにスポーツを始めさせる年齢については、考慮が必要であるものの、次に考えるべき論理的な疑問は、男女の子どもの間に存在する、トレーニングに関連した違いについてである。思春期前の、身長や体重、運動能力（筋力または持久力）、スキルレベルに関する有意な男女差（差があってもごくわずかである）を統計的に裏づけるエビデンスは、ほとんどない（Blanksby, Bloomfield, Elliott, Ackland, & Morton, 1986；Borms, 1986；Courteix et al., 1998；Faigenbaum, Westcott, Loud, & Long, 1999；Marta, Marinho, Barbosa, Izquierdo, & Marques, 2013）。つまり、思春期前のアスリートであれば、各々のコンディショニング＆ストレングス能力を高めるために、男女で同じトレーニングメソッドを用いることはできるのである（Marta et al., 2013）。

思春期における男女の身体能力向上の違い

　思春期前とは異なり、思春期中や思春期後になると、生理学的な違いによって、男女

のトレーニングには様々な違いが生じてくる。この節では、思春期における男女の生理学的な違いと、その違いが、彼らの身体的能力にどのような影響を与えるかを説明する。男女の基本的な生理学的差違を理解することは、アスリートの性別に適したトレーニング方法を、処方するのに役立ちうる。

思春期前の女の子の有酸素性能力は、男の子のそれと、さほど差はない。しかし、14歳以降になると、女の子の有酸素性能力は、男性のそれに比べて著しく低い値を示す（15%）。興味深いことに、女の子の有酸素性能力の頭打ちは、だいたい14歳前後なのに対し、男の子は18歳ぐらいまで上昇する（Borms, 1986）。もちろん、トレーニングを積めば有酸素性能力は向上し、加齢と共に低下するものだが、その状況には個人差がある（Bouchard et al., 1999）。女の子では向上しない有酸素性能力が男の子では長く向上し続ける要因は、思春期が訪れるタイミングの違いであろう。女の子の思春期は男の子よりおよそ2年早く、成人の身長に到達するのも女の子のほうが早い。つまり、男の子は肺が大きくなるといった有酸素性能力向上に役立つ成長因子を、より長く、10代の終わりまで経験する。その成長は成人期に突入しても続き、たとえば、エリートレベルの男性ランナーの**最大酸素摂取量**（$\dot{V}O_2$max）は、女性ランナーのそれより高い数値を示す（Noakes, 2002）。

筋量については、思春期前の子どもで、体重のおよそ27%、思春期を過ぎると40%にも達する（Borms, 1986）。12歳までは女の子のほうが筋力が大きい傾向にあるが（Maffulli, King, & Helms, 1994）、思春期におけるテストストロン分泌量の上昇率は男の子のほうが高いため、男の子はより急激に成長し、最終的には女の子よりも筋力が大きくなる。

スポーツをする上でスピードは欠かせない要素だ。それを鍛えるのは1歳半から10歳の間が望ましいと言われてきた（Roberton & Halverson, 1984）。スプリント速度が伸びるのは、男の子の場合、平均で5〜16歳の間、女の子の場合は5〜14歳の間である（Borms, 1986）。この成長は2段階に分けて起こる。まずは、神経系の発達と四肢の筋肉のバランスが良くなる時期である。次は、女の子は12歳前後、男の子は12〜15歳の間に起こり、身体が大きくなると共に、筋力や持久力が増すことがその要因とされている。思春期後のパフォーマンスレベルは、男の子のほうが若干高くなる。

早熟が運動能力に及ぼす影響

アスリートのリクルートプログラムの多くは、「catch them young（若いうちに発掘せよ）」の精神で行われている。大学在学中やそれ以降に、アスリートとして成功させたいのなら、トレーニングや競技への参加は、できるだけ若いうちから始めるべき、とする考えにあおられている（Baxter-Jones, 1995）。しかし、このような考えを立証する研究

> 「NCAA（全米大学スポーツ協会）はこういった問題に口を閉ざす傾向にある」
> ──ドム・スターシア Dom Starsia（バージニア大学男子ラクロス部のコーチ、高校生ア
> スリートのスカウトは時期尚早だと主張している）

はない。体育教員や医療の専門家も、こうした考えを一貫して否定しており、思春期前の子どもにとって、何より大切なことは競技を経験することである、と提言している。

　最近の子どもは発育が良く、体力的にも昔より向上している。だが、将来どの競技に進ませるか見極める際、たとえ身体的に、ある特定の基準を満たしていたとしても、成人と同じ尺度で判断すべきではない、という意見が多い。なぜなら、その基準が明確ではなく、成長が遅い子どもを排除してしまうからだ（Baxter-Jones, 1995）。実際、早熟で身体の大きさに恵まれているために成功した年少のアスリートが、その後、晩熟のアスリートの活躍を目の当たりにして、競技から遠ざかってしまう例も散見される。

　この問題は、競技は年齢別に行うべきかどうか、という議論も提起している。もしくは、青少年が参加する競技は、何歳から成人と同じルールを適用すべきか、という論点への置き換えも可能かもしれない。とはいえ、年齢別の競技大会への関心が大きいのは確かである。それは、「catch them young」の考え方に直結しているからだ。推薦で大学に進学したい子ども、もしくはその先の、さらに高いレベルを目指す子どもにとって、競技を歴年齢で行うかどうかは非常に重要な問題である。

　若年アスリートの才能の有無は、歴年齢で行った競技大会の成績によって判断される傾向にある。先行研究によると、歴年齢の競技において、身体のサイズと体格はとても重要な要因であることが示唆されている（Baxter-Jones, 1995）。しかし、歴年齢で競技レベルを分類することの問題は、成熟年齢がまったく考慮されていない点である。成熟年齢は、身体の成長と発達によって定義される。成長とは身体が大きくなること、発達は思春期後に向かって身体が成熟していく段階のことを指す。思春期では、成熟年齢が特に重要である。なぜなら、同じ歴年齢の子どもでも、その成熟度によって筋力、スピード、持久力に大きな差が出るからである。

　スポーツとフィットネス能力を評価する生理学的構成要素は、成長と共に変化する。したがって、その能力を評価する際は、成熟年齢を考慮すべきだろう（Crampton, 1908）。前文の引用文献が発表された年に注目してほしい。100年以上も前から、歴年齢は、運動能力を判断する最良の決定要因ではないことが示唆されている。事実、歴年齢より、骨年齢のほうが信頼できるということが判明している（Baxter-Jones, 1995）。早熟によってプラスの影響がもたらされるのは、習熟能力や知性だけでなく、有酸素性能力、筋力、筋持久力も含まれるが、子どもでは心身双方において成熟度は様々である。

　体重、身長、筋力、体力を要する競技（アルペンスキー、陸上競技、水泳など）では、

第5章　生理学と女性アスリート：生物としての宿命なのか？

早熟型が有利である（Borms, 1986）。早熟は多くの競技で強みとなるが、女の子の場合はまったく逆のケースもある。飛び込み、フィギュアスケート、体操などの競技では、思春期に達していない、思春期前の体型を維持していることが、有利に働くと思われる（Carter, 1981）。

　歴年齢で行われる競技は、成熟の早さだけでなく、生まれ月が早いアスリートにも有利となる。競技によって開催時期は様々だが、歴年齢の競技においては、生まれた月の数ヵ月の違いが大きな差を生むため、数ヵ月でも早く生まれた競技者が優位となる。したがって、身体の大きさが重要視される競技では、生まれの早い子どもをスカウトする傾向にある。一方、身体の大きさを重要視しないスポーツでは、スカウトされた子どもの誕生月の分布は、より均一である（Barnett & Dobson, 2010）。また、付加的トレーニングを理由に、身長を基準にスカウトすると、これから成長するであろう晩熟の子どもを除外してしまうことになる。さて、ここでもう一度考えてみよう。暦年齢の競技大会では、本当に才能ある人材をスカウトできているのだろうか？

　ハイレベルのスポーツでの思春期前のスカウトは、子どもに好ましくない影響を与える場合がある。身体と同様、心の健康も軽視してはならない問題だ。思春期を早く迎えた女の子は、社会性を身につける過程において、身体活動で秀でていたいという意欲をなくしてしまう傾向にある。一方で、思春期が遅くやってきた女の子は、競技に参加する中で、社会に適応する術を身につけ、また競技に付随する社会的重圧にも、うまく対応できるようになる（Borms, 1986）。

女性アスリートにみられるストレングストレーニングと生理学的適応に関する誤解

　女性アスリートが、ストレングストレーニングをすることに対して、世間一般で誤解されていることが多々ある。ウェイトトレーニングをすると、男性のように筋肉隆々になって胸板が厚くなる、重い重量をあげるのは、結合組織や生理学的機能を破損する可能性があるので危険、などである。そういった考えを支持する研究は、いっさいない。なぜなら、通常、女性は血中テストステロンが分泌されないし、タイプⅡ筋線維を刺激するほど、負荷のかかるストレングストレーニングを行うことは、ほぼないからだ（Baechle & Earle, 2008；Zatsiorsky & Kraemer, 2006）。しかし、いまだに、これらの根拠のない説を信じている人は多い。フィットネスの専門家なら、レジスタンストレーニングの導入に躊躇している女性たちに、きちんと説明ができるようにしておかなければならない。

月経とスポーツパフォーマンス

　初経が始まると、身体的感情的な変化が起こり、若い女性アスリートにとっては試練

第 2 部　強い女性たち、子どもも大人も

の時期となる。エストロゲンの分泌が多くなるにつれ、体脂肪が増え、骨の成長率も上昇する。生殖可能な期間を通し、月経周期には、必ずある決まったホルモンの変動が起きる。

　エストロゲン同様、プロゲスチンというホルモンも、月経周期に量を変えながら分泌される。これは身体にアンドロゲン（男性ホルモン）と抗エストロゲンの作用を及ぼし、性周期（発情周期）を促し、また、体温の上昇、換気率の上昇、むくみ（腎臓での塩分と水分貯留の増加の結果）、さらにおそらくは、最大下心拍数や主観的運動強度の上昇を誘発する（England & Farhi, 1976；Fortney, Turner, Steinmann, Driscoll, & Alfrey, 1994；Schoene, Robertson, Pierson, & Peterson, 1981）。しかしながら、体温や呼吸の変化は、トレーニングの内容や、喘息などの肺の疾患によっても左右される（Tan, McFarlane, & Lipworth, 1997）。トレーニングによって、体力レベルでみられる呼吸器系ストレスや運動中の機能障害を低く抑えるといった補償効果がもたらされると考えられている。しかし、研究では、炎天下などストレスのかかる状況下で、特に持久力を要する競技を行った場合、月経周期による体温の変動が、多少なりとも影響を及ぼすことが指示されている（Frankovich & Lebrun, 2000）。

　月経周期に伴うホルモンの変動は、感情の起伏を激しくするだけでなく、嘔気、むくみ、腹痛、筋痙攣（運動とは独立した痙攣だが、運動によって助長される）などの症状も引き起こす。月経に伴う失血により、ヘモクロビン濃度は下がるが、心拍数の上昇、換気率の亢進により、安静時と運動中の心拍出量は、一定に保たれる。月経が重度のときは、血中の鉄濃度が急激に下がるため、貧血症状（エネルギーの消費が増えるだけでなく、疲労、軽い頭痛も起こりやすい）を起こしやすい。また、失血や血管の拡張（月経周期の特定期間の塩分と水分貯留の増加に起因）により、筋組織へ流れる血液量も減少するため、ガス交換機能や、栄養と組織への酸素を運搬する能力が減じる可能性がある（Lebrun, 1994；Lebrun, Petit, McKenzie, Taunton, & Prior, 2003）。月経周期の、ある期間においては、血中乳酸値も減少するが（黄体期より卵胞期のほうが高い）、これが持久力アップの要因になるかどうかには、十分な裏づけがない（Lebrun et al., 2003）。

　これらのホルモンの変動は、運動能力や関節の弛緩性にも影響を及ぼす可能性がある。膝関節の弛緩性は、月経周期にわたって（エストロゲンレベルの変動に伴い）変化し、それが、スポーツ特有の動きを行うための関節力学や関節荷重などの変化の原因となる可能性がある（Park, Stefanyshyn, Ramage, Hart, & Ronsky, 2009；Shultz, Sander, Kirk, & Perrin, 2005）。エストロゲンとプロゲステロンの受容体は、膝の滑膜表層および靭帯内の細胞にも存在することが実証されたが（Liu, Al-Shakih, Panossian, & Finerman, 1996）、月経周期に伴うホルモン変動と膝前十字靭帯損傷のリスクに対する感受性との間の因果関係を強く支持する研究はなく（Wojtys, Huston, Boynton, Spindler, & Lindenfeld, 2002）、それは、アキレス腱の長さや腱の緊張との関係についても同様である（Bur-

88

第 5 章　生理学と女性アスリート：生物としての宿命なのか？

gess, Pearson, & Onambele, 2009）。

　また、月経不順の女性アスリートは、潜在的に骨塩量が低い可能性があるにもかかわらず、月経不順と疲労骨折の有病率の増加との関係について、強く主張する研究は存在しない（Ristolainen, Heinonen, Waller, Kujala, & Kettunen, 2009）。しかし、無月経や月経不順を経験している女性アスリートは、骨減少症や骨粗しょう症（のちに疲労骨折のリスク増加につながる）になりやすいと考えられている（Brunet, 2010；Goodman & Warren, 2005）。月経周期が運動能力へ及ぼす影響については、Frankovich、Lebrun（2000）の優れた概要が参考になるだろう。

　女性アスリートのホルモン避妊薬（たとえば、ピル、ヌーバリング、デポ・プロベラ）の服用に伴う利害は、結論の出ない難しい問題だ。服用した場合、わずかだが、酸素利用能力に影響が出る（エリートレベルの競技には影響するかもしれない；Lebrun, 1994；Lebrun et al., 2003）という報告もあるが、その根拠は十分ではない。ホルモン避妊薬の使用による影響については、さらなる研究が必要である。これまで、ホルモン薬、特にエストロゲンの摂取は、アスリートのトレーニングに応じた発達の妨げになると考えられてきたが、そのような避妊行為が、運動能力の向上に役立つ、または、トレーニング能力に大きな影響を及ぼす副作用となる、といった、どちらの説に対しても確証を得るに至ってはいない（Chandler & Brown, 2013；Nichols, Hetzler, Villanueva, Stickley, & Kimura, 2008；Rechichi & Dawson, 2009）。こういった薬剤の使用が認められてきたのであれば（Hannaford & Webb, 1996）、運動能力に影響（身体的、もしくは精神的な支えとなる）をきたすような出血、むくみ、痛みなどの月経に伴う症状を、和らげる効果はあるのだろう（Chandler & Brown, 2013）。また、ホルモン避妊薬は、骨密度を保持し、黄体ホルモンによる体温上昇の影響を和らげる助けとなる可能性がある（Frankovich & Lebrun, 2000；Grucza, Pekkarinen, Titov, Kononoff, & Hänninenet, 1993）。

　コーチたちは、女性アスリートの月経周期に伴う兆候や症状には十分気を配るべきである。パフォーマンスの低下も察知できるし、適切なトレーニングプログラムを調整することで、疲労や不要な生理学的ストレスを避けることもできる。しかし、こういったことは、複雑でセンシティブな（ストレングス＆コンディショニングコーチやスポーツコーチには指摘しがたい）問題である。月経周期や運動能力に関し、女性アスリートと上手にコミュニケーションをとる方法について、参照できる文献は、現在多数ある（Women's Sport and Fitness Foundation, n.d.）。しかし、月経中に、ホルモンバランスの変化の影響をあまり受けないアスリートもいるので、トレーニングプログラムの軌道修正が常に必要なわけではない。月経による生理的（知覚された社会的、心理的）作用の度合は、トレーニング状況、経血量、場合によってはホルモン避妊薬の使用によっても変わってくるので、個人ごとにかなり異なる（Lebrun, McKenzie, Prior, & Taunton, 1995）。

　また、方法の違いや個人の複合した因子（たとえば、栄養状態やトレーニング状況）

89

第 2 部　強い女性たち、子どもも大人も

は様々なため、月経がどれくらいアスリートの運動能力（最大もしくは最大下の有酸素
性能力や筋力）に影響を及ぼすかについては、一貫した調査結果は得られていない
（Chandler & Brown, 2013；Frankovich & Lebrun, 2000）。

思春期後の身体の違いと運動能力の変動

　思春期後の男女に適したトレーニングを行うには、トレーニングプログラムの変数
（強度、頻度、量）、年齢、血清テストステロンとエストロゲンの循環における男女差な
ど、様々な要因を考慮する必要がある（Vingren et al., 2010）。テストステロンとは、体
内で生成されるアンドロゲン（アンドロゲン性のタンパク質同化作用をもつホルモン）
であり、細胞内のアンドロゲン受容体と相互作用し、筋内のタンパク質合成を促進し、
タンパク質分解の抑制を助ける。このような作用が、筋肉の成長と肥大を促す。一方、
エストロゲンは体内のステロイドホルモンの一種で、女性の月経や発情期の生殖周期を
調整し、脂肪組織および筋組織においては、アンドロゲンの役割を果たす。エストロゲ
ンはまた、血液の凝固過程、代謝（脂肪代謝の増加と筋内や肝臓での糖の取込みと貯蔵
を促す）、腎臓による塩分貯留の作用（体重の増加が伴う場合もある）に関与すると同時
に、カルシウムの摂取を促し、骨密度を上昇させるような作用ももっている（Fragala et
al., 2011；Frankovich & Lebrun, 2000）。

　関節の特異的弛緩や、身体全体への脂肪の沈着などの性差、および、男性に比べ女性
において脂肪蓄積が大きいことは、エストロゲンレベルの高さやテストステロンレベル
の低さに関連すると考えられる（Frankovich & Lebrun, 2000）。女性は、骨盤、臀部、大
腿部により多くの脂肪を蓄える傾向があり、その部分の体脂肪率は、最低でもおよそ
12%（男性は 3%）だ。先行研究によると、フィットネス度の向上により、除脂肪体重
の増加とエストロゲンの代謝率が変化したとしても、身体活動がエストロゲン代謝物を
変化させないことを示唆している（Campbell, Westerlind, Harber, Friedenreich, & Cour-
neya, 2005）。トレーニングプログラムとあわせて起こるエストロゲン分泌量の変化は、
定期的に運動をしている人でよく見られる、健康習慣（栄養摂取、最小限のアルコール
摂取、禁煙など）の結果だと推測される。

　体重は骨量を評価する目安となる。男女共に、20〜30 歳の間に最大骨量に達し、50
歳あたりから加齢と共に徐々に減少していく（Arabi et al., 2004；Lin et al., 2003）。女性
の場合、エストロゲンによる骨芽細胞および破骨細胞の活性の制御、生体力学的歪みに
対する骨格反応への仲介、副甲状腺ホルモンとカルシトニンの作用に対する反応のすべ
ての低下に伴い、骨量が減り始める（Riggs, Khosla, & Melton, 2002）。エストロゲン分
泌量が高い女性は、骨量の減少が早く訪れる傾向にある。特に、初経の遅れや無月経な
どの症状がある女性の場合、晩年になって骨の健康状態（骨粗しょう症のリスクを含む）

第5章 生理学と女性アスリート：生物としての宿命なのか？

が脅かされる危険性がある（Brunet, 2010）。一般的に、身長で補正したとしても、男性は女性よりも骨の直径が太く、皮質に厚みがある。平均的に、女性は男性より背が低く、胴が長く、脚が短い。また、大転子間と腸骨稜の幅があり、体脂肪率が高いが、骨量や骨密度の値は低い（Chandler & Brown, 2013）。こういった女性の比較的長い胴体、短い四肢、広い骨盤、重心の低さ、動きの強度を上げると横に揺れがちな腰の動きは、跳躍やランニングの効率を下げる可能性がある。しかし、前脛骨筋の等速性運動中に、ハムストリングスの筋力で膝の安定を確保しがち（Huston & Wojtys, 1996）な男性に比べて、女性アスリートは大腿四頭筋の力に依存する傾向があるが、股関節の筋力の比（たとえば、大腿四頭筋とハムストリングスの屈曲や伸展の動き）は、男女同じである（Harput, Soylu, Ertan, Ergun, & Mattacola, 2014）。したがって、前述の形態的および構造的な差異は、女性が、動作の正確さや精度と共に柔軟性や敏捷性が、男性よりも優っていることを示唆する研究の裏づけになるだろう（Kibler, Chandler, Uhi, & Maddus, 1989；McHugh, Magnusson, Gleim, & Nicholas, 1992）。

　生理学的適応の度合いやメカニズムは、筋量増加、年齢、トレーニング経験、フィットネスレベル、男女アスリートの身体組成の変化によって違ってくる。男性は女性より血中テストステロン値が高く、レジスタンストレーニング後もテストステロンをより多く放出するが、女性におけるトレーニング後の血清テストステロン分泌量に関しては、曖昧なデータが多い（Vingren et al., 2010）。また、骨格筋単位あたりの筋力発揮のレベルや、ATP（アデノシン三リン酸）を産生する活動筋の能力において、男女に差は見られないが、男性は、トレーニング刺激で多くのテストステロンを放出するため、筋内の筋タンパク質合成がより多くなされる可能性が高い（Haff & Triplett, 2015；Kvorning, Andersen, Brixen, & Madsen, 2006）。しかし、最近の研究では、運動後のタンパク質同化ホルモンが筋タンパク質合成を促進するかどうか、あるいは、筋線維のタンパク質合成の増加が、運動後のテストステロン増加がない場合にも認められるので、他の筋内因子（骨格筋アンドロゲン受容体タンパク質の増加など）が原因であるかもしれないという疑問の声があがっている（Mitchell et al., 2013；West et al., 2012）。男女共、トレーニングプログラム、年齢、個人の経験レベルが、生理学的メカニズムに基づく筋肉の代謝（トレーニング刺激に応答するタンパク質合成、筋肥大、筋力、筋パワーなど）の増加に影響する（Haff & Triplett, 2015；West et al., 2012）。

　テストステロン値が低いほど、ヘモグロビン値が低下し、結果として酸素運搬能力も低下する。女性は心臓も小さく体脂肪もあるため、最大有酸素性能力が男性よりも15〜30％低い（Hutchinson, Cureton, Outz, & Wilson, 1991；Juhas, 2011）。ヘモグロビン値の男女の差は（男性のほうが10〜14％ほど高い）、トレーニング経験の有無にかかわらず、一貫している。女性は、ヘモグロビン値の低さにより安静時でも心拍数が多く、10代の女の子や成人の女性の心拍出量も、同年代の男性より多い傾向にあるが、体格や

91

第 2 部　強い女性たち、子どもも大人も

フィットネス状態が男性と似通っている場合、これはあてはまらない（Dewey, Rosenthal, Murphy, Froelicher, & Ashley, 2008；Malczewska-Lenczowska, Sitkowski, Orysiak, Pokry-wka, & Szygula, 2013）。男女の酸素運搬能力のわずかな差は、最大下運動における、心拍出量の比例した増加によって調整される。その結果、同じ強度の運動量をこなす男性アスリートに比べ、女性アスリートはエネルギーの消費量が多く、より体力を消耗する。しかしながら、酸素運搬能力は身体の活動のレベル、基礎体力、体組成、安静時代謝、その他、生理学的適応性によっても変わる。

女性アスリートへのトレーニングの影響

　男女には身体の構造や生理学的な違いはあるが、同じトレーニング負荷に対する適応能力はほぼ同じと言っていい。NSCA（全米ストレングス＆コンディショニング協会）が発表した、女性アスリートに関する筋力トレーニングの指針によると、以下の通りである（National Strength and Conditioning Association, 1989, p.30）。
　　男女の生理学的反応は類似しているので、筋力トレーニングを行う際は、同じ方法論、プログラム、エクササイズを採用すべきである。コーチ陣は、アスリートが男女どちらであろうと、各個人のニーズをよく見積もり、そのアスリートに適した方法で指導しなければならない。また、男女間よりも同性における個人間の違いのほうが、より大きいことに常に留意すべきである。とはいえ、特に女性アスリートを指導する場合は、心理学的、そして／または生理学的な配慮をすべきである。

　この指針は 20 年以上前に作成されたものだが、内容は現在でも有効である。男女共に、運動単位の動員や神経筋の発射頻度の増加など、トレーニングの初期段階で、筋力増加を促進する神経系への適用が起こる。しかしながら、プログラムの組み合わせ（単純な単関節運動と複雑な多関節運動など）によっては、初期の神経系適応期間を過ぎても、さらなる筋肉の成長や成長速度の向上が期待できる。さらに複雑な運動を行った場合は、学習曲線が長くなるため、神経系への適応にも時間がかかり、その結果、各々の筋群の成長速度も遅くなる（Chilibeck, Calder, Sale, & Webber, 1998；Haff & Triplett, 2015）。その他、男女共通で見受けられる適応には、血圧、安静時心拍数および最大下心拍数、体脂肪の低下に加え、筋力、持久力、有酸素性能力の増加などがあげられる（Carter, Banister, & Blaber, 2003；Frankovich & Lebrun, 2000）。男女が同じようなトレーニングを行った場合、筋線維の分配も類似し、性別に関係なく、速筋線維の多いアスリートほど、鍛えた筋肉の断面積がより大きくなる（Chandler & Brown, 2013）。4 週間の高強度トレーニングを行ったところ、筋タンパク質、大腿四頭筋の外側広筋の断面積、神経系への適応は、男女ほぼ同じだったことが報告されている（Multer, 2001）。

第5章 生理学と女性アスリート：生物としての宿命なのか？

> 「私の走りは、女の子みたいだ、とコーチに言われた。コーチだってもう少し早く走れば、女の子みたいになれるのに、と言ってやった」
> ──ミア・ハム Mia Hamm

　骨密度に対するエストロゲンの影響はあるかもしれないが、レジスタンストレーニングに対する筋力、筋パワー、筋肥大、筋持久力の反応率は、男女ほぼ同じだ。トレーニングの強度、量が同じであれば、単一筋肉に対する総合的な適応に差は見られない。つまり、レジスタンストレーニングから得られるファンクショナルトレーニングの恩恵は、男女共に、当初の運動能力や健康状態、適切な栄養摂取、エクササイズの選択、頻度、期間、量、インターバルなどによって左右されるということだ。

　肥大した筋肉の適応、筋パワー、筋力の絶対値における男女差は、トレーニング負荷、身体組成（除脂肪の分布）、身体的特質に対するホルモン反応の違いによって説明できるかもしれない（Haff & Triplett, 2015）。女性は、男性に比べて上半身、下半身の力が圧倒的に弱い（Janssen, Heymsfield, Wang, & Ross, 2000；McArdle, Katch, & Katch, 2016）。研究によると、女性の上半身の絶対筋力は男性のおよそ半分であり（主に上半身の筋量が少ないため）、下半身の絶対筋力はおよそ2/3とされているが、この数字は、比較する筋群によって変わる（Fleck & Kraemer, 2004；Janssen et al., 2000；McArdle, Katch, & Katch, 2016）。絶対筋力と比較すると、体重または除脂肪量に対する相対的な下半身の筋力の男女差は小さく、除脂肪量に対する上半身の筋力も同様である（Holloway, 1998）。Kell（2011）は、普段からトレーニングをしている男女に対し、12週間の期分けされたレジスタンストレーニングの後に、バックスクワット、ベンチプレス、ラットプルダウン、ダンベルショルダープレスなどの筋力トレーニングを行った結果、顕著な成果（非トレーニング群と比較して）が見られたと報告している。ダンベルショルダープレスでは、男性は、より高い最大筋力値を示し、女性も、総合的なパーセンテージを伸ばしたが（これは研究者により、トレーニングの経験と慣れに起因するとされた）、トレーニング応答については、男女同程度の結果であった。これらのことから、女性アスリートにとっての優先事項は、上半身の筋力増加、そして、トレーニングまたは筋力やコンディショニングのプログラムの調整といえるだろう。現在行っているトレーニングや競技に、多関節や全身の動きが重要な場合はなおさらだ。上部胴体の筋力が弱いことは、全身の発達を遅らせる可能性がある。したがって、上半身の筋力や持久力強化を優先することで、女性アスリートは、「複雑なエクササイズに対応可能な、均整の取れた身体」を手に入れることができるだろう（Juhas, 2011, p.44）。

　より大きな筋断面積がより強い筋力を生み出す──それは男女に共通した事実である（McArdle, Katch, & Katch, 2016）。男女の最大筋パワーの傾向（たとえば、跳躍などの

93

第2部　強い女性たち、子どもも大人も

運動能力）は、絶対筋力と正の相関を示すと考えられている。最近の研究によると、男女の無酸素性パワーの差は、身体組成、体格、筋力、神経筋などの違いだけでは説明しきれていない、ということである（子どもや青年層も同様）（McArdle, Katch, & Katch, 2016）。トレーナビリティ、遺伝的傾向、トレーニング量や、その方法が、無酸素性パワーの発達に大きく影響すると考えられている（Baechle & Earle, 2008；Harris, Stone, O' Bryant, Proulx, & Johnson, 2000）。このことは、トレーニング負荷への反応の感受性に関する遺伝子配列が、男女に共通してあることを示唆する研究により、確認されている（Maffulli et al., 2013；Yang et al., 2003）。

　男女共に、タンパク質合成を刺激して筋量を増やすには、十分なトレーニング負荷（たとえば、多容量、高頻度、高代謝の要求）や神経筋系、内分泌系、もしくは関連する生理学的反応を誘発することが必要だと考えられている（Nunes et al., 2011；Uchida et al., 2009）。こういった生理学的反応は、運動後のホルモン変動（たとえば、テストステロン、成長ホルモン、IGF-1〔インスリン様成長因子-1〕）を引き起こす可能性があるものの、近年の研究では、潜在的な筋内の変化（たとえば、アンドロゲン受容体のアップレギュレーション）や、血中ホルモンの一時的上昇は、筋肉の発達を促す生理学的刺激に関与し、そのシグナル応答は、性別によって違うことが示唆されている（Gonzalez et al., 2015；West et al., 2012）。たとえば、West ら（2012）によると、女性が、高強度のレジスタンストレーニングを行う前と、そのトレーニングの26時間後にホエイプロテイン25 g を摂取した場合、運動後のテストステロンの増加とは無関係に、タンパク質合成率が上昇したことがわかった。男性が、激しいレジスタンストレーニングを行うと、テストステロンの分泌量が上昇するという報告は、常になされてきたが、女性でも内分泌が代謝や筋適合に影響を及ぼすため、同様の結果が得られたことが示されたのだ。エストラジオール（最も一般的なエストロゲンの1つ）もまた、抗酸化物質として作用し、クレアチンキナーゼや乳酸脱水素酵素の増加によって特徴づけられる、酸化ストレスやダメージを安定させることによって、女性の運動に応答する保護的役割を果たしている可能性がある。この保護作用は、運動後の筋損傷に対する炎症反応においても観察され、ある特定疾患に対する、男性と女性の感受性の変化に対する、テストステロンとエストロゲンの効果と一致している（Fragala et al., 2011）。ある実験（Kraemer et al., 1998）において、下半身の多関節に対し、高強度のレジスタンストレーニングを実施し、はじめの1週間、そして6週間後、8週間後の血液状態を検証したところ、男性は、女性と比較して全段階でテストステロン値が高く、また6週間後において、全体的な増加が確認された。女性は、すべての段階で運動前の成長ホルモン値が高かったが、6週間後の時点では、男女共に安静時のテストステロン値が上昇していた。こうした女性のテストステロン反応の遅さは、運動前のコルチゾールの値にも見られた。コルチゾール値は、男女共1週間、6週間後に運動前のレベルを上回った。運動によって誘発された乳酸値は、

第 5 章　生理学と女性アスリート：生物としての宿命なのか？

男女共に安静時のレベルを超えたが、トレーニング期間を通して大きな変動は見られなかった（Kraemer et al., 1998）。急性のホルモン反応も性別によって違う。バックスクワット、ベンチプレス、デッドリフト（75％ 1 RM〔RM＝最大反復回数〕ディセンディング・ピラミッド法）などの、高強度ショートインターバルのレジスタンストレーニングを行った結果、男女共に、乳酸とコルチゾールの値が増えた。乳酸値は、男性のほうがより高い値を示した。これは、完了までの時間、平均相対強度、自観的運動強度、心拍数などに大きな差異はなかったものの、男性の運動量が女性より多かった点に起因するとされた。研究者たちは、運動強度によって生じる副腎ストレスの大きさによって、運動後のコルチゾール分泌における有意な差異が生じることは、予想外であるとしている（Szivak et al., 2013）。

　また、女性がレジスタンストレーニングを行った際、生理活性成長ホルモンの分泌が亢進され（しかし、安静時の成長ホルモン値はほぼ変わらない）、筋力のある女性は、より高い濃度を観察した（Kraemer et al., 2003）。レジスタンストレーニングは、インスリン様成長因子を増加させることも判明しているが、成長ホルモンの適応と同様、これらのホルモンが、いかに他のタンパク質同化ホルモンと相互作用し、どのメカニズムが、輸送体と受容体の相互作用を促して筋肉を発達させるのか、解明するにはさらなる研究が必要だろう（Haff & Triplett, 2015）。

　研究では、運動に対する内分泌反応の性差が、運動能力に有益な筋量の増加、および生理学的適応の潜在的なメカニズムや、大きさに影響を及ぼす可能性があると示唆している。レジスタンストレーニングを行った際、多くのテストステロンを分泌する女性、あるいは内分泌反応が高い女性は、男性と同等の適応値を得ることができる。しかし、線維組成や内分泌反応が平均的な女性の場合、男性と同程度の適合を引き出すには、より大きなトレーニング刺激（速筋線維の活性化など）が必要となる（Häkkinen et al., 1990）。速筋線維の動員と著しいテストステロンの放出は、主により高強度なトレーニングで生じることが、研究により示されている。女性の筋線維は男性より細いことを考慮すると、最大筋力や筋パワーを増加させるためには、十分な生理学的刺激を与え、重い負荷（約 3～5 RM＞90％）が必要になるかもしれない（Baechle & Earle, 2008；Zatsiorsky & Kraemer, 2006）。これは、一部の女性アスリートたちが普段慣れ親しんでいる負荷、あるいは、これまで推奨されてきた負荷よりも、はるかに高い負荷となっており、筋肉が過度に肥大すると誤解されるかもしれない（Juhas, 2011）。だが、事前に適切な必要条件を満たしさえすれば、女性アスリートも男性と同じトレーニングが適用できるのだ。

第2部　強い女性たち、子どもも大人も

> 「10 ポンド（約 4.5 kg）以上のダンベルを持ち上げ続けると、たちどころに、プロのボ
> ディビルダーのような体型になってしまうのではないかと不安に思っている女性アス
> リートはたくさんいる。ある特定の結果に対し、様々なアプローチがあることを、きちん
> と理解させる必要がある」
> ——アン・タンポレロ　Anne Tamporello（デューク大学、オリンピックスポーツのストレ
> 　　ングス＆コンディショニングヘッドコーチ）（Bennett, 2007）

　トレーニング能力は、代謝に必要とする燃料のちょっとした差によって左右される。
女性はおそらく、運動中にあまりグリコーゲンに頼っておらず、回復中の糖質を介した
グリコーゲン合成に対する応答も低い。エストロゲンには、脂肪代謝を促し、糖質を保
持する作用があり、それにより、インスリンに頼らず血糖値を上昇させることができる
のかもしれないが（Ruby & Robergs, 1994；Volek, Forsythe, & Kraemer, 2006）、この流
れは、運動前の栄養状態や、筋グリコーゲンの蓄積などの要素の影響を受ける（Frankov-
ich & Lebrun, 2000）。よって、アスリートが必要とするタンパク質は、男女でほぼ同量
だが、糖質に関しては、男性のほうが若干多く必要となる（女性：＞7 g CHO/kg、男
性：約 8 g CHO/kg〔CHO＝炭水化物〕；Tarnopolsky, 2008）。しかしながら、前述の数々
のトレーニング適応と同じく、基質利用（およびパワー出力）に関する短期間のレジス
タンストレーニングの適応も、同じ有酸素性能力や運動能力を有する男女であれば、そ
のレベルに差はない（Astorino et al., 2011）。また、筋力と筋パワーと共に、トレーニン
グ刺激（たとえば、LSD〔ロングスローディスタンス〕トレーニング、インターバル、
競技向けトレーニング）に応じた有酸素性コンディショニングにおいても、性差は見ら
れない（Buskirk & Hodgson, 1987；Elosua et al., 2003）。だが、弱毒化炎症反応を弱めた
り食物代謝の違いによって、ストレングスが同じ場合、女性は男性よりゆっくりと疲労
し、より早く回復する傾向にある（Fulco et al., 1999；Hunter & Enoka, 2003）。アイア
ンマンレース［訳注：トライアスロンをさらにハードにしたもの。「オリンピック・ディスタンス」よ
り競技距離が長い］に出場するようなトライアスロン選手を分析したところ、男性のパ
フォーマンスには、体脂肪量が大きく影響する一方、女性のトライアスロン選手は、ト
レーニングの量により影響を受けることがわかった（Knechtle et al., 2010）。トレーニン
グで、脂肪代謝への依存が増加し、筋損傷が少なくなった場合、女性アスリートはウル
トラマラソン（＞42.2 km）［訳注：42.195 km を超える道のりを走るマラソンのこと］において非
常に良い成績を残しており、同じトレーニングを積んだ男性の成績を上回る傾向にあっ
た（Bam, Noakes, Juritz, & Dennis, 1997）。しかしながら、女性の持久系アスリートは、
暑い外的環境下でのトレーニングに慣れるのに、より長い時間を必要とする。なぜなら、
女性は男性より体脂肪が多く（エリートレベルの持久走アスリートに、そういった要因

第 5 章　生理学と女性アスリート：生物としての宿命なのか？

生理学的傾向と差異にまつわる近年の研究の矛盾

近年、女性アスリートのトレーニングに関する最新の専門的な研究は、文献が欠落し研究結果に矛盾があるため、利用するには限界がある。この原因は、研究者の扱う方法論に一貫性がなく、サンプル数が不十分であること、もしくは以下の要因が（それに限定されるわけではないが）考えられる（Juhas, 2011）。

- 対象者がほぼ男性である。また、トレーニングプログラムの有効性や、適応の度合いを調査するにあたり、非トレーニング者か非エリートレベルのアスリートを対象にしている。
- 基本的なトレーニングへの適応に限定している——エリートレベルのパフォーマンスに影響を及ぼすような微妙な変化まで網羅できていない。
- アウトカム指標の評価に使用される、様々な測定ツールや方法が違う。
- トレーニング介入として使用されるトレーニングプログラムデザインが違う（異なるサンプル間での再現性の欠如）。
- 研究で取り扱う、スポーツ集団の多様性を高める必要がある（たとえば、多種多様の競技、対象年齢層の拡大——年少者、成人、マスターズアスリート）。
- トレーニングの介入期間が短い（<12 週間）。

男女共に、多種多様なトレーニング方法を採用することに関し、その効果や注意事項に関する研究も相当に進んでいるが（出版や運営組織などによる数々の配布物の普及に伴い）、前述の研究に見られる制限に対処するための、介入ベースの長期間研究がまだまだ必要である。

は少ないだろうが）、汗線が少なく、筋肉の毛細血管血流がより少ないなどの理由で、暑さからくるストレスの影響を受けやすいからである（Hazelhurst & Claassen, 2006；Juhas, 2011；Marsh & Jenkins, 2002）。

骨塩量の増加や維持に必要なトレーニング方法や量は、テストステロンとエストロゲンの利用可能性に依存する。エストロゲンによる骨のミネラルバランスへの影響を考慮して、研究者たちは共通して、女性アスリートは、体重無負荷運動（水泳など）に従事している人でも、体重負荷運動やストレングス＆コンディショニングトレーニングを積極的に取り入れることと、骨塩量の低下に結びつくような、過度なトレーニングには注意が必要であることを報告している（Chandler & Brown, 2013）。ただし、ホルモン避妊薬を使用の上で体重負荷運動を導入することは、骨量に有利に働くものの、女性の年齢、避妊薬の使用開始時期と効能の影響を受けると考えられている（Frankovich & Lebrun, 2000）。

アスリートは、性別関連（たとえば、膝関節に異常をもたらす指標である Q 角や、関節の弛緩性の増大）、スポーツ関連（片側優位）、年齢関連（サルコペニアや骨塩量低下）の傾向の相違や、リハビリや矯正プログラムなどで修正する必要がある不十分さを示すかもしれない。これらのプログラムは、アスリートの性別や個人のニーズに応じたト

第 2 部　強い女性たち、子どもも大人も

レーニングプログラムとする必要がある。しかし、そのトレーニングを行うにあたって
は、事前の準備が必要だ（Juhas, 2011）。たとえば、レジスタンストレーニングや負荷の
かかる運動を行う前には、特定の動作パターンを行うための、正しいフォームと生体力
学を実演すべきである。これには、身体のバランスと安定性の改善、筋肉バランスの修
正、もしくは最小筋力、瞬発力を引き出すトレーニング（たとえば、下肢に対する中〜
高レベルのプライオメトリックトレーニングを始める前に、体重の 1.5 倍の重量のバッ
クスクワットをあげられるようになる）などが含まれる（Baechle & Earle, 2008）。

生理学的相違と傷害リスク

　男女間の、生理学的相違点や類似点については、これまでも、総合的な比較が行われ
てきた（Brunet, 2010）。だが、解剖上や構造上の違いで、まだ解明しきれていない傾向
があり、アスリートの成長や競技に対し、性差がどのくらいの影響を及ぼすかは、必ず
しも同じ答えがない。しかし、女性アスリートには、傷害リスクに影響を与える可能性
のある、いくつかの構造的体質があることが判明しており、これらを認識することは、
補正運動プログラム（アスリートの競技もまた、プログラム開発に大きく影響する）を
採用する際に、大いに役立つ。たとえば、肘が内に入る状態（外反肘）は、ホルモンの
影響により女性のほうが大きい。この外反肘の大きさが関節に摩擦を起こし、損傷のリ
スクが高まると考えられる（Paraskevas et al., 2004）。

　先行研究（Ristolainen et al., 2009）では、15〜35 歳の男女が 1 年以上、肘を酷使した
としても、急性傷害およびオーバーユースの割合に男女の差異はない、とされていた。
しかし、傷害の種類や部位は、その競技特性によっても変わり、男性は大腿後部（ハム
ストリング）を、女性は、足首のオーバーユースと ACL（前十字靭帯）損傷のリスクを
高める傾向にある。より明白なオーバーユースや急性傷害は、男性で見受けられるが、
女性のサッカー選手のほうが、男性より高い確率で、膝や足首の急性傷害およびオー
バーユースを負っている。研究者たちによれば、この差は、主にトレーニング量や（部
位の）接触時間の差によって説明されるかもしれないが、女性は、足首や膝の関節の弛
緩性による緩みの症状を起こしやすく、ある特定のスポーツ（サッカー、バスケットボー
ルなど）において、ACL 損傷のリスクが高まる可能性があることを認めている。先行研
究は、一貫して同じスポーツ（たとえば、サッカー、バスケットボール）を行う男性と
比較して、女性アスリートの ACL 損傷率（割合は競技によって違うが）が高いことを報
告している（Arendt & Dick, 1995；Chandler & Brown, 2013；Hewett, Ford, & Myer,
2006；Ireland & Ott, 2004；Wojtys et al., 2002）。膝、肩、足首以外の関節の弛緩性に関
する男女差の研究はほとんどなく、個人間の相違については、主に、除脂肪体重やト
レーニング量に起因すると考えられている（Ristolainen et al., 2009）。

98

第 5 章　生理学と女性アスリート：生物としての宿命なのか？

　一般的に、骨盤の前傾角度は男性より女性のほうが圧倒的に大きく、脊柱前弯や腰椎・骨盤不安定症の一因となりうる。だが、こういった男女の傾向に関する研究はほとんどなされていない。反張膝（膝の過伸展）も、過度に前傾した骨盤傾斜と膝関節の弛緩性による緩みの症状が要因となって起こる可能性が高いが（Shultz, Schmidt, & Nguyen, 2008）、このような男女の身体的構造の違いについても、現段階では十分な論拠がなく、女性アスリートの骨盤傾斜と股関節の損傷の関係性は解明されていない。女性は、脛骨後傾角や Q 角が男性より広い傾向にあり（骨盤の大きさに起因するとは限らない）、大腿骨前捻や膝の過伸度の症状があると、Q 角はより角度を増す（Hvid & Andersen, 1982）。下肢を動かす際は、増大した Q 角が、膝のトラッキングに異常をきたす可能性を高め、膝蓋大腿関節の機能障害をおこすリスクを、さらに高める可能性がある（Brunet, 2010）。一般的に、女性の顆間窩の幅や、ACL の断面積は小さいが、それは ACL 損傷リスクに影響しないようである（Sutton & Montgomery Bullock, 2013）。だが、こういった女性の身体構造をよく考慮して、膝蓋大腿部のトラッキングや動作パターンに及ぼす悪影響を修正し、ACL 損傷のリスクを最小限に抑えるようにしなければならない。女性の股関節や膝の構造は、跳躍運動（ドロップジャンプテストなど）を行う際、両膝蓋骨間の距離が広がりやすい。ホルモン変動は、非接触型の ACL 損傷の危険因子であるかもしれないが（Shultz et al., 2010）、女性アスリート、特に、瞬発力を要するスポーツを行っている女性アスリートは、跳躍の技術、跳躍を矯正するトレーニングが推奨される。なぜなら、ACL 損傷は、着地やカッティング、減速を伴う動作を行ったときに起きやすいからだ（Renstrom et al., 2008）。女性アスリートに、トレーニング（アライメント、筋のバランス、神経筋の発射パターンなどに重点を置いたトレーニング）を追加することによって、膝蓋骨間の距離が小さくなり（Noyes, Barber-Westin, Fleckenstein, Walsh, & West, 2005）、損傷のリスクも減るだろう（Renstrom et al., 2008；Sutton & Montgomery Bullock, 2013）。研究によると、女性は、対側 ACL 損傷のリスクが高いとされているものの、以前に負傷した ACL の再発リスクについては、男女で同じである（Sutton & Montgomery Bullock, 2013）。こういった、ACL 損傷リスクの増加傾向から、女性アスリートは早い段階で、筋力トレーニングや固有感覚受容器、またはスタビライゼーション・トレーニング（シーズン前から行い、定期的に見直すのが望ましい）を導入し、膝や足首などの脆弱な関節を鍛え、身体に順応させるべきだと研究は示唆している（Juhas, 2011）。ACL 損傷のリスクに関連する、女性の膝や下肢の生理学にまつわる包括的論述は、他でも散見される（Chandler & Brown, 2013；Lipps, Oh, Ashton-Miller, & Wojtys, 2012；Sutton & Montgomery Bullock, 2013）。

　しかし、急性の足首や、膝の損傷に対する予防と回復管理（たとえば、矯正器具、関節装具、動作のバランスを整えるための、複数の介入からなるトレーニングなど）については、女性と男性の両アスリートに必要である（Sutton & Montgomery Bullock,

2013)。骨盤の形状や機能に関する研究は、的確な跳躍のメカニズムと安定性の向上、股関節、膝、足首関節へのストレスの低減を促す補正トレーニングを介入する際に、大いに役立つ。これらは女性向けに特化したトレーニングで、膝蓋大腿疼痛症候群や膝蓋骨のトラッキングに問題のある女性アスリートには、特に有効である（Chandler & Brown, 2013）。

　女性は、下肢の生体構造の違いにより、体幹の筋組織の強化が必要となる。しかも、女性アスリートは男性よりも相対的な筋力が劣るため、近位筋力の低下も早く、力を生み出す基盤が、男性に比べると安定していない。下肢損傷の原因となっているかもしれない体幹の弱さとの関連で、女性アスリートが、ストレングス & コンディショニングトレーニングにおいて、股関節や体幹の安定性と強度に重きを置いたトレーニングを組み込むべきかどうかについては、激しく議論が交わされている。しかし、筋力の低下やアンバランス、臀部の動きや体幹の衰えは、男性と女性の双方において、腰や下肢に傷害を起こす大きな要因となりうる（Brunet, 2010；Croisier, 2004；Kibler, Herring, Press, & Lee, 1998）。エビデンスに基づいた近年の研究によると、下肢の傷害リスクを減らすためには　体幹や肩、股関節、下肢をターゲットとして、プライオメトリック、安定性、バランス、筋力、筋神経の運動介入など、個人に適したトレーニングプログラムを組み合わせて行う必要がある（Kibler, Press, & Sciascia, 2006；Tse, McManus, & Masters, 2005）。ハムストリングスの肉離れが再発する場合、その要因は、性別やそのスポーツ特有のものではなく、以前の負傷履歴や、加齢によるものとされる。疲労、高いトレーニング強度、身体構造上の欠如、筋肉のバランスの悪さ、不十分なウォーミングアップ、身体の硬さなども傷害の要因として考えられるだろう（Chandler & Brown, 2013；Knapik, Bauman, Jones, Harris, & Vaughan, 1991；Wang & Cochrane, 2001）。

　また、胴体、上背、下背に傷害が多いのも、性別特有の傾向ではないようだ。翼状肩甲骨や猫背（胸筋の緊張、菱形筋と僧帽筋の弱化）も、性別による傾向ではなく、習慣的な姿勢の悪さが要因だと解明されている。身体構造上の傾向は定期的に行う運動の結果であり、運動パターン、着地やスイング方法に影響を与えるだろう。腰部傷害につながるメカニズムは、男女共、同様で、身体活動または運動によるストレス、トレーニングの種類、健康状態、男女の身体的差異に配慮のないトレーニング量の影響を受ける。

女性、メディア、女性像について

　女性がスポーツで競技すること、スポーツに関わることに対する障壁は、競技場の外にも存在する。そこに、社会が女性アスリートをどう考え、どう見ているのかということと結びついた周囲の目がある。たとえば、ウェイトトレーニングまたはレジスタンストレーニングがその 1 つだ。女性アスリートは、長期間にわたりウェイトトレーニング

第 5 章　生理学と女性アスリート：生物としての宿命なのか？

をすべきではない、男性アスリートのような成果は伴わない、と言われてきた（Fischer, 2005；Poiss, Sullivan, Paup, & Westerman, 2004）。今や、ウェイトトレーニングの重要性を理解し、進んで取り入れる女性アスリートは少なくないが、彼女たちの大部分は、ウェイトトレーニングに対し、世間にはマイナスイメージがあると認識し、意識的に避ける傾向にある（Gill, 2000）。このような認識の大部分は、メディアによって生み出され、継続されてきた。

　タイトルⅨが制定されて以来、女性のスポーツ人口は大幅に増えた。2009〜2010 年のアメリカの女子高校生のアスリート数は 317 万人で、その数字は、全高校生アスリートの 42% を占めるが（National Federation of State High School Associations, 2010）、2009 年にメディアが報じた女性スポーツは、たったの 1.6% にすぎなかった（Messner & Cooky, 2010）。メディアの報道の少なさや女性アスリートたちの描かれ方は、女の子たちの振る舞い、彼女たちがトレーニング（たとえば、ウェイトトレーニング）することも含め、スポーツをすることの様々な側面を、どう認識するかに影響を与えている（Heywood & Dworkin, 2003）。

　メディアは、自分自身や他の女性アスリートに対する女性像を認識させる重要な要因である。たとえそれが、パフォーマンスに注目したもの（たとえば、競技中の写真）であろうと、女性美（アスリートとしてではなく、肌を露出した姿）であろうと、メディアが報じた女性アスリートの姿は、影響力が大きいのだ。後者で、一般的に用いられる手法は写真である（American Psychological Association, 2007）。典型的な例として挙げられるのが、ミア・ハムとアンナ・クロニコワ（Anna Kournikova）だろう。ハムは偉大な成績を称えられ、クロニコワはその美しさで世間の脚光を浴びた。

　ある調査では非常に興味深い結果が得られた。男の子、女の子を対象にしたところ、女性アスリートの競技写真に強い関心を示し、その女性アスリートたちは才能があってパワフルだ、と感想を述べた（Heywood & Dworkin, 2003）。しかし、すべての世代の女性たちは、セックス・シンボルとして表象された女性アスリートを見ると、競技性の高いイメージより、むしろ色っぽくて性がらみの体験が多く、女っぽく感じるとしたが、その一方で、甲斐性がなく、脆弱で、知性に乏しく、優柔不断で、自尊心に欠けるイメージとも答えた（Gurung & Chrouser, 2007）。女の子たちのこうした反応は、彼女たちのセルフイメージからきている。女の子たちは、どちらのイメージでも自分自身に置き換える。女性アスリートたちの競技中の写真を見れば、スポーツに対する情熱を生み出し、女性性を強調した写真を見れば、自らの外見と重ね合わせるのだ（Daniels, 2009；Thomsen, Bower, & Barnes, 2004）。また、競技中の写真から、自分たちの身体がなしうる可能性を見出せると同時に、これらの写真は、メディアが日々報じる、あまりにスリムな女性像に対するカウンターウェイトとして作用している（Daniels, 2012）。

101

第 2 部　強い女性たち、子どもも大人も

ドキュメンタリー：『トゥイステッド・シスターズ』

　チャック（Chuck）とマリリン（Marilyn）の、ブレイヴァーマン（Braverman）夫妻によって撮影されたドキュメンタリー『トゥイステッド・シスターズ』は、プロのボディビルダーとして日々トレーニングや大会の準備にいそしむ、3人の女性アスリートの姿を描いている。ドキュメンタリーでは、トップレベルで競うために、彼女たちが経験した身体的、生理的、精神的な変化──身体的適応と成長に影響する生物学的障壁にどのように挑み、克服したのかも含め──が語られる。このドキュメンタリーは、議論すべき非常に興味深い問題点を提起している。

1. 彼女たちが、あれほどまでに、極度の筋肉改造と輪隔がくっきり見える筋肉になるのを可能にした実践とは、いったいどのようなものか。世間は、どの実践に対し偏見をもっているのか、またその理由はなにか。
2. 本ドキュメンタリーの中で、ステロイドが女性アスリートに及ぼした影響は、どのようなものだったか。彼女たちの変貌は、パフォーマンスや身体のイメージに、良い影響を与えただろうか。
3. 男女それぞれのボディビルダーに対し、世間はどのようなイメージをもっているだろうか。

102

第3部
女性、スポーツ、そして社会的立場

　「社会的立場」とは、私たちが自分自身をどのように見つめ、他人がどのように見るかを形づくる特徴や性質のことである。年齢、身体能力、身体の障がい、民族的背景、性別、性自認、国籍、政党、人種、宗教、社会経済的地位、性指向など、私たちが何者であるかを示す様々な指標によって、すべての人が社会的に位置づけられている。第3部では、女性アスリートやスポーツの分野で仕事をしている女性にあてはまる様々な社会的立場を探り、そうした社会的立場がスポーツへの参加や機会にどのような影響を与えているかについて検討する。

　第6章では、フェミニズム論や批判的人種理論を取り上げながら、有色人種女性のスポーツ経験について議論する。人種差別や性差別といった社会歴史的現実や、そうした現実に基づく社会過程に触れながら、男性優位の権力構造の中で、有色人種女性が白人でもなく男性でもない「その他」として位置づけられた結果、スポーツの分野でいかに軽視されているかを筆者らは調査している。タイトルIXが女性の平等を促すものと思われたが、一軸構造をなす（社会的立場に影響を与える諸要因との関係を切り離して性を捉えている）この法律は、人種的・民族学的に少数派の女性たちに限られた支援を与えたにすぎない。本章では、アメリカのスポーツ制度において、あらゆる女性が平等な扱いを勝ちうるための道のりをより総合的に理解する。

　第7章では、スポーツ界で性的マイノリティーが経験するインクルージョンと偏見の問題を考察するなかで、トランスジェンダーのアスリートや、スポーツ文化の過去・現在に見られる異性愛規範、同性愛否定主義、トランスジェンダー否定主義に着目する。まずは、トランスジェンダーアスリートを語る上で使用すべき用語を正しく理解することから始め、次に性転換を経験したアスリートに起こる身体の変化と、その変化がパフォーマンスに与えうる影響について熟考する。第7章の締めくくりは、スポーツ文化の中でLGBTのアスリートがどのような目で見られ、どのような扱いを受けてきたのかについて述べる。加えて、アスリートが報復を恐れることなく、ありのままの自分を表

現するよう、適切に促す環境を整えるには、コーチや周りの選手がどうするべきかについても考察している。

第8章では、シニア世代の女性のスポーツ経験について考える。中高年の女性はスポーツへの関心を失っているといまだに思い込んでいる人もいるが、エビデンスは、年配の女性がスポーツに強い関心を抱いていることを示している。シニア女性がスポーツへの興味を追求し、アスリートとして成功を収めることで、アメリカ社会の彼女たちを見る目が変わってきている。90歳代の女性がマラソンをしたり、シニア世代になって初めてスポーツを始めたり、元気に過ごしている自分に気づきスポーツが健康にもたらす良さを体感したりしている。若手のアスリートと同じく、シニア世代の女性アスリートもまた私たちに感動を与えてくれる。

第9章では、障がいを抱えている女性たちがスポーツで直面する課題について述べる。そして、より規模の大きな障がい者の権利運動や、一般的なスポーツ制度および障がい者向けのスポーツ制度内での、それらの課題との関連を考察する。本章ではまず、障がい者向けのスポーツの発展について簡単に紹介する。次に、現状のスポーツ制度に疑問を呈し、障がい者が競技に参加する機会を切り開いた法的手段について検討する。障がいを抱えるアスリートの役に立とうと行動している女性たちの話をいくつか取り上げ、本章の最後に将来の展望を述べる。

第10章では、女性とスポーツと性暴力についても触れる。スポーツ界では、未成年の女子・成年女性共に、チームメイトや同僚、権威者（コーチや上司）の手によって様々な形で性暴力の被害にあっている。コーチとアスリートの関係性は独特なものであり、両者の間には権力差が存在する一方で、指導し指導される親密な関係でもあるため、特に懸念されている。第10章では、どれだけの女性アスリートが性的被害にあっているのかを調査し、スポーツ界の体制において未成年女子・成年女性に与える性暴力の影響について検討する。また、タイトルIXのもと、暴行を行った人物に責任を取らせる法的手段や、学校スポーツの環境における女性アスリートの安全を守るための法的手段、加えて関連する教育プログラム、防止プログラムについても述べる。

第6章
有色人種女性アスリートの経験

本章のポイント

- 有色人種女性アスリートがコートやフィールドで直面する差別的な経験。
- 有色人種女性アスリートが遭遇する障壁。
- 有色人種女性アスリートが周辺化された［訳注：ものごとの中心から疎外されること］経験を克服するために使用する戦略。
- インターセクショナリティ理論とインターセクショナリティの三形態。
- 有色人種女性のスポーツにおける参加率とパターン。

第 3 部　女性、スポーツ、そして社会的立場

　ウィンブルドンと全米トーナメント（後に全米オープン）という世界で最も有名な 2つのテニス大会において、人種の壁を破ったと評価されているアフリカ系アメリカ人[1]アスリートのアリシア・ギブソン（Althea Gibson）が、自著『So Much to Live For』において「私たちのようにこの世界でトップに上り詰めることを切望している女性の大半は、トップの座を守るためにどれだけの努力がいるかなんて考えたりしない」と書いている（Gibson & Curtis, 1968, p.59）[2]。このギブソンの言葉は、チャンピオンの座を守ることに絡むプロフェッショナルとしての職業観と実践について語ったものだが、白人上流階級のスポーツであるテニス界に身をおくアフリカ系アメリカ人女性、ギブソンのアイデンティティが、彼女のこうした考え方にどう影響しているのだろうか、と考えずにはいられない。何年かを経て、ウィンブルドンと全米オープンのコートを、やはりアフリカ系アメリカ人であるビーナス（Venus）、セリーナ（Serena）のウィリアムズ（Williams）姉妹が、テニス界の保守的な規範から外れた雄々しさ、力強さ、大胆さで飾ることになる。

　この 2 人の女性が積み上げていくキャリアに関わる報道は、ウィンブルドンで、報酬の男女平等を勝ち取ったビーナスの成功体験から、ビーナス、セリーナ、そして 2 人の父親であるリチャードが、2001 年インディアン・ウェルズトーナメント（現在は BNP パリバオープンで知られる）[3] で語った中傷的な体験（Drucker, 2009；Williams & Paisner, 2009）まで、これまでのスター選手とは一線を画している。経験豊かなスポーツ記者ブルース・ジェンキンス（Bruce Jenkins）（2013）が「スポーツ史上最も醜悪な光景」と評したのは、キム・クライシュテルス（Kim Clijsters）との決勝戦を控えウォームアップするためにスタジアムに入ったセリーナを、大声でやじる、1 万 6000 人はあろうかというインディアン・ウェルズの観衆の姿だった。着席して観戦を始めた観衆は、今度は矛先を父親とビーナスに向けた。

　試合の間中、観衆はセリーナをあざけり、セリーナがミスをすると大声ではやし立て続けた。ベルギー人で白人のテニス選手クライシュテルスを打ち負かすと、観衆は表彰式の間中ブーイングを続け、セリーナの勝利を認めようとしなかった。メディアの報道によるとセリーナに対するバックラッシュは、ウィリアムズ姉妹が父親の指図で準決勝を細工したという憶測が流れた結果ということだった。ビーナスがその前日、怪我をしたふりをしてセリーナとの準決勝を辞退し、妹を決勝に進ませたのだと受け取られたために、セリーナに対する反感が燃え上がったとのことだった。こうした主張には根拠もなかったし、リチャードは人種的中傷を浴びたと訴えた（"Off-Court Distractions," 2001）が、ウィリアムズ親子のこの経験を、メディアもトーナメントの責任者も人種観が動機になっているとはみなさなかった（Douglas, 2005）。セリーナは 14 年間この大会をボイコットした後、ついに 2015 年 3 月、再びインディアン・ウェルズのコートに戻ったが、2001 年、姉のビーナスと同じく、膝を痛めて準決勝を辞退する結果となった。

　この間の年月を通じて、ビーナスとセリーナは、グランド・スラムと WTA を何度も

第6章　有色人種女性アスリートの経験

制覇し、テニス界を席巻し続けた。この輝かしい記録に対して、絶え間ない称賛を浴びるかわりに、同僚の選手からは、グランド・スラムの決勝戦が「ウィリアムズ姉妹の戦い」になるのは「女性テニス界にとってはちょっと残念」と見られ、ウィリアムズ姉妹はテニス界にとっていいのか悪いのか、と疑問視する声が聞かれた（Nichols, 2002；Philip, 2002；Roberts, 2002）。セリーナは、2003年の全仏オープンでも同じような嘲笑とブーイングを受ける。そしてインディアン・ウェルズでの言説と同じく、このときも人種観の関与は無視されたのだった（Douglas, 2005）。

　何が起きたかというと、全仏オープン準決勝の試合の最中、まさにセリーナがファーストサーブ（テニスではサーブチャンスが2回与えられる）を打とうとするやいなや、対戦相手だったベルギーの白人選手ジュスティーヌ・エナン＝アーデン（Justine Henin-Hardenne）が、片手を挙げたため、セリーナのプレーが乱れた。ジュスティーヌが「待った」をかけるジェスチャをしたのでセリーナはサーブの手がブレて、ボールはネットに引っかかった。この場合、サーバーにもう一度ファーストサーブやり直しのチャンスが与えられるのがプロトコルの定石（通常のルール）だった。だが主審は、ジュスティーヌが「待った」のジェスチャをしたとは見なかったのだ。こういうとき、普通は当事者である選手が状況を説明するのが礼儀なのだが、ジュスティーヌは黙っていた。あからさまにベルギー人を勝たせたがっている群集の前で、セリーナはファーストサーブを、次いで4点を、そして結局、試合自体も失った。8年後、すでに引退したジュスティーヌは、あの日、意図的に黙っていたことを認めた。それは、彼女によれば、ウィリアムズ姉妹の相手（自分自身）を「おじけづかせる」力に抗うためだったという（Chase, 2011）。ただひとり、絶対に人種観が絡んでいるとメディアで訴え続けたのが、セリーナの母親、オラシーン・プライス（Oracene Price）だった。オラシーンは「みんな金髪のポニーテールに勝たせたかった」と言い切った（Vecsey, 2003）。

　しかし、ビーナスとセリーナが、ウィンブルドントーナメントで繰り返しセカンドコートに割り振られることについては、人種差別と性差別を懸念する声がはっきりと上がった。セリーナとビーナスも、他の著名な選手と共に、なぜいつもセカンドコートなのか、と問うた。『スポーティングニュース』誌の記者グレッグ・カウチ（Greg Couch）は、大胆にも次のように断言した。「結局、選手は白人でないと嫌なのだ。テニスが特権階級のスポーツだった時代にしがみついている。本当の意図や理由がなんであろうと、あのクラブは、ウィリアムズ姉妹の扱いに関する限り、歩くステレオタイプである」（Couch, 2011, para. 17）。事実、2010年、選手をセンターコートに割り振るときには、見た目の魅力が考慮されるということをクラブのスポークスマンが認めている（Andrews, 2009）。セリーナとビーナスは美しい女性たちだと目されてきたが、テニス界では、2人の美しさは貶められてきた。「ブロンドで背が高く、ガリガリに痩せている、という典型的な白人テニス選手の理想像にフィットしない」ためである（Couch, 2011, para. 25）。

107

第3部　女性、スポーツ、そして社会的立場

お世辞のつもりで言ったのだろうが、『ローリング・ストーン』誌はセリーナを「黒く、美しく、おまけにスポーツアリーナでフォルクスワーゲンを木っ端微塵にする巨大トラックのようにたくましい」と失礼な描写をしている（Rodrick, 2013, para. 2）。

　Douglas（2005）は、批判的人種研究の学識と白人性の考察を用いて、ビーナスとセリーナが、人種問題に遭遇することなくプロテニスの世界を生きてきた、という通説に対する強力な反証を提示している。これによって、あからさまであったり、隠れていたりするシステミックな人種偏見と差別が、2人の経験を方向づけていったことを明らかにした。こうなると、疑問が湧いてくる。セリーナが遭遇したのは、人種差別による悪意なのか、それとも単なる悪意なのか。アシュリー・ハークルロード（Ashley Harkleroad）、アンナ・クルニコワ（Anna Kournikova）、マリア・シャラポワ（Maria Sharapova）、アナ・イバノビッチ（Ana Ivanovic）（全員、人種は白人に分類される）が、繰り返しグランド・スラムやWTAタイトルを獲得していたら[4]、同じような扱いを受けて、そろそろ他の選手に道を譲れと（"The Story," 2003）、あるいは「女性テニス界にとってはちょっと残念」（Philip, 2002, p.10）と言われただろうか？

　ビーナスとセリーナの経験が例示するように、有色人種女性アスリート[5]は、いいにつけ悪いにつけ様々な困難に遭遇し、それによってアスリートの道を歩む覚悟が決まり、人生で経験することも左右される。こうした困難は相当なものなのだが、なかには世に知られていないものもあり、多くはアスリートの貢献を少なく見積もり、彼らが血の通った人間であることを無視してまとめられている。

　本章では、大学やプロの有色人種女性アスリートが、アメリカ内外でスポーツに参加したときに遭遇した経験を、さらに取り上げる。アメリカ内外でスポーツに参加する有色人種女性の経験に光を当てることは、周辺化された人種、性別、階級、宗教、そして性指向自認などが、インターセクションでの社会的現実と差別的な経験を理解する上で、すべての女性にとって有益である。有色人種女性アスリートの経験を描写することは、彼女らの成功や、成功を目指す過程で経験する不利な扱いの例示とはなるが、その経験と困難が、有色人種女性アスリートのすべてを表していると解釈してはならない（Collins, 2000）。

推奨される有色人種女性アスリートを扱う映画、ドキュメンタリー

● ESPN［訳注：アメリカのスポーツ専門チャンネル］の「Nine for IX」シリーズ。内容例は以下の通り。

・*Venus vs.*――女子プロテニス界において、報酬の男女平等を要求したビーナス・ウィリアムズの闘いを追ったドキュメンタリー。

・*Swoopes*——女マイケル・ジョーダン（Michael Jordan）ともいわれるプロバスケットボール選手、シェリル・スワープス（Sheryl Swoopes）と彼女の愛、金銭、個人としてのアイデンティティをめぐる闘いを、時系列で追ったドキュメンタリー。

- 『The Boxing Girls of Kabul』——2012年オリンピックの出場権を目指す、アフガニスタン出身の女性ボクサーたちを追ったドキュメンタリー。
- 『Victoire Terminus』——コンゴ共和国キンシャサの、女性ボクシングを追うフランス制作のドキュメンタリー。
- 『ベッカムに恋して（Bend It Like Beckham）』——伝統的な文化の中で育てられたインド系イギリス人の少女が、プロのサッカー選手になりたいという思いを追求する姿を描く映画。
- 『ギャビー・ダグラス ストーリー（The Gabby Douglas Story）』——アメリカ人選手として初めて、1年間で個人総合と団体の両種目において、オリンピックの金メダルに輝いた体操選手ガブリエル・ダグラス（Gabrielle Douglas）についての映画。
- 『奇跡のロングショット（The Longshots）』——ポップワーナーユースフットボールトーナメントで、アフリカ系アメリカ人の女の子としても、（単に）女の子としても、初めてクォーターバックを務めたジャスミン・プラマー（Jasmin Plummer）を描いた映画。
- 『Run for the Dream : The Gail Devers Story』——バセドウ病と診断された陸上競技選手ゲイル・ディバース（Gail Devers）の闘いと、誇り高き復帰を描いた映画。
- 『Amazing Grace : Black Women in Sport』——フローレンス・グリフィス＝ジョイナー（Florence Griffith Joyner）、アリシア・ギブソン、ウィルマ・ルドルフ（Wilma Rudolph）、ジーナ・ガリソン（Zina Garrison）、ジャッキー・ジョイナー＝カーシー（Jackie Joyner-Kersee）、デビ・トーマス（Debi Thomas）、ドミニク・ドーズ（Dominique Dawes）等、多くのアフリカ系アメリカ人の女性アスリートの達成記録にハイライトをあてたドキュメンタリーフィルム。
- 『妖精コマネチ 炎の青春（Nadia）』——金メダルに5回輝いたルーマニア人オリンピック体操選手ナディア・コマネチ（Nadia Comaneci）の生涯を描いた映画。
- 『On Thin Ice : The Tai Babilonia Story』——オリンピックで優勝したアフリカ系アメリカ人で、ペアフィギュアスケート選手の生涯を描いた映画。
- 『エッジ・オブ・アメリカ（Edge of America）』——ネイティブ・アメリカン居留地の高校女子バスケットボールチームが、白人ばかりの高校女子チームとの対戦を実現するまでの、文化への挑戦を実話に基づいて描いた映画。
- 『ガールファイト（Girlfight）』——認めてくれない父親や、トレーナーたちのやる気のなさにもめげず、男性優位なボクシングで、選手として成功しようと自分を鍛える、ヒスパニック系の若い女性の映画。
- 『Parting the Waters』——アフリカ系プエルトリコ人として初めてオリンピックアメリカ代表チームで泳いだマリッツァ・コレイア（Maritza Correia）と、オリンピック50mフリースタイルの世界記録保持者であるアフリカ系アメリカ人、カレン・ジョーンズ（Cullen Jones）の経験と困難を追ったドキュメンタリーフィルム。

第 3 部　女性、スポーツ、そして社会的立場

周辺で生きる有色人種女性

　有色人種女性は、スポーツ事情の背景において、個人としても集団のメンバーとしても、悲痛な経験を様々に重ねている（Bruening, 2005；Corbett & Johnson, 2000；Green, Oglesby, Alexander, & Franke, 1981；Smith, 1992；2000）。しかし、スポーツでも社会でも、歴史的な現実（人種差別、性差別など）とシステミックなプロセス（白人至上主義、家父長制など）が有色人種女性を孤立させて黙らせ、そういう経験が周辺化されてしまうことが多かった（Crenshaw, 1991；hooks, 2000）。有色人種女性に対する歴史的な周辺化は、社会の構造と、彼女たちを「あちら側」に分類する人種とジェンダーの階層化の伝統に根ざしている（Collins, 2000）。

　この「あちら側」という認識は、優勢なイデオロギーと二項分類の中に根を下ろし、人や集団の扱いを正当化する（Collins, 2000）。具体的にいうとコリンズは、「あちら側」という分類は、対抗的差異もしくは双対という逆を意味するもの（黒と白、男性と女性、強いと弱いなど）がなければ分類が無意味になってしまう概念によって維持されている、と暗に述べているのである。このような対には、互いに相手との関係性において意味や意義が生じる対抗的差異がある。したがって、有色人種女性は、アメリカの背景とアメリカの制度内で優勢な集団である白人ヘテロセクシュアル男性に対して、対抗的差異を表す。その結果、有色人種女性は支配され、周辺に置かれることになる（Giddings, 1984；hooks, 2000）。スポーツ事情の背景では、これが有色人種女性にとって、リーダーのポジションを目指す機会や手段が限定され、同一労働に対して低い報酬しか得られず（Abney, 2007；Lapchick et al., 2011；McDowell & Cunningham, 2009）、さらにはスポーツ参加率がより低くなる（Sabo & Veliz, 2008）という結果につながりやすい。

> 「こういう女性たちが怪我をする。でも、人種の救急車とジェンダーの救急車が現場にやってきて、怪我をした有色人種女性たちが交差点に横たわっているのを見ても、『さて、これじゃあ人種差別だけなのか性差別だけなのかわからないなあ。どっちなのか、本人たちが言ってくれなきゃ、助けることができない』とつぶやくことになる」
> ——キンバリー・クレンショー　Kimberlé Crenshaw（批判的人種理論のアメリカ人学者）

　有色人種女性がスポーツの世界で周辺に追いやられるのは、新しい現象ではない（Cahn, 1994；Green et al., 1981）。有色人種女性として存在し、インターセクショナルな抑圧を受けながら生き、自分たちは「あちら側」という下層民なのだと始終思い知らされていると、この経験の性質を批判的に解明しなければ、という思いが切実になる。こうして、有名な自伝、映像ドキュメンタリー、体験談の聞き書きは、有色人種女性の人生の特徴をとらえはするが、インターセクショナルな枠組みの中で女性たちの経験が描

110

かれることは稀である。インターセクショナルな枠組み、もしくは**インターセクショナ
リティ理論**は、「あちら側」という認識と偏見の表出、支配、社会的権力の中に根差して
いる。**インターセクショナリティ**はキンバリー・クレンショーの造語で、1980 年代に
様々な形の**差別**（**人種**、**民族**、ジェンダー、社会的階級、性指向、宗教など）が、どの
ように関連しあい、影響しあうか（**反カテゴリー複雑性、カテゴリー横断的複雑性、カ
テゴリー内部複雑性**など：McCall, 2005 参照）、そして、こうした相互影響が、より大
きな抑圧システムの中でどのように複数の、多くは同時に働く社会的不平等につながっ
ていくかを説明するために使われた（Hancock, 2007）。クレンショーは「一方**または**も
う一方のどちらかに応答する形で形成されている 2 つの言説の範囲内で、有色人種女性
は、女性である**と同時に**有色人種でもある、という交差するアイデンティティーのため
に、どちらの言説の中でも周辺化される」（1991, p.1244）と述べる。そのため、ジェン
ダーか、人種や民族に起因する問題に焦点をあてる研究は、どちらか一方の周辺化のみ
を語りがちで、これらの問題が重層化した経験として語られることは稀である。それゆ
え、本章を通じて、インターセクショナリティという概念を採用して、ジェンダー、階
級、人種、民族が様々な形で交差して、有色人種女性のスポーツ参加経験が形づくられ
ていく様を描いていく。

　インターセクショナリティという考え方は、有色人種女性の経験を明らかにするとき
にこそ不可欠になる。インターセクショナリティは、複数の相矛盾する周辺化経験をま
とめようとする試みだからである（McCall, 2005）。インターセクショナリティでは、真
実は 1 つではないこと、知識とは、今現在の問題とポストモダン的理論認識とを関連づ
ける、社会的に構築された思考プロセスであるということが認識されている。したがっ
て、インターセクショナリティの現実を理解する上で、抑圧とアイデンティティ政治の
複数レベルの影響、特に構造的、政治的、そして表出性の各インターセクショナリティ
を考慮する必要がある（Crenshaw, 1991, 1993）。**構造的インターセクショナリティ**は、
人種、ジェンダー、社会的階級、性指向、宗教、その他各カテゴリーの諸様相に基づい
た力の構造によって、下位層の人々や集団に対する差別的な扱いと経験が生まれる状況
（医療や住宅支援サービスの利用など）を分析する。**政治的インターセクショナリティ**
は、いかに政策や慣行が下位層の人々や集団に対して、諸問題（セクシュアルハラスメ
ント、家庭内の虐待、雇用と解雇など）を周辺化し、ある属性の集団が別の属性の集団
を抑圧する結果を生み、差別を明らかにできるかどうかを調査する。最後は、**表出性イ
ンターセクショナリティ**で、これは、過去につくられたイメージと現代につくられるイ
メージによって、いかに下位層の人々や集団が否定的な印象をもたれていくか、また、
そうしたイメージに対する批判が、ことごとくこうした人々や集団をさらに周辺に追い
やり、人としての扱いが忘れられていくかを調べる。この 3 つのインターセクショナリ
ティはまた、有色人種女性が経験する様々な過程を明らかにし、社会的分類が、いかに

本人のアイデンティティーの行く末に暗い影を落とし、しばしば差別された経験が取るに足りないことにしてしまうかを分析する。このように、有色人種女性と彼女たちのインターセクショナリティに着目することによって、有色人種女性の多くの経験に光をあてて、有色人種女性がスポーツに参加することにより他者に提供できる、貴重な貢献があることを示せると期待している。

アメリカにおける有色人種女性のスポーツ経験

　アメリカには、有色人種女性がスポーツに参加してきた歴史があるのだが、「あちら側」という構造的、政治的、表出上の認識が原因で、有色人種女性アスリートの経験といえば、ほとんど黒人女性の話になってしまう。そこで本章では、黒人女性の経験を中心に置きながらも、限られてはいるが、アジア系、ヒスパニック系、そしてネイティブ・アメリカンのスポーツにおける経験の学問的知見も取り上げる。

　人種隔離時代の後、**1972 年の教育改正法第 9 編（タイトルIX）**を受けて、有色人種女性がスポーツ界で活躍し続けている。しかし、時がたち、法が整備されても、「あちら側」と括られた人間が被る周辺化の影響は緩和されなかった。BWSF（黒人女性スポーツ財団）の共同創設者ティナ・スローン・グリーン（Tina Sloan Green）が指摘するように、タイトルIXは数々の成功を収めたが、決して効果的に実施されたとはいえない。タイトルIXによって門戸は開かれたが、「スキル習得からプロ・アスリートの輩出まで、すべてのレベルでの参加の機会を提供する」には至っていない（2007, p.26）。

　参加の機会が限定されている理由の 1 つは、タイトルIXが性差別だけに焦点を絞り、有色人種女性のニーズすべてに対処していないためである。判例は「デグラフェンレイド対ゼネラル・モーターズ組立事業部」（1977）のケースがある。1 つの側面だけを軸にした差別防止法の要求は、「人種差別、性差別、あるいは、それらのどちらか一方なら上程される可能性はあるが、両方の差別防止を組み合わせた形で上程されることはない」という判断が確実になった例である。この 1 つの差別に焦点を絞るアプローチが有色人種女性にとって問題になる。彼女たちが経験する人種的抑圧をジェンダー差別と支障なく切り離すことが不可能だからである（Combahee River Collective, 1995）。こうして黒人、アジア系、ヒスパニック/ラテン系、その他有色人種女性は、周辺に置き去られる。

> タイトルIXが、その目標である男女平等をすべての女性に利をもたらすやり方で達成しようとするならば、タイトルIXの支援運動は、男女の比較を超え、スポーツをする上で、一部のすべての世代の女性たちに、その他の女性たちより険しい障害を与えてきた、システミックな不平等に異議を申し立てなければならない
> ──デボラ・L・ブレイク　Deborah L. Brake（『Getting in the Game』の著者）

第6章 有色人種女性アスリートの経験

アメリカにおける女の子たちのスポーツとして、最も急速に伸びているのがサッカーである。ただしアフリカ系アメリカ人の女の子の比率は、依然としてかなり小さい。

有色人種女性の参加率

　第2章で着目したように、タイトルⅨは数多くの成功を収めたが、これらの成功は通常、人種に言及することなく論じられる。例を挙げると、Dr. Acosta と Dr. Carpenter による隔年報告書「Women in Intercollegiate Sport（大学対抗のスポーツ活動における女性）」が、1977年以来の女性スポーツの成長について、重要な歴史的記録を提供しているが、この中で、女性は均一な1つの集団として扱われ、人種の違いと人種間の差異が認識されていない。1999年にはNCAA（全米大学スポーツ協会）がカレッジアスリートの人種と民族に関するデータの収集を始めたが、有色人種のカレッジアスリートについて、NCAA組織への参加傾向を時系列的に捉えたデータは、2003年に女性スポーツ財団が浮き彫りにするまで、はっきりした形で提示されることはなかった（Butler & Lopiano, 2003）。この報告書では、1971～2001年までの間、有色人種女性が獲得する奨学金援助が大幅に拡大（10万ドル未満から8200万ドルまで）し、スポーツ参加人数が、2137人から2万2541人まで増えたことを指摘している[6]。

　2013～2014年の期間、Lapchick、Fox、Guiao、Simpson による 2015年の調査「Racial and Gender Report Card on College Sport（カレッジスポーツにおける人種とジェンダーの評価表）」では、NCAAのディビジョンⅠ、Ⅱ、Ⅲ組織に属する、女性のカレッジアスリートの有色人種比率を、白人女性の72.5％に対して、20.6％と概算している。有色人種女性の内訳は、10.9％が自称黒人、続いてヒスパニック系が4.5％、アジア/パシフィック諸島系が2.2％、ネイティブ・アメリカン/アラスカ先住民が0.4％、複数人種が2.6％、そして、その他または非居住異邦人が6.8％であった。NCAAディビジョンⅠレベルのスポーツチームへの参加と所属を詳しく見ると、有色人種女性が最も大きな比

113

第3部　女性、スポーツ、そして社会的立場

率を占めるスポーツは、バスケットボール（59.4％）と屋外陸上競技（36.2％）で、いずれも、黒人女性の参加者数が最も多い（バスケットボール51.1％、屋外陸上競技26.8％）。NCAAによる**新興スポーツ**の継続的支援によって、女性のスポーツ参加機会は増えたが、実際に増えたのは、ほとんどが白人女性で、有色人種女性の参加率の伸びは限られている（Irick, 2014；Suggs, 2005）。現在、あるいは過去に、新興スポーツと特定されていた種目は、アイスホッケー、ウォーターポロ、漕艇、ラグビー、ボウリング、アーチェリー、バドミントン、アーティスティックスイミング、チームハンドボール、ビーチバレーボールである（"NCAA Emerging Sports Timeline," n.d.）。ボウリングを例外として、大部分の新興スポーツ種目では、有色人種女性アスリートの姿があからさまなほど見えない。ラクロス、ゴルフ、水泳、フィールドホッケー、ソフトボール、テニスのような、スポンサーがつく度合が高いスポーツ、さらには、タイトルIXが実施されてからの参加者数とスポンサーの数が最大の伸びを見たサッカーでさえ、この不在はあてはまる。

　中等教育においては、NFHS（アメリカ州立高等学校協会）が、1971年、高校スポーツの参加者数を男子366万6917人、女子29万4015人としている。2014〜2015年の学年度に、高校生のスポーツ参加者数は男子451万9312人、女子328万7735人にまで拡大している。しかしNFHSは、人種の内訳を出す気はない。同様に、プロスポーツやオリンピックスポーツのレベルでは、有色人種女性で、トップクラスのアスリート（首位女性プロカーレーサーのニコル・リヨン〔Nicole Lyons〕、体操の金メダリスト、ガブルエル・ダグラス、ビーナスとセリーナ姉妹など）は、メディアで派手に扱われるが、このレベルで競技する有色人種女性アスリートの数を、系統的に記録したデータはない。WNBA（ウィメンズ・ナショナル・バスケットボール・アソシエーション）についてはスポーツの多様性と倫理研究所所長リチャード・ラプチック（Richard Lapchick）博士が報告を出しているが、それ以外の女性のプロリーグ、オリンピックへの参加データはない。このように、記録が限られていることは、不平等に対応して平等を図ろうとするとき、問題になる。ベースラインデータあるいは統計がなければ、学校も各組織も関連協会も有色人種の女の子のスポーツ参加の割合が、他と釣り合っていないことに気がつかないからである（Womens Sport's Foundation, 2011）。

> 「私たちには、将来に目を向けて自分に投資せよ、と私たちに求めるようなリーダーが必要なのだ」
> 　　　——アニタ・デフランツ　Anita DeFrantz（漕艇オリンピック代表選手、国際オリンピック委員会理事）

第 6 章　有色人種女性アスリートの経験

タイトルⅨのない時代に育つこと

アルファ・アレクサンダー　Alpha Alexander
（ウォルターズ・ステート・コミュニティ・カレッジのフィットネスディレクター、モリスタウン多様性委員会委員長）

　1972 年、アメリカ議会がタイトルⅨを通過させる以前、1960 年代や 70 年代に、黒人女性としてスポーツに関わることがどういうことだったか、想像がつくだろうか。いくつか考えてみるべき例がここにある。

　私はテネシー州ナッシュビルに生まれた。父は家族を連れて南部から北部へ引っ越した。多分、人種差別を避けるためだったのだろう。私が北部にいる間に、南部にいるいとこたちが、高校生のバスケットボール活動に参加する機会があった。いとこたちは、コート上では人種差別にあってどうこうした経験はないかもしれないが、南部では、コート外での人種差別は日常茶飯事だった。いとこの話によると、その日は、彼らは他州の学校で行われる試合に向かっていたのだという。相手の高校に行く途中で、ガソリンスタンドに寄らなければならなかった。女の子たちはのどが渇いたので、バンから降りて、ガソリンスタンドに水をもらいに行った。ガソリンスタンドの店員たちは、彼女たちに、スタンドの裏に回れと言ったばかりか、ガラスのコップを 1 つだけ渡して、みんなで使わせた。みんなが飲み終わると、係員はグラスを捨てた。

　別の折には、いとこのひとりがアラバマ州のスティルマン大学に行く機会があったのだが、人々にバスケットボールができるのかと驚かれたという。信じられるだろうか。当時アラバマ州では、女性のバスケットボールは違法だったのだ。

　そしてもう 1 つ、北部の黒人女性だった私には、高校レベルでできるスポーツはなかった。だから、私がスポーツを経験したのは、オハイオ州ウースターのウースター大学に入ってからである。学校以外でも、私の母の友人で、自分の息子たちにテニスのやり方を教えていた男性が、私を連れ出して、ゲームのやり方を教えてくれた。1972 年に大学に入ったとき、ウースター大学には女性のスポーツが 13 種目あった。1972 年はタイトルⅨが法律になった年でもある。これは、いったい何の法律なんだろうといぶかっていた自分を思い出せる。ウースター大学のコーチのひとりが、若い女性たちを連れて近くのオーバリン大学に説明を聞きに行った。この法律が、この国の女性のスポーツの発展に与える影響について、このときおそらく誰もわかっていなかっただろう。確かに、女性への影響はあったが、それはある程度までのものであり、黒人女性にとっては、利益のない法律だった。

2006 年、アルファ・アレクサンダーが、今世紀最も影響力のある、「NCAA カレッジアスリート 100 人」のひとりに入った。元レーン大学アスレティックディレクターで、テンプル大学、YWCA（キリスト教女子青年会）、アーサー・アッシュ・アスレティック協会、そして、USOC（アメリカオリンピック委員会）で要職を務めた。BWSF（黒人女性スポーツ財団）の共同創設者でもある。

参加と表出への障壁

　有色人種女性アスリートの参加率の記録は、多くの種目において、その比率が人口の割に低いことの重要な説明となるが、有色人種の女性アスリートが、スポーツで経験す

115

第3部　女性、スポーツ、そして社会的立場

メディアで報道されるトップレベルの有色人種の女性アスリートの姿からは、有色人種の女性アスリートのスポーツ参加率が高い印象を受けるが、実際にはまだ不均衡が残っている。

ることの全体像を伝えることはできない。参加数や参加の傾向を分析すると、有色人種女性には、他とはっきり異なる参加パターンがあることがわかる。したがって、答えるべき重要な問いは、こういう不平等に寄与するのはどんな要因なのか、である。

　有色人種女性アスリートを扱ったWSF（女性スポーツ財団）による2003年の報告書は、5種目（ボウリング、バドミントン、バスケットボール、屋内・屋外陸上競技）に人種のクラスタリングが存在することを強調している。このクラスタリングは、「一向に解消しない人種差別と経済的不平等が、有色人種人口に与える壊滅的な影響」に起因すると推察されている（Butler & Lopiano, 2003, p.6）。このように、有色人種の女性アスリートの表出が不公平な種目があることについては、社会が受け入れていないこと、教育の機会が平等ではないこと、そして、プレーレベルでも競技でのリーダーシップ的地位でも、ロールモデルがないことも原因とされてきた。たとえば2015年、NCAA ディビジョンIレベルで、有色人種の女性と同定できるアスレティックディレクターは、わずか8人、ディビジョンII、IIIレベルでは、それぞれ10人、9人であった（National Collegiate Athletic Association, 2015）。さらには、女性チームのヘッドコーチにおける有色人種女性の比率は、NCAA全ディビジョンで約14％であった。ロールモデルとして、そして先導者としての有色人種女性の表出の低さが、女性選手とリーダーの育成に与える影響は計り知れない。したがって、スポーツ参加の不平等への対処には、ユース、学校対抗、大学レベルで、リーダーシップの不平等に取り組まなければならない。

　大学レベルの非伝統的種目〔訳注：野球、バスケットボール、サッカー、フットボール、テニスなどお決まりのスポーツ以外の身体活動。レクリエーション的あるいは、趣味的な活動〕における、有色人種の女の子のクラスタリングや表出性の低さを示すことも、ユースと高校レベル

で、有色人種の女の子が、これらの種目に参加する機会が限られていることと相関する。全米レベルの教育データ一式を解析した結果（例：National Longitudinal Study, High School and Beyond Survey、National Educational Longitudinal Survey、Educational Longitudinal Survey）、「学校対抗レベルでの競技への参加とその機会は、女性の場合、人種の違いに沿って分布している」ことが明らかにされている（Pickett, 2009, p.163）。Pickettの研究では、1972年にアフリカ系アメリカ人の女子高校生が白人女子を上回ったが、2002年まではアフリカ系アメリカ人、アジア系、ヒスパニック系女子高校生の高校スポーツ参加率は、白人女子高校生より20〜30％低くなっていることが明らかにされている。さらに同分析では、男女ともに黒人の比率が圧倒的に高い公立学校では、アフリカ系アメリカ人の女の子が、ソフトボール、バスケットボール、サッカー、アイスホッケー、バレーボール、テニス、クロスカントリーラン、トラック競技、ゴルフ、体操競技に参加できる機会が少なくなることも判明した。それゆえ、新興スポーツへのスポンサーが高校レベルでは限られ、大学レベルで増加することによって、すべての世代の有色人種の女性たちのスポーツ参加機会が減る結果になっている（Dees, 2008；Evans, 1998）。

　人種、ジェンダー、社会経済的要因は、スポーツ参加の低さに一役買うが、それだけではなく、有色人種のすべての世代の女性が直面する肯定的、否定的な経験を方向づけていくことがある。たとえば、カレッジスポーツでは、限られた研究によってではあるが、高校や大学を卒業する女性アスリートの数は、非アスリートよりも多く、全体的には学業とスポーツ活動共に、前向きな経験を報告する（Bruening, Armstrong, & Pastore, 2005；Butler & Lopiano, 2003；Sellers, Kuperminc & Damas, 1997）。しかし、「アフリカ系アメリカ人の女性アスリートが経験する大学生生活は、白人女性のカレッジアスリートともアフリカ系アメリカ人の男性アスリートともかなり異なり、その違いは興味深い」ことも研究で示唆されている（Sellers et al., 1997, p.715）。大学レベル、それも白人が多数を占める高等教育の組織に存在する、歴史的、構造的、そして政治的な人種差別意識（スカウトと定着、配属、雇用や昇格の慣行など）は、差別的な習慣や参加パターンを温存する環境を醸成しうる。この、繰り返し現れるシステミックな差別のパターンは、スポーツのあらゆるレベルで新しい障壁を次々と生み出して、参加と表出を阻む（Women's Sports Foundation, 2011）。

　2011年、WSFが有色人種女性のスポーツ参加の現状について、もう1つ報告書を出した。この「Foundation's Position on Race and Sport（人種とスポーツに関する財団の立場）」の中でWSFは、2003年報告書と同様の所見を再び述べ、構造的、政治的に現れる人種差別と差別意識が依然として平等な表出の障壁になっているとして、有色人種女性のスポーツ参加に影響する4つの障壁を具体的に特定している。主として、上述のベースラインデータの欠如に加え、文化、ステレオタイプ、経済的地位に関連するイン

第 3 部　女性、スポーツ、そして社会的立場

ターセクション的経験要因や障壁が、スポーツに参加する有色人種女性の数に影響する、突出した要因として特定されている。

社会経済的な課題

　タイトルⅨの制定を通じて、アメリカ教育省は、何人といえども性別を根拠としてスポーツを含む教育プログラムや活動への参加を拒まれる、あるいは参加に関して差別を受けることがないよう、確実を期した（第 2 章参照）。だが上述のように、この法律の**単軸的な枠組み**が、交差するアイデンティティに基づいた差別を見えなくしてしまっている。性別は人種、階級、その他のアイデンティティと交差し、人生経験や機会の差別化を生む。アメリカおよび諸外国において抑圧と従属を特徴とする人種差別が延々と続いてきた結果、人種と階級は相互に分かちがたく絡まりあったカテゴリーとなっている。そのような状況下、有色人種は人種のカテゴリー化ゆえに、社会的階級が低いほど割合が多くなる。ここでも人種と人種のカテゴリー化が社会と組織に隈なく浸透し、政治、教育、経済に影響を及ぼす。そのため、この階層的な人種のカテゴリー化には、コミュニティ内、近所、雇用の場、学校における経済的不平等が反映されている。

　交差するアイデンティティがスポーツ参加におよぼす影響を解明するために、Sabo と Veliz（2008）が、人種、ジェンダー、**社会経済的地位**、そして学校の種類（都会、郊外、地方の学校など）を考慮して、様々な参加率の集計を解析した。するとアメリカの有色人種女子の参加率は、世帯収入 3 万 5000 ドル以下の家庭で 15％であった。世帯収入 3 万 5001 ドルから 5 万ドル水準の家庭では 1％上がって 16％になるが、これを白人の男の子（27％）、白人の女の子（18％）、そして有色人種の男の子（38％）の参加率と比較すると、差が見えてくる。興味深いことに、Sabo と Veliz（2008）の分析では、全般的に世帯収入が高くなると子どもの参加率も高くなることが見出されているが、有色人種の女の子では世帯収入が高くなると参加率が低下する傾向にあり、白人の男の子、白人の女の子、有色人種の男の子と比較するとその差が際立つ。詳細は**表 6.1** 参照。

　有色人種の若い女性も男性も、特にヒスパニック系など、所得（必要経費と自由に使える経費）の低い家庭の出身であれば、学校が終わってからスポーツなど課外活動に参加するよりは、パートタイムで働いたり弟や妹の世話をしたりすることが多い（Sylwester, 2005）。社会経済的階層の低い有色人種の子どもたちは、スポーツに参加する機会がたとえあったとしても、スポーツをすることで発生する費用が理由で（ユニフォーム、装備、交通費など）参加が阻まれているものと思われる（Women's Sports Foundation, 2011）。例を挙げると、2013 年の『ハフィントン・ポスト』紙の記事が、青年層のスポーツに伴って出費が増加することを確認している。

　　アメリカでは、ユニフォームや登録、レッスン、コーチングにかかる高額な料金で、親は 1 年当たり平均 671 ドル負担しており、そのうち少なくとも 5 人にひとりは子ども

第 6 章　有色人種女性アスリートの経験

表 6.1　人種、性別、収入に分けたスポーツ参加率

収入レベル（US ドル）	有色人種の子ども		白人	
	女の子	男の子	女の子	男の子
35,000 以下	15%	25%	9%	20%
35,001〜50,000	16%	38%	18%	27%
50,001〜65,000	7%	18%	23%	36%
65,001 以上	13%	34%	38%	40%

(Sabo, D., & Veliz, P., 2008, *Go out and play : Youth sports in America*. East Meadow, NY : Women's Sports Foundation.)

　ひとりあたりの支出が、毎年 1000 ドルを超える。結果として（…）もはや青少年のスポーツが、やる気とスキル次第で手に入る絶好の社会参加機会であった時代ではなくなり、家庭の経済力によって支えられている、年間 50 億ドル産業になっている。（"High Cost of Youth Sports", 2013）

　加えて、この記事では、最も費用がかかるスポーツと、かからないスポーツを取り上げている（親の申告）。費用の最上位がフットボール（27%）で、これに野球とソフトボールが続く（12%）。最も費用のかからないスポーツと特定されているのが、陸上競技（4%）、バレーボール（3%）、競泳・飛込競技（3%）（"High Cost of Youth Sports", 2013）である。上述の報告書に記載されているパーセンテージは、基本的に親の認識なのだが、子どもにスポーツをさせるかどうか、特にそれによって費用がかさむ場合には、最終的に決定するのは親なので、この記事は注目に値する。

　世帯収入と学校の種類に関連することが多い社会経済的地位は、スポーツの機会に影響する。有色人種（黒人、ヒスパニック/ラテン系など）の子どもが集中する都心の学校は、経済的にも物理的にも資源が不足していて、十分かつ多様なスポーツ機会を提供できないことが多い（Brake, 2010；Sabo & Veliz, 2008）。「コーエン v. ブラウン大学訴訟」によれば、アスリートの興味と能力は「何もないところで発展することはめったになく、機会と経験に応じて発展していくものである（…）女性の参加率が低いのは、スポーツ参加の機会がなかった歴史を反映している」(1996, section 179)。さらに社会学者ドン・サボ（Don Sabo）が「夢、野心、興味は、住んでいる世界にどんな機会や現状認識が定着しているかに影響される。もっとプログラムがあれば、女の子もスポーツをするだろう」と同様の指摘をしている（Murphy, 2009, para. 23）。このように、興味は社会との関わりを通じて養われていくため、スポーツ参加の機会の差別は、有色人種女性が多様な運動能力を極め伸ばしていくチャンスを限定してしまう（Sloan Green, 2007）。

　「学区間の激しい不平等が、学校や居住地域での人種階層化と相まって、人種間の差異が、女の子のスポーツ参加機会に根強くはびこることになる」（Brake, 2010, p.117）。特に、社会経済的背景の低い有色人種女性の多くは、ラクロス、漕艇、アイスホッケー、

119

第3部　女性、スポーツ、そして社会的立場

ウォーターポロなど、NCAA が新興スポーツと特定する多くの種目に参加する機会がなく、これらは主として「郊外の、主に白人コミュニティに住む女の子がやっている」（Brake, 2010）。さらに、これらのスポーツの多くは、プライベートクラブ（Suggs, 2001, 2005；Wiggins, 2008）が提供、募集しているため、有色人種女性が多様なスポーツに触れる機会が少なくなるだけでなく、高いレベルで競合するために必要な奨学金を得るチャンスも限られてしまう。

ステレオタイプ化

　ステレオタイプは、人や集団に関する否定的な、しばしば根拠のない情報を執拗に繰り返す、人種、階級、ジェンダーのイデオロギーに根ざしている。Haslam、Oakes、Reynolds、Turner は、ステレオタイプは「同じ社会的集団に属する人間が、同じようなパターンの社会的情報に曝されるという単純な理由で各社会的集団内で共有される」ため、広く定着する（1999, p.810）と説明している。したがって、ステレオタイプは、社会的分類に基づいて、人や集団に特長を押しつけるという、結果的プロセスである（Haslam, Oakes, Reynolds, & Turner, 1999；Oakes, Haslam, & Turner, 1994）。ステレオタイプが限られた情報と誤謬に基づいていると、問題が生じ、偏見や差別につながることが多い。

　ステレオタイプ、特に人種や性別の覇権主義的イデオロギーを維持しているステレオタイプは、有色人種女性が、親、メディア、学校、およびその他スポーツに関わる制度的な文脈によって、どのように社会化されていくかに深刻な影響を与えうる（Bruening, 2005；Davis & Harris, 1998）。具体的にいうと、否定的なステレオタイプによって、どのスポーツをやるかという女性の選択が左右され、また、すべての世代の女性たちのスポーツ参加を阻害し、気持ちをくじいてしまう可能性もある（Coakley, 2007；Csizma, Wittig, Schurr, 1988）。ステレオタイプは、学校や親が、女性にどのくらい金を出すか（Sabo & Veliz, 2008；Women's Sports Foundation, 2011）、メディアにおいて女性（アスリートとしての）をどう性格づけ、型に嵌めるか（女性に関する報道の欠如、代表的な有色人種女性/ロールモデルの不足；Cunningham, 2011）、他人によってどう語られるか（例：人種・性的中傷；Gill, 2011）を左右する。

　スポーツにおけるジェンダーステレオタイプによって困難が生じるのは、どんな人種・民族的背景であっても変わらないが、有色人種女性がスポーツに参加するときには、覇権主義的かつ文化特有のジェンダーロール（性役割）によって、このステレオタイプがさらに強固になるため、ますます多くの困難にあうことになる（Smith, 1992；Women's Sports Foundation, 2011）。どういうことかというと、ジェンダーロールとそれに呼応する女らしさのイデオロギーが、スポーツをすることに対する女性の受け取り方に影響するのだが、ジェンダーがスポーツの文脈において人種と交差する場合、その影響が倍増するのである（Smith, 1992）。このように有色人種女性は、文化的規範、伝統、そして

120

社会化のパターンが優位者の社会の規範から外れるために、性差別と人種差別の両方を経験する。

たとえば、女らしさ、男らしさの覇権的発想は、スポーツを男らしいスポーツと女らしいスポーツに分類するために使われる。女らしいスポーツは、繊細さ、柔らかさ、そして芸術性（体操やアーティスティックスイミングなど）を感じさせ、男らしいスポーツは、力強さ、パワー、攻撃性（フットボールやバスケットボールなど）を感じさせる。こういうカテゴリー化では、女らしいと定義されたスポーツには、より金がかかる（専門性が高いコーチ、高価な装備や施設が必要など）こともあり、また、前項で指摘したように、プライベートクラブや、マイノリティ人種や民族の割合が低い郊外の学校が支えていることが多いため、有色人種女性が周辺化されがちになる。Cahn（1994）は、女らしいスポーツというカテゴリー化と、白人女性がバスケットボールや陸上競技などの「男らしい」スポーツを放棄したことによって、アフリカ系アメリカ人女性が自分たちの場所を見つけ、その場所を占拠してきたのだと指摘している。そして、これらのスポーツにおけるアフリカ系アメリカ人女性の成功が、結果的に、アフリカ系アメリカ人女性を男性化した女性、と見る人種とジェンダーのステレオタイプ、知性は劣るが運動能力は優れているとする、人種およびジェンダーの覇権的発想（Bruening, 2005；Vertinsky & Captain, 1998）、そして、彼女らをアマゾネスかレズビアンと見る（Cahn, 1994）感覚を定着させてしまった。また、スポーツの世界では、生来走ったり飛んだりする能力が高いアフリカ系アメリカ人という広くいきわたったステレオタイプが、バスケットボールと陸上競技で、アフリカ系アメリカ人女性の表出性が突出して高いことの理由だとされた（Bruening et al., 2005）。

アリシア・ギブソンは「スポーツの分野では、程度の差はあれ、出自がどうであっても、やることをやれば受け入れられる」（2000, p.334）と述べているが、残念ながら、この言葉は、すべてのアスリートにあてはまるわけではない。有色人種女性のスポーツ体験に対するステレオタイプの影響を調査した研究は限られているが、人種やジェンダーに基づくステレオタイプ、差別、**マイクロアグレッション**（しばしば無意識のうちに有色人種に向けられる軽微な侮辱）が、黒人女性のカレッジアスリートの参加体験（Bruening et al., 2005）、スポーツでの成果（Foster, 2003；Gill, 2011）、心理社会的発達（Carter & Hawkins, 2011；Singer & Carter-Francique, 2012）を損なってきたことがわかっている。また、アフリカ系アメリカ人女性のカレッジアスリートを性的対象と見るステレオタイプのもとで、ウェイトルームの男性アスリートから、人種差別、性差別主義的なことを言われるのと闘わなければならなかったことも研究で明らかになっている（Bruening et al, 2005）。このように、インターセクショナリティの枠組みが示すとおり、複数にカテゴリー化されることが、人のアイデンティティ（人種、性指向）に暗い影を落とし、その結果、経験の充足度を制限することがある。

第 3 部　女性、スポーツ、そして社会的立場

　ステレオタイプはまた、有色人種女性に対し障壁を生み出す。個人からも世間からも、
人種、ジェンダー、その他の周辺化要因に基づいた詮索の目に曝されることは、否定的
な経験を生んで、スポーツをやりたいという現世代および若い世代の気持ちを幻滅させ
てしまいかねない。学生アスリートとコーチの間で争われたアメリカの訴訟「ジェニ
ファー・E・ハリス v. モーリーン・T・ポートランドとペンシルベニア大学」（2006）、
を考えてみよう。人種、ジェンダー、性指向のインターセクションが争点になった訴訟
である。ペンシルベニア州立大学のアフリカ系アメリカ人の女性アスリートであったハ
リス（Harris）は、コーチのルネ・ポートランド（Rene Portland）によって、女子バス
ケットボールチームから除名された。反同性愛というポートランドのチーム方針と、彼
女が自分のチームにレズビアンは入れないと公言していことに起因する除名だった。ハ
リスはそれまで自分がレズビアンであると公言したことはなかったが、振る舞いやたた
ずまい（コーンローの髪形、男性的な服装など）から、ポートランドは彼女をレズビア
ンと結びつけ、チームに「悪影響」があると判断した。ハリスは、同じアフリカ系アメ
リカ人のチームメート 2 人と一緒にチームを追われ、チームは登録選手が全員白人女性
になった。学校の、大会の、あるいは NCAA のレベルでは、除名された選手の誰も規則
違反はしていなかった。これらの要因から、ハリスは、黒人である上に、憶測された性
指向を根拠に、自分が差別されたと感じた。さらにいうと、この例は、黒人/アフリカ系
アメリカ人女性に対する固定観念があることを改めて思い知らせるようなやり方で仲裁
された。性指向の問題は通常目につきやすいが、ポートランドの決定に人種が影響して
いることは、彼女の除名の仕方に暗示されていてわかりにくい。

文化的障壁

　宗教、ジェンダー的文化規範、そして期待は、年齢を問わず、様々な人種や民族的背
景の女性がスポーツに参加する足かせになる。たとえば、ネイティブ・アメリカンとヒ
スパニック系の多くの家庭では、文化的伝統によって、女の子は放課後、家での育児や
家事を分担させられ、放課後のスポーツ活動に参加する機会が制限されていることが多
い（Eyler et al., 1998；Sylwester, 2005）。また、これは同じカテゴリーの男性にもいえる
ことだが、ネイティブ・アメリカンの女性アスリートは、居留区を出て、より競技性が
高いレベルあるいは大学（スポーツ）レベルに移行するとき、白人が圧倒的に優勢なス
ポーツシステムの中で認められ、機会を与えられることが難しく、苦闘が強いられてき
た（Staurowsky, 2005）。多くのアジア諸国（中国、台湾、韓国、日本など）でも、女性
が男性に劣るという儒教思想の影響が根強いために、女性の参加が制限され、アジアの
女性アスリートは「コーチによる伝統的な家父長主義的管理下に置かれている」（Jinxia,
2003, p.207）。さらに Jinxia は、アジア、アフリカ、中南米の集団主義が強い文化圏の女
性アスリートは、難しい選択を迫られることが多いと書いている。「比較的早い時期に

第6章 有色人種女性アスリートの経験

（個人主義が連想される）アスリートとしてのキャリアを終わらせるか、結婚と家庭生活を遅らせるか」という選択である（p.207）。これは、アスリートとしてキャリアを積んでいく上での責任と家族に対する義務が両立しないと受け取られているためである。

　アフリカ系アメリカ人コミュニティにとってのバスケットボールと陸上競技の文化的重要性も、有色人種女性アスリートが、一連のスポーツに幅広く参加する上で障壁となる。文化的な伝統とステレオタイプのため、アフリカ系アメリカ人の女の子は、家族、友人、コーチ、メディアを通じて、バスケットボールと陸上競技に触れる機会は非常に多いが、アフリカ系アメリカ人コミュニティにとって、伝統的ではないスポーツを志すような意識は身につけていない（Bruening, 2000, 2005）。アフリカ系アメリカ人女性にとって、ウォータースポーツや、発汗が多いエアロビクスやジムエクササイズに参加することは、文化的にも皮膚科学的にも、また、髪の毛の質も、参加の障壁になりうることが研究でわかっている［訳注：濡れると毛髪がツンツンに立ってしまう］（Gathers & Mahan, 2014；Hall et al., 2013；Versey, 2014）。

　政治、社会、そして文化による圧力に反応して、苦労して相反する宗教とスポーツのアイデンティティの折り合いをつけている女性アスリートは多い（Benn & Dagkas, 2013）。宗教が女性アスリートの経験と機会をどう方向づけていくのかについては、第15章で詳しく扱っているが、人種、ジェンダー、そして宗教は、多くの国で互いに非常に深く絡まりあっているため、本章でも簡単に考察している。それゆえ、宗教について話せば、人種や性別についても話すことになる。ただし本章では、イスラム教徒の信仰に限定して考察する。

　様々な人種や民族のイスラム教徒の女性は、スポーツをやろうとすると、ドレスコード、ラマダン中の練習、男女共学、男女共習スポーツなどに制限を課せられる（Dagkas & Benn, 2006）。国際バレーボール協会のショートパンツやビーチバレーボールの水着着用要件、国際柔道連盟の「頭飾りとカバーいっさい」の禁止、ユニフォームには「政治的、宗教的、または個人的な声明はいっさい」あってはならないとするFIFA（国際サッカー連盟）のドレスコード方針が、その例である。これらのユニフォーム方針は、慎み深く装い、頭はヒジャブで覆うという宗教の要求と対極にあるため、イスラム教徒の女性に、まったく異質な影響を及ぼす（Benn & Dagkas, 2013；de Tarczynski, 2010）。イスラム教信仰にとって、慎み深く装うことがいかに重要かは、インド人テニス選手サリア・ミルザ（Sania Mirza）が伝統的なテニスウェアを着用して批判された例で証明された（"Muslim Group Slams", 2005）。

　イスラム教徒は均質の集団ではない。様々な「政治的、言語的、経済的、社会文化的状況」の中で生活しており（Benn & Dagkas, 2013, p.284）、女性がスポーツにおいて、どんな経験をしてどんな困難に遭遇するかは、住んでいる国、社会階級、家族のサポートによって違う。たとえば、イラン、オマーン、サウジアラビアなどの国では、イスラ

ム教徒がシャリア法の下で生活しており、スポーツは男性が勝負する領域という考えが圧倒的に強いため、女性のスポーツや身体を使う活動への参加が厳然と妨げられている（Alsharif, 2012；Carter-Francique & Regan, 2012）。これらの国々の多くは、女性がスポーツで競おうとする気持ちをくじき、女性をスポーツから排除している。スポーツをやろうとして政治的、文化的、宗教的抵抗にあい、男性のイスラム教聖職者によって追放されたり悪口を言われたり、といった不利な制裁を受けた女性アスリートもいる（Benn & Dagkas, 2013, p.282）。たとえば、2012 年にサウジアラビア人女性として初めてオリンピックで競技したウォジダン・シャハルハニ（Wojdan Shaherkani）とサラ・アタール（Sarah Attar）は、Twitter で「オリンピックの売春婦」と非難された（"Saudi Female Athlete", 2012）。サウジアラビアでは 2013 年に、シャリア法を遵守することを条件に、私立学校での女の子のスポーツ、体育への参加が許可された。しかし 2015 年 3 月、公立学校の女の子は、依然として体育に参加することを禁止されており、女性は、公式スポーツイベントの観戦も許されていない（Laboy, 2015）。トルコや非イスラム西欧諸国のような、世俗的だがイスラム教徒の多い国でも、イスラム教徒の女性は反対にあいはするが、スポーツへの参加機会も支援もサウジアラビアよりは多い（Benn & Dagkas, 2013）。

有色人種女性の前向きなスポーツ経験をつくる

　以上のような障壁は、いずれも、すべての世代の女性たちにとって困難とはなるが、克服することはできる。2011 年の WSF 報告書も、結論として、有色人種女性のスポーツ参加機会を促進する手段を提示している。学者やアドバイザーからは、地域住民の参加、基本データ、経済的インセンティブ、コーチとスタッフの採用における募集活動、公的教育とイメージ、メディア露出、常設委員会の参加など、不平等の要因を根絶するための多面的アプローチが提案された。各要因の根絶を達成するための指針として、インターセクショナリティ理論を採用することは有益だと思われる。そのため本項では、これらの要因とその重要性を、構造的、政治的、そして表出性のインターセクショナリティの枠組みの中で、取り上げる。究極的には、これら各要因の程度や、そこから得られる有色人種女性の参加機会を増やすための方策が、有色人種女性の経験に、直接的または間接的に影響しうるのである。

構造的インターセクショナリティ

　インターセクショナリティを手段とすれば、有色人種女性に対して、構造的な障壁として機能する多層構造の差別習慣を調べることができる。わかりやすくいうと、Crenshaw が示唆するように「有色人種女性は、経済的、社会的、政治的世界で、白人とは違う状況に置かれている」のである。「女性のために改革の取り組みがなされるときに、こ

の事実が無視されると、有色人種女性は、人種的に優位な女性たちに比べて、自分たちのニーズが満たされにくい」（1991, p.1250）。そのため、基本データに関しては、現状を数値で、つまり有色人種女性のスポーツ参加率と表出性を、すべてのレベル（アスリート、コーチ、アドミニストレーターなど）、すべての領域（学校、スポーツクラブ、娯楽の場、メディアなど）で注目することが必要である。たとえば、2014 年には、モネ・デイビス（Mo'ne Davis）が『スポーツ・イラストレイテッド』誌の表紙を飾り、2000 年以来同誌の表紙に登場した 3 番目のアフリカ系アメリカ人女性となった（Sinha, 2014）。これらの統計は、有色人種女性がスポーツに、いつ、どこで参加するのか、という社会の実情に光をあてる力がある（*Racial and Gender Report Card*, NCAA Race and Gender Demographics など）。

　基本データが手に入ったら、コミュニティと各組織が、有色人種のすべての世代の女性が参加できる機会を草の根レベルでつくらなければならない。草の根的取り組みはコミュニティや地域レベルで生まれることが多く、地域コミュニティやもっと大きな社会の中で、周辺化され、見落とされてきた集団に対応するのだという政治的ジェスチャーにもなる。WSF（2011）は、参加の出発点は草の根的なプログラムであり、もっと大きな範囲の参加機会は教育の成果から生まれてくることが多い（各スポーツのやり方を習い、各ポジションに就く一連のスキルを習得するなど）と主張している。ただし、このような取り組みは、地域のリソースを使って地域レベルで始まるかもしれないが、途切れることなく機会を提供するためには、地域を越えた（利害関係者、財政・政治的な）支援が欠かせない。こうして、財政的支援を集める必要が出てくる。WSF は現在、助成金や財政支援を提供している諸団体に対して、人種や民族の周辺化問題に取り組み、すべての世代の有色人種女性が、本人の社会経済的能力では届かないスポーツ（フィギュアスケート、ゴルフ、体操、テニスなど）に参加するための支援を含めた、有色人種女性を対象にしたプログラムと機会を創出する努力を奨励している。財政支援を促進し、諸団体に経済的インセンティブを提供することが、すべての世代の有色人種女性の参加を阻む経済的障壁を軽減する 1 つの手段である。アメリカや海外諸国の数多くの組織が、社会的通念とステレオタイプを一掃し、経済的、社会文化的障壁を軽減して、有色人種女性を支援する対策やポジションを創出しようと奮闘している。

　たとえば、BWSF（黒人女性スポーツ財団）は、1992 年、ティナ・スローン・グリーン、アルファ・アレクサンダー、ニッキー・フランク（Nikki Franke）、リンダ・グリーン（Linda Green）が非営利団体として設立し、「競技、コーチング、運営等を含むスポーツのすべての側面に黒人のあらゆる世代の女性の参加を推進する」ことを目標に掲げている（Black Women in Sport Foundation, n.d.）。BWSF は、「"実践的な"草の根レベルのアウトリーチプログラムの開発と管理を通じて、アメリカおよび世界各地のスポーツのすべての側面に有色人種女性の参加を促進する」と決意している。

第 3 部　女性、スポーツ、そして社会的立場

　BWSF は 20 年にわたり、プログラムやアウトリーチを通じて若い女性の育成に成果をあげてきたが、まだやるべきことは山積みである。都市部でも郊外でも、若年女性が能力を存分に発揮するために必要な財政的、感情的、精神的なサポートは不足したままである。したがって、BWSF の今後の焦点は、もっと多くのこうした若い女性や女の子たちに手を差し伸べ、スポーツ活動やワークショップ、メンタリングを通じてソフト・ハード両面のスキルを提供し、一人ひとりが強固な足場を築いて、自分の望むキャリア目標を追求していく手助けをすることに置かれる。BWSF 以外に、アメリカ国内でスポーツにおける有色人種女性に関連する問題に対応する諸団体のリストについては、**表6.2** を参照のこと。

政治的インターセクショナリティ

　インターセクショナリティという発想が起きる時点で遭遇する経験は、しばしば社会でもスポーツでも、有色人種女性を人種と性別に基づいた苦境に立たせる（Abney, 2007；Bruening, 2005；Carter, 2008；Carter-Francique & Flowers, 2013；Corbett & Johnson, 2000；Smith, 1992, 2000）。この困難な状況は、「ダブル・バインド」(Smith, 1992)、「ダブルジョパディ」(St. Jean & Feagin, 1998)、「マルチプルジョパディ」（King, 2007）と、学者によって様々な名称で呼ばれるが、ここにこそ、インターセクショナリティの必要性がはっきりとうかがえる。有色人種女性は、人種と性別の重複した抑圧のために、自分が平等化の取り組みの縁に追いやられていることに気づくからである。結果として、有色人種女性は、有色人種男性と白人女性には利益のある平等化の取り組みから外されてしまう。

　スポーツに有色人種女性をスカウトしたり雇用したりする取り組みを促進することに加えて、有色人種女性を代表として委員会に関与させる(採用し、代表として参加させ、ガバナンスに関与させるなど) ことも進める必要がある。委員に有色人種女性が加わることによって、計画やプログラムが確実に、有色人種の競技者、スタッフ、コーチ、アドミニストレーターにとって利益となるようにできるし、優れたインクルージョンの実践も進む。したがって、計画、方針、プログラムが有色人種女性とその他の軽視された集団にとって確実に参加や機会を拡大するものであるようにするために、基本データは維持しなければならない。

表出性のインターセクショナリティ

　有色人種女性の社会的なカテゴリー化には、そのカテゴリーが、この女性が文化的にどのように構築されているか、そして、社会でどのように表出されているか、ということが密接に絡んでいる（Crenshaw, 1991；McCall, 2005）。Crenshaw は、有色人種女性が、社会とそこにある様々な機関の中で、それらを通じてどう受け取られるかには、文

表 6.2　スポーツ界における有色人種女性をサポートするアメリカの団体や組織

団体・組織	網領	ウェブサイト
National Association for Coaching Equity & Development（NACED）	「スポーツにおけるマイノリティ人種・民族に権利を与え、育成し、プロとしてのキャリアを前進させる」ことに注力する	www.nafced.org
黒人女性スポーツ財団（BWSF）	地域住民レベルのアウトリーチプログラムを通じ「競技、コーチングおよび運営等、スポーツのすべての面において、すべての世代の黒人女性の関与を拡大していくこと」に専心する	www.blackwomeninsport. org
フェミニスト・マジョリティ財団（FMF）	1987 年に設立され、公平、リプロダクティブ・ヘルス、非暴力の問題に重点的に対応する他、経済的、社会的、政治的取組みを通じて女性をエンパワーするためにフォーラムや支援運動を精力的に展開している	www.feminist.org ・Gender equity in athletics and sports：www.feminist.org/sports/index. asp
National Association of Collegiate Women Athletics Administrators（NACWAA）	大学対抗競技でキャリアを追及する有色人種女性を啓発し、戦略を提供するためのプログラムをコーディネイトしている	www.nacwaa.org
National Coalition for Women & Girls in Education（NCWGE）	すべての世代の女性の教育機会を、教育政策の策定、公平化戦略の提供、そしてタイトルⅨ周辺の諸問題の解釈と実践によって改善することに専心する非営利団体である	http://ncwge.org ・Report：Title IX at 40：Working to Ensure Gender Equity in Education：www.ncwge.org/PDF/TitleIXat40.pdf
Advocates for Athletic Equity（AAE）	NCAA と提携し「スポーツのすべてのレベルにおいて民族的マイノリティのコーチがリーダー的ポジションに就けるよう支援、プロモーションする」。Achieving Coaching Excellence (ACE、優レベルコーチング達成) プログラムで継続的にコーチ、スタッフの募集と雇用を実施しており、これを通じて障壁の緩和に努めている。さらに、本プログラムでは大学対抗レベルのコーチングにおいて、ヘッドコーチのポジションを獲得するという具体的な目標に向けて人種・民族的マイノリティの男女を育成もする	http://aaesports.org ・ACE women's basketball program：http://aaesports.org/sports/2015/8/3/GEN_0803150955. aspx ・*Race and Gender Demographics* report：www.ncaapublications.com/p-4220-2009-2010-race-and-gender-demographics-member-institutions-report.aspx
女性スポーツ財団（WSF）	スポーツおよび身体活動において、すべての世代の女性のために、ジェンダー間の公平・平等の問題の前進に注力する	www.womenssportsfoundation.org

第3部　女性、スポーツ、そして社会的立場

化的なイメージが影響すると結論している。したがって、文化的イメージは人種とジェンダーの階層の相互作用に影響する。もっとわかりやすくいうと、有色人種女性の社会歴史的、社会文化的な描かれ方には否定的で型にはまったイメージ（怒っている黒人女性、性的に放埓など）を使うことが非常に多いが、それは、周辺化の行為（ガラスの天井［訳注：第11章参照］作用、OBネットワークなど）を正当化するためなのである。教育と表出によって、問題を詳しく知り、理解を進めることができ、それにより関連組織、団体、雇用主と被雇用者は、こうした障壁と闘う機会をもてるようになるだろう。

　WSFは、スポーツに関わる有色人種女性、そして男女共に有色人種が肯定的に描かれていないことを、関連諸団体と世間一般に啓発しなければならないと呼びかけている。関連組織・団体が、きちんと時間をかけてマーケティング・販促用資料を検討し、どの集団も肯定的に描かれるように配慮しなければならない。公平なイメージの露出によって、スポーツ参加が増え、有能な人材を雇えて固定化もでき、有色人種女性のロールモデルが出てくるなどの効果が期待できる。イメージの問題だけでなく、メディアによる有色人種女性の描き方にも対応が必要である。スポーツメディアを含めて、メディアには、スポーツでの有色人種女性を肯定的に描く（映像、語りなど）使命がある。メディア映像が肯定的になれば、有色人種のあらゆる世代の女性たちが、どんどん、いろいろなスポーツをやってみようと思うようになるし、世間一般にも、有色人種女性の存在が啓発されるのである（Bruening et al., 2005）。

---

[1] 本章では、黒人とアフリカ系アメリカ人を区別せずに用いている。黒人は、社会的に構築された1つの人種集団を表すときに用い、アフリカ人の血統をもつ人間がこれに該当する。これに対して、アフリカ系アメリカ人は、文化的経験と社会的歴史を共有する1つの民族集団を表すときに用いる（Davis, 1991：Smith, 2000）。

[2] ギブソンは、LPGA（全米女子プロゴルフ協会）のカードをもった初めての黒人女性である。テニスと女性プロゴルフで、人種の壁を破った功績を認められている。1975～1985年までニュージャージー州のスポーツコミッショナーも務めた（"Gibson Served as…", 2003）。

[3] 今はBNPと呼ばれるインディアン・ウェルズは、WTAツアーの選手が競技することになっている五大トーナメントの1つである。

[4] ビーナスとセリーナのプロテニスデビュー前は、マルチナ・ナブラチロワ、クリスチン（クリス）・エバート、ステファニー（シュテフィ）・グラフ等が女子テニスを席巻し、連勝記録を更新していた。

[5] 有色人種という表現は、ネイティブ・アメリカンやアフリカ系、アジア系、ヒスパニック系アメリカ人に言及する言葉として、非白人やマイノリティよりもふさわしいとして最近浮上してきた言葉である。本章ではより包括的なこの表現を採用することにした。非白人では、何かにあてはまらないことによって人を定義しており、マイノリティという言い方は劣っている、従属しているという意味合いを伝えてしまう（Clark & Arboleda, 1999：Safire, 1988）。

[6] この同じ時期に、白人女性アスリートは2万7840人から11万6918人にまで増加している。有色人種女性の成功の原因をタイトルIXに求める考え方が一般化しているが、Dees（2008）は、黒人女性のスポーツ参加機会を拡大したという点では「分離された教育は本質的に不平等であり」違憲であるとして、アメリカの転機となった立法判決であるブラウン事件判決のほうが影響は大きかったと主張している。

第7章
性自認と性指向
スポーツにおけるインクルージョンと偏見

本章のポイント

- トランスジェンダーのアスリートについて語る場合の適切な用語（例：**生物学的性**、ジェンダー、**性自認**、ジェンダー表現、MtF〔affirmed female〕、および**シスジェンダー**などの用語の定義および識別）。

- トランスセクシャルアスリートに生じうる身体的変化と、それらがどのようにスポーツのパフォーマンスに影響しうるのか。

- 異性愛規範、同性愛否定主義、トランスジェンダー否定主義について。そしてそれらはなぜ問題なのか。

- 他の人とは違うアイデンティティは隠す必要がある、と感じてしまうスポーツ環境と比べて、いかなる性的アイデンティティや性自認も安心して表明できる、とアスリートたちが感じられるようなスポーツ環境の特徴。

- アライ（味方・支持者）となる人々とアライ・プログラム、およびそれらの実例。

第 3 部　女性、スポーツ、そして社会的立場

　あなたは市の研修施設のボランティアとして、夏のユースティーボール［訳注：野球に似た競技］プログラムの登録期間に、受付で働いている。業務はとても単純なもので、親もしくは保護者に登録用紙を記入してもらい、すべてがきちんと正確に記入されていることと、出生証明書またはパスポートを見て年齢が登録用紙と一致していることを確認し、料金を徴収し書類をファイルする、というものだ。忙しく働き、1 時間で約 30 人の子どもを登録し終えた。そのとき、ひとりの子どもの出生証明書をちらりと見ると、性別欄に記入されていたのは、その子の見かけと違う性別だった。疲れてきたに違いないと感じ、ゆっくりと注意深く読んだ。性別：男。これは、目の前にいる幼い女の子とは一致しない。何かの間違いだろうと心の中で思った。「恐れ入りますが、これはひょっとして息子さんの出生証明書ではないですか？」「いいえ、私の娘はトランスジェンダーなんです。この子は女の子です」と父親は返事をした。あなたは戸惑うだろう。さて、どう手続きを進めたら良いのだろうか？

　トランスジェンダーの子どもと、その子のジェンダー傾向を支持する両親について理解が進むと、前述のような状況は、より頻繁に出現するかもしれない。スポーツ団体の中には先を見越して、ユーススポーツプログラムに、トランスジェンダーアスリートを含めたガイドラインと方針をつくりだしているところもある。しかし、方針決定を進める前に、トランスジェンダーアスリートの現実を理解し、誤った情報やステレオタイプを払拭することが、賢明ではないだろうか。

　まずは思春期前の子どもたちに着目してみよう。2 人の、6 歳のティーボールプレーヤーを思い浮かべてみてほしい。2 人とも同じユニフォームを着て、スキルも同様であり、ほぼ同じ身長と体重だ。ひとりは女の子、もうひとりは男の子である。同様の体格と能力があることを考えると、同じチームに参加できない理由はなさそうだ。しかしスポーツの世界では、幼いときから男の子と女の子を違うチームやリーグに分けるという根強い伝統がある。この例は、いかに性とジェンダーの違いが社会的に構築されているかということに目を向ける第一歩となる。幼い子どもたちには、身体的（体格とスキル）に性に基づく違いはない。たとえば、6 歳の子どもたちの身長、体重、スキルの分布範囲は広いものだが、1 つの性別の中には、男女間にあるのと同じくらいのばらつきがある。しかし、スポーツの社会的慣習では、性によって分ける（すなわち、「女子」チームと「男子」チーム）ことを義務づける。それは、男の子と女の子は異なるものだという社会的期待につながる。

　人間は物理的、文化的、社会的、行動的要素から構成されているため、社会科学者は、これらの側面に言及するとき、異なる用語を用いる。すなわち、「男性および女性には、認識可能ではっきり区別できる染色体、ホルモン、生理および身体の構造（**生物学的性**）、文化的に形づくられた**ジェンダー**（男らしさ、女らしさ）と**ジェンダー表現**（服装、動き方、話し方、行為によるジェンダーの表現）がある」（Krane & Symons, 2014, p.120）。ほとんどの人では、生物学的性とジェンダーとジェンダー表現は一致する。たとえば、女の子は女らしく、女性として自分を表現する。しかし、一部の子どもは、非常に早い年齢で、自分の身体（生物学的性）が自分にとって落ち着くジェンダーおよびジェンダー表現と一致しないことを認識する（Stieglitz, 2010）。こうした子たちがトランスジェンダーである。この子たちの性自認は、それぞれの生物学的な性とは異なっている。そして彼らのジェンダー表現は、**ジェンダー・ノンコンフォーミング（ジェンダーへの非同調性）** とみなされることがある。すなわち、彼らの癖、髪型、話し方、または服装は、その生物学的性別の人から見ると異色なのだ（たとえば、ワンピースを着て女の子っぽくふるまう男の子など）。**性自認**とは、女性である、男性である、女性でもあり男性でもある、女性でも男性でもない、トランスジェンダーである、といった自分の内的感覚を指す。（Enke, 2012）。**トランスジェンダーの人々（トランス**と呼ばれることもある）は、出生時に定められた性別とは異なる性自認をもっている。

　この章では、言語と専門用語の理解を深めながら、子どもと大人両方のトランスジェンダーアスリートの経験に注目していく。また、様々な性指向をもつ人々の女性スポーツの中での扱われ方や、性自認や性指向を根拠とする偏見の影響についても探求する。最後に、この章ではスポーツ環境を受け入れて肯定することの影響を強調したい。

> 「多様性を受け入れて活動するチームほど、成功する可能性が高くなります。結局、私たち誰もが尊敬されるアスリートになりたいのです。これは私の望みなのですが（…）私たちは、私たちの違いを讃える言葉を、競技場の外で広めることができます。そうすれば、私たちみんなが、ピッチで勝利を味わうことができるのです」
> ──アビー・ワンバック　Abby Wambach（アメリカ代表女子サッカーチーム）

トランスジェンダーのユーススポーツ参加者

　ユーススポーツを考えるとき、出生時に割り当てられた性別を重視するべきだろうか？　スポーツアドミニストレーターたちは、女子チームあるいは男子チームに登録するとき、その子どもの性自認を認識する必要があるだろうか？　この章の冒頭にあるようなケースに直面したら、あなたはどうするだろうか？　思春期前の子どもについていえば、トランスジェンダーの子どもが**シスジェンダー**[1]（出生児の生物学的性が性自認と一致している）の子どもたちに加わることを、禁止することを支持する身体的な根拠は存在しない。（"Understanding Gender", 2013）。トランスジェンダー法政協会は、思春期前の子どもたちのホルモン値は、男女間で大きく異なることはないと指摘している。
　　したがって、女の子と男の子の間に、ホルモンに基づく長所、または短所は存在しない。思春期前の男の子には、生理学上、女の子に比べて肉体的優位性はないといえる。

第3部 女性、スポーツ、そして社会的立場

子どものスポーツにおける性別分離は単に社会的なものであり、重大な生理的差異に基づいているわけではない。（2009、p.2）

トランスジェンダーの子どもをシスジェンダーの仲間から分離させようとするのは、単に偏見と差別によるものである。かわりに、トランスジェンダーの子どもも含める包括的なスポーツを支援することには、数限りない利益がある。

トランスジェンダーのユースサッカー選手、ジャズ

ジャズ（Jazz）はサッカーが大好きな、ごく普通の9歳児に見える。彼女は優れたスキルをもっているため、FYSA（フロリダユースサッカー協会）の地元女子遠征チームへの参加を試みた。

ジャズは男の子として生まれ、幼い男の子の肉体をもっている。彼女は3歳のとき、性同一性障害（性自認と出生時に定められた性別が一致しない場合の正式な心理学的診断名［訳注：現在は、"性別違和"という]）と診断された。ジャズは5歳で女の子として生き始めた。今、彼女は外見も行動も、同年齢の他の女の子と同じだ。誰に聞いても、彼女は幸せで、心理的に健全な状態にあるということだ。

ジャズの出生証明書とパスポートの両方が、性別を男性と表示していることにアドミニストレーターが気づいた時点で、FYSA は女子チームへの彼女の参加を拒否した。その後2年間、ジャズの両親は、FYSA のあらゆる運営レベルに対し訴えた。最終的に、訴えは USSF（アメリカサッカー連盟）の理事会に持ち込まれ、ジャズが女子チームへ参加する権利が、全会一致で支持された。その後、USSF は、トランスジェンダーアスリートについて学ぶための特別委員会を発足させた。これにより、すべての年齢層のサッカー選手およびアメリカサッカー内の各競技水準（国際ルールに従わなければならない代表チームとオリンピックチームを除く）に適用される、インクルーシブな方針が生み出されることとなった。この方針は、アスリートが自らのジェンダーを特定するという、**自己決定**の1つである。アスリートのジェンダーに関しての異議申し立てがあれば、USSF によって任命された委員会に持ち込まれ、地元のクラブ、州または地域的レベルでは対処されないことになっている。（Torre & Epstein, 2012；Woog, 2013）。

トランスジェンダーの子どもたちの中には、2〜3歳という幼さで、性自認が生物学的性と適合しないこと（ノンコンフォーミング）を認識していることがある（Stieglitz, 2010）。こういった子どもたちが自分の性自認と正反対の生き方を強いられてしまうと、ひどく不幸になり、他者と疎遠になり、憤りを感じたり、落ち込んでしまうことがよくある。年齢が上がるにつれて、自傷行為（たとえば、リストカットなど）や物質乱用に関与したり、行動や感情の問題を引き起こしたり、自殺を試みたりする可能性がある（Edward-Stout, 2012；Spack et al., 2012；Wallien & Cohen-Kettenis, 2008）。家族が子どものジェンダー表現を応援しトランスジェンダーとして認めるなら、子どもたちははるかに幸せになり、精神的にも安定する（例：Drescher & Byne, 2012）。前述のティーボー

ルの例では、女の子の両親は、その子が示す性自認を肯定し、性自認と一致する活動への参加を支援している。しかし、たとえ支援してくれる家族と一緒でも、トランスジェンダーの子どもは、他の大人や自分の仲間からも、いやがらせや差別を受けやすい。たとえば、2013年にトランスジェンダーの子どもの親たちは、学校で子どもたちが自分の性自認と合うトイレを使用することや（Banda, 2013）、学校でのダンスパーティに性自認に合った服を着て参加すること（"Tony Zamazal", 2013）、性自認と一致するスポーツチームに参加すること（Woog, 2013）などを認めさせるために、闘わなければならなかった。若年の、思春期のトランスジェンダーたちもまた、学校の仲間から高い確率で嫌がらせを受ける可能性がある（D'Augelli, Grossman, & Starks, 2006；Grossman & D'Augelli, 2006）。しかし、支援する大人（教員やアドミニストレーター）が介入して、いやがらせを止めれば、トランスジェンダーの子どもたちは安心でき、それはすべての生徒にとってより良い経験となる（McGuire, Anderson, Toomey, & Russel, 2010）。トランスジェンダーの青少年が、社会的な支援、高い自尊心、そして高い自己統制感をもっている場合、彼らにはレジリエンスがあり、ネガティブな経験からの影響を受けにくい（Grossman, D'Augelli, & Frank, 2011）。スポーツは、トランスジェンダーの子どもたちを支え、高い自尊心と自己統制感を助けると共に、シスジェンダーの子どもたちとその親たちを教育する可能性をもっている。

思春期後、および成人のトランスジェンダーアスリート

　思春期前においては、トランスジェンダーの子どもたちが、その性自認と一致するスポーツチームで競技することを阻止しなくてはならないような、男の子と女の子の間の性差は存在しない。では思春期後はどうだろうか？　トランスジェンダーの10代の女の子を、女子リーグに参加させるのはフェアなことだろうか？　この質問に答えるためには、まずトランスジェンダーとトランスセクシュアルの人々を識別し、基礎的な生理や内分泌学（ホルモンの研究）を、多少掘り下げて考えなければならない。

　思春期後、体内のホルモン変化により、一般的には、ほとんどの男の子はほとんどの女の子よりも背が高く、体格が大きくなる。加えて、男の子はほとんどの女の子よりも、筋力、体力、すばやさが発達する。平均的な思春期後の男の子は、平均的な思春期後の女の子よりも大きくて強いので、世間一般の人々は、すべての男性アスリートが女性アスリートに対し、競争上の優位性があるとみなしている。そのため、特に（男性の身体で生まれた）トランスジェンダーの女の子や女性が女子チームで競技したい場合、疑問が生じる。トランスジェンダーの人々は、身体に何の変更も加えていないかもしれないが、**トランスセクシュアル**の人々は「反対の性の一員として生き、受け入れられる」ことを望んでいる（Edwards-Leeper & Spack, 2012, p. 322）。彼らは、彼らの性自認と合致

第 3 部　女性、スポーツ、そして社会的立場

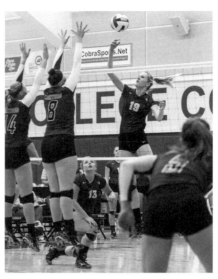

スポーツは、伝統的に男女のチームに分かれているので、トランスジェンダーのアスリートのチーム配置に関し、疑問が呈されることがある。

するような身体的特徴をもたらすために、化学的に、あるいは解剖学的に身体を変えることを計画したり、開始したりしているか、または変えてしまっている（Krane & Symons, 2014）。ひとたびトランスセクシュアルの人が、身体を変える決意をしたなら、彼や彼女は、**性別移行**と呼ばれる期間に入る。この期間、たとえば、髪形や着る服のタイプを変え、より男性的あるいは女性的になることによって、外見上のジェンダー表現を変えることがある。またこの時期に、しばしばホルモン療法が始まる。**affirmed male**（または**トランス男性**。出生時に定められた性別は女性、**FtM**〔female-to-male〕とも呼ばれる）は、体脂肪を減少させるだけでなく、除脂肪体重、筋量、体力、および骨密度の増加をもたらす、テストステロンの摂取を開始する（Van Caenegem et al., 2012）。顔髭やその他の二次的な男性的特徴も得るだろう。**affiemed female**（または**トランス女性**；出生時に定められた性別は男性、**MtF**〔male-to-female〕とも呼ばれる）は、テストステロンを抑制し、体内のエストロゲンを増加させるホルモン療法を受ける。トランス女性のアスリートは、除脂肪体重、筋量、体力、骨ミネラル含量、骨密度などが減少し、体脂肪が増える（Lapauw et al., 2008；Mueller et al., 2011）。ホルモン療法を受けた FtM（トランス男性）や MtF（トランス女性）のアスリートは、1 年後には、望んでいる性別と一致する身体生理（ホルモンバランス）を有することが一般に認められている。さらに、トランスセクシュアルの人々の中には、**SRS**（**性別適合手術**）を選択する人がい

第 7 章　性自認と性指向

トランスジェンダーの大学バレーボール選手、テイラー・エデルマン

　2013 年、テイラー・エデルマン（Taylor Edelmann）は、バレーボールの代表選手として女子チームと男子チームの両方でプレイしていたパーチェス大学を卒業した。テイラーは自分をトランスジェンダーだと認識している。4 歳のとき、テイラーは自分の体に疑問をもった。どうして兄たちと似ていないのか知りたがった。高校 1 年生のとき、インターネットでトランスジェンダーの人々について学んで、初めて自分が感じていたことについて理解した。そのとき、彼はこのことを誰にも告げなかった。そして、バレーボールは彼の安らぎの場所になった。テイラーは女子チームでバレーボールを続けた。最初の学期を終えて、彼はトランスジェンダーであることを友人に伝え始め、そして両親にも伝えた。伝えた誰もが皆、受け入れて応援してくれた。

　バレーボールはかつて彼を自由にする場だったけれども、自分の性自認と折り合いがつくと、女子チームにいるのは場違いであると感じるようになった。「僕は（女子チームで）楽しくプレーしていたけれど、同時に部外者のようにも感じた（…）まるで女性の空間に潜入しているみたいに感じた」（DeFrancesco, 2013, para. 31）。夏の終わりに、テイラーはテストステロンを服用し始めた。6 ヵ月以内に、彼の声は低くなり、髭が生え始め、体脂肪率が変化した。

　テイラーは、移籍したいと男子バレーボールのコーチにメールを送った。2012 年の冬、彼は男子チームに加わった。男子試合への移行は挑戦しがいのあることだった。ペースは速く、テイラーは女子チームにいたときのようには簡単に得点を取ることができなかった。そこでテイラーはストレングストレーニングに集中して 30 ポンド筋量をアップさせ、スキルを上達させた。第 3 学年シーズンの後、チームメイトは彼をチームキャプテンとして選出した（Defrancesco, 2013 ; Zeigler, 2013）。

る。手術により、生体構造および外見を変えるのである。SRS の処置には、乳房や生殖器だけでなく、美容整形の複数回の手術が含まれる場合がある。SRS に先立ち、トランスセクシュアルの人には、医療基準として、少なくとも 1 年間のホルモン療法を受けることが求められる（Coleman et al., 2011）。したがって、トランスセクシュアルのアスリートが、SRS とそれにまつわるリハビリテーションを完了すると、彼女または彼の身体は（解剖学的にも生理学的にも）、シスジェンダーの女性または男性と同様になる。研究は一貫して、術後のトランスセクシュアルの人には、シスジェンダーのアスリートに対する優位性はなく、現在の性別として競技できるはずである、としている（例：Ljungqvist & Genel, 2005 ; Lucas-Carr & Krane, 2011）。

　トランスジェンダーとトランスセクシュアルのスポーツ参加問題に戻ろう。思春期後のアスリートが SRS を完了した場合、または 1 年間ホルモン療法を受けた場合、そのアスリートは、現在の性別で競技することが許されるべきである。NCAA（全米大学スポーツ協会：National Collegiate Athletic Association, 2009）や、IOC（国際オリンピック委員会：International Olympic Committee, 2003）[2]をはじめ、多くのスポーツ政策は、このような姿勢を支持している。規則は往々にして、競争の激しいスポーツをしている思春期

135

第3部　女性、スポーツ、そして社会的立場

後の（身体の変更をしていない）トランス女性アスリートは、出生時に定められた性別
（すなわち、男子チーム）に参加しなければならない、と義務づける。トランス男性アス
リートは、通常どちらの性別で競技してもかまわない。一方、高等学校連合会の中には、
アスリートが、自分の性自認と一致する性別で競技することを認めているところもある
（Lovett, 2013）。

　トランスジェンダーアスリートについての、もう1つの考えるべき事項は、二次性徴
抑制という介入を使うことである。医学的介入によって二次性徴を遅らせることで、ト
ランスジェンダーの若者がひどく苦しめられることがある、身体の変化（例：トランス
男性にとっての乳房の発達）を避けることができるのである。医療の専門家たちは、不
妊を含め、治療により引き起こされるであろう結果について、子どもが十分に理解でき
るようになるまで、クロスホルモン治療や、なしうる手術の導入を遅らせることができ
る。（Edwards-Leeper & Spack, 2012）。もし、トランス女性（生物学的には男性）が二次
性徴を抑制されているなら、彼女は、テストステロンの増加によって、同世代のシス
ジェンダーの男の子が有するスポーツの優位性をもたないことになる。彼女は、同年齢
の女の子と競技するのがふさわしいとする主張もあるかもしれない。すべての研究結果
は、トランスジェンダーの若者や二次性徴抑制治療を受けている人は、その性自認に
合ったチームでの競技を可能とすべきとしている。ホルモン療法またはSRSの開始1年
後までに、トランスセクシャルのアスリートは、移行した性別でフェアに競技すること
が可能である。

性指向と女性スポーツ

　高校のバスケットボール選手のスーザンは、州立大学のコーチが、本人と両親に会い
たがっていると知り、有頂天になった。今、彼女はスミスコーチの説明を熱心に聞いて
いるところだ。「私たちのチームには家族のような雰囲気があります。ボーイフレンドが
試合に来るのも温かく受け入れています。私たちは品位のある若い女性をスカウトしま
す。別の生き方をする女性ではなくてね。他の州立大学では、そういう人をチームに受
け入れるかもしれませんが、私たちは、とても上品で、うちの選手は別格なのです」

　こういったシナリオは、女性スポーツではよくあることだ。かつてスポーツにおける
女性差別、特にレズビアンに対する差別は一般的なことだった。今日では、私たちは、
様々なレベルでの受け入れを目にする。一方では、これまでよりずっと多くのアスリー
トが、レズビアンのアイデンティティを明かしている。しかしその一方で、目に余るひ
どい差別もある。前述のシナリオについて言えば、コーチたちの中には、遠回しな（時
にあからさまな）言い方で negative recruiting をする人がいる。これは俗説や誤解に基
づいた策略で、大学のスカウト担当者が、将来性のある学生に「ライバル大学のコーチ

第 7 章　性自認と性指向

は同性愛者だ」とか、対立チームが「レズビアンだらけだ」と示唆することが、大学に
おける女性スポーツ界では時々起こるのである（Women's Sport Foundation, 2011, p.1）。
negative recruiting は非倫理的であり、NCAA の政策に反しているが、特に大学のコーチ
らに向けられた、性指向を根拠とする偏見の一般的な形でもある（Ionnatta & Kane,
2002；Kauer, 2009；Krane & Barber, 2005）。その目的は、ライバルのコーチやアスリー
トをレズビアンであるとレッテルを貼り、たいていは貶めることによって、選手が、プ
ログラムに参加する気をそぐことである。

　negative recruiting は、人の（知覚された）性指向と性的アイデンティティに基づいた
攻撃である。**性指向**とは、感情的そして性的に惹きつけられることを指す。概して、西
洋社会では性指向を、異性に惹きつけられる人を異性愛、同性に惹きつけられる人をレ
ズビアンやゲイ、男性と女性の両方に惹きつけられる人をバイセクシュアルと定めてい
る（Krane & Symons, 2014）。**性的アイデンティティ**は、個人の性指向に基づいた自己感
覚およびこの指向を共有する、他者のコミュニティとの一体感を反映する（American
Psychological Association, 2008）。つまり negative recruiting は、スポーツ界のレズビアン
に対する否定的なステレオタイプにも根ざしている。そして、それは「ゲイのコーチや
ゲイのアスリートは、スカウト候補者の性指向に悪影響を与えるかもしれない」という、
一部のアスリートや親たちの危惧を刺激する（Women's Sport Foundation, 2011, p1）。

　スポーツ界のレズビアンに対するステレオタイプな見方は、山のようにある。ほとん
どの女性アスリートはレズビアンであるとか、ある特定のスポーツをすると、女の子は
レズビアンになるといったことを、あなたも聞いたことがあるのではないだろうか。レ
ズビアンは、ロッカールームでチームメイトに言い寄るとか、性的にいやらしい目つき
で見つめてくるといった、根拠のない懸念もある。実際のところ、人生において、レズ
ビアンの女性と出会うことがあるのと同じように、レズビアンのアスリートやコーチは
存在する。けれども、その他の懸念事項は、事実に基づいていない。それでもなお、こ
れらのステレオタイプは、コーチやアスリートの信念や行動に影響している。

> 「同性愛者の水球選手として、私は、自分のセクシュアリティをチームメイトに隠すために、
> できることはすべてやった。特に、とても荒っぽくなってしまうプレイ中は。私が不適切
> に触っているとか、ロッカールームでチームメイトを見つめている、などと思ってほしく
> なかったので、何としても、この隠し続けた秘密をチームメイトに知られたくなかった」
> ──ニッキー　Nikki（カルフォルニア州立大学モントレーベイ校の水球選手。「Go！アスリー
> ト」というウェブサイトで自身のことを語った）

　比較的最近まで、ほとんどのレズビアンとバイセクシュアルのアスリートは、自分の
性的アイデンティティを隠す選択をしてきた。ニッキーの話から明らかなように、性的

137

第3部　女性、スポーツ、そして社会的立場

アイデンティティを隠すことは、今でも起きている。アスリートが、レズビアンやバイセクシュアルのアイデンティティを隠さざるをえないと感じるとき（カムアウト〔自分の性的アイデンティティを他者に伝えること〕は自分自身を守ることにおいて安全ではないと思うとき）とは、ステレオタイプ、非難、レッテル貼り、そして差別的扱いなどがあおられているときだ。偏見の目は、知っていて好ましく思う人に対してよりも、見えない知らない存在に向けてのほうが、はるかに向けやすいだろう。レズビアンを自認する有名な女性アスリートについての記事を読むことは、もはや珍しいことではない。今日のメディア業界では、彼女たちが大々的な発表をすることはめったにない。むしろ、インタビューやソーシャルメディアの中で、無頓着にパートナーやセクシュアリティに言及したりする。たとえば、ラトガース大学のスポーツ局長ジュリー・ハーマン（Julie Herman）は、スポーツ局のウェブサイト上で、彼女の公式の略歴に以下の内容を盛り込んでいる：「ハーマンと彼女のパートナー、レスリー・デイニー博士（Dr. Leslie Danehy）は7歳の息子、エイダン（Aidan）の誇らしい親です」（Buzinski, 2013）。ナショナル・ウィメンズ・サッカーリーグのメレアナ・シム（Meleana Shim）は、アスリート・アライ掲載のプロフィールで、自分をレズビアンと自己紹介している（Athlete Ally, 2013b）。しかし、今日でも場所によっては、レズビアンであることや、レズビアンについて話すことさえタブーとされるなど、偏見であふれている。ルネ・ポートランド（Rene Portland）監督とペンシルベニア州立大学バスケットボール部の話（次頁の「同性愛差別：ペンシルベニア州立大学バスケットボール部」を参照）は、女性スポーツにおける最悪の例となっている。

　社会一般が、LGBT（レズビアン、ゲイ、バイセクシュアル、トランスジェンダー）の人々をますます受け入れるようになっていることを示す、多くの兆しはある（たとえば、テレビ番組にレズビアンおよびゲイが普通に出てくることや、同性婚の合法化など）。GLSEN（Gay, Lesbian, and Straight Education Network）の全国学校状況調査（1999年以来、LGBT学生にとっての、中学・高校の状況を記録している）では、全国から抽出されたLGBTの生徒たちの報告により、「学校環境での負の指標（偏見に基づく発言やいじめ）の減少と、学校におけるほとんどのLGBT関連の資源と支援における継続的な増加」が、2011年に初めて示された（GLSEN, 2011, p. xvii- xviii）。これは頼もしいことなのだが、その一方で、レズビアンとバイセクシュアルのアスリートに対する偏見を減らすこととなると、スポーツ界はまだ立ち遅れているようだ。LGBTの学生アスリートだけに注目した、同じGLSENのデータが示すのは、学校スポーツにおける深刻ないじめやハラスメント、そして異性愛者ではないアスリートに向けての、あからさまな敵意である（GLSEN, 2013）。あちこちで、高校のロッカールームは安全でない場所だと思われていて、そこでのいじめは日常的に起こっている（Birkett, Espelage, & Kornig, 2009；GLSEN, 2011）。

第 7 章　性自認と性指向

同性愛差別：ペンシルベニア州立大学バスケットボール部、ルネ・ポートランドとジェニファー・ハリス

　ジェニファー・ハリス（Jennifer Harris）は、ペンシルベニア州立大学に入り、ルネ・ポートランドコーチのもとで、バスケットボールをすることを夢見ていた。スカウトのための訪問時のことを、ハリスは思い出す。「私が、すでにバージニア大学も訪問していて、とても気に入ったと口にしたら、彼女は、そういうことだったら、あなたはおそらく、ペンシルベニア州立大学を好まないかもしれない。なぜなら『バージニア大学では、女性同士がデートしますが、ペンシルベニア州立大学では、男性とお付き合いするからです』と言ったのです。そんなことを言うのは変だなと思いましたが、そのときの私は、とても評判のいいバスケットボールプログラムを学ぶ一員になりたいと必死になっていたので、彼女のコメントはそれほど印象に残りませんでした。ペンシルベニア州立大学のスポーツ奨学金を提示され、私はそれを受けました」（Blatt, 2006）。

　ハリスがペンシルベニア州立大学でプレイしたのは、たったの 2 年間だった。その間、ポートランドコーチは、彼女がレズビアンであることを非難した。2 度にわたり、ハリスはチームメートとデートしたと非難されたので、自分たちは友人だと正直に答えた。コーチは、自分のチームではチームメイトとのデートは容認できないとはっきり言い、ハリスがレズビアンだとわかったらチームから追放すると脅した。

　2 年生のとき、ハリスは先発メンバーになり、チームの成功に大きく貢献した。それでもポートランドコーチは、ハリスを疑問視し続け、彼女の外見にも注目しだした。ハリスは、「もっと女性的な服を着て、そんなコーンローを好んでいるのではなく、女性らしいヘアスタイルにしなさい」と言われた（Osborne, 2007, p.482）。

　それからまもなく、ハリスは先発メンバーの地位を失った。「コーチは、私が同性愛者だと考えたので、私は非常に屈辱的に扱われました（…）ポートランドコーチは、同性愛者だと確信したアスリートたちに対し、攻撃的で敵対的で威圧的な練習環境をつくりだしました。彼女はアスリートたちに、（彼女が）同性愛者であると確信しているアスリートたちとは関わりをもたないように。従わなければ、そのアスリートたちもまたチームから追放されることになる、と指示することで、チームに不和を生じさせました」（NCLR、2005）。最終的に、ハリスはチームから追い出された。

　ポートランドコーチによる、レズビアンのアスリートに対する不適切な扱いは、何十年にもわたっていた（1986 年、ポートランドコーチは「ノーアルコール、ノードラッグ、ノーレズビアンの方針」をもっていたと述べたという）、コーチに立ち向かったのは、ジェニファー・ハリスが最初だった。「私は、ここを離れて、起こったことを忘れようとすべきかどうか、悩みました。でも、私がポートランドコーチから受けたのと同じような屈辱と差別に他の学生が曝されている限り、私はこの事件を封じることなど決してできない、ということに気がつきました。最終的には、声をあげなくてはならない、という思いに至ったのです」（Buzinski, 2005）。

　全国レズビアン人権センターを代理人として、ハリスは、人種、ジェンダー、性指向に基づく差別訴訟を起こした。当事者らは、最終的に部外秘の示談に至り、その後すぐに、ルネ・ポートランドはコーチングから退いた（NCLR、2005）。

139

第3部　女性、スポーツ、そして社会的立場

レズビアンとバイセクシュアルの人々に対する否定的な扱い、差別、偏見は、**同性愛否定主義**と称される。私は、しばしば使用される**同性愛嫌悪**（LGBT の人々への非合理的な恐怖と定義されている）という用語を使用したくない。信念が非合理的であるとき、それは、病気であるとか、なにかしら人が制御できないこととして、扱われがちである。しかし、同性愛否定主義は意図的なものであるから、この言葉を使用すると、スポーツをする LGBT の人々に対する態度や、行動に説明責任を負わせることになる。「トランスジェンダーの人々に向けた、性自認を根拠にした敵意は、トランスジェンダー偏見またはトランスジェンダー否定主義である」（Krane & Symons, 2014, p.125-126）。同性愛否定主義と**トランスジェンダー否定主義**は、明白に差別的な行動である。今日の社会情勢下では、スポーツ現場では、**異性愛規範**とみなされているのではないだろうか。「異性愛規範は、常態化している異性愛を好ましいとする文化的偏見を反映し、他の形のセクシュアリティを切り捨てる」（Krane & Symons, 2014, p.125）。これらの状況は、「聞かざる、言わざる」としばしば称される。これは、言葉や行動で性指向を明らかにしない限りは、LGBT の人々でも軍に入隊できる、としていた、かつてのアメリカの方針である。異性愛規範は、うわべだけの受容の空気を生み出す。つまり、あけすけな差別は存在しないが、LGBT の人々は異性愛者の期待に沿うか、異性愛者でないかのように話したり行動したりしないことを期待される。一見無害ではあるが、異性愛規範のスポーツ環境は、LGBT のアスリートにとって非常にいら立たしく、ストレスの多いものになりうる。

異性愛規範、同性愛否定主義、およびトランスジェンダー否定主義の必然的結果

悲しいことに、レズビアン、バイセクシュアル、トランスジェンダーの若者たちは、異性愛者の若者よりも高い率で自殺する（Haas et al., 2011；Zhao, Montoro, Igartua, & Thombs, 2010）。差別や継続的ないやがらせやいじめの経験は、しばしば希死念慮や自殺願望を強めてしまう。こういった否定的な扱われ方は、抑うつ、ストレスや不安、自

> 「私は、サッカー界に同性愛者の女性がたくさんいるように感じる（…）けれど私たちの多くは、それについてオープンに話さない（…）私はその沈黙が、スポーツの世界でレズビアンであることはよくない、あるいはその話題はタブーだ、というメッセージになっていると思う（…）自分のセクシュアリティのせいで自殺する子どもたちの統計データや、彼らが学校でいじめを受けているという話を聞いたときはいつでも、それについて何かしたい思いに駆られる」
> ——メレアナ・シム Meleana Shim（ナショナル・ウィメンズ・サッカーリーグのミッドフィルダー）

信および自尊感情の低下とも関連している場合がある（Krane, Surface, & Alexander, 2005；Mustanski, Garofalo, & Emerson, 2010；Russell, Ryan, Toomey, Diaz, & Sanchez, 2011）。アスリートの中には、差別の経験が原因となって、アルコールや物質乱用、リストカットや自傷行為に至る者もいるかもしれない。

　同性愛否定主義とトランスジェンダー否定主義の多くは、ジェンダー・ノンコンフォーミングをターゲットとしている。研究結果は、ジェンダーへの非同調が深刻なハラスメントと結びついていることを常に裏づけている（例：D'Augelli, Grossman, & Starks, 2006；Grossman, D'Augelli, & Frank, 2011）。このことが意味するのは、期待される男女の役割の尊重（たとえば、女の子は見かけも行動も、女らしくあらねばならない）に同調しないアスリートが、否定的な扱いをされるリスクが最も高いということだ。この発見は、性指向とジェンダー表現が、いかにたびたび混同されてしまうかということを示している。男勝りの見かけや行動をする女性アスリートは、レズビアンだとレッテルを貼られる。言うまでもなく、これは大部分の女性アスリート、特に身体接触が多いスポーツや、筋肉質で力強いことが価値をもつスポーツ界のアスリートにとって難題を引き起こす。実際の性指向や性自認にかかわらず、性役割で期待される人物とは違うと受けとめられることは、多くのスポーツをしている女性を、同性愛およびトランスジェンダー否定主義の危険に曝し、それに伴う心理的および感情的な影響を受けやすくしてしまう。また、自分のセクシュアリティが定まっていないアスリートは、性指向を理由としたいじめやいやがらせに対し、より否定的に反応してしまう可能性がある（Espelage, Aragon, Birkett, & Koenig, 2008）。多くの場合、そういったアスリートは、自分の気持ちについて他の人に話したことがない。自分のアイデンティティを理解しようと頑張ってしまうので、自分の気持ちに疑問をもったり、人に知られるのを恐れたり、恥ずかしい気持ちになってしまいがちである。そのため、否定的な扱いに対処する上で支えになるような、社会的支援のネットワークを構築してきていない。しかし、LBT（レズビアン、バイセクシャル、トランスジェンダー）のアスリートは、ひとたびカムアウトしてしまえば、アライたちを探し出してサポートを受けることができる。

　さらに、たえず差別を受けながら生活すること、あるいは差別を危惧することは、スポーツのパフォーマンスや参加に悪影響を及ぼすことがある。チームメイトや監督によるいやがらせはモチベーションの低下を招き、燃え尽き症候群やスポーツからのドロップアウトに帰結するおそれがある（次頁のトニー・バイアス〔Tony Bias〕の補足記事を参照）。いやがらせを恐れるあまり、LBTのアスリートが自分のアイデンティティを隠そうとすると、非常にストレスがかかる可能性がある。自分がデートした相手の性別がわからないように、「彼女が…」と言わないよう心がけたり、週末にどこに行ったのかを隠しながら、チームメートと時を過ごすことを想像してみるといいだろう。自分の性的アイデンティティを隠すことや、いやがらせの経験、またはいやがらせを回避するため

第 3 部　女性、スポーツ、そして社会的立場

トランスジェンダーの高校バスケットボール選手、トニー・バイアス

　トニー・バイアスは、カリフォルニア州の高校バスケットボール選手だった。15 歳でトランスジェンダーとしてカムアウトし、プロバスケットボールでプレイするという夢をあきらめた。トニーは「おとこ女」と呼ばれ、しばしばいじめの対象になった。さらなるいじめを避けるために、彼は少年チームを試したりせず、あっさりとスポーツを止めた。「バスケットを失って、とても悲しいです。自分自身であるために、自分の人生にとって本当に大切なものをあきらめなければなりませんでした」(Haywood, 2013；Lovett, 2013)。

の努力に意識を向けることは、アスリートの集中を妨げるし、パフォーマンスからの精神的エネルギーを脇へそらすことになる。さらに、高いストレスは、スキルの発揮を阻害する可能性がある。チーム力学もまた、同性愛およびトランスジェンダー否定主義の影響下では、被害をこうむる。排他的小集団や対立が形成されかねないためだ。アスリートの中には、標的になることを恐れる者もいる。その場合、差別的な行為に立ち向かうことはないだろう。そんなアスリートたちは、罪悪感を感じたり、その他の否定的な感情を経験するかもしれない。すべての面において、異性愛規範、同性愛およびトランスジェンダー否定主義は、不健全で非生産的なスポーツ環境を創出することになる。

スポーツ界の風潮を受け入れ、肯定すること

> 「カムアウトしているアスリートは、そう多くはありません。私は、カムアウトは重要なことだと思います。私にとって重要だと感じます（…）肩の荷が下りるような感じです。なぜなら、その前よりはるかに良くプレーできているからです。本当に楽しく過ごしているるし、満足しています」
> ——ミーガン・ラピノー Megan Rapinoe（アメリカ代表女子サッカーチーム）

　チームメイトにカムアウトするアスリートは、増えつつある。そしてチームメイトは、それを肯定的に受け入れている（Fink, Burton, Farrell, & Parker, 2012；Kauer & Krane, 2006；Stoelting, 2011）。当然のことながら、LBT のアスリートは、チームに参加しようとするとき、自らの性的アイデンティティや性自認を明らかにする前に、そのチームの風潮を判断しようとすることが多い。コーチたちが LBT を受け入れている場合は、他のチームメイトたちも、LBT であることを公言しているものだ。そうでなくても、チーム運営陣の中に少なくともひとりのアライがいれば、アスリートがチームの風潮を安全と受け止めて、カムアウトする可能性が高い。加えて、すでに自分のセクシュアリティに

第 7 章　性自認と性指向

チームの風潮がサポーティブであれば、アスリートは、自分自身に誠実でオープンになれるので、秘密を抱えるというプレッシャーが取り除かれ、競技により集中できるようになる。

ついてオープンにしているアスリートたちは、新しいチームに参加しても、引き続きオープンにしていくことだろう。たとえば、レズビアンを公言する高校生アスリートたちは、大学のコーチに対しても隠さなくなるだろう。

　レズビアンのアスリートたちが、チームメイトにカムアウトすることを決めた理由に関するインタビューでは、自分のアイデンティティの、重要な部分を隠したくなかったことが言及された（Stoelting, 2011）。加えて、チームメイトと過ごすたくさんの時間を考えるなら、チームメイトに正直でありたい、つまり友人たちに嘘をつきたくない、と思っていた。アスリートたちが、自分の性的アイデンティティについてオープンであれば、チーム内でもポジティブなことが起きる（Kauer & Krane, 2006）。チームメイトは、お互いの経験から学ぶ。これまでの偏見やステレオタイプ的な見方には、異議が唱えられ、変化が生じる。すべてのアスリートが、チームメイトを対象とした差別に異議を唱え始め、多様なアイデンティティが当たり前となる。すなわち、異性愛者か、レズビアンか、バイセクシュアルか、トランスジェンダーかによらず、すべての性的アイデンティティと性自認は、同じように敬意をもって扱われるということだ。自分が誰とデートしているか、誰に魅力を感じるかということを、その相手の性別など問題にせず、人々が話題にする。すべての人のパートナーは、社会的活動に共に参加し、それはまったく普通のことと思われるのだ。

　他者が体験した苦しみについて学ぶことにより、理解を深め、差別に対し異議を唱えたい、という欲求が生じうる。これは、スポーツにおける現在の**アライ・ムーヴメント**の根幹である。そこには、性的アイデンティティや性自認に基づく差別と闘い、スポー

143

ツを LGBT のアスリートたちにとって快適なものにするという、スポーツの社会的変革と社会的正義を創出する目的のもと、異性愛者である**アライ**によってつくりだされるプログラムが含まれている（Kauer & Krane, 2013）。

> スポーツを通して、私たちは自分自身や他者について、そしてチームの一員となるとはどういうことかについてなど、たくさんのことを学ぶ。私がチームスポーツから得た心に留めるべき最重要事項の 1 つは、誰もが違う貢献や手段を提供できる、ということだ。これは本当にすばらしいことだ。多様性は受け入れられ、尊重され、祝福されるべきである。私がアスリートのアライであるのは、それが理由だ。結局のところ、どのみち私たちは、そんなに違うわけではないのだから。私たちは皆、本来の自分として競技し、試合をし、そして生きていきたいと思っている。女子サッカーおよびスポーツコミュニティ全体がインクルージョンであってほしいと私は願う。（Athlete Ally, 2013a）

『Go！アスリート』などのウェブサイト（www.goathletes.org）は、LBT のアスリートへの支援や、ロールモデルを紹介している。同じ立場にある人からの支援（ピアサポート）を得たり、他の LGBT のアスリートの物語を読んだりすることができ、また、自分の物語を提供することもできる。以前の LGBT のアスリートが容易に得られなかったような支援と危機介入も、ウェブサイトは提供している。

支援プログラムのあるウェブサイトは以下のとおり：

- Athlete Ally（アスリート・アライ）（www.athleteally.org）
- Br|ache the Silence（痛みを伴う沈黙をやぶろう）（www.freedomsounds.org）
- It Gets Better Campaign（改善キャンペーン）（www.itgetsbetter.org）
- Step Up! Speak Out!（向上しよう！　声をあげよう！）（www.stepupspeakout.ca）
- TRANS*ATHLETE（トランス・アスリート）（www.transathlete.com）
- The Trevor Project（トレバー・プロジェクト）（www.thetrevorproject.org）
- You Can Play Project（競技できるよプロジェクト）（http://youcanplayproject.org）

これらのアライ・プログラムが出現する前には、いくつかの教育プログラムが、スポーツ界における LGBT 差別と闘う先導となっていた。1996 年には、マルチナ・ナブラチロワ（Martina Navratilova）の支援を受けて、女性スポーツ財団が It Takes a Team プログラムを創設し、スポーツ界における同性愛否定主義に対抗するキャンペーンを主導した。残念ながら、そのキャンペーンは、2009 年の予算削減の犠牲となってしまった。しかし、プログラムの最後の 5 年間、ディレクターを務めたパット・グリフィン（Pat Griffin）は、彼女の主導の下で 2011 年に初登場した「Changing the Game（試合の流れを変える）［訳注：これまでの常識をくつがえす］：GLSEN スポーツプロジェクト」（http://sports.glsen.org）と共に、権利擁護の訴えを続けた。GLSEN のウェブサイトで説明されているように、このスポーツプロジェクトは、「幼児教育から 12 学年までの学校を拠点としたスポーツ活動、および体育教育プログラムの中にある、LGBT の問題に取り組む

ことに焦点を合わせた教育と権利擁護のプログラム」（GLSEN, n.d.）である。もう 1 つ
の先駆的なプログラムは、2001 年に、ヘレン・キャロル（Helen Carroll）をプロジェク
トディレクターとして始まった、NCLR（全米レズビアン人権センター）スポーツプロ
ジェクトである。このスポーツプロジェクトは、法的支援を提供し、訴訟およびスポー
ツ現場における、LGBT 差別と戦うための政策業務に関与する。GLSEN と NCLR プロ
グラムは、依然として差別と闘い、教育的資料を提供する活動の先頭に立っている。
　スポーツは、アスリートがスキルを学び、楽しみ、チームの友情を味わえる場でなけ
ればならない。スポーツ参加により、多くの社会的および健康的利益が得られるし、競
技場やジムで多くの教訓を得ることができる。同性愛否定主義とトランスジェンダー否
定主義は、これらの利益を、一部のアスリートたちから不当に奪う。この最終節で提示
されている情報源の数々が、LGBT アスリートたちをサポートし、自分はひとりぼっち
で無防備だと感じる必要がないようにしていることは、朗報である。これらのプログラ
ムは、アスリートたちを支え、快適かつサポーティブでインクルーシブなスポーツ環境
を創出しようとする、コーチや親たちのための教材も提供している。また、このような
プログラムが出現したことにより、今やスポーツ界の LGBT の人々をサポートすること
は、粋なこととされる。アスリートのリーダーたちは、トランスセクシュアル否定主義
や同性愛否定主義の言葉を聞いたり、偏見のある態度を見たりしたら、進んで介入する
ことが期待されている。受け入れられない用語を使用している仲間に、どのようにアプ
ローチするかを教える公共広告もある（たとえば、Think B4 You Speak〔口を開く前に
よく考えて〕 www.glsen.org を参照）。思いやりとインクルージョンは、スポーツ界の新
たな「普通」となりつつあるのである。

---

[1]「シスジェンダー」という用語は、「非トランスジェンダー」よりも適切である。非トランスジェンダー
　としてしまうと、トランスジェンダーでないことが正常であり、トランスジェンダーであることは異常
　だという意味あいになるからである。さらに、シスジェンダーという語を使用することで、型にはまら
　ない性自認をもって生きる人々だけでなく、すべての人々が性自認をもつことを思い出させてくれる。
[2] IOC（国際オリンピック委員会）の方針では、性別適合手術とホルモン療法の継続の 2 年後に、適格性
　を認めているのに対し、NCAA はホルモン療法の 1 年後に適格性を認めている。

第8章
女性のスポーツと加齢

本章のポイント

- 高齢女性はスポーツや身体活動にどの程度参加しているか。
- 高齢社会と、それが中年期や高齢期の女性のスポーツ活動へ及ぼす影響。
- 高齢の女性アスリートの競技スポーツへの参加機会。
- 高齢女性がスポーツや身体活動に参加するメリット。
- 高齢女性におけるスポーツや身体活動への参加を促す要因と参加を阻む要因。

第 3 部　女性、スポーツ、そして社会的立場

　60 歳を過ぎた 1 人の女性が、波が激しく流れ込んで海流の予測が難しいフロリダ海峡において 166 km の遠泳横断に挑んだ。彼女を駆り立てたものは何か？　もちろん、2 日半もの間、泳いでも泳いでも周りは海ばかりで足がつく休憩場所があるはずもない、サメが出没する大海原をノンストップで泳ぎ続ける見込みがあったはずはない。

　マラソンスイミングのスイマーであるダイアナ・ナイアド（Diana Nyad）がフロリダ海峡横断に挑もうとした理由は、彼女が稀有で卓越したアスリートであることが挙げられる。ナイアドは 1968 年オリンピック・メキシコシティ大会代表選手の有力候補だったが、3 ヵ月にわたる感染性心内膜炎で出場の夢は砕かれた。この感染症の影響で、かつてのようなスピードは出せなくなり、最終的には優れた能力をいかして長距離水泳に転向した（Nyad, 1978）。その結果、20 代半ばで、女性として初、男性でもほんの一握りの人しか達成していない好タイムを出した。1974 年、ナポリ湾レースで 8 時間 11 分という女性の最高記録を樹立した。翌年、彼女はマンハッタン島の周囲を 8 時間を切るタイムで完泳し、全国誌の見出しを飾った。そうして自身のキャリアの集大成として、1979 年にバハマ諸島からフロリダまで 166 km のコースを完泳し、長距離水泳で世界記録を樹立した。その記録は、男女共に歴代選手が打ち立てたことのないものだった（Howard, 2010：Weil, 2011）。

　30 年もの間、ナイアドは他にもいろいろなことにチャレンジしてきた。女子スカッシュテニス選手として全アメリカトップ 30 以内にランクインしたこともある。放送ジャーナリストとしても活躍し、マイクを手にカメラの前に立ち、世界トップクラスのアスリートの活躍を報じた。2009 年 60 歳になったとき、ナイアドは絶頂期にずっと追い求めてきたがいまだに達成できていない夢、キューバのハバナからフロリダのキーウェストまでの横断にチャレンジすることを再び考えるようになった。かつての彼女にとって、夢を追いかけることは日々練習を積むことであったが、今回はそれよりも「おのれの中にある鏡をみつめ、心の奥にある本当の自分をみつけること」にあった（Howard, 2010）。ナイアドは 30 年間まったく泳いでいなかった。再び水の中に飛び込んだナイアドがまずチェックしたことは、厳しい条件下の外海を泳ぎ切るレベルまで基礎体力を取り戻せるかどうかであった。数ヵ月もすると、徐々に彼女の運動量は増えていった。一昼夜にわたり泳ぎ続けるトレーニングを経て、まだ自分には余力があることがわかったナイアドは、キューバのハバナからフロリダのキーウェストまでの海峡横断プロジェクトを立ち上げた。

　このプロジェクトは、いろいろな点でリスクに身を曝す危険なものだった。1 つは、長時間にわたり様々な要素に曝されることによる身体へのダメージである。ナイアドは、フィンなどの補助器具を使わないことを選択した。サメ対策として、自身が泳ぐ両脇にサメ避けの電気シールドで覆われているカヤックを伴泳させた。電気シールドとはサメが近寄らないように微弱電流を発する遮蔽板である。しかし、泳ぐ方向や海流の予

148

第 8 章　女性のスポーツと加齢

図 8.1　ダイアナ・ナイアドが泳いだキューバからフロリダまでのコース。5 回目の挑戦となる 2013 年 9 月、64 歳のときに完泳した。

測を困難にする風を遮るものは何もないため、およそ 60 時間と見積った遠泳計画の、距離と所要時間はいともたやすく延びてしまうのだった。また、ナイアドはクラゲに対しても無防備だった。クラゲは、出会った生物体を毒のある触手で刺す。刺されたスイマーは一時的に身体が麻痺し、しびれ感、吐き気、方向障害が起こる。

ナイアドにとって 2 回目の挑戦だった 2011 年のキューバからのフロリダ海峡横断（1 回目は 1978 年）は失敗に終わり、2011 年と 2012 年に再度挑戦したが、成功には至らなかった。ほとんど誰も成功していないこの挑戦を自分流に達成しようとしたナイアドは、よく言って勇敢であるが（Clift, 2011；Stein, 2011）、同時に無謀な挑戦であり（Franks, 2012；Weil, 2011）、時に自己満足の何物でもないだとか、良くない結末になる可能性のあることを考えると恐ろしい挑戦である、と評されたこともあった（Smith, 2012）。ナイアドにとってこのような挑戦を志すことは、「いくつになっても人は夢をもつことができる（…）年をとったからといって（この先）どうでもいい、というわけではない」（Nyad, 2011）という信念の表れなのである。2013 年の 6 月、5 回目のフロリダ海峡横断挑戦を宣言し、その年の 9 月、キューバからフロリダ（図 8.1）までの 166 km を潮流にのって 53 時間で泳ぎ切り、満面の笑顔で歴史を塗り替えた（Sloane, Hanna, & Ford, 2013）。

「この海峡横断成功は、決してあきらめなかったからこそ成しうることができた。私と私の魂に、そして私を応援し続けてくれた何百万人の仲間に、いくつになっても自分の人生を豊かにすることはできる、と伝えたい」
　　　——ダイアナ・ナイアド

第 3 部　女性、スポーツ、そして社会的立場

　ダイアナ・ナイアドは 166 km の海峡横断の偉業を成し遂げたが、高齢期になって記録を打ち立てることを示した女性アスリートは、ダイアナ・ナイアドだけではなかった。2008 年のオリンピック・北京大会までの数ヵ月の間、『ニューヨーク・タイムズ』紙で特集されたダラ・トーレス（Dara Torres）もそうである。当時 41 歳で、北京大会が 5 度目のオリンピック出場であり、その均整のとれた流線型で力強い筋肉質の体型を見た誰もが、彼女が 2 歳児の母親であることに驚いた。

　トーレスはやせすぎではないかと言う人もいた（"Dara Torres", 2008）が、それはトーレスが他の多くの女性アスリート同様（第 4 章参照）、摂食障害を克服した過去をもつ選手だからこその誤解であるといえる。トーレス選手のオリンピックでのパフォーマンスは、そのタイムがなおも記録に残されるトップクラスにあることを明らかにした。2008 年オリンピック・北京大会では、アメリカ女子 400 m メドレーリレーのアンカーを務め、52 秒 27 をマークした。アメリカ代表チームはオーストラリア代表に次いで 2 位になったが、トーレスのタイムはその時点では女子メドレーリレーの歴代トップであったことは意外に知られていない（Anderson, 2008）。

　ナイアド同様、トーレスも年齢が競技に及ぼす問題点と利点を語っている。この 2 人の女性アスリートのキャリアからわかる通り、中年期から高齢期に競技をするということは新たな問題点を提起する。身体の修復・回復により時間がかかるのである。ナイアドもトーレスも、どのようにトレーニングすればよいか、またトレーニングによって身体がどのように反応するかを知っているベテランのアスリートであるため、若い頃のトレーニングとは違った方法で身体を鍛えていた。トレーニングの違いを熟知し、より効果的な方法で鍛えることにより、競技にただ参加できるだけではなく、トップ選手でいることができることを学んだのだ。中高齢期になって世界で戦うためのトレーニングにはかなりの経費がかかり、2 人共その資金を工面しなければならなかった。ナイアドは、2012 年のキューバのハバナからフロリダのキーウェストまでの海峡横断挑戦の際、30 万ドルが必要で（Weil, 2011）、トーレスが、コーチたちやマッサージ、ストレッチ、カイロプラクチックの専門家を集めたサポートチームに支払う費用は、2008 年だけで約 10 万ドルに及んだ（Weil, 2008）。もちろん時間の拘束もある。両選手は、目標タイムを達成するためにフルタイムで働くのと同程度の時間を費やした。

　ナイアドとトーレスはいかにトップレベルで競い合ってきたか、アスリートとしてまた女性として、様々な人生の局面においてどのように決断してきたかの例を示している。本章の残り部分では、アメリカにおけるスポーツや運動に参加する人口の広がりと、高齢女性はどの程度スポーツや身体活動に参加しているのか、女性であること・年を取ることについての文化的な期待、女性および高齢女性の競技スポーツへの参加機会、高齢女性が競技スポーツに参加する利点、参加を阻むものについて、ナイアドとトーレスの例をまじえながら見ていく。

150

第 8 章　女性のスポーツと加齢

「水はスイマーの年齢を知る由もない」
　　　──ダラ・トーレス（アメリカの水泳選手。オリンピックに 5 回〔1984 年、1988 年、1992
　　　年、2000 年、2008 年〕参加）

女性、加齢、そしてアメリカにおけるスポーツ人口の傾向

　アメリカやカナダ、他の多くの国々では、医療の充実と QOL（生活の質）の向上により、人々は長生きするようになった。女性が長生きするようになると、どのような変化がもたらされるのかは、人口動態調査を見るとよくわかる。アメリカ保健社会福祉省老化研究局（Administration on Aging, 2013）によると、アメリカでは高齢者人口は 2002 年から 21％増加し、2012 年の高齢者は 4310 万人に達している。つまり 7 人にひとりが高齢者ということになる。寿命はさらに延び、65 歳になったアメリカ人女性ではあと20.4 年、男性は 17.8 年の人生を送ることとなる。女性のほうが男性より長寿であり、男性高齢者のほうが女性高齢者より結婚している傾向がある（男性の 71％が既婚なのに対し女性は 45％）。40％未満の高齢女性が配偶者を亡くし、75 歳以上の女性のほぼ半数が一人暮らしをしている。65 歳以上の夫婦 50 万人以上が、同居している孫の主たる養育者であり、アメリカ全体で約 10％の高齢者が貧困生活者である。

　世界でもアメリカと同様の傾向にある。

　　　2009 年、カナダの総人口 3200 万人のうち 14％が 65 歳以上の高齢者である。高齢化は
　　　さらに進んで、2036 年には 23〜25％に達すると予想されている。これは 2009 年の高
　　　齢者数の実に 2 倍であり、それに伴い、医療システムの充実と国の労働力の確保が求め
　　　られることになる（Smith, Carr, Wiseman, Calhoun, McNevin, & Weir, 2012）。

　Geoghegan（2011）は、世界中の女性は、アメリカ、イギリス、カナダ、オーストラリア、日本の男性より長寿であると報告した。

　アメリカ市民のための健康増進と疾病予防の 10 年後の目標と指針「Healthy People 2020」では、「成人の 80％以上が有酸素運動と筋力強化運動の両方で基準を満たしていない」と指摘した（U. S. Department of Health & Human Services, 2010, p.1）。アメリカの成人男性の 37.6％が、少なくとも中等度または高強度の有酸素運動に取り組んでいるのに対し、女性はたった 28.6％しか基準に達していなかった。筋力を増やす運動に参加している男女の差は、それに近かった（男性 28.4％に対して女性 20.1％）。

　女性が高齢者人口の大部分を構成しているが、彼女たちはあまり身体活動に取り組んでいない。2010 年には、65 歳以上の女性のわずか 8.4％しか健康に良い効果をもたらすレベルでの身体活動に参加していないようだった（Women's Health USA, 2010）。「さらに、推奨されているレベルの身体活動に達成している高齢女性は、同年代の男性に比べ

151

第 3 部　女性、スポーツ、そして社会的立場

て少ない」（Stephan, Boiché, & Le Scanff, 2010, p.339）。

　身体活動やスポーツに参加している高齢女性についての広範囲でまとまった統計は乏しいが、高齢女性の参加についてスポーツに限ったデータが入手できるいくつかの地域では、女性のスポーツ経験に対しての理解の一因となっている。様々なランニングイベントへの女性の参加を年次報告で記録している Running USA（2013）によると、2012年のレース完走者 869 万 9000 人のうち、16％が 45〜54 歳の女性、6％が 55〜64 歳の女性、1％が 65 歳以上だった。2013 年には、アメリカのあちこちで開かれた 1100 のマラソン大会のうちの 1 つを完走した人の 43％が女性という最多記録をつくった。年齢別に分けると、マラソン（55％）、ハーフマラソン（53％）、タイムイベント（50％）を完走した女性の半数以上が 35 歳以上だった（Harsbarger & Jacobsen, 2013）。2013 年の全国ランナー調査によると、3 万 425 人の回答者のうち、56.4％が女性だった。調査データによると、女性の平均的な年齢は 39.3 歳だった。女性ランナーの中で、60.7％が既婚者、77.8％が大卒者、そして 70.8％が 7 万 5000 ドル以上の収入を得ていた。

　スポーツ競技に携わるのは、高齢女性より若い女性の方が一般的であるが、高齢女性の参加は増えており、マスターズ・アスリート・イベント［訳注：参加資格が 30 歳以上］開催国は 50 ヵ国以上ある。マスターズ水泳においては、女性の影響はまさに発足当初から存在している。アメリカのマスターズ水泳の母とされるエネルギッシュな先導者であるジューン・クラウザー（June Krauser）は、男女の同僚と共に 1970 年代に 25 歳以上向けのフィットネスの基本形態である水泳を促進することに取り組んだ。成人が運動で競うのは有害になりうるという認識が研究で疑われ始めたばかりの頃だった（Dunbar, Beach, Spannuth, & Wilson, 2012）。国際水泳殿堂の新会員であるクラウザーは、1971 年から 30 年以上にわたって全国マスターズ・イベントに連続で参加し、13 の世界新記録と、70〜74 歳、75〜79 歳の枠で 27 の最優秀の成績を達成した。2001 年には、マスターズ・スイマー・オブ・ザ・イヤーを獲得した（House, 2003）。

　2011 年の USMS（アメリカマスターズ水泳）会員調査で、7180 人の回答者のうち、48％（3473 人）が女性だった（Daughtery, Vowels, & Black, 2011）。USMS の年間会員数の人口統計学的研究で、Boyd（2006）は、アメリカにいる 4 万 5000 人のマスターズスイマーのおよそ半分は女性だと報告した（男性 51.5％に対し女性 49.5％）。

　対照的に、ゴルフでは、常に女性はプレーヤー全体の 25％未満であった。全米ゴルフ財団の調査結果によると、アメリカの 2530 万人のゴルファーのうち、18 歳以上の成人女性は 440 万人だったことを示している（Berkley, 2013）。

　チームスポーツの中には、成人女性の方が成人男性より多い種目もある。USVBA（アメリカバレーボール協会）（2013）の報告では、USVBA の全メンバーの成人女性（18 歳以上）はわずか 13％だが、成人メンバーの比率で見ると 62％を占めている。高齢になっ

てからもスポーツや身体活動に参加する女性が増えているという認識が高まれば、当然のように、高齢女性の活動の記録が掲示されるようになるだろう。

しかし、高齢女性が対抗意識をもってスポーツに参加でき、元気で健康を維持し、QOLを良くするということを考慮する包括的なデータが不足しているため、スポーツに参加している高齢女性の実態は不完全である。注意が払われないのは、アクティブに暮らしてスポーツに携わる高齢女性に対する文化（理想的な生活様式）的期待の低さを物語っているのかもしれない。次項では、高齢女性へ影響を与えるいくつかの文化的通念にどんなものがあるのか、そして、高齢女性のスポーツ参加によって、彼女たちがアスリートとして、そしてアクティブな女性として達成できることについて私たちの考え方をどのように変えうるのかについて詳しく見ていく。

文化、加齢、および高齢女性

ナイアドとトーレスのような有名なアスリートは、女性と加齢についての文化的期待に対する自身の挑戦を引き合いに出して、女性アスリートがどのように加齢プロセスをコントロールするのかという例を提供してくれるものの、より説得力のある例は、自分のコミュニティの中で自身の人生のために選択し、世間の注目を浴びることなくスポーツを追求する数えきれない女性たちの中に存在するのかもしれない。社会歴史学者でありジェンダー学者の Patricia Vertinsky（2002, p.58）は言った。

> もし、歴史、加齢そして大衆文化が私たちに何かを伝えるものがあるとすると、それらが打ち出すイメージの通り、3つすべてが社会的に構築されているということだ。そして、若者が思い描く高齢のイメージが不足してはいないことは確かだ。支配的なイメージは依然として死すべき運命を映すものであるように思われ、活力とスポーツの腕前を維持する可能性よりも生物学的プロセスの衰えに、より多くの配慮が強いられている。スポーツは、現代においては肉体的な見た目の若々しさと生理的要求が重要視される主要な場の1つなので、高齢のスポーツマンやスポーツウーマンが世間であまり見られないということはそれほど驚くべきことではない。

男性より長生きする女性は、Vertinsky がいうところの「人生というマラソン（marathon of life）」向きにつくられている（2000）。にもかかわらず、高齢アスリート、特に高齢の女性アスリートのイメージというものが全般的に世の中に乏しく、そのために高齢といえば衰え、機能と生産力の喪失、魅力が乏しいという受け取り方がますます強まり、年齢に関係なくスポーツに熱中する、という発想から逆行していく。高齢女性の住処だと間違って考えられている空間と現実との矛盾を指摘して、Vertinsky は、「老化のプロセスと高齢女性の生活環境に対して私たちが直接介入できるという手応えは強くなっているが、老化していく身体に関するネガティブなイメージと歪曲は、払拭しがたいもの

第 3 部　女性、スポーツ、そして社会的立場

がある」と述べた（2002, p.61）。

　介入が入ると、高齢女性のスポーツへの関わり方や彼女たちが抱いている期待が変わり、老化に関して語られていることに立ち向かって、別の方法でアプローチすることができる（Oghene, 2013）。その好例がマラソンである。マラソンは、過度の努力、生殖器の障害、そして衰弱に対する懸念から女性が参加することが妨げられてきた 42 km の持久走［訳注：マラソン種目の距離は 42.195 km］である。それらの懸念は非常に大きく、女子マラソンがオリンピック競技に含まれるようになったのは、1984 年になってからであった。

　意義深いことに、女性が走ることを許されたアメリカで初めての公式マラソンは、1962 年に行われた。コロラド州マニトウスプリングスのパイクスピークのコースを走った 61 歳のキャサリン・ハード（Katherine Heard）が 2 位になった（Cooper, 1998；Vertinsky, 2002）。「マラソン・マッジ」ことマッジ・シャープルズ（Madge Sharples）（1989）は、1916 年に生まれ、60 代でスポーツを始め、世界各国の 50 のマラソン大会に出場し、自分にできたのだからみんなもできると呼びかける本を書いた。2015 年 5 月には、ハリエット・トンプソン（Harriette Thompson）が 92 歳という最高齢で、カリフォルニア州サンディエゴのロックンロールマラソンを完走した。彼女はそれまでに 17 のマラソンを完走していた（Associated Press, 2015）。

　これらの話は、高齢女性アスリートであることが意味するイメージを完成し始めてはいるが、「中高年女性のスポーツへの参加について、特に女性自身の視点からの知識基盤は未発達である」（Litchfield & Dionigi, 2013, 抜粋）。

　Tahmaseb-McConatha、Volkwein- Caplan、DiGregorio は、文化、加齢、スポーツへの参加について、「高齢者の不安材料には、高齢を精神的、肉体的な衰えに関連づける文化的な面がある」と述べている（2011, p.48）。高齢者の文化的定義は、介護されていて肉体的に弱っているという一般的なイメージであることは明らかだ。文化を超えて、高齢者はいろいろなことが原因で差別を受けることがよくある。歴史的に差別を受けたり、スポーツへ参加する能力に制限を課されてきた女性にとって、老化差別という影響（高齢者に直接向けられるステレオタイプ化や先入観）は、体力、見た目、認識される脆弱性に関する繊細な領域をすでにつくりあげている。Kirby と Kluge は、「ジェンダーは人生経験を形づくり、年齢と交差し、結果的に、特に高齢女性を生み出し、人生の後半でよく運動するようになったり、新しい何かに挑戦したりするには、年を取りすぎてそぐわないと考える」（2013, p.291）と述べている。

　2001 年のオーストラリアマスターズ（70 名、55～82 歳）と 2009 年の世界大会（2 名、56～82 歳）で競った女性アスリートに行ったインタビューによると、高齢女性アスリートのスポーツへの参加は、抵抗と従順の両方での行為であるということだ。彼女たちの参加によって、高齢女性アスリートはジェンダーや加齢に関する昔ながらのステレ

154

オタイプに挑戦していると感じている。インタビューを受けた女性にとってスポーツへの参加は、彼女たちのアイデンティティ、所属感、他人やコミュニティとの関わり、そして身体能力に影響する自己啓発の源であった。高齢女性アスリートは、いくつかのステレオタイプに挑戦し、高齢女性ができることについての限られた理解を一掃する手助けをしているが、その一方で若さを重視するという文化的理想の影響を免れることはできないのである。

スーザン・アーシュラー、中年期以降での登頂

　中年期は、その先にあるのは下り坂であると感じる時期だという人がいるかもしれない。スーザン・アーシュラー（Susan Ershler）にとってはそうではない。スーザンは、40代半ばでエベレスト登頂に挑戦した、人の意欲をかきたてる話し手である。2002年に彼女はエベレストの頂上に到達し、それを成し遂げた世界でたった12人しかいない女性のうちの1人になった。彼女は7大サミット（7大陸それぞれの一番高い山）を登り切った4番目のアメリカ人女性で、初登頂は夫と一緒だった。エベレスト登山の厳しさに備えるため、昼休みには会社のビルの35階分の階段を18kgのリュックを背負いながら上った。

　挑戦するというはっきりした意思をもって、スーザンは50歳を過ぎてから最初のボディービル競技にエントリーすることを決めた。彼女は大きな大会のためのトレーニングをしないときは、日常的に、筋力トレーニングと有酸素運動を組み合わせて取り組んでいる（Julian, 2015）。

高齢女性の競技スポーツへの参加機会

　高齢女性がスポーツを継続して行い、高いレベルで競い合うにはいくつか異なる方法が存在する。その中でおそらく最も確立した方法の1つは、アメリカ陸上競技マスターズ部門に出場することである。30歳以上の選手を対象とするマスターズレベルでは、5歳ごとに区切られたグループ（30～34歳、35～39歳、40～44歳、45～49歳のグループなど）で競技することができる。女性は女性同士、男性は男性同士でトラック競技、フィールド競技、長距離走、競歩を屋内外の会場で競い合う。また、チームスポーツのリーグ戦に参加する女性の人数は、過去数十年で着実に増加している。全米スポーツ用品協会が年に1度実施している調査によれば、少なくとも年に50回バスケットボールをしている55歳以上の女性の数は、1995～2005年の間で大幅に増えており、1万6000人からおよそ13万1000人へと増加している（Syeed, 2007）。スポーツ学のマイケル・ロジャーズ（Michael Rogers）教授は次のように述べている。「州大会や全国大会に参加するシニア女性チームは増加しており、レクリエーション目的のリーグも増えている。将来、こうしたリーグが身近なものになるだろう」（Syeed, 2007, para. 5）。

第 3 部　女性、スポーツ、そして社会的立場

　こうした経緯は、GBL（グラニーバスケットボールリーグ）の事例からうかがうことができる。このリーグは、2005 年にアイオワ州の女性が高校時代に 6 対 6 のバスケットボールをしていたことから始まった（Borzi, 2007）。加齢による（体力的な）限界を認めつつも、試合をしたいというメンバーの願いに目を向け、1920 年代の女性向けバスケットボールのルールを採用し、ユニフォームもその時代に合わせたものを取り入れた。具体的には、コートは 3 分割され、走ったり、ジャンプしたり、身体が接触することは禁止されている。選手はシュートをする前に 2 回ドリブルをする必要があり、アンダーハンドシュートは 3 点獲得できる。2014 年、GBL には 25 チームが加盟し、50 歳以上の参加女性は 200 人以上となった（Staton, 2014）。

　女性リーグは選手の多様性を映し出している。スポーツへの参加機会が制限されていた時代の名残が今なお高齢女性に影響を及ぼしていて、数十年間コートに足を踏み入れていない高齢の女性もいれば、タイトル IX 施行後にチームをトーナメント戦へ導いた女性もおり、そのスキルレベルや経験レベルはまちまちである（Syeed, 2007, p.2）。GBL はスポーツに携わりたい高齢女性に対し、昔ながらの女性向けの試合ルールを適用しているが、こうした制約を受けていたタイトル IX 施行以前の世代の中には、女性は脆弱で弱いものだと決めてかかったルールの制約を受けずに、もう一度スポーツをしたいと奮い立つ女性もいる。キャシー・モフィット（Kathy Moffitt）は 1955 年に高校を卒業したが、6 対 6 のバスケットボールをしていた経験だけで本当のスポーツをしたことがないという思いを抱いていたという。彼女はシニアアスリートとして陸上競技に携わったことで、自分が考える本物の競技を楽しむことができ、それまでのスポーツ参加では体験できなかった形で自分の限界を押し広げることができたのである（Valade, 2013）。

　サンディエゴを拠点とするシニアウィメンズバスケットボール協会などの地域リーグは、NSG（全米シニアゲームズ）に加盟チームを派遣する。2013 年の大会に出場した 250 チームのバスケットボールチームのうち、104 チームが女性チームであった。NSG の競技の中には、女性チームの数が男性チームの数を上回るものもあった。シニア女性のソフトボールチームが 56 チームだったのに対し、シニア男性のソフトボールチームは 48 チームであった。バレーボールでは、女性チームが 78 チーム参加していたのに対し、男性チームは 57 チームであった。NSG への参加全体で見ると、女性参加者は全体の 40.5％（4416 人）を占め、50～59 歳までの男性参加者数を上回った。しかし、60 歳以上の年齢層については、男性と比べて女性の参加数が急激に落ち込んでいた（National Senior Games Association, 2013）。

　スポーツへの参加状況としては女性が追い上げを見せており、女性が多くを占めるシニア参加枠があることは、将来的に女性が男性と同様、もしくは男性以上に晩年を活動的に過ごすようになることを予測しているのかもしれない。こうした見解を支持する研究もあり、1960～1970 年代に大学チームで競っていた女性を対象に活動パターンを追

第 8 章　女性のスポーツと加齢

跡した調査によって実証されている。調査対象の女性たちは、歳をとっても週に 3 回以上は中等度または高強度の運動を続けていた（Strawbridge, 2001）。

高齢女性がスポーツに参加するメリット

認知機能（記憶力、記憶保持能力）、体重、柔軟性、体力、心理的見方、社会とのつながりなど、健康とウェルビーイングを示す様々な指標を考慮すれば、活動的であればあるほど女性は寿命が延び、QOL も向上する傾向にある。高齢女性に見られる乳がんや糖尿病、認知症、心臓病、高血圧、肥満、骨粗しょう症をはじめとする慢性疾患の症状が、身体活動により緩和されるからである（Staurowsky et al., 2015）。

それを示す例として、「70 歳くらいの女性で健康状態や身体の機能が並外れて優れている場合、それは中年期で運動に費やした余暇時間の合計や、歩く速度、歩く量といったすべての要因が個々に良い影響を与えたためである（Sun et al., 2010, 抜粋）」。具体的な例では、1 万 3535 人の健康な女性のうち、中年期に運動をしていた人は、70 歳まで無事に生き延びる傾向が見られた。これらの女性の例では、軽い運動も効果的ではあったものの、より多く運動をした方が寿命に良い影響をもたらした。たくさん身体活動を行う習慣がある女性は、閉経して間もない頃に体重が増加しにくく、閉経後歳をとってから体重が減少しにくいことがわかっている。こうした結果から、閉経後の女性に運動を促すことは、加齢に伴う体重の変化をうまくコントロールする上で重要であるといえるかもしれない（Sims et al., 2012）。

スポーツを続けて上手に歳をとる

歳をとっても競技を続ける女性アスリートは、**上手に歳をとる**確率が高いと言われている。この「上手に歳をとる」という言葉は、生活満足度や心身のウェルビーイング、安定した QOL に良い影響を及ぼす運動機能と認知機能を保ちながら、有意義に活動している高齢者の成果を言及する上で、数多くの研究者が使っている言葉である（Heo, Culp, Yamada, & Won, 2013）。「歳をとっても高齢者が活動的に過ごせる方法は、高齢者のアイデンティティを見出し、変化を与えることや、共有できる社会経験を提供し、歳をとる目的を与える上で重要であるといえる」（Kelley, Little, Lee, Birenda, & Henderson, 2014, p.63）。

定期的にトレーニングを行っている女性も、上手な歳のとり方に見られる特徴を示していることが多く、加齢に関連する慢性的な健康障害や病気を経験することが少ない。身体を鍛えた高齢の女性アスリートは、運動習慣のない女性よりも $\dot{V}O_2max$（最大酸素摂取量）が 30〜50％高いことがわかっている（つまり、酸素を取り込む能力が高く、有

157

酸素性能力に優れているということである）。また、身体を鍛えた高齢の女性アスリートのほうが、運動習慣のない健康な女性に比べて、全身および体幹部の体脂肪率を低く保っている。充分にトレーニングしている女性アスリートは、体脂肪が減少し、筋量を維持することができるため、糖の取込みやインスリン作用が優れているかもしれない（Serra, McMillin, & Ryan, 2012）。

　シニアゲームズに出場した女性にインタビューを行ったところ、Heo ら（2013）が「価値をもたらす余暇」と呼ぶものに取り組んでいたことが明らかになった。価値をもたらす余暇を通じて自分たちのやる気を試しつつ、初心者から達人レベルまで上達を遂げ、個人的支援や社会的支援の枠組と大切なつながりをもつことができるなど、数々の良い結果がもたらされていたのだ。どの年齢の女性にもいえることだが、インタビューを受けた競技者グループは、トレーニングで求められることに応えていかなければならなかった。スポーツを極める中で、疲労や不安、怪我に直面し、逆境に立ち向かい、目標を見失うことなく、勝利するために痛みやトラブル、挫折に打ち勝つ精神を培った。高みを目指して、自己ベストを更新したり、技能とスピードと強さを求めてトレーニングしたりすることに変わらず興味をもっている高齢の女性選手にとって、競技の中で得られた友情や、同じ目的を共有する選手やコーチとの関係は、元気や刺激を与えてくれるものなのだ。このように運動に意欲的な高齢女性にとって、シニア（上級の）女性選手という地位は社会的に価値のあるアイデンティティであり、短命で一時的なものでなく、人として、女性として、自分をどう見つめているかの核心に内在しているものと考えられていたのである。

　同じような傾向が、45 歳以上のベテランフィールドホッケー選手の間でも見られた（Litchfield & Dionigi, 2013）。フィールドホッケー選手としてのアイデンティティと共に、長年、競技経験を積む中で培った習慣が切り離せないものとなっていたのである。トーナメント戦そのものが重要行事であり、毎年準備して取り組むべき目標であった。そうした競技生活の中でよく見られる、選手同士の悪ふざけや、愉快なマスコットキャラクター、切磋琢磨し合う関係などの文化は、女性選手にとって自分と競技経験をつなぐものであると同時に、自分と他の選手をつなぐものでもあった。たとえば、フォーマルドレスを着てダンスをしたり、夜の街に出かける気分を味わいながら出席する祝勝会は、選手同士が一緒に過ごす時間を楽しみ、交流を深める機会を与えてくれる場なのであった。

高齢女性のスポーツ参加に立ちはだかる障壁

　生涯を通じて、女性は大人も子どもも運動やスポーツへの参加を阻む障壁に直面する。Pfister（2012）が指摘しているように、加齢と共に女性がスポーツに参加する機会

第 8 章　女性のスポーツと加齢

高齢女性がフィットネスクラブの健康プログラムやフィットネスプログラムに参加できるかどうかは、所得水準によるところがあるが、高齢者センターが提供している独自の活動プログラムに参加することで、こうした所得差の問題を解消することができる。

は、長く続く女性の若々しさを重視する文化的期待の影響を受けているという。それは、参加費の工面や安全に競技するための場所、交通手段についての考慮など、参加しやすさという実質的な問題にも当てはまる。女性は人生の中年期や高齢期に差しかかると、仕事や介護といった重い責任を背負うことになるが、それでもスポーツに参加する機会を見つけることだってできるはずである。

仕事の影響

　Carmichael、Duberley、Szmigin（2014）によると、50代、60代、70代の女性にとって、身体を動かす機会に参加するという点では、仕事は諸刃の剣になるという。女性は男性よりも寿命が長く、仕事に携わる期間も長いので、仕事と家庭の両立、所得水準、家族の健康状態、スポーツや運動への参加経験、数々の精神的・社会的不安といった様々な要因が絡み合って、女性の健康や活動レベルに影響を与えている。

　すでに責任や義務でいっぱいの日々の中で、時間を捻出することは特に難しいだろう。Carmichael ら（2014, p.14）は次のように述べている。

　　これらの要因は高齢女性のみに関係するものではないが、時間の制約は家庭と仕事という二重の負担を抱える女性の特徴でもある。人生の様々な段階において、大抵女性が中心となり、子どもや年老いた親類、夫の世話をしなければならないからだ。

　家の外で仕事をしている高齢女性の中には、職場のフィットネスプログラムや健康管

理プログラムが運動する時間を確保する上で役に立つ。フィットネスクラブの会員資格や、トレーニング料金、競技参加費も、働く女性にとってより手の届きやすいものとなっている。

立位姿勢の保持と転倒

女性が年をとるにつれてよく抱く心配事は転倒への恐れであり、これが運動への参加にも影響を及ぼす。転倒への恐怖心は強く、たとえ健康な高齢女性であっても運動を思いとどまる原因となり、身体を動かす機会を減らしてしまうことが、これまでわかっている（Bruce, Devine, & Prince, 2002）。262 人の高齢女性を対象にした調査では、転倒に対する恐怖心が身体活動量に影響を与えていることがわかった。万歩計で計測したところ、過去に転倒したことがあったり、薬の服用が多かった女性は、身体活動量が少なかった（Doiet al., 2012）。こうした人に推奨される身体運動は、柔軟性を高め筋肉を強化するヨガや、筋力を高める太極拳、歩行やコーディネーショントレーニングだ。体幹の強化や柔軟性、平衡感覚が高まれば、高齢女性の転倒に対する恐怖が減り、身体を動かすことへの自信が増して、歩行動作をうまくコントロールすることができるだろう（Harvard Health Publications, 2014）。

高齢女性がスポーツや身体活動に参加する理由・参加しない理由

体力づくりの計画やトレーニングプログラムを日々行っている女性でも、人によって動機づけに大きな差がある。誰にでもあてはまるような動機づけのアプローチでは、高齢女性を運動に参加させることを促すことはできないように思える。継続性が鍵となるようだ。ある運動プログラムを誰が続けることができ、誰が離脱したかを調べた調査では、女性の参加動機が多種多様で、人によって異なり、多元的であることがわかった。身体活動は健康にとても良いということが動機の 1 つになるかもしれないが、それだけでは、女性に継続して運動をさせるきっかけとして不十分である。参加し続けた女性と比べると、離脱してしまった女性は「運動プログラムをそこまで重視しておらず、個人的に運動をしなければならないというプレッシャーを感じることが少なく、自分の参加理由を言うことができなかった」。ここで重要なことは、参加し続けた女性と離脱した女性に、特筆すべき大きな違いはなかったということである（Stephan et al., 2010）。

高齢女性にとって身体活動に伴うリスクは、とらえ方次第で運動を思いとどまる理由にも、やる気にもなりうる。70 歳以上の女性 143 人を対象に、6 つの異なる身体活動（早歩き、水中エクササイズ、自転車走行あるいはサイクリング、つま先に触れるまでゆっくりと腕を伸ばすストレッチ、アレンジを加えた腕立て伏せ、仰向けの状態から身体を丸める運動）に関連するメリットとリスクについて考えを尋ねたところ、運動や身体活動は健康上様々なメリットがある、という考えが一般的であった。しかし、なかに

第 8 章　女性のスポーツと加齢

はリスクに対し強固な見解や大げさともいえる考えを示す人もおり、たとえ運動できる
状態であっても、実際、それを理由に参加を控えてしまった。頑張りすぎてしまうので
はないか、怪我をしてしまうのではないか、身体が衰えているのではないかといった恐
怖心と、総じて自信の欠如が確認された（Cousins、2000 年）。

このような恐怖心は、なぜ運動をためらってしまう高齢者がいるのかについての洞察
を与えるが、シニアゲームズなどのスポーツイベントに参加している高齢女性からも洞
察を得ることはできる。女性は定期的な運動やトレーニングプログラムへの参加によっ
て、身体を活発に動かすことにさらに意欲的になれるのである。運動することが楽しい
から、健康に良いから、新しい知り合いをつくって社会環境の中で友人に囲まれて過ご
したいから、競技に参加したいから、創造し表現することに携わりたいから、医者から
すすめられたから、など、これらはすべて高齢女性が外に出て身体を動かす気持ちに
なったきっかけとなっていた（Henderson, 2010）。

陸上競技界のアイコン、オルガ・コテルコ

オルガ・コテルコ（Olga Kotelko）は教員を退職後、70 代にして陸上競技に関心をもった
（Grierson, 2010）。若い頃はソフトボールを楽しんだが、結婚や子育て、離婚、シングルマザー
の経験、その他のライフイベントに時間も関心もエネルギーも注がなければならなかったため、
スポーツを楽しむ時間はなかった。教員を退職してしばらくの間は、ソフトボールに興味をもっ
ていた。陸上競技も楽しんでみてはどうか、というチームメイトの勧めをきっかけに、地元の
コーチとハンガリー出身のトレーナーと知り合い、トレーニングを積んだ。77 歳のとき、一度
に続けて 3 時間ものワークアウトに取り組み、体幹の基本トレーニング「プランク」や、ロー
マンチェア（背筋トレーニング）、ベンチプレス、スクワットなどのエクササイズで身体を鍛え
た。印象的なのは、「おばあちゃんではなく、若い心をもった選手になりたかった」と彼女が明
かしたことだ（Palowski, 2014, para. 3）。コテルコは 750 個を超える金メダルを獲得し、国際
大会の競走、跳躍、砲丸投げ、ハンマー投げの種目で 27 の記録を残し、マスターズ陸上競技選
手のアイコンとなった（Stewart, 2014）。

「いつも新たな冒険に情熱と決意をもって立ち向かう、こわいもの知らずの競技者」であると
娘に表現されるように、コテルコは 95 歳になっても依然として順調に勝ち続けていた（Ha,
2014, para. 7）。2014 年 6 月に亡くなるほんの 1 週間前、コテルコはラングリー太平洋選抜競
技会に出場し、3 種目（ウェイトスロー、やり投げ、ハンマー投げ）で金メダルを獲得した。遡
ること 3 月には、ブダペストで開催された、彼女にとって最後となる世界マスターズ陸上競技
選手権大会にも出場していた。

第9章
障がいをもつ女性とスポーツ

───── 本章のポイント ─────

- ●障がい者スポーツの歴史。
- ●パラリンピック、スペシャルオリンピックス、草の根のスポーツ大会など、障がいをもつアスリートが参加できる様々なレベルのスポーツの機会。
- ●1973年に制定された「リハビリテーション法第504条」、「障がいをもつアメリカ人法（ADA）」、「国連の障がい者権利条約」、「Dear Colleague Letter of 2013」など、障がいをもつアスリートに適用される法律について。
- ●障がいをもつ女性アスリートの（障がいに準じた）多種多様なレベルでの参加。
- ●障がい者スポーツに主導的立場として携わる女性の観点。
- ●障がいをもつ女性のスポーツ界における「これから」について。

第 3 部　女性、スポーツ、そして社会的立場

　こんな光景を思い浮かべてほしい。両軍無得点で迎えた最終イニング、ツーアウト、ランナー 2 塁 3 塁の野球場。ネクスト・バッターズ・サークルからバッターボックスに向かいながら、場内アナウンスの声を聞く。「次のバッターは、背番号 5、ショート、マリー・ハム」バッターボックスに立つと、アンパイアが叫ぶ。「バッター、2 ストライク、ノーボール！」、「タイム！」私はアンパイアにタイムを要求し打席を外す。「今打席に入ったばかりじゃない。まだひと振りもしていないのに、どうして 2 ストライクもとられるのか？」と訴える。アンパイアは私を見つめ、ピッチャーを指差して、大声で怒鳴る。「プレイボール！」

　知っての通り、女性がスポーツに参加することは、困難がつきまとう。障がいをもつ人がスポーツをする場合にもまた、同じような困難が待ち受けているだろう。障がいをもつ女性が競技場に入るとなれば、その困難も 2 倍になるだろう。たとえて言うならば、打席に立ったとたんに、ツーストライクを取られたバッターのようなものだ。そんな状況から私たちが学ぶべきことは何だろう。長年にわたり、私たちは、障がいをもつ女性はツーストライクに追い込まれながらもヒットを放つ、極めて出来のいいバッターのような存在であることを学んできた。彼女たちはバットを振り、ライナー性のボールがピッチャーの頭上を越えてセンターに飛ぶのを見てきたのだ。

> 「障がいをもつことは、“果敢な闘争” でも “困難に立ち向かう勇気” でもない。障がいはまさに “芸術” であり、独創的な生き方である」
> 　　　──ニール・マーカス Neal Marcus『Making an Entrance : Theory and Practice for Disabled and Non-Disabled Dancers』

　スペシャルオリンピアンがメダルを高々と掲げる。盲目のマラソンランナーが過酷なレースを完走する。車いすのアスリートがパラリンピックのスタジアムを走り回る。聴覚障がいのバスケットボール選手が、WNBA（ウィメンズ・ナショナル・バスケットボール・アソシエーション）のチームを選手権に導く。義足のチアリーダーがフットボールの大学対抗戦で観衆をリードする。肢体切断のゴルファーがパットを決める。これら障がいをもつアスリートたちは、誰しもがみな現役でスポーツに参加している。とはいえ、イアン・ブリテン（Ian Brittain）は、自身のブログ「Paralympicanorak」で、「ジェンダーは、障がいをもつ人のスポーツ活動への参加比率に重要な役割を果たしている」（2012, para. 1）と述べている。障がいをもつ女性のスポーツ参加[1]について詳しく調べる前に、まず、障がいをもつ人がスポーツに参加できる機会が、どのように広がってきたかを知る必要がある。

　国連によると、世界の人口の約 15％の人が、障がいをもっているという（United Nations Enable, n.d.）。障がいをもつ人のスポーツ参加の機会は、様々なレベルで存在し

164

第9章 障がいをもつ女性とスポーツ

ている。これはどのように発展してきたのか、その機会がつくりだされるのに、どんな影響が手助けになったのか。本章では、障がい者スポーツの発展について、参加する機会を助けてきた法的手段なども含めて、概略を解説していく。また、障がい者のスポーツ活動に関わる仕事に就いている女性たちからも、この先の見通しを聞いてみる。そして、障がい者スポーツにおける、女性の将来についての考察で、この章でまとめる。

障がい者スポーツの歴史

障がい者はスポーツに関心がない、と考えるのは間違っている。機会さえ与えられれば、彼らはスポーツや身体活動に大いに関心があることを調査結果は示している。障がいをもつ人々は、長年にわたりスポーツや身体活動に携わってきた。Sportanddev.org によると、「早くも 18、19 世紀頃から、障がいをもつ人がスポーツに参加していた足跡が残っており、身体活動は社会復帰の役に立っていた("Milestones in APA", n.d., para. 1)。ろう者のスポーツクラブは、1888 年にはベルリンに存在していた(International Paralympic Committee, n.d.-a)。1924 年に最初のサイレントゲームズと称する大会が開かれ、以来 4 年ごとに「ろう者世界選手権」が開催されていた。障がい者スポーツの歴史は、文書としての記録はほとんど残っていないが、大規模な大会の認知度が上がり、かつ機会均等を是正する法が整うにつれ、障がい者のスポーツ参加の機会は増え続けている。

障がいをもつ女性アスリートの参加

障がいをもつあらゆる世代の女性たちは、自分たちにふさわしいレベルでスポーツに参加したいと思っているが、障がい者であり女性であるという二重の差別に直面している。とはいえ、彼女たちは草の根レベルのスポーツ大会、またはよりレベルの高い競技会に参加することができるのだ。障がい者が参加できる世界レベルの多種目競技大会には、パラリンピックとスペシャルオリンピックスの 2 つがある。以下、草の根レベルのスポーツ大会、パラリンピック、スペシャルオリンピックスの 3 つについてみていこう。

草の根レベルのスポーツ大会

ビデオゲームやモバイル機器が普及した現代社会では、人を立ち上がらせて、身体を動かさせようとすることは、簡単にはいかない。障がいをもつ人がアクティブに動き回ろうとすれば、さらに高いハードルを越えなくてはならず、健常者の 3 倍の時間を座ったままで過ごしている可能性が高い(Women's Sports Foundation, 2007)。それでも、障がいをもつ女の子や女性たちは、活動的で健康でいたいと望んでいる。全員がトップアスリートになれるようなスキル、能力、資質、あるいはトレーニングが身近にできるよ

165

第３部　女性、スポーツ、そして社会的立場

うな機会を持ち合わせているわけではない。しかし、ただ単純に外出して、身体を動かし、健康維持に取り組んでいると感じたい人がいる。たとえば、プールに出かけて水泳や水中エクササイズを楽しんだり、ヨガクラスに参加したり、地域のソフトボールリーグでプレーしたり、ゴルフをしたり、近くの公園で自然遊歩道を散策したりしたい、ということなのかもしれない。White House Task Force on Childhood Obesity は次のように報告している（2010, p.67）。

> 障がいをもつ大人や子どもについて報告されている活動と健康の格差の多くは、必ずしも障がいが直接の原因ではない、という認識が高まっている。それよりもむしろ、公共サービスや障がい者用運動プログラムに身近に接することができるかどうか、ということに起因する。具体的には、施設、サービスや運動プログラムが利用しにくい状況にあること、また、障がい者に適した運動機器の不足や、運動する場所への移動手段が限られるなどの環境バリアが考えられる。

障がいをもつ人が、こうしたサービスやプログラムに参加する機会を得るのは、なかなか難しいことかもしれないが、一方で、特に若い世代の障がい者スポーツの助力となるような活動をしている組織も存在している。アメリカでは、Blaze Sports America、National Center on Health、Physical Activity and Disability、National Ability Center、Inclusive Sports Initiative with the Institute for Human Centered Design などの組織が、障がい者のスポーツ活動や、身体活動推進のための情報を提供している。アメリカ国立公園局は、障がい者用の無料参加パスを発行しており、州立公園や地域の公園を運営する組織でも、同様のサービスを提供しているところが多い。国内多数の都市がミラクルベースボールリーグを開催し、あらゆる種類の障がいをもつ男の子や女の子が、車椅子や歩行器や障がい者用のスクーターで安全に移動できるように設計されたグラウンドで、野球をしている。筆者も、2013 年にケンタッキー州レキシントンで開催された、トヨタブルーグラスミラクルリーグに参加し、始球式のピッチャーを務めている。長年の野球ファンであり、ソフトボール選手でもあり、障がいをもつ女性である筆者にとって、始球式の主役を担うことは人生の比類ない至福の時だった！

障がい者にとって運動が必要であることは、北米に限らず、世界的な問題であることを忘れてはならない。発展途上国を見ると、障がい者、特にすべての世代の女性たちは、さらに厳しい状況に直面している。そういう状況の中、ジンバブエの Sport 4 Socialisation、Handicap International, Survivor Corps（旧 Landmine Survivors Network）という組織は、障がい者が健康的に暮らすための手段として、スポーツ活動をすすめている。

アメリカでは、地方や国レベルの組織が、障がい者のためにスポーツ活動や身体活動の場を提供している。USOC（アメリカオリンピック委員会）は、U. S. Paralympics を創設し、その監督下に、アメリカでのパラリンピック競技の発展がある。USOC のパラリンピック軍事計画と退役軍人プロジェクトは、近年の軍事衝突や駐留で負傷した退役

第9章　障がいをもつ女性とスポーツ

軍人に、スポーツ参加と社会復帰の機会を提供している。草の根レベルでの参加機会を提供している組織には、ユタ州パークシティの National Ability Center、アメリカ国内に組織された TOP Soccer、アラバマ州バーミンガムの Lakeshore Foundation、アメリカ国内に 50 支部を擁する Disabled Sports USA などがある。

Blaze Sports America は、障がいのある人々に、人生の教訓をもたらすようなスポーツ活動の機会を与えようというもので、その目指すところは、以下のようだ（Blaze Sport America, 2013, para. 4）。

- 障がい者に対して、国内外を問わず、障がいをもたない人と同等に、スポーツ、レクリエーション、身体活動の機会を提供する。
- スポーツ活動を通じて、身体に障がいのある人の人格形成、充実した生活、健康なライフスタイル、自立を促進する。
- 最先端のトレーニングができるようにし、通信教育の機会を与え、斬新な発想を駆使して、地域サービスを施す側の質を高める手段とする。
- 身体的な障がいをもつ人の、ポジティブな考え方を構築する。
- スポーツを通して、平和の構築、人権、平等を推進する。

障がいをもつ人は、自分たちだけの、こぢんまりした大会を望むときもあれば、より大きな規模の大会に参加したいと思うときもある。この大きな組織がスペシャルオリンピックスといわれるものだ。

スペシャルオリンピックス

スペシャルオリンピックスは、知的障がいのある人にスポーツの機会を提供する組織として、よく知られている。創始者はユニス・ケネディ・シュライバー（Eunice Kennedy Shriver）である。彼女は、知的障がい者がいかに不公正に扱われているかを見て、スポーツや身体活動を通じて世の中の意識を変えようと思い、個人的に行動を始めたのだ。1950 年代後半から 60 年代初頭にかけて、障がいをもつ若者たちに向けて、一連のサマーディキャンプを催した。この概念がアメリカ中に広がり、文字通り何千という知的障がい者が活動的になり、身体を動かして、このキャンプに参加するようになった。スペシャルオリンピックス創立 50 周年記念大会のとき、『スポーツ・イラストレイテッド』誌は、最初のスポーツマン・オブ・ザ・イヤー・レガシー賞を、ユニス・ケネディ・シュライバーに授与した。スポーツライターのジャック・マッカラム（Jack McCallume）は、賛辞の言葉として次のように書いた。

人々が目にしたものは、まさに大変身である。不運な障がい者とレッテルを貼られてきた人が、アスリートに生まれ変わるというのは、変身以外の何物でもない。ユニス・ケ

167

第3部　女性、スポーツ、そして社会的立場

> 「勇気は人から人へ広がっていくことができる。女の子、特に障がい以外の理由で少数派
> に属する女の子にとって、スポーツは勇気を奮い立たせる手段になる。人の2倍も3倍
> も4倍も少数派である人がいたら、私たちは、勇気を奮い立たせる方法を意識的に教え、
> 自信をもたせ、ポジティブにさせる必要がある。スポーツはもともと、そのためにある」
> ──アンジャリ・フォーバー＝プラット　Anjali Forber-Pratt, PhD
> （アメリカのパラリンピアン。2008年北京、2012年ロンドンパラリンピック出場）

　ネディ・シュライバーは、こうなることがわかっていたのだ。50年前にすでにそれに
気づいていたのだ。だれもが障壁だと思っていたことをチャンスとしてとらえ、行動を
起こし、世の中の意識を変えた革命家のひとりとして認めたい。（2008, p.5）
　この勇気ある女性が始めた仕事が、現在のスペシャルオリンピックスへと発展した。
　2012年、スペシャルオリンピックスは大きな節目を迎えた。世界から400万人以上が
選手登録したのである。国や地域の競技大会に加えて、スペシャルオリンピックス世界
大会はオリンピックと似かよった間隔で2年ごとに、夏と冬に開かれている。開催国は
アイルランドのダブリン、中国の上海、ギリシャのアテネなどがあり、2015年夏季大会
はカリフォルニア州のロサンゼルスで行われた。また、スペシャルオリンピックスは、
知能が劣る、不器用であるということで侮辱する、「Rから始まる言葉（retarded）」の使
用に反対するキャンペーンの先頭にも立ち、その活動を推進してきた。（Grinberg, 2012）。
　スペシャルオリンピックスのプログラムには、30-plus Olympic-style の個人、団体競
技があり、女性アスリートも積極的に参加している。2013年現在、その40％が女性ア
スリートである（Special Olympics, n.d.-b）。
　2008年にアスリートの男女比率に変化が見られ、女性進出の兆しが見えてきた。現在
は、男性1.6人に対し女性1人の割合だ。アスリートの参加数とジェンダー意識につい
ては、興味深い地域差がある。2008年に、アジア太平洋では、7つのすべての地域で
女性アスリートの参加レベルが最高に達し、アフリカがそれに続いたと報じた。7つの
地域では42％、アフリカは41％が女性であった。（Special Olympics, n.d.-a., para. 6）
　スペシャルオリンピックスを通じ、アスリートは社会に適応する能力、健康的な生活
習慣、スポーツの本質などについて学ぶ。読者の中には、スペシャルオリンピックスに
ボランティアとして参加した人も多いだろう。ゴールラインで待ち受けてアスリートを
助ける補助員、コーチ、イベント主催者、あるいは障がいの有無にかかわらず同じチー
ムでプレーするユニファイド（健常者）メンバーとして関わったかもしれない。スペシャ
ルオリンピックスは、世界中のいろいろな地域で障がいをもつアスリートに、スポーツ
参加の機会を提供し続けている。
　原則的にスペシャルオリンピックスは、「まずは参加すること」や社会への適応能力の
養成に焦点を置いているが、障がいをもつ女性アスリートの中には、高いスキルをもつ

第 9 章　障がいをもつ女性とスポーツ

がゆえトップアスリートが集う国家レベルや国際レベルで競いたいと願う人がいる。良い結果を出してメダルを獲得すれば、世界の舞台で国を代表するアスリートとなることができる。それがパラリンピックなのだ。

パラリンピック

　障がいをもつアスリートの、最初の大規模な競技会は、1948 年、イギリスのストーク・マンデビル病院で開催された。その病院の医師ルードウィッヒ・グットマン卿（Dr. Ludwig Guttmann）は、スポーツ活動と身体活動を第二次世界大戦の負傷兵のリハビリテーションに組み込み、「ストーク・マンデビル競技会」と命名した、脊椎損傷により車椅子を必要とするアスリートのための、初めての競技会を開催した。アーチェリー競技に限られたものだったが、16 人（女性 2 人、男性 14 人）が参加した。（International Paralympic Committee, n.d.–a, para. 4）。興味深いのは、この最初の大会から女性が参加していたことであり、パラリンピック・ムーブメントの中で、その数は年を追うごとにゆっくりと着実に増えていった。つつましやかに始まった競技会は、次第に規模を広げ、競技種目や女性を含むアスリートの数も増加し、ついにはパラリンピックへと発展していったのだ。

　最初の夏季パラリンピックは、1960 年にイタリアのローマで、冬季パラリンピックは 1976 年にスウェーデンで開催された。パラリンピックは、オリンピックと同じように 4 年ごとに、オリンピック閉会から 2 週間後に、オリンピックと同じ場所と施設で開催される。2012 年にはロンドンで夏季大会が開催され、164 ヵ国から 4200 人以上のアスリートが参加した（International Paralympic Committee, n.d.–b）。2014 年のソチ冬季大会では 45 ヵ国から 550 人あまりのアスリートが参加した。2016 年のリオデジャネイロ大会では、22 競技 528 種目、2020 年の東京大会では、22 競技 540 種目が計画されている。アスリートやチームがパラリンピックに参加するには、出場資格を認定する大会で、代表選考基準を満たす成績を残すか、国際的な競技団体が主催する大会で、一定の順位に入らなければならない。参加者は、視覚障がい者、肢切断者、脳性まひ者、低身長のアスリートなど、特定の身体的障がいをもつ人も含まれる。知的障がいをもつアスリートも参加できるが、極めて限定的である。

　今でこそ、パラリンピックで女性の姿をよく見るようになったが、そこに至るまでには、長い時間がかかった。実は、女性アスリートは、1940 年代の最初のストーク・マンデビル大会から出場していた。初めての夏季パラリンピック大会では 44 人、初めての冬季パラリンピック大会でも 37 人が活躍した。人数は少しずつ増えていくと予想されたが、そのための組織だった計画案が必要であった。

　女性のアスリート、コーチ、役員、リーダーの不足を訴えた努力が実り、2003 年には IPC（国際パラリンピック委員会）が WISC（女性スポーツ委員会）を設立した。この

169

第 3 部　女性、スポーツ、そして社会的立場

委員会の具体的な目的は「パラリンピック競技のすべてのレベルで女性アスリートの参加を啓発し、参加を阻む障壁を見出し、それに対処する方針と主導権を執ることを推し進め、その進捗状況を監視して参加を増加させる」ことにあった。（International Paralympic Committee, 2010, p.4）

2010 年、IPC は『Women in Sport Leadership Toolkit』を発刊した。そこには、女性アスリートの参加を増やしたい、という強い要望が書かれていた。

　　IPC はジェンダー・エクイティ、もっと具体的に言うと、パラリンピックに参加する女の子や女性たちの数を増やすことを最優先に考えている。あらゆる世代の女性たちが、レクリエーションレベルからエリートレベルまで、様々なスポーツに参加する機会をもつことが重要だと考えている。したがって、IPC は、具体的な障壁と目に見えない障壁の両方を取り除くことに熱心に取り組んでいる。（International Paralympic Committee, 2010, p.4）

IPC は、長期戦略に次のような目標を掲げ、女性アスリートの参加を最優先事項とした。それは、「スポーツの、すべてのレベルとすべての組織において、女性アスリートおよび重度の機能障がいをもつアスリートが参加できる機会を広げる」（International Paralympic Committee, 2013, P.7）。また、IPC は、障がいをもつ女性のスポーツ参加のための、地域サミットのスポンサーにもなっている。

では、IPC の努力の成果はどうだろう。2012 年のロンドン大会では、史上最高の 1501 人の女性アスリートが 18 の競技に参加した。この数は 1992 年のバルセロナ大会の 2 倍だった。

　　最近は、パラリンピックの女性の参加数は大きく増加している。1996 年のアトランタ大会では 790 人、2000 年のシドニー大会では 990 人、2004 年のアテネ大会では 1165 人、2008 年の北京大会では 1383 人という成果を出した（International Paralympic Committee, n.d.-c., para. 3）。

より高いレベルにおいて、パラリンピックのリーダーシップをとる女性の数を増やす努力がなされている。2013 年現在、アメリカのアン・コディ（Ann Cody）、オランダのリタ・ファン・ドリエル（Rita van Driel）、韓国のナ・キョンウォン（Na Kyung-won）ら 3 人の女性が、IPC 理事会のメンバーになっている。女性がここまで昇りつめるには、まず、自国のパラリンピック委員会での地位を上げなくてはならない。国によっては、上級職はほとんど男性が占め、女性はガラスの天井を突き破ることができない。さらに、他のスポーツ組織で働く女性同様、ワークライフバランスをどうするか、といった障壁に直面することも多い（第 12、13 章参照）。

パラリンピック・ムーブメントに影響力を発揮する地位を勝ち取った女性たちは、リーダーとしての偉大なロールモデルである。この章の後半では、そうした女性たち、アスリート、コーチ、活動推進者などの話にも触れてみる。

第 9 章　障がいをもつ女性とスポーツ

トライアスロンとカヌー競技：パラリンピックの 2 つの新種目

　パラリンピックでは、回を重ねるごとに参加種目を更新している。2016 年のリオデジャネイロ大会では、トライアスロンが新種目として登場し、女性アスリートも参加した。トライアスロンの女性の競技人口は、世界的に増加しており、障がいをもつ女性アスリートが参加するのも当然のことだ。選手は、IPC 公認の世界大会での順位によって参加資格が与えられる。

　カヌー競技では、オリンピック選手と同じ種目で競うことになる。ICF（国際カヌー連盟）の監督下、パラ・カヌー競技では、パドラーは、障がいの程度でトップレベルの競争ができるチャンスがある。女子種目も 2016 年のリオデジャネイロ大会からデビューした。出場選手はパドリング（櫂技術）能力と、カヌーを推進させるのに必要な、フットボードあるいは着座点の重心の置き具合の程度によって、クラス分けされる［訳注：下肢に障がいがある選手が参加できる、障がいの程度により 3 つのクラスに分かれる］。

　次はどんな種目が加わるのだろうか？　それは今後の課題だが、障がいをもつ女性アスリートは、パラリンピックでできる限り多くの種目や競技に参加したいと願っている。こういうトップアスリートは、世界中の若いアスリートの真のロールモデルであり、パラリンピックの灯はブラジルでも燦然と輝いた。

　スポーツが障がいをもつ人の生活に及ぼす影響は、計り知れないほど有益なものだ。スポーツに接する機会は、いつでもいくらでもあると思うかもしれないが、そんなことはない。障がいをもつ人は、長い間、社会からの容認と社会とのつながりを勝ち取るために戦ってこなければならなかった。その代表的な手段の 1 つは、法制度を整えることであった。ここからは、障がいをもつ人が、スポーツや身体運動に参加するチャンスを獲得するために利用した、重要な法律の仕組みについて考察する。

アクセスツールとしての法制度

　今日では、ショッピングモールや学校、空港に出かけると、バリアフリー対応の縁石や障がい者用の駐車スペースは、当たり前のように目にする。しかし、これは、必ずしも以前からそうだったわけではない。健常者が当たり前と思っている様々な活動がある中で、障がいをもつ人たちは長い間、買い物、教育、旅行をする場所でさえ制限されてきた。1960〜70 年代、アメリカで公民権運動が盛んだった頃、人種、ジェンダー、年齢、障がいなどによって人を差別することを禁ずる法案が成立した（たとえば、タイトル IX）。そのおかげで、障がいをもつ人は、買い物や旅行に出かけたり、教育を受けたりすることがしやすくなった。時に応じて、法制度が刺激となり、障がいをもつ人が、スポーツ活動や身体活動に参加する機会も生まれるようになった。ここでは障がいをもつ人に、スポーツの世界を広げてきた法的文書について考察してみよう。

171

第3部　女性、スポーツ、そして社会的立場

1973年のリハビリテーション法第504条

　障がいをもつ人に対する差別を禁じた初めての主要な法律は、1973年のリハビリテーション法第504条である。通常**504条**と呼ばれる法律は、障がいをもつ人の教育の機会を広げた。

　　504条は「アメリカの障がい認定を受けた個人を」連邦政府から財政補助を受けている、あるいは執行機関が運営している「あらゆるプログラムや活動から除外したり利益を否定したりして差別してはならない」と規定している。（U. S. Department of Justice, 2009, Rehabilitation Act Section）

　基本的に504条は、連邦政府基金を受給しているプログラムが、障がいを理由に人を差別することは違法である、と規定している。

　　連邦政府基金の受給者は、障がいがあるという理由で（大学の）体育教育コースや数々のスポーツ関連プログラムへの参加において、障がい者を差別してはならない。受給者は、体育教育コースや学内のスポーツ活動への参加において、障がいをもつ人にも均等に機会を与えなくてはならない。これには、合理的配慮［訳注：障がい者から何らかの助けを求める意思表示があった場合、過度な負担になりすぎない範囲で、社会的障壁を取り除くために必要な便宜のこと］が必要になる場合もある（…）また、一般の学生と同じように、（競技では）レギュラーを目指して競う機会や、体育実技の授業科目を受ける機会も与えられる。障がいをもつ学生は、1つないしはそれ以上の体育科目の授業を受けることと、スポーツ活動に参加することができる。もちろん、彼らにとって、適切な施設も準備しなければならない。（Illinois Legal Aid, 2005, Physical Education and Athletics section）

　504条は法律として残っているが、2013年にアメリカ公民権局は、学校スポーツに対する504条適用の詳細を示したDear Colleague Letter（同僚への書簡）と称するガイドラインを発効した。

Dear Colleague Letter of 2013

　Dear Colleague Letterは、504条を実施するためのガイドラインであった。新しい法律ではなかったが、504条によって確立した規則や政策に、さらなる説明を付け加える役割を果たした。Active Policy Solutions（2013, p.2）には次のような記載がある。

　　1973年のリハビリテーション法第504条では、障がいをもつ学生に対し、クラブ活動、代表チーム、校内スポーツプログラムなどの課外授業活動の機会を平等に与えるよう、学校に義務づけている。障がいをもつ学生が、可能な限り参加できるように、学校は次のような機会を提供することができる。

　　　● **メインストリームプログラム**：学生全員に提供される学校教育を基盤とする活動。
　　　● **アダプテッド体育・身体活動プログラム**：障がいをもつ学生のために、特別に開発されたプログラム。

第9章　障がいをもつ女性とスポーツ

- アライド/ユニファイドスポーツ：障がいをもつ学生ともたない学生が一緒に活動できるように開発されたプログラム。

これらのガイドラインは、障がいをもつ高校生・大学生が、自分に合ったスポーツ活動に参加する機会をもつことが必要であることを明確にした（Moorman & Hums, 2013；Staurowsky, 2013）。学校は、障がいをもつ学生の利益になるように対応する必要がある。障がいをもつ人は、スポーツ活動や身体活動に関心がないという考えは間違っている、ということを覚えておいてほしい。実際のところ、それは、タイトルⅨ（第2章を参照）発効前の、「女の子はスポーツに関心がない」という時代遅れの考え方に似ている。障がいをもつ学生のスポーツ参加の機会が増えたために、健常学生の機会が減ることにはならないだろう。忘れないでほしいのは、障がいをもつ学生が、希望するスポーツチームの関係者の前で、自分の能力をアピールする場をもっても、十分なスキルレベルに達していない限り、メンバーに選ばれるという保証はない、ということである。しかし、その場に立つ資格はある。この Dear Colleague Letter は、障がいの有無にかかわらず、すべての学生に恩恵を与えている。障がいをもつ学生は、チームに貢献する機会を与えられ、健常の学生は、たまたま障がいをもっている仲間のアスリートとしての能力を、より深く認識することができる。504条と Dear Colleague Letter によって更新されたガイドラインは、障がいをもつ人に適用される、最近の法律制度の一面である。画期的な障がいをもつアメリカ人法（ADA）もまた、機会を広げるための法的枠組みを展開している。

政策が障がいをもつ学生に及ぼす影響

テリー・ラコウスキー Terri Lakowski（Active Policy Solutions の CEO）

Dear Colleague Letter の発効は、障がいをもつ人にとって画期的な出来事であり、タイトルⅨが女性に与えたのと同じような影響を、障がいをもつ学生に与えるであろう。スポーツを統制するリーダーシップのあり方も、変化してきている。教育機関も、障がいをもつ学生が、健常の学生と同等の身体活動の機会を提供されなければならない、という共感を呼ぶメッセージに応えようとしている。

障がいをもつ学生は、スポーツすることで得られる恩恵と共に、自己管理能力、チームワーク、自信などを学ぶ環境を享受することができる。公民権局の政策は、障がいに関係なく、未来の世代がより幸せで健康であるように、障がいをもつ人が進む道筋をつけていくだろう。

障がいをもつアメリカ人法

リハビリテーション法第504条が成立してから20年後、その文言の多くに改訂が必要になった。その結果、1990年に、議会は ADA（障がいをもつアメリカ人法）を成立

173

第3部　女性、スポーツ、そして社会的立場

させた。この法律は、障がいをもつ人の権利を拡大した。「ADAは、雇用、官公庁、公共施設、商業施設、交通機関、情報通信における、障がいをもつ人に対する差別を禁止している。この法律は、アメリカ議会にも適用される（U. S. Department of Justice, 2009, ADA section）」。スポーツ活動と身体活動にも、この法律が適用される。というのも、レクリエーション施設、アリーナ、スタジアム、フィットネスクラブなどの公共施設への参加機会が、すべてADAの施行範囲に入っていたからである。

　ADAがスポーツにも関係するということは、PGA（全米プロゴルフ協会）のプロゴルファー、ケイシー・マーティン（Casey Martin）に関わる最高裁判所の画期的な判例により、多くの人々が認識するようになっていた。マーティンは歩行が不自由なので、ゴルフカートに乗ってプレーすることを求めた。これが認められるために最高裁まで経なければならなかったものの、マーティンの判例は、障がいをもつ多くの人々にとっての勝利であり、障がい者とスポーツに関わる出来事として、注目を集めた。（Moorman & Masteralexis, 2001）

　ここまでは、アメリカの（障がい者とスポーツに関わる）法律制度を解説してきたが、障がいをもつ人がスポーツの参加機会をもつということは、世界的な関心事だ。世界中の障がい者が、確実にしかも尊厳と敬意をもって待遇されるために、国連もこの問題に積極的に取り組んできた。

国連の障がい者権利条約

　アメリカ内では、多くの法律制定によって障がいをもつ人たちが恩恵を受けてきたが、同じことが世界中で起こっていたとは言いがたい。人権尊重と平等の推進において、世界的な方向性を示す代表的な国際組織は国連である。国連は長年、女性、難民、宗教的少数派、子どもなどの待遇改善について取り組んできたが、21世紀最初の人権に関わる条約として、障がいをもつ人を取り上げた。障がいをもつ人の地位向上のために、2006年に国連総会で障がい者権利条約が承認され、2008年に批准された。

　ここで、国連で使用される「条約（convention）」の意味の背景について少し見てみよう。
　　一般名称としての「convention」は「treaty」と同意語である（…）過去1世紀には「convention」は正式に2ヵ国間の条約を意味していたが、現在では、一般的に多数の国の間で結ばれる正式な多国間条約に使用されており、通常は、国際社会全体、または多数の州が参加して結ばれる条約となっている。（United Nations, 2006, para. 13-14）
「国際人権条約の批准を通じて、各国政府は、条約の義務および義務に適合する国内の措置および法律を整備することを約束する」（United Nations Human Rights, 2013, para. 4）。言い換えれば、必要な数の国が条約を批准（承認）した場合、条約は国際法の威力をもち、政府は、自国の国内法にその条約を組み入れるために努力しなければならない。
　国連は、女性差別撤廃条約、スポーツ現場における反アパルトヘイト国際条約、子ど

174

もの権利条約など、スポーツ活動や身体活動に関する、多くの人権条約を批准している。スポーツの公平性について最もわかりやすく表現した条約は、障がい者権利条約（CRPD）である。文化的な生活、レクリエーション、余暇、スポーツの活動に関する第30条第5節では、以下のように規定している。（United Nations, 2006, p.23）：

5　締約国は、障害者が他の者との平等を基礎としてレクリエーション、余暇及びスポーツの活動に参加することを可能とすることを目的として、次のことのための適当な措置をとる。

(a)　障害者があらゆる水準の一般のスポーツ活動に可能な限り参加することを奨励し、及び促進すること。

(b)　障害者が障害に応じたスポーツ及びレクリエーションの活動を組織し、及び発展させ、並びにこれらに参加する機会を有することを確保すること。このため、適当な指導、研修及び資源が他の者との平等を基礎として提供されるよう奨励すること。

(c)　障害者がスポーツ、レクリエーション及び観光の場所を利用する機会を有することを確保すること。

(d)　障害のある児童が遊び、レクリエーション、余暇及びスポーツの活動（学校制度におけるこれらの活動を含む。）への参加について他の児童と均等な機会を有することを確保すること。

(e)　障害者がレクリエーション、観光、余暇及びスポーツの活動の企画に関与する者によるサービスを利用する機会を有することを確保すること。

外務省の「障害者の権利に関する条約（略称：障害者権利条約）」より引用。
https://www.mofa.go.jp/mofaj/gaiko/jinken/index_shogaisha.html

スポーツと人権

　国連とスポーツとは、奇妙な組み合わせに見えるかもしれない。人権といえば、一般的に、安全な飲料水の確保、十分な健康管理、信仰や政治的差別から免れていることなどを思い浮かべる。しかし、スポーツは2つの側面から、人権と同じ土俵で議論することができる。第一は、スポーツへの参加は人権に関わることであり、国連やオリンピック組織委員会もそれを認めているし、オリンピック憲章にも明記されている。芸術や音楽と同様、スポーツへの参加によって、人はますます人間性を深める。第二は、スポーツによって人権の尊重を推進することができる。たとえば、1968年のオリンピック・メキシコ大会で、トミー・スミス（Tommie Smith）とジョン・カルロス（John Carlos）が、表彰台で黒手袋のこぶしを掲げてアメリカでの黒人差別に抗議したことや、2014年オリンピック・ソチ大会では、マルチナ・ナブラチロワ（Martina Navratilova）とグレゴリー・ローガニス（Gregory Louganis）が、ロシアの弾圧的な反LGBT法に抗議したことなどがあげられる。スポーツは、様々な方法で人権を議論する機会を提供し、アスリートだけでなく、スポーツ業界関係者も、議論の場のリーダー役を務めることができる。

第3部　女性、スポーツ、そして社会的立場

リハビリテーション法第504条と同様、障がいをもつアメリカ人法、国連の障がい者権利条約は障がいのあるなしにかかわらず、すべてのアスリートに平等をもたらすために役立っている。

　障がい者権利条約の影響については、いまだに国内外の評価評定は続いている（Clifford, 2011；Harpur & Bales, 2010；Hums, Wolff, & Morris, 2009；Moorman & Hums, 2010）。この国際的な文書が近々、世界中の障がい者のスポーツ活動と身体活動の機会に、影響を与えるようになると期待される。そして、障がい者権利条約が、今後さらにスポーツ現場やスポーツ事業の経営陣にまで適用されることは、疑う余地もない。スポーツ業界のリーダー的な存在は大多数が男性だが、女性も増えつつある。これは、障がい者スポーツの世界でも同様で、リーダーシップをとる立場にある優れた女性も少なくないのだ。

障がい者スポーツ界における女性リーダーたち

　障がいをもつ女性アスリートは、時として困難に直面することがあるが、それでも努力して、障がい者スポーツ界のリーダーとして活躍している人がいる。彼女たちは、力強いリーダーシップスキルと、興味深いエピソードを持ち合わせている。ここでは、障がいをもつ女性たちがトップに上りつめ、障がいをもつ女性アスリートの支援者として活躍している様子を紹介しよう。

第9章　障がいをもつ女性とスポーツ

● アン・コディ（**Ann Cody**）

ニューヨーク州の小さな町、ホーマー出身。1984 年はバスケットボール選手として、1988 年と 1992 年は陸上選手として、3 度パラリンピックに出場した。しかも、陸上競技の金メダリストとして長い間活躍してきた。障がいをもつ多くのトップアスリートと同様、イリノイ大学で学士号を取得した。現在は、Blaze Sports America の運営方針を決めたり国際展開を進めたりする部署の部長だ。さらに、IPC の 3 人の女性理事のひとりで、スポーツ界の国際舞台における最強の女性のひとりとして活躍している。

● リンダ・マスタンドレア（**Linda Mastandrea**）

イリノイ州、シカゴ出身のパラリンピアンとして、自らの人生を障がい者スポーツの発展に捧げてきた。陸上の代表選手としてパラリンピックに 2 度出場し、これまでにたくさんの国内記録、世界記録、パラリンピック記録を樹立してきた。イリノイ大学で学士号を取得した後、障がい者と公民権を専門とする弁護士への道を進んだ。シカゴが 2016 年のオリンピック・パラリンピック開催地誘致に乗り出したときは、マスタンドレアはパラリンピックについて力強く発言した。障がいをもつ人のための精力的な活動家であり、様々な障がい者支援団体の役員として活躍している。（"About Linda," n.d.）

● ステファニー・ウィーラー（**Stephanie Wheeler**）

車いすバスケットボールのスター。イリノイ大学在学中にナショナルチャンピオンシップ 3 連覇に貢献、パラリンピック代表チームのメンバーとして、アテネ大会、北京大会で金メダルを獲得した。（Division of Disability Resources & Educational Services, n.d.; United States Olympic Committee, n.d.）。ノースカロライナ州ノーリナ出身で、かつて彼女が表彰台に導いたイリノイ大学チームのヘッドコーチに昇格した。2016 年夏季パラリンピック・リオデジャネイロ大会でもチームのコーチとして参加。彼女は、障がいをもつ数少ない女性の代表コーチのひとりである。

● タチアナ・マクファデン（**Tatyana McFadden**）

ロシアに生まれ、アメリカ人の養子となる。メリーランド州コロンビアのアソルトン高の生徒だったとき、車椅子に乗った彼女は、健常のチームメイトと同じトラックで、競争する権利を得るために闘ったことでも広く知られている。法廷闘争の結果、州議会が「障がいをもつ生徒・学生の健康増進とスポーツ参加機会の平等に関する法令」を可決し、これが「学内のスポーツプログラム（学校対抗戦等への出場）に障がいをもつ生徒・学生が参加することを認め奨励する、アメリカで最初の法律」となった［訳注：障がいのある生徒・学生のスポーツ参加の「機会均等」法、タチアナ法として日本でも知られる］（"Equity in Sport", n.d.）。イリノイ大学代表で、パラリンピックで 3 度メダルを獲得した（"About Tatyana", n.d.）。しかし、彼女の最大の勝利は、トラック外で、メリーランド州の法律に果敢に挑み、障がいをもつ人のスポーツ参加と身体活動の機会を広げる提唱者としてである。

177

第3部　女性、スポーツ、そして社会的立場

● エイミー・マランス（Aimee Mullins）

アスリート、活動家、ファッションモデル——同じ人間を表現するのに、この3つの肩書が何度使われただろう。これらはみなエイミー・マランスを紹介するものだ。ペンシルベニア州アレンタウン出身。パラリンピック代表選手でもあり、障がいをもつ女性や障がい者スポーツの絶大な支援者でもある。女性スポーツ財団の元代表であり、『Elle』『コスモポリタン』『ハーパーズ・バザー』『W』『グラマー』などのファッション誌のモデルでもあり、TEDの支持者としても活躍している（"Biography：Aimee Mullins," n.d.)。彼女は「身体障がいのある（disabled)」という言葉の定義を変えることを、積極的に追求している。

　　私には足がない、という客観的に見た医学的事実と、私が障がい者であるかないか、という主観的に見た社会的評価には、大きな違いと差があります。正直に言って、私がこれまで立ち向かわなければならなかった唯一の一貫した「障がい」は、そのような定義で私を言い表せるという考え方です。("Paralympic Record Breaker," 2012, para. 3)

進展の兆し

アン・コディ

　2009年国際パラリンピック委員会の理事会で、3人の女性（と9人の男性）が理事として選出された。女性理事3人というのは、史上最多数であった。2012年のパラリンピックでは、史上最多の女性アスリートがエントリーし、参加した競技数も史上最多だった。これらは、すべて喜ぶべき進展の兆しだ。しかし、この領域でジェンダー・エクイティを達成するには、まだすべきことが残っている。障がい者スポーツの世界において、私たちは、社会からの疎外による悪影響を痛感している。だからこそ、社会の門戸を開かせるために、私たちは、自分自身をより高い水準で、しっかりと守り続けなければならない。スポーツのリーダーシップがとれるような立場を求めて、女性コーチ、女性アスリート、女性の競技役員、女性のスポーツアドミニストレーターを激励し続けることが、絶対に必要である。スポーツの意思決定機関に男女同数が選出されて初めて、一歩前進したことになるのだ。

障がいをもつすべての世代の女性たちの、スポーツ現場における将来像

　障がいをもつすべての世代の女性たちが、スポーツに参加する機会は増えつつあるが、それでも、その速度は遅々としたものだ。彼女たちが、スポーツ活動や身体活動の機会をもっと身近に得られるようにするには、どうすればいいのだろうか？　前述のア

第9章　障がいをもつ女性とスポーツ

ン・コディ（n.d.）は次のような提案をしている。

- YMCA（キリスト教青年会）の活動や地域ごとのロードレース、高校スポーツなど、ローカルレベルでの、障がいをもつ女の子と女性の参加を増やす。
- 障がいをもつ女性アスリートに、競技性の高いスポーツをする機会をより多く提供する。
- 2024年パラリンピック・ボストン大会を迎えるにあたり、パラリンピアンでボストンマラソンチャンピオンのシェリー・ブロウエット（Cheri Blauwet）が、パラリンピック組織委員会委員に任命されたことなど、障がいをもつ女性アスリートや障がい者スポーツについて、広く世間に紹介する。
- 障がいのあるなしにかかわらず、女性も男性も、そして女性スポーツ財団から高校スポーツ連盟に至るまで、すべてのスポーツ団体・組織を、支援プログラムに巻き込んで、障がいをもつ女性アスリートの発掘に努める。
- 障がいをもつアスリートのために、より多くの女性コーチを養成する。

　これらの提案は、とても理にかなっており、実現するには、障がいをもつあらゆる世代の女性たちを信じ、その成果を期待する人々が必要だ。このためには、障がいをもつ人と健常者が一丸となって変えていこう、という気持ちが大切だろう。また、この提案が意味するのは、アスリートやコーチという立場での、女性のロールモデルや信頼のおける助言者が、もっと増えることが必要だということだ。「あの人がやっているのだから、私にもできるかもしれない」という考え方は、とても心強い。障がいをもつアスリートがパラリンピックで活躍する姿を、もっとメディアが取り上げてくれたら、障がいをもつ若いアスリートの関心が、必ず高まるだろう。Dear Colleague Letter の発効は、高校・大学のスポーツ現場で、女子学生が参加する機会に、間違いなく影響を及ぼすだろう。障がいをもつ女の子が、自分と同じように、障がいをもつあらゆる世代の女性たちが頑張る姿を見るのが早ければ早いほど、スポーツ活動や身体活動に対する関心がグンと高まる、いいチャンスになるだろう。

1　このテーマを論ずると、様々な専門用語が表出する。この章の中で著者は、障がい者スポーツを表す語句として「sport for people with disabilities」を用いた。「障がい者のために特別に設定されたスポーツ」を意味する「disability sport」という語句よりも包括的な意味を含んでいる上に、「障がい者だけが参加するスポーツ」と「健常者と合同、あるいは競合するスポーツ」の両方の意味を含んでいるからである。章全体を通して、「people with disabilities」や「athletes with disabilities」など、障がい者の人権に配慮した「People-first language」を用いた。

第 10 章
女性、スポーツ、性暴力

本章のポイント

- 性暴力に関連する用語、たとえば**第三者介入**、**レイプ**、**レイプ神話**、**性的虐待**、**性的暴行**、そして**セクシュアルハラスメント**など。
- スポーツに関わるすべての世代の女性たちに影響を及ぼす性暴力被害のまん延。
- コーチ—アスリートの関係における境界線の曖昧さ。
- スポーツに関わる女性への性暴力が学校や職場で生じたときに（解決策を）模索できる法的措置。
- 教育と防止へのアプローチ。

この章を読み始める前に　性暴力について語るのは容易ではない。確かなことは、何らかの性暴力の影響を受けずにいられる人は非常に稀であるということだ。自分自身が性暴力を経験していなくても、周りの誰かは被害を受けその苦しみを抱えて生きている。単にそれを知っているかどうかにすぎない。これから読む内容によっては、様々な感情が引き出されてくるかもしれない。自分の感情の起伏を計りながら、どこまで読み進めるかを各自で判断してほしい。これを読んで不快な記憶がよみがえったり、反応が起きたりしたときは、担当のインストラクターに相談し、他の学習方法を検討することを勧める。

第３部　女性、スポーツ、そして社会的立場

　夏も終わりに近づいたある暖かい夕方のこと、特待生でありアスリートでもある16歳の女の子が近所のコミュニティで開かれるパーティーに出かけた。もうすぐ新学年が始まろうとしていた。授業や練習、ボランティア活動、教会通いやアルバイトで終わってしまう毎日がこの先何ヵ月も続く。そんな生活が始まる前に自由を精一杯楽しもうと、学究肌や体育会系の大学生、行儀のよい子どもたちに高慢ちきな奴ら、マリファナ常習者からトラブルメーカーまで、何十人もの若者がフットボールのボランティアコーチの家に集まった。女の子はその日早いうちから着ていくものを考え、両親に今夜の予定をどう告げるかリハーサルし、女友だちの車で送ってもらう段取りを整え、新しい出会いへの期待に胸を膨らませていた。

　到着するとLMFAOの『パーティーロック』のサウンドが鳴り響いていた。最初に入った部屋のエネルギーの高まりに引っ張られて、その女の子は家の奥に入っていった。踊っている子どもたち、かわいい子を口説こうと必死になっている軽薄な男、部屋の隅で口論しているカップルが彼女の視野をかすめていった。女の子が受け取った赤いカップに入ったブルーのスラッシーは、ウォッカが入っていておいしかった。スタートは上々だわ、と彼女は思った。そのときはそう思われた。

　どこからあんなひどいことになってしまったのか、女の子にはパーティーの後何日たってもよくわからなかった。正直、ほんとうに思い出せなかったのだ。スラッシーに続いてウォッカをストレートで１杯、そしてまた何かを１杯飲んだ頃には足元がふらついてまっすぐ歩けなくなっていた。酔っているのを感じて風にあたりたくなり、高校のフットボール部で人気のクォーターバック選手と手をつないで家の外に出ようとした。これが彼女の最後の記憶で、気づいたら翌朝、裸のまま知らない人の家の床の上で寝ていた。その夜何が起きたのか女の子は覚えていなかった。それにもかかわらず、パーティーに参加した他の人たちは、写真やツイート、ビデオなどのソーシャルメディアを使って彼女の身に起きたことを逐一記録し、それらの映像が何百万人もの人々の間でシェアされていた。夜通し大勢の人たちが彼女への性的暴行を目撃していた。しかし、彼らはフットボール選手たちの女の子に対する犯罪行為を止めようともせずに、彼女を笑いものにしていたのだ。

　女の子が自分の身に起きたことをおぼろげながら理解したのは、翌朝友人に車で迎えに来てもらった後だった。FacebookとTwitterにアクセスし、地元の新聞を広げてみると、「尻軽女」「酔っ払いの売春婦」と呼ばれる自分がそこにいた。夜が明けて新しい日が始まる頃には、身体のあちこちに感じる違和感の理由がわかってきた。自分がレイプされる姿がこと細かに世間の目に曝されていた。写真がインスタグラムに投稿されている以上、両親も目にするだろう。あのクォーターバックとワイドレシーバーにジャガイモが入った麻袋のように運ばれている、意識を失った自分の画像も見つけた。別のフットボール選手が撮ったその写真はFacebookに投稿され、誰でも書き込みができるように

182

なっていた。パーティーの最中は自分があざけりの標的にされていたことに気づかなかったが、周りの参加者にそそのかされて彼女の身体に放尿した野球選手がいたこともその直後に知った[1]。女の子は薬物を混入されたのではないかという恐怖を抱いたが、誰もそんなことはないと取り合ってくれなかった。だが、この恐怖には根拠があった。それを裏づける症状――虚脱、吐き気と嘔吐、そして一時的な意識消失――が現れていたからである。

　非常に気の滅入るこの話の大部分は、スチューベンビル高校強姦事件（Macur & Schweber, 2012；Noveck, 2013；Welsh-Huggins, 2013；Wetzel, 2013）として知られることになった出来事に基づいている。この話の要点は、子どもから大人までの女性に対する性暴力を誤解している、あるいは不当に正当化している多くの人の心の底にある思い込みの構造を伝えている。専門家はこの思い込みの構造のことを**レイプ神話**と呼んでいる。性暴力の本質に関わる誤解は、女の子の身に起きたことをレイプと認識できない人がいることや、事件が起こることをはやし立てた周りの人たちの行動に映し出されている。

　たとえばそれは、16歳の被害者のそばにいて彼女に起きていることを見ていながらも、携帯でひたすら動画を撮ることしかしなかった選手のひとりが、後になって声を上げることも動くこともほとんどできなかった女の子に、チームメートがしていることを犯罪だとは思わず、ぼんやりと見ていたと説明したことに見て取れる（Ove, 2013；Wetzel, 2013）。被害者に加えられた危害を理解する能力が、加害者にも現場にいた人たちにもなかったことは、暴力を振るわれた女の子が酒を飲んで選手たちといちゃついていたから、公衆の面前で辱められたのだ、として被害者を責めることにも表れていた。学業やスポーツで優秀だったことも、友人たちとのつながりも、その夜の女の子を守ることにはならなかった。ボランティアコーチが開いたパーティーで未成年が飲酒し、彼のチームの選手2人がか弱い女の子を標的にしたという事実は、コーチの立場にある人たちが知ってか知らずか、この種の振る舞いを許容する雰囲気をつくりだすことに一役買っているのかもしれない、というやっかいな問題を示している（Macur & Schweber, 2012）。

　スチューベンビルの事件はかなりの注目を浴びたが、女子高校生がレイプされ、あざけりの標的にされること自体は目新しい話ではない。アメリカ疾病予防管理センターによれば、高校生年代の女の子の10.5%が性的暴行を受けた経験があるという（Gregoire, 2012）。アメリカでは、女性は5人にひとり（18.3%）、男性は71人にひとり（1.4%）がレイプされたことがあるとする報告がある。このスチューベンビルの被害者が大学に進むことになれば、**性的暴行**もしくはその未遂の犠牲になった経験を、女子のクラスメイトの20%と共有することとなる（Krebs, Lindquist, Warner, Fisher, & Martin, 2007）。

　この事件で女の子を暴行した男たちの行為は、諸研究で立証されてきたパターンとも

一致する（Crosset, Ptacek, McDonald, & Benedict, 1996；Forbes, Adams-Curtis, Pakalka, & White, 2006；Humphrey & Kahn, 2000；McMahon, 2010；Moynihan, Banyard, Arnold, Eckstein, & Stapleton, 2010；Sawyer, Thompson, & Chicorelli, 2002）。フラタニティやソロリティ［訳注：アメリカの大学における男子・女子学生の交友組織］に入っている人たちと同様に、男性アスリートはレイプ神話を受け入れやすく、女性はこの種の扱いをしてもらいたがっている、あるいは、こういう扱いをされるのがふさわしいと信じている。どのような要因がアスリートのレイプ神話を信じる程度に影響を与えるかを見た分析では、低学年の男性のカレッジアスリート（3・4年生に対して1・2年生）のほうが、レイプされたと報告するような女性は嘘をついていて本当はレイプされていない、と強く信じていた。女性アスリートのレイプに対する態度は、全体としては男性アスリートと異なるのだが、ディビジョンⅠに属する超トップ女性アスリートのほとんどは、同等の男性アスリートと似た態度を示す（McMahon, 2010）。

　本章では、女性、スポーツ、そして性暴力に共通するものに焦点をあてる。まず、すべての世代の女性たちがスポーツの世界で遭遇する**セクシュアルハラスメント**、性的暴行、そして**対人関係暴力（親密な関係にある人からの虐待）**等の性暴力のまん延について概観する。続く項では、コーチとアスリートという関係に見られる独特な気質を扱う。最後に、学校や職場における法的救済策、教育プログラム、そして公共政策の活用を通して、スポーツ界の性暴力に対処する取組みについて情報を提供して本章を締めくくる。

スポーツに関わるすべての世代の女性における性的被害のまん延

　『ローリング・ストーン』誌の中でスチューベンビル高校強姦事件についてコメントしたテニス界のスター、セリーナ・ウィリアムズは、男の子たちの行為を「愚か」と評する一方、酔っていた様子の被害者の行動について彼女自身とその親を非難し、被害者に責任を求めるような口調で彼女のことばかりを語った（Distant, 2013）。このコメントが公表されると、ウィリアムズは自らのコメントについて弁明し、被害者に対する同情と支援を表明したが、ウィリアムズの言葉の中には、女性に向けられる性暴力に関する世間一般の混乱が見て取れる。その混乱は、男性集団、そして、フラタニティまたはソロリティやスポーツに関わる者を含む集団の一部においてより多く見られる（McMahon, 2010）。

　これらの問題に絡む混乱にかかわらず、非常にはっきりしているのは、同僚や権力をもつ人によって他者をコントロールするための道具として性的なことが使われるのが恒常化していることである。性的なことがこのように使われると、時には長期にわたり健康面に影響が出ることがある。男の子や女の子の性的被害を Women's Law Project は「性的なコメントや不適切なタッチングからレイプまで」と定義しているが（2012, p.151）、

> 「もっとひどいことになっていたかもしれない。彼女はラッキーだった。どう見ても、い
> や、まあ多分、あの娘はバージンじゃなかったのでしょうけど、もっと気をつけるべき
> だった。こっそり何かを混ぜられたりしたのでなければね。それなら話は別」
> ──セリーナ・ウィリアムズ Serena Williams
>
> 「セリーナは著名な選手で、そのセリーナをロールモデルと見る若い女性も多いことが気
> にかかる。結局、セリーナは『お酒を飲んでいたのならあなたが悪い。だから、あれこれ
> 告げずに黙っていること。それがとるべき態度』と若い女性たちに言っているのだから」
> ──キャシー・レッドモンド Kathy Redmond（全米反暴力アスリート連合創始者）

これは小学校から大学までの学校生活を通じて起こる。AAUW（全米大学女性協会）の
調査によると、7〜12 年生までの生徒の 50％が 2010〜2011 年の学年度期間に何らかの
形で性的被害を経験している（Hill & Kearl, 2011）。性的被害のパターンは、7 年生では
男女間で類似しているが、思春期に差し掛かると性差がより鮮明に現れてくる。女の子
の訴える性的被害の頻度は 12 年生までに男の子よりも高くなる（62％対 39％）。性差別
的なジョーク、コメント、ジェスチャーが最も頻繁に見られる性的被害であり、同性愛
嫌悪的な中傷、性的な写真を見せる、不快な性的タッチがそれに続く。ソーシャルメ
ディアが盛んになるにしたがいサイバーハラスメントの頻度も高まり、女の子の 1/3、
男の子では 1/4 近くが学校時代に標的にされたことがあると答えている（Hill & Kearl,
2011）。学校での性的被害の形態としては生徒間での不品行が最も多いが、AAUW の調
査では、生徒の 10％近くが学生時代に教育者の性的不品行の相手にされたと答えている
（Hill & Kearl, 2011）。

　しかし、アスリートやスポーツコミュニティ内での性的被害に焦点をあてようとする
研究は、定義上の難しさから、コーチやスポーツ団体役員による不品行行為のまん延と
いう点では幾分明確さに欠けている。Brake は、「現調査段階で、コーチがアスリートと
どれだけの頻度で性的な関わりをもっているかをはっきりと示せない」と書いている
（2012, p.399）。さらに、進行中の研究はアメリカの学校における性的被害を時系列的に
記録することを目的としているが、それとは違った、スポーツ界の性的被害に関連する
問題を扱った最も包括的な研究は、アメリカ以外の国で着手されている。Brake はこの
事実を「コーチを理想化してスポーツの有害な面を見逃そう、あるいは最小化しようと
いう一種のイデオロギー」を反映していると推測する（p.399）。

　これ以外にも、虐待的な振る舞いが常にそれと認識されるとは限らないという、実態
把握のためのデータ収集の難しさがある。スポーツ界での性差別的な振る舞いはありふ
れていて、アスリートはそれを許容し、スポーツをする上での約束ごとの 1 つと認識さ
れてしまっている（Rodriguez & Gill, 2011）。その結果、報告された被害率はスポーツ界

第 3 部　女性、スポーツ、そして社会的立場

で実際に起きている性的被害を反映していない可能性がある。なぜならば、「アスリート
は、ハラスメントや虐待的な振る舞いを経験しても、常にそう認識するとは限らない（む
しろ、ほとんどの場合しない）」（Brake, 2012, p.400）からである。

　いくつかの先行研究では、女性アスリートの 15〜48％がスポーツに関係する環境で
セクシュアルハラスメントの被害にあっていることがわかっている（Fasting, Bracken-
ridge, & Sundgot-Borgen, 2000 ; Fasting & Knorre, 2005 ; Kirby, Greaves, & Hankivsky,
2000 ; Toftegaard Nielsen, 2001 ; Volkwein, Schnell, Sherwood, & Livezey, 1997）。Bracken-
ridge, Bishop, Moussali, & Tapp（2008）は、スポーツ界における性的虐待の被害率を先
行研究に基づき 2〜22％の間にあるとしている。

　スポーツ界における性的虐待の最も包括的な研究の 1 つとして、カナダのオリンピッ
ク代表選手にスポーツシステム内での経験を尋ねたものがある。その中で、回答者 266
人の 1/5 がスポーツ界の権威的人物と性交体験があると回答した。そこで得られた言葉
によるいじめや身体的暴行の詳細な記述から、研究者らはこの 1/5 のうち 15 人（女性
11、男性 4）は性交を強要され、そのうち 5 人（女性 2、男性 3）は 16 歳未満だったと
報告している（Kirby et al., 2000）。

　スポーツ界における性的被害の深刻さを主張しようとしても、コーチやスポーツ団体
役員によって犯された性的虐待の被害者数を立証するための、地域および全国的報告シ
ステムが欠如している。そのため、役に立つのはニュース記事や特定のスポーツ団体の
公式発表である。2013 年、アメリカ水泳連盟のウェブサイトに、同連盟から永久追放処
分を受けた、脱退した、あるいは不適格と判断されたコーチ 85 人が公表された。これ
らのコーチの大半は、連盟の定める行動規範に違反していた。アメリカ体操連盟によれ
ば、同じようにコーチ 89 人が「体操競技というスポーツと私たちが力を尽くして世話
をしているアスリートの最大利益を考えることに反すると判断された（…）行為」の結
果、永久追放されている（2013, para. 1）。『シアトル・タイムズ』紙の報道では、1993
年から 2003 年までに「ワシントン州で 159 人のコーチが、ハラスメントからレイプま
での性的不品行により解雇または懲戒された。ほぼ全員が男性コーチで、女の子を虐待
していた。これらコーチの少なくとも 98 人が、その後もコーチや指導を続けていた」と
している（Willmsen & O'Hagan, 2003, para. 9）。

　スポーツ界における子どもから大人までの女性たちの性的被害の様子をより鮮明に描
き出すためには、女性アスリートを取り巻く人間関係、コーチだけでなく他のスポーツ
団体役員、同僚、アスレチックトレーナーやスポーツ医学の専門家、観客、そしてスポー
ツの地域社会を構成する様々な人々との個々の関係をもっと理解する必要がある。Fast-
ing、Brackenridge、Walseth（2007）による 25 人のアスリートへのインタビュー調査で
は、セクシュアルハラスメントの加害者は、権威的な人物であるスポーツマネージャー
やコーチに加え、主として男性コーチであることが明らかとなった。この調査における

186

第10章　女性、スポーツ、性暴力

女性たちは、同僚の男性アスリートからもセクシュアルハラスメントを受けていると述べていた（Fasting et al., 2007）。ナイジェリア南部の諸大学出身のアスリートらは、自身が経験した様々なセクシュアルハラスメントの報告の中で、**ジェンダーハラスメント**の96.5%、望まない性的注目の86.35%、性行為の強要の79.74%が同僚のアスリートによるものだったとしている（Elendu & Umeakuka, 2011）。ノルウェー、カナダ、アメリカ、そしてナイジェリアと、どこの国でも、女性アスリートたちは様々な性暴力を経験している。

　調査統計では、大学のスポーツ局におけるアスリート対アスリートの性的被害は、十分に把握されていない。アスリート間で生じる性的暴行は複雑であることが最近のある事例で証明されている。パシフィック大学の女子バスケットボール選手ベケット・ブレナン（Beckett Brennan）の場合、ある学内パーティーに出席したことが同大学の男性チームの2人の選手からのレイプ被害につながってしまった。レイプされたというブレナンの申し立てを受けたスポーツ局の対応は、女子バスケットボール選手の男子バスケットボール選手との交友を制限する規則をつくるというものだった。ブレナンはこの規則をタイトルIX（タイトルIXの詳細は第2章、および本章の「タイトルIXとセクシュアルハラスメント」の項を参照）が定める自分の権利を侵すものだとしてパシフィック大学を訴えた。

　スポーツ界で働く女性がセクシュアルハラスメントをどの程度経験しているかについては、わかっていることがさらに少ない。スポーツおよびスポーツ専門紙の業界で働く女性、という特定の集団を対象にした数少ない研究の1つにおいて、回答者112人の半数が研究参加前の12ヵ月間にセクシュアルハラスメントを受けたと述べている（Pedersen, Lim, Osborne, & Whisenant, 2009）。ニューヨーク・ジェッツの一部の選手が不適切な行為をしたという、レポーターのイネス・セインツ（Ine's Sainz）による申し立てから生じた論争の中で、NFL（ナショナル・フットボール・リーグ）は、「『NFLすべての職員と関係者にはハラスメント、脅迫、差別がいっさい存在しない前向きな環境で働く権利がある』と改めて公式に明言するにいたった」（Schulman & Clifton, 2011, p.1）。最も大々的に報道されたものの1つが、元NBA（ナショナル・バスケットボール・アソシエーション）執行役員アヌチャ・ブラウン・サンダース（Anucha Browne Sanders）の事件である。彼女は当時ニューヨーク・ニックスのコーチだったアイザイア・トーマス（Isiah Thomas）からセクシュアルハラスメントを受けたと申し立てたことで解雇されたと主張し、2007年に1150万ドルの和解金をマディソン・スクエア・ガーデンとトーマスから受け取った（Diamond, 2011）。

　子どもたちは男女を問わず、スポーツ界に関わったときから、女性を従属物でセックスの対象物と見る、昔ながらのステレオタイプをますます強化するメッセージを受け取る。毎年6月に各地域の小学校で行われるフットボール選手とチアリーダー募集の広告

187

には、男の子はフットボール選手に、女の子はフィールドのライン上で彼らに声援を送る役目にという意図がはっきりと見える。この発想が大学の男子チームにまで持ち込まれ、トップ選手を勧誘するために女性（時にホステスと呼ばれる）を利用することになるのである（Christiansen, Hubbell, Lee, O'Brien, & Staurowsky, 2010）。この世界観は中学、高校、大学と学年が進んでも変わることなく保持され、プロのレベルにまで持ち込まれる。そして男子プロスポーツチームは、ビキニ姿でチームの（プロモーション用）カレンダーに載るチアリーダーと一夜を共にすることを見返りにして選手を勧誘する。女性を性的に特徴づけることが一般化され、スポーツの楽しみの一部として体系化されている。子どもから大人までの女性たちは、自分が入り込んだそうした世界を精一杯うまく切り抜けていく。さらに状況を複雑にするのは、コーチとアスリートの関係において表出されるようなアスリート界の独特な側面である。それがゆえに、研究者らはスポーツチームやスポーツ環境が性暴力の起きるリスクのある場とみなすのである。

コーチ—アスリート関係における境界線の曖昧さ

多くの場合、才能があり、成功を夢見るアスリートは、コーチを自分の生活の中心に置かざるをえなくなる。キャリアにおいて重要な時期に選手を育てる責任を負うコーチは、プロとしての業績と人脈、専門知識、やる気を起こさせ意思疎通する能力を通じて自信を奮い立たせる、信頼のおける権威者としてアスリートに影響を及ぼし、時には神とも父ともいえる存在となる（Brake, 2012）。

公然性と、数量化できる実績が重視されるというスポーツの側面を考えると、アス

コーチの庇護と指導のもとにいれば大丈夫だと信じることができるアスリートは成績を上げられる。

リートの健康、安全、そして福利に最大の責任を負う者が、アスリートにとって最大の脅威となりうるという考えは、一般には受け入れられていない。しかし、コーチとアスリートの境界線はしばしば曖昧になり、コーチが相手の信頼を利用して、精神的および身体的な虐待という形でアスリートに権力を行使することは、もう何十年も前からスポーツ界関係者やスポーツ科学者らが認識していることである（Brackenridge, 1997）。元ペンシルバニア州立大学フットボールチームのコーチ、ジェリー・サンダスキー（Jerry Sandusky）が、名高いフットボールプログラムで得た自身の名声を利用して立ち上げた児童福祉機関を使って、男児に目をつけては餌食にしていたことが大々的に報道された。この事件のやりきれない結果の1つに、コーチがアスリートを性的あるいは他の形で虐待する状況をもたらしているのがスポーツの体制である、と広く認知されるようになったことである。しかし、Hartill が書いているように、「児童に対する性的虐待の隠蔽は、組織化されたスポーツの歴史的特徴」（2013, p.241）なのである。

　水泳の全米的運営団体であるアメリカ水泳連盟が、女性アスリートに対する性的暴力絡みの問題に長年にわたって手を焼いているのが、そのいい例だ。これはまさに当局が、コーチとアスリートの不適切な、あるいは違法な関係を黙認し、1つのクラブまたはプログラムでコーチが解雇されても、よそへ行けば仕事を続けられる状況を許してしまっているためなのである。2010 年の ABC ニュースの調査によると、アメリカ水泳連盟は何十人もの水泳選手に対するわいせつ、愛撫、虐待行為のかどで少なくとも 36 人のコーチを追放している（Chuchmach & Patel, 2010）。アンドリュー・キング（Andrew King）やリック・カール（Rick Curl）のようなコーチたちは、長い間、関係者（他のコーチ、スポーツ団体役員、親、アスリート）が彼らの虐待について口をつぐんでいたり、被害者の立場の弱さによって護られてきたが、最近になって法の裁きを受けるにいたり、それぞれ懲役 40 年と 7 年の実刑判決を言いわたされた。しかし、アスリートに対して罪を犯したコーチらが水泳の世界で仕事を続けているという事実に対して、アメリカ連邦議会の監督を求める声が上がるようになった。アメリカ水泳連盟は税金を資金とする全米的スポーツ運営団体であることから、水泳界は虐待をはたらくコーチたちに対する責任追及の責務を果たしておらず、この問題にはアメリカ政府による介入を要するという認識が高まってきている。

　このような件について沈黙を破ることは痛みを伴いかつ時間もかかり、なかには告訴へと進むものもあることから、水泳界には一段と厳しい監視の目が向けられるようになった。しかし、コーチやスポーツ団体役員による不祥事は、水泳というスポーツにとどまらず、コーチとアスリートの関係が生じる場所ならどこでも起こりうるのだ。スポーツの世界は、コーチが、自分が指導しているアスリート、さらにはアスリートを愛する者たちにあからさまな、あるいは威圧的な力をふるうことができる一種独特の環境である。コーチがアスリートに対して行使する支配力は、競技をする場やパフォーマン

189

第 3 部　女性、スポーツ、そして社会的立場

スそのものをはるかに越える範囲にまで及ぶ。アスリートのプライベートな生活と選手としての生活の境界は、もっとうまく強くなるように励ましているのだという口実のもと、コーチによっていたるところで侵食される余地がある。食事内容の選択から着るもの、行動規範から睡眠法、起床時間や就寝時間に関わる日々の流れまで、アスリートの生活のほぼすべてにコーチが大きな影響力を行使する。どんなチャンスもそこを通じてしか開かれないゲイトキーパーとして、指導しない、試合に出さない、練習させない、奨学金や賞に推薦しない、オールスターやリージョナルやナショナルチームに配置しない、と脅して、アスリートを操る効果的な手段をコーチたちはふんだんにもっている。

　コーチとアスリートの運命は物理的にも精神的にも互いにつながり、絡まりあって、女性アスリートに対する虐待が比較的目につきにくく、野放しになりやすい土壌を生み出す。Volkwein ら（1997）が指摘しているように、個人の境界線の崩壊がほんの少しずつ時間をかけて進んでいくために、女性アスリートは、コーチからの性的な発言や思わせぶりな触り方、あるいはもっとあからさまな性的虐待があっても、それらが不適切なものであることにすら気づかないこともありうる。

　コーチングは伝統的に「触れる職業」だとみなされ、アスリートの身体に接触することは指導と習得のために必要な要素と信じられてきた。運動中に怪我をすれば、身体の状況を確かめ治療をしなければならない。そして、マッサージなどアスリートの身体の回復に向けた手当ては、だいたいはコーチが施してきた。アスリートとコーチの身体的かつ精神的なつながりは、多くの場合、打ち解けた状況で長い間共に過ごしたり、遠征したり、同じホテルに泊まったり、チームで夕食をとったりすることで生まれる家庭的な雰囲気の中で、時間をかけて構築されていく。つながりが親密になればなるほど、コーチの立場から客観性が失われていく。共に歩み、育て、支えようとするコーチの善意の領域、つまりコーチとアスリートが共有するこの物理的な空間が、潜在的な標的を手なずけ、境界線を踏み越え、信頼を勝ち得て、女性アスリートがコーチに逆らえない、あるいは逆らいたくなくなるまでに相互依存を高める、都合の良い道筋をコーチに提供しうる。

　性暴力は、ある 1 つの集団や社会的組織に限られたものではないが、スポーツが男性アスリート優勢で男性がリーダーシップを握る性差のある世界であるという事実が、男性のスポーツ団体役員が女性アスリートや女性の同僚に対して性的な不品行と虐待を侵しやすい状況を生むのである。具体的な現実として、大学の女子チームのヘッドコーチの 57％、また大学チーム全体（男子、女子チーム両方）のヘッドコーチの 80％、大学のスポーツ局ディレクターの 80％が男性である（Acosta & Carpenter, 2012）。高校では、女性コーチの比率がいくらか高くなるが、ヘッドコーチの 73％は男性である（LaVoi, 2013）。WNBA（ウィメンズ・ナショナル・バスケットボール・アソシエーション）ですら、ヘッドコーチの 58％は男性なのだ。

190

第 10 章　女性、スポーツ、性暴力

　すべての世代の女性に対する性的攻撃について、高校の男性コーチおよび学校の管理職がどう考えているかを聞いた、個別およびフォーカスグループインタビュー調査によって、女子学生や女性アスリートを犠牲にして男性特権に価値を置くような家父長制が、彼らの中に内面化されていることが明らかとなった（Lyndon, Duffy, Smith, & White, 2011）。調査者らは、インタビューした男性コーチらがこれほどまでに性的攻撃の問題性を最小化し、レイプ神話を支持するような考えをもち、性的攻撃がどれほど深刻な結果をもたらすのかという教育をまったく受けていないことを考えると、彼らが「教え子のアスリートの性的攻撃性を支持し、大目に見るような価値観を伝えているのだろう」ということを結論づけている（Lyndon et al., 2011, p.1）。

　Lyndon ら（2011, p.8-9）によると、調査した男性コーチらは「性的暴行について視野が狭く、どちらかと言えば単純な見方をしていて、何らかの性的行為に同意した女の子たちはあらゆる性的行為に同意したと考えてよく、厄介な状況に置かれた、あるいは陥ったのは、"ふしだらな"女の子自身に責任がある、と信じている」。さらに Lyndon らは、男性コーチらが「一度何らかの性的行為に関わったら、女の子たちは"嫌だ"という権利を放棄したことになる」と述べたと報告している。

　コーチによるセクシュアルハラスメントは、アメリカに限った問題ではない。アメリカおよびイスラエルのコーチらとイスラエルのアスリートらに、コーチのアスリートに対する態度を評価するよう求めたある研究では、コーチによる次のような態度をアスリートがセクシュアルハラスメントと考える傾向が強かった。それは、女性アスリートに対して身体に触ったり口説いたりする、性的な興味をもっていることを示す、性的関係を申し出る、性生活について聞く、尻をつねる、胸を見つめる、自分の性生活を聞かせる、愛撫する、などであった（Fejgin & Hanegby, 2001）。

　コーチにセクシャルハラスメントを受けたノルウェー人女性アスリート 25 人は、その経験を回想して、怒り、嫌悪、恐れ、苛立ちなど感情的に反応したと報告している（Fasting et al., 2007）。こうした反応を示しながらも、女性アスリートはコーチの行状を正式に報告することを嫌がった。それは、「彼女らがそのハラッサーを傷つけたくなかったのと、苦情を言うことでコーチの仕事や家族に悪影響が出ることを恐れたから」（Fasting et al., 2007, p.428）であった。Rodoriguez と Gill は、「女性アスリートは、社会の複雑な性役割的期待や文化的価値観（たとえば、敬意と尊厳）をごまかしたり耐えたりしながら、絶えず遭遇する不快な性差別主義者や性的な振る舞いに対応しなければスポーツに参加し続けられないのではないか」（2011, p.325）と推測している。彼らは、プエルトリコ人女性のトップアスリートを扱った研究で、アスリートとハラスメント加害者であるコーチとの愛憎関係を記している。あるアスリートは、その関係をこう述べている（Rodriguez & Gill, 2011, p.330）：

　　彼は二重人格だった。私が目標に到達するために必要だったのは彼の知識の面。そこだ

191

けでよかった！　でも違う面もあって（…）その面と私は闘わなければならなかった。

法的手段

性暴力で傷を負ったスポーツ界に身を置くあらゆる世代の女性たちには、加害者が彼女たちに行った不正に対する裁きを求めるために使える、州および地域レベルの法律が数多くある。Women's Law Project が指摘しているように、「性的暴行は犯罪」（2012, p.156）である。だからこそ、性的暴行が地域の法執行機関（警察および検察）に報告されれば、刑事司法制度によって被害者が不正を正す道が開ける。

原告らが従来から利用する連邦法には、連邦政府の助成を受けている学校内での事件に適用される 1972 年のタイトル IX と、性別による差別を禁じる規定により職場の性暴力を扱うタイトル VII の 2 つがある。

タイトル IX とセクシュアルハラスメント

学校施設内で起きたセクシュアルハラスメントにタイトル IX を適用するには、次の 2 つを前提とする。1 つは、セクシュアルハラスメントが性差別の一形態であること。もう 1 つは、性的暴行がタイトル IX が規定するセクシュアルハラスメントの一形態であることである。

セクシュアルハラスメントを経験する女性アスリートにしてみれば、それが人生に深刻な影響を与えることもありうる。抑うつになるかもしれないし、アルコールやドラッグに手を出すかもしれない。眠れなくなったり集中できなくなったり、不安障害と闘うことになったり、摂食障害から妊娠、性感染症までの幅広い身体的健康問題が生じることもある。女性に声をあげさせないために、ハラッサーが、さらに危害を加えるぞと脅し、脅された女性が以前のようにチームでプレーしたり、勉強で成果をあげたりできなくなり、学校でただ快適に過ごすことすら難しくなっていくことがある。セクシュアルハラスメントを受けたと報告することで、社会的にのけ者にされることもある。他の学生やアスリート、コーチ、スポーツアドミニストレーターから性暴力を受けた女性アスリートは、最終的に他の学生と同等の教育に参加する機会を失ってしまうことになる。ハラスメントに耐えることで、教育に参加し成功する機会がより限られてしまうのだ。

タイトル IX が規定する不公平な扱いの禁止は、セクシュアルハラスメントにあってきた女性アスリートを保護し救済することを目的として策定されている。アメリカ教育省の公民権局が出しているガイダンスでは、セクシュアルハラスメントが起きたときはそれを認めて対応し、被害にあった学生にとっての**敵対的な環境**を緩和することを学校に要求している。タイトル IX では、「学生間のハラスメントが敵対的な環境を生んでいることを学校が知っている、あるいは合理的に考えれば知っているはずであるとき、タイト

第 10 章　女性、スポーツ、性暴力

スポーツ現場で起きる性的暴行に対して、あなたにできることは？

　学生活動家と賛同者が 2013 年、「タイトル IX を知ろう（Know Your Title IX）：KYIX」キャンペーンをスタートさせた。目標は 2 つあり、アメリカの学生にタイトル IX が定める彼らの権利を教えることと、性暴力を止めることができるよう大学キャンパス内の学生をエンパワーメントすることだった。キャンペーンのウェブサイトでは、毎回、キャンパスを 1 つずつ取り上げ、性暴力の辛い経験をくぐってきた学生の話を掲載し、サバイバーがキャンパスで加害者や組織の責任を追及しようとするときに遭遇する困難に焦点を当て、学生生活を改善するために各自がとれる前向きなステップを紹介している。

　KYIX は、暴力が起きた後に生じる様々な問題に対処するときに役立つリソースを開発している。また、被害を未然に防ぐための戦略も提供している。たとえば、以下のような問題を扱っている。

- 実際的な問題（どうやって弁護士を見つけるか、性差に基づく暴力の経済的コスト、被害を受けた後に学校を退学する、または転校することを決めた場合の学資ローン（返済）がどうなるか）。
- 感情面での精神的サポート（サポートネットワークをどう築くか、周囲のサポートが得られないときどうするか）。
- メディアの問題（自分の件が公になった場合どうするか、メディアが自分をどう扱うか、メディアに間違って伝えられたときどうするか）。
- 学校がすべきことと、してはならないこと（アドミニストレーターは、名乗り出た学生に報復してはならない）。
- 人種的および性的マイノリティに属する、あるいは様々な信条や宗教的伝統に依拠する女性の問題。

　2013 年 7 月、アメリカ教育省長官アーン・ダンカン（Arne Duncan）やその他の政府官僚に 10 万人の署名を添えて請願を提出した KYIX の努力の結果、バラク・オバマ大統領は 2014 年 1 月に、性暴力から学生を守る大統領府特別委員会を新たに立ち上げた。この特別委員会が続く 4 月に発行した報告書は、タイトル IX の実施をめぐって、より高い透明性を呼びかけている。この報告書が公表されて数日以内に、教育省は、タイトル IX が規定する性暴力に関連する案件への対応を理由として調査対象となっている大学の一覧表を公表した。KYIX についての詳細は http://knowyourix.org/dealing-with を参照のこと。

ル IX は学校がただちに当該ハラスメントを一掃し、再発を防止してその影響に対処すること」としている（Ali, 2011, p.4）。

　セクシュアルハラスメント、あるいは**ハラスメント行為**の被害にあっていると申し立てる女性に対しては、当該申し立てを調査する義務を負う学校管理職が迅速に対応しなければならない。学校職員には、証拠の優越を基準にして、つまりセクシュアルハラスメントは実際に起きた可能性の方が高いという視点に立って、申し立てについて結論を

193

第3部 女性、スポーツ、そして社会的立場

タイトルⅨは、学生を敵対的な環境から保護することで、やりたいスポーツに専念できるよう手助けをする。

出すことが求められる。調査を完了する前に適切な措置を講じて当該申し立てに対する敵対的な環境を一掃することが求められる。学校外で起きたセクシュアルハラスメントであっても、波及効果（つまり、ハラスメントが被害者を追随して学校にまで及ぶこと）を考慮して、学校管理職には同様にサポートの提供と適切な措置が義務づけられる。たとえば、女性アスリートが他組織のファンに狙われる可能性もある（Ali, 2011；Women's Law Project, 2012）。

タイトルⅦとセクシュアルハラスメント

スポーツ界で働く女性は、1964年の公民権法第7編（タイトルⅦ）に基づき助けを求めることができるが、そこでは2つの**セクシュアルハラスメント**について概説している（Shulman & Clifton, 2011）。1つは、雇用者が仕事上の有利な扱いと交換に性的な行為を要求される**代償型セクシュアルハラスメント**である。実際、上司と一緒に食事に行く、あるいはその他の性的な行為に同意すれば、女性雇用者は昇進、昇給、もしくは雇用の維持を与えられることがある。もう1つは、不愉快な性的注目が非常に強く、執拗で、職場の雰囲気にまで波及し、当該雇用者が影響されずにいることが困難であるという敵対的な環境である。敵対的な環境とは、こうした振る舞いが酷く、執拗で、合理的な人

第 10 章　女性、スポーツ、性暴力

間の基準に照らして客観的に不快である環境をいう。タイトルⅦに定められた基準は、タイトルⅨでの分析をまとめられるのに用いられた（Buchwald, 2008）。

教育と防止プログラム

　IOC（国際オリンピック委員会）から NCAA（全米大学スポーツ協会）、NFL にいたるまで、アメリカをはじめとする世界のスポーツ団体は、スポーツが人間の可能性を追求し目標を達成する機会を提供する一方で、あらゆる世代の女性たちが信頼するコーチ、自分自身のチームメートや競っている選手、スポーツ団体役員やスポーツアドミニストレーター、そして観客から心的外傷を被る場でもあることを認識している。道義的および法的義務感から、賛同者らは、スポーツシステムに関与する人々すべてに対して何が性暴力なのかを教育し、アスリートとスポーツ界で働く人にとって安全で健康的な環境を育むための様々な取組みを担っている。

　気づきを生み、スポーツ界で性暴力が起きることを許してしまいがちな沈黙と闘うためのアプローチの 1 つに、**第三者介入**プログラムがある。この章の冒頭のスチューベンビル高校強姦事件の展開を読んで、レイプ被害者がどんな目にあっているかをあれだけ多くの人が見ていたのに、誰も止めようとしなかったのはなぜなのか、と読者は思ったかもしれない。この第三者介入アプローチは、誰でも性暴力の目撃者になりうるという考え方のもとに、すべての人に対して自身が属する集団のメンバーを守る勇気をもってほしいと働きかける。このアプローチは、大学のスポーツ局がアスリートのリーダーシップ養成で重視する点とうまく符号すると考えられている（Moynihan et al., 2010）。

　Safe4Athletes は元オリンピック代表水泳選手キャサリン・スター（Katherine Starr）がつくった団体である。キャサリンは、彼女がコーチから受けた性的虐待の痛みを情熱に変えて、子どもたちが声をあげるための支援が最も手薄なクラブレベルのスポーツ団体で変革に取り組んでいる。クラブ職員が整えておかなければならない方針や手順を概説した包括的なハンドブックには、「性的虐待やいじめ、ハラスメントのない安全で前向きな環境をつくるために、Safe4Athletes は推奨事項を提示して、コーチに対する徹底した素行調査、虐待等の申し立てを受けるしくみの配備、そして虐待が起きたときに申し立てを調査するプロセスの配備を求めるよう勧告している」と記されている（Starr, 2013）。

Safe4Athletes

　スポーツで起きる性的虐待の情報を、アスリート、親、コーチが安心して入手できる場を提供しようと、キャサリン・スターが 2012 年に立ち上げた Safe4Athletes は、コーチによるアスリートの虐待を防止することを明確な目的に掲げ、包括的な啓発リソースとして機能している。

第3部 女性、スポーツ、そして社会的立場

Safe4Athletes はすべてのレベルのスポーツ団体が、いじめ、性的不品行、その他コーチとアスリートの不適切な関わりに対する意識を高める方針と手順を採用、維持するよう強く呼びかけている。Safe4Athletes は、虐待の被害にあったアスリートが同じような経験をした人とつながれるよう手助けをする。プロのカウンセラーの助言や、アスリートが不当な扱いを受けたときに起きてくる問題をどう処理するか（関係するアドミニストレーターやクラブ職員にどうアプローチするか、虐待するコーチをどうやって解雇させるか、法的支援を受けるためにはどうしたらいいのか）のアドバイスもする。方針モデルおよび手順のサンプルも提供されている。コーチから危害を加えられたアスリートには、Safe4Athletes が加害者の虐待歴の調査を行う。ウェブサイトには、スポーツ種目を選択すると、不品行を理由に追放されたり資格停止されたりしたコーチがリストアップされる (Steinbach, 2012)。さらなる情報は www.safe4athletes.com を参照のこと。

2012 年、NCAA が、学生アスリートとスポーツ局職員の不適切な関係を防止する方針のモデルを「Staying in Bounds」と題した報告書に発表した（Burton Nelson & Brake, 2012）。協調的な取組みの初の試みの 1 つとして、この方針は学生アスリートとスポーツ局職員の関わりを、アスリートが未成年であるか否か、両者間に双方の合意が存在するか否かにかかわらず禁止するよう促している。Burton Nelson と Brake によれば、アスリートとスポーツ局を運営する人との力の格差は、合意があったとしてもその有効性が疑われる十分な理由になるとしている（2012, p.6）。

学生アスリートが 17、18、19、20、21 歳だろうと、もっと年長だろうと、当人を管理監督する、または権威をふるうヘッドコーチ、アシスタントコーチ、アスレティックトレーナー、スポーツ心理士、スポーツ局ディレクター、あるいはその他のスポーツ局職員よりはるかに弱者であることに変わりはない。この力の格差ゆえに、このような関係は本質的に対等でなくなるのであり、関係が対等でなければ、「互いの合意」という概念も疑わしいものとなる。

キャシー・レドモンドが創設した NCAVA（全米反暴力アスリート連合）が、アスリートとその周囲にいる者が犯した性暴力の責任を問う取組みをしている。この取組みは、インターセプト（INTERCEPT）というプログラムを通じて、リーダーシップ養成と結果に対する責任に重点を置く。NCAVA は、被害者支援についての継続的な啓発と指導に加えて、コーチやアスリートへの教育も行う（www.ncava.org）。

コルビー大学のフットボール選手コナー・クランシー（Connor Clancy）はカルメン・ライオス（Carmen Rios）と共に SPARK 運動を通じてアメリカ州立高校協会に「コーチの年次認定継続要件の一環として、性暴力防止についての科目を選択講義として設けること」を呼びかける請願を Change.org で始めた（Rios & Clancy, 2013）。彼らは Ohio Alliance to End Sexual Violence、Futures Without Violence、Mentors in Violence Prevention、California Coalition Against Sexual Assault、National Sexual Violence Resource Center、Pennsylvania Coalition Against Rape など連合の協力を得て、チームに対する性暴力（防止）教育の実施に向けて、コーチがきちんとそれを伝えられるようなカリキュラムをつくりあげた。ライオスとクランシーは、「アスリートが地域の"ヒーロー"、そしてロールモデルとして、社会をレイプのない環境に導いていくことが必要だ。そしてコーチには、性暴力について生産的で教育的な対話をアスリートとの間で始め、育んでいく準備をしてほしい」と記している（2013, para. 3）。

---

[1] この筋書きはスチューベンビル高校強姦事件の詳細を基にしている。この部分には 2 つ説がある。1 つは、『ニューヨーク・タイムズ』紙で報じられここに記したものである（Macur & Schweber, 2012）。もう 1 つは、Yahoo Sports! の記者ダン・ウェッツェル（Dan Wetzel）が 2013 年 4 月に報じたもので、そこでは被害者に放尿した選手は存在せず、ただ他に何もしなかった見物人が、誰か放尿したら 3 ドル出すと言ったとしている。

第4部
スポーツ産業界の女性たち

　このセクションでは、あらゆる世代の女性たちの積極的なスポーツ参加をスポーツ業界で演じる多様な役割と共に記述する。第11章では、スポーツで競い合い、スポーツに関連した企業や諸団体で働く女性たちの経験にメディアが及ぼす影響を論じる。続いて、スポーツメディアにおける女性たちの歴史を概観する。同章はスポーツメディアで働く女性たちの挑戦についても詳しく調査している。また、スポーツを取材する女性と、本格的なアスリートや競技者として表象される女性との間に存在する類似点についても検討し、メディアの限界や可能性についての考えや、女性とスポーツに対する人々の理解に与える影響について結論づけている。

　第12章は、女性リーダーたちと、彼女たちとスポーツとの関連に焦点をあてる。同章は、スポーツとは異なる業界で働く女性幹部たちにスポーツが及ぼす影響についての検討から始まり、次に、スポーツ現場で働く女性たちに作用しているジェンダーダイナミクスについての話に移る。このダイナミクスが、女性をスポーツ団体・組織においてリーダーとして認めることや、雇用、昇進、人材の維持（定着）に影響を及ぼしているのである。この章では、プロスポーツ関連企業や国内外のスポーツ団体・組織で、女性たちを抜擢する戦略がある一方で、一般的には女性たちが過小評価されがちな傾向にあることの背後にある理由を再考察する。そして、スポーツ界にいる女性リーダーたちの話を共有することの重要性を議論し結んでいる。

　第13章では、第12章と同様、社会的性差があるスポーツ関連の環境で働いている女性たちの経験や生活について説明するが、その視点は、プロスポーツや国内外のスポーツ団体・組織から高校や大学のスポーツ現場へと徐々に変わっていく。これらの職場で働く女性たちを概観することで、学校を基盤としたスポーツ局で働く女性は少数派であることが証明されると同時に、その職場での賃金や待遇の不平等を考えさせる状況が示される。

　女性たちは、就労者としてスポーツに貢献している上に、その財政事情に影響を与え

大きな存在でもある。第 14 章では、女性たちが、スポーツマーケティングの消費者であり、ファンとしての側面を示す。さらに、スポーツ用品メーカーの観点から、いかに女性消費者のために努力がなされているかを述べる。また、ジェンダーを考慮したスポーツマーケティングの方策や女性が関わるスポーツを売り出すために行われた努力を評価する一方、スポーツマーケティングの専門家たちが女性スポーツを見落としたり過小評価したりすることで、稼ぐチャンスを逃していることを述べている。

　第 15 章では、時として宗教によって影響を受けた政治的慣習が、女性リーダーの受け入れを阻んできた国際的なスポーツ統治を支えてきた、という事実を考察する。IOC（国際オリンピック委員会）や各国のスポーツ団体・組織は、「ジェンダーエクイティ」を推進してきたにもかかわらず、何十年かかっても一向にそれらを実践できていない。筆者たちは、この点を指摘しながら、読者たちが国際的なスポーツ団体・組織のあり様をしっかり理解することを促している。それこそが、女性たちのためにスポーツ界を変えることにつながるのだ。

第 11 章
女性、メディア、そして スポーツ

本章のポイント

- 歴史的に見たスポーツメディアにおける女性の役割。
- スポーツメディア業界での女性の地位に影響する問題。
- 女性のメディア業界人の地位とメディアで扱われた女性アスリートとの関連性。

第 4 部　スポーツ産業界の女性たち

　ワシントン D. C. の繁華街にある映画館は、月曜日の夜だというのにぎゅうぎゅう詰めだった。ESPN［訳注：スポーツ専門チャンネル］の新作ドキュメンタリー、『Let Them Wear Towels』の試写会を見るために数百人がつめかけていた。この章の筆者もそのひとりだ。このドキュメンタリーは ESPN の 2013 年「Nine for IX」シリーズの 1 つで、タイトル IX（第 2 章参照）成立 40 周年を記念として制作されたものだった。

　視聴者は主に大学生くらいの年代だったが、その多くにとって大スクリーンで展開された物語は驚きであったかもしれない。それは差別と苦闘の物語だった。取材をしようとメジャーリーグのロッカールームに入ろうとしても、立入りを拒否され、追い返され、あるいは入っても外にまるで荷物のように**運び**出されることまであった女性たちの物語だ。

　『スポーツ・イラストレイティッド』誌の記者、メリッサ・ラトキ（Melissa Ludtke）は、1970 年代にメジャーリーグのロッカールームでの取材の機会を得る権利を求めて訴訟を起こした。『ニューヨーク・タイムズ』紙初の女性スポーツ記者だったロビン・ハーマン（Robin Herman）もまたしかり、スポーツを担当していた数少ないアフリカ系アメリカ人女性のクレア・スミス（Claire Smith）も、1984 年のナショナルリーグ・チャンピオンシップ・シリーズの期間中、サンディエゴ・パドレスのクラブハウスから、文字通り、外につまみ出された。（Riley, 2013）。

　上映後、会場にて、『USA トゥデイ』紙のコラムニストでテレビ解説者のクリスティン・ブレナン（Christin Brennan）（ドキュメンタリーでも紹介されている）と、女性スポーツに特化したブランド espnW を運営する ESPN 社副社長のローラ・ジェンタイル（Laura Gentile）、それにラトキとによるこのドキュメンタリーについてのパネルディスカッションがあった。その中で、ラトキは、「私は、沈黙のネゴシエーターでした。ロッカールームから追い出されても（取材できないとは絶対）編集者に電話せず、何がなんでもネタは取ってやるぞと心に決めていましたから」と言った。女性スポーツ記者のための全国諮問機関である AWSM（スポーツメディア女性協会）が結成されたのは、ようやく 1980 年代になってからだ。ラトキは「誰にも邪魔立てさせない、と思っていました。私たち一人ひとりが、それぞれの方法でがんばっていたのです」と言った。

　一方、ブレナンは、「女性が対処すべき障壁はまだあるものの、1970 年代に比べれば、スポーツ報道に関わる女性の取材環境の改善には目覚ましいものがあります。ロッカールームへの立ち入りにしても、この頃は数えきれないほどの女性記者が試合後のロッカールームに入っていますから。問題は解決されています」と言う。

　しかし、ラトキは、ブレナンほど楽観視はしていない様子だった。彼女は、テレビメディアでは男性の人気スポーツの実況中継や解説を行っている女性は相対的に少ないことに目を向けた。そして、「実際のところ、私たちの立場は 1970 年代とさほど変わってはいなのです」と述べた。そのとき、ラトキの意見を後押しするかのようなちょうどいいタイミングで、会場にいた 9 歳の女の子が手を挙げた。その子は、3 人のパネリスト

202

第 11 章　女性、メディア、そしてスポーツ

に向かって、自分が通う小学校での大きなジェンダー・ギャップについて話した。「女の子で休み時間に男の子と遊ぶのは、私だけなんです」と言った。これに対し、ジェンタイルが、男の子に受け入れられていると感じているのかと尋ねると、「そうでもないです」と女の子は答えた。ラトキが言った。「でしょ、男の子と一緒に遊ぶからといって、本当に男の子に受け入れられているとは限らない。変わらないものがあまりに多くて頭にくることがあります。私たちの理不尽な状況を伝え続けましょう」

　上映後のディスカッションからは、様々な疑問が出てくる。今日のスポーツジャーナリズムの女性の**現状は**？　問題は解決されたのか？　それともスポーツメディアでキャリアを築いていこうとする女性の状況は、実際のところそれほど変わって**いないのか**？そして、それはメディアでの女性アスリートの取り上げられ方やその頻度と関係しているのか？（スポーツメディアに女性が進出し始め、そして強い抵抗にあっていたのが、タイトルⅨにより女性アスリートの環境が変わりつつあった時期と重なるのは、決して偶然ではない）

　メディア化されたスポーツでの女性の立ち位置を十分に評価し理解するために、私たちは、スポーツ分野における女性たちの歴史と、その中で女性が直面し克服してきた障壁をより深く知る必要がある。ニュース編集部（取材する側）とロッカールーム（取材される側）での、過去の、そして現在進行中の苦闘の理由を理解することは、スポーツ界での女性の未来を考える上で意義あることだ。さらに、スポーツ**報道**における女性の役割について考えるとき、私たちは、女性アスリートがどのように**報道されているか**に

女性とスポーツメディアについての映像

- 『Let Them Wear Towels』（2013）
  ESPN の「Nine for Ⅸ」シリーズ。スポーツジャーナリズム業界において、女性が直面する障壁に光を当てている。女性ジャーナリストとのインタビューを通じて、アニー・サンドバーグ（Annie Sundberg）とリッキー・スターン（Ricki Stern）の両監督は、職場内差別とスポーツジャーナリズムにおける女性が果たしてきた役割を歴史的視点から描いている。
- 『Branded』（2013）
  ESPN の「Nine for Ⅸ」シリーズでは、女性アスリートを性の対象として描くスポーツメディアについて掘り下げている。ハイディ・ユーング（Heidi Ewing）監督とレイチェル・グレイディ（Rachel Grady）監督が、国際規模の女性アスリートのプロモーションの背後にあるマーケティング戦略、スポンサー、および経営上の意思決定について探求している。
- 『Playing Unfair』（2002）
  メディア教育財団の制作によるこの映画は、女性アスリートのメディアでの表出におけるパターンと問題に注目している。研究者と活動家のコメントを通し、スポーツメディアにおいて女性が男性ほど登場しないことと、性の対象として描かれることを批判的に検討する。

第4部　スポーツ産業界の女性たち

ついても考えるようになる。この両面がどのように関係しているのかを掘り下げていく。

スポーツメディアにおける女性たちの歴史

　スポーツが、雑誌、ラジオ、新聞、テレビ、デジタルプラットフォームなどのマスメディアで報道されるようになって以来、女性はその報道活動に一役買っていた（Creedon, 1994a, 1994b）。たとえば、アメリカでは1800年代から、アメリア・ブルーマー（Amelia Bloomer）が編集・発行していた『The Lily』のような人気定期刊行物で、スポーツや身体活動についての記事を女性が書いていた。ブルーマーは、ワンピースの下に活動的な女性のための「二股の衣服」［訳注：ひざ下までのズボン］を着て、その利用を唱道した女性である（Creedon, 1994a, p.113）。

　タブロイド紙にあおられ新聞のスポーツ欄も増えた1800年代後半、女性もスポーツ関連記事を書いていた。ときには実名でなく偽名またはイニシャルを用いて、性別がわからないようにした。一例を挙げれば、1916年に『ニューヨーク・イブニング・ポスト』紙のゴルフ欄を始め、『ザ・プロフェッショナル・ゴルファー』誌に頻繁に寄稿したナン・オライリー（Nan O'Reilly）がいる（Creedon, 1994b）。とはいえ、スポーツへの一般の関心が高まった1920年代まで、スポーツ欄に女性の出番はほとんどなかった。女性がニュース編集部で歓迎されるようになったのは婦人参政権獲得後のことで、さらに、女性記者たちは、当時のスポーツヒーローの特集記事を書くのに適した特性を備えていると考えられるようになった（Kaszuba, 2003）。この分野で際立った働きをした女性には、スポーツ界の女性について『ニューヨーク・ヘラルド・トリビューン』紙にしばしば寄稿したマーガレット・ゴス（Margaret Goss）、『ミネアポリス・トリビューン』紙に記事を書き1930年代初期にアメリカの最も著名な女性記者と考えられたロリーナ・ヒコック（Lorena Hickok）、いわゆる女性の視点からボクシングやその他のスポーツについて書いた『ニューヨーク・テレグラム』紙のジェーン・ディクソン（Jane Dixon）が挙げられる（Kaszuba, 2003）。

　スポーツ欄の女性記者による署名入り記事の件数は、大恐慌によって低下したが、第二次世界大戦下で再び増え始めた。ニュース編集部の人手が不足し、女性でも就職しやすくなったのだ。戦時中から1970年代前半にかけての数十年間で最も名をはせた女性スポーツ記者兼編集デスクは、メアリー・ガーバー（Mary Garber）ではないだろうか。

> 「1975年に私が「ロッカールームの障壁を壊した」後（…）手紙による嫌がらせが始まりました。私は"商売女"、"売春婦"、"ウーマンリブ扇動者"だというのです」
> ──ロビン・ハーマン（『ニューヨーク・タイムズ』紙初の女性スポーツ記者）

第 11 章　女性、メディア、そしてスポーツ

ガーバーは、「女性スポーツ記者の大御所」と呼ばれることもあるくらいだ（Creedon, 1994b, p.80）。1946 年にガーバーがスポーツ関連の取材を始めたとき、「彼女の職域は本質的に男性の領分だった。男性のスポーツコーチたちは見下すような態度を取ることが多く、同僚の男性スポーツ記者は彼女を無視し、記者クラブなど専門職の組織は、彼女の入会を許さなかった」（Goldstein, 2008, para. 3）。ガーバーは 40 年にわたり、高校スポーツ・カレッジスポーツの専門記者として働いていたが、それは、ガーバーがプレス席に座れるよう、編集者たちが各スポーツ関連団体を説得したからだ。

　しかし、これは 1970 年のことだ。ちょうどタイトル IX が女性アスリートのための機会のドアをこじあけていた頃、スポーツ取材の仕事を志す女性が以前より目立つようになり、その過程で、しばしば敵対心や差別やハラスメント行為にあった。世論の大部分（全部ではない）は、試合後に女性記者が男性アスリートのロッカールームに入ってインタビューする権利に関わるものだった。この権利なくしては、女性たちは、ロッカールームに入って男性アスリートのコメントを取り締切り前に入稿することができる男性記者との競争に不利だった。メリッサ・ラトキ（『スポーツ・イラストレイティッド』誌）が提訴した訴訟で、アメリカ連邦判事は、性別を問わず、すべての報道陣をロッカールームに自由に出入りさせなければならないという判決を下した。しかしながら、これで問題が解決したわけではなかった。男子選手が女性の報道関係者に嫌がらせをしたり、チーム自体やリーグ機構がロッカールームへの出入りを阻もうとしたりすることがあったのだ。アメリカのスポーツジャーナリズムで最もよく知られた事件は、リサ・オルソン（Lisa Olson）のそれである。オルソンは 1990 年に NFL（ナショナル・フットボール・リーグ）のロッカールームでハラスメント行為を受けた。これに対し彼女が苦情を訴えたところ、世論からのバッシングがあまりにひどく（わいせつな電話、嫌がらせの手紙、殺しの脅迫など）、オルソンはアメリカを去り、6 年間オーストラリアでジャーナリストとして働くことになった。

　1980 年代の後半、クリスティン・ブレナンなど、アメリカでスポーツを取材している一部の女性たちが AWSM を設立した。AWSM は 2013 年で 25 周年を迎えた。この業界で働く女性の多くは、少なくともアメリカではスポーツメディア業界での女性を取り巻く状況が著しく改善したと考えているものの、ラトキらは、少なくともテレビでのスポーツ報道は行き詰まった分野の 1 つだと指摘する。女性のスポーツキャスターがテレビに登場したのは比較的早い時期だったが（たとえば、NBC の女性アスリートに関する週 1 回の 15 分の番組『Sportswoman of the Week（今週のスポーツウーマン）』）、往々にしてテレビのスポーツ報道では 1970 年代まで、女性は見かけなかった（Creedon, 1994a）。それ以後、女性の出番は着実に増えてきたが、なじみあるスポーツの試合（番組）の放送時間中は、ほんの数秒だけ登場する脇役にすぎず、男性の実況解説者やアナリストが長く雇用されるのに比べると、使い捨てと考えられていた。

205

第4部　スポーツ産業界の女性たち

南アフリカで、女性としてスポーツ報道をする

ロミー・タイタス（Romy Titus）のインタビュー

家族か友人でキャリアの後押しをしてくれた人がいますか？

——実を言えば、男性が多い職場でキャリアを積むことについて、家族はあまり励ましてくれませんでした。

同じような仕事をしている他の女性と出会うことは、どのくらいの頻度でありますか？

——信用でき、かつ周囲から尊敬されて追随されている女性は、たぶん片手で数えるほどでしょう。思うに、男性に支配されたスポーツ業界で働く女性は、「くどきやすい」と見られていると思います。もっといい言葉があればいいのですが…。放送業界に入りたければ、顔さえかわいければいい、という考えもあると思います。

南アフリカでスポーツ報道をする女性がほとんどいないのは、なぜだと思いますか？

——単に女性のための場所ではないからだと思います。南アフリカでは伝統的に、女性は意見をもつべきではない、秘書的な仕事をすべき、妊娠して家で台所仕事と家族の世話をすべきだとされています。私の世代からかろうじて夢を追い始めたところだと思います。

男性に支配された領域で働く女性であることに、何らかのメリットはありますか？

——はい、確実にあると思います。男性レポーターが質問しても答えを全然得られないことでも、私が質問をすれば、たぶんその表現が異なるせいか、答えを得られるでしょう。

後輩の女性たちとスポーツ報道に携わるときのキャリアについて話すとき、どんなアドバイスを与えますか？

——学ぶことです。ジャーナリズムの世界で生きたい、放送業界に携わっていたいのなら、勉強、勉強、勉強です。拠り所となる基礎を学び、土台を築くためです。

放送業界でのスポーツ報道で、女性の地位を向上させるには、何が必要ですか？

——男性の態度が変わる必要があります。女性が専門のスポーツでベストの仕事をする能力ではなく外見によって判断されている、と感じることが、私にも確かにあります。ジャーナリストとしての将来を考えるとき、これにはがっかりで、歳をとればとるほどいやになってしまいます。

2013年8月のこのインタビューの時点で、ロミー・タイタスは、南アフリカ放送協会のアナウンサーだった。その前は、南アフリカのスーパースポーツ・インターナショナルでサッカー取材をしていた。タイタスは、テレビ局所属ジャーナリストとして10年以上、時事とスポーツを担当している。

『ニューヨーク・タイムズ』紙の先駆的な記者だったロビン・ハーマンは、espnW の「私たちは本当にどこまで来たか？」というタイトルのコラムで次のように述べた。

ロッカールームのドアを蹴り破ったことが、社会的に大きな意味をもったのが 1970 年代だったが、今は、グラウンドやコート、ピッチのサイドラインに押しやられていることが、社会的に重大問題だ。売れっ子の男性キャスターたちは、（現場にいなくても）アンカーブースやテレビスタジオで高みの見物で選手の活躍をリポートしていればいいが、女性たちは、選手のコメントをもらおうとマイクを手にグラウンドやコート、ピッチでお願いして回るばかりだ。(2013, para. 8)

スポーツメディアにおける女性たちの挑戦

2013 年にドン・チェリー（Don Cherry）は言った。「だめだ、本当に。女性は男性のロッカールームに入るべきではないと思う」（Fitz-Gerald, 2013, para. 6）。過去数十年に女性ジャーナリストが勝ち得た前進からすれば、このようなコメントは少なくとも減少傾向にあり、いずれはなくなるものと考えがちかもしれない。が、実はそうではない。

女性が受けて立つ対応の仕方が変化しつつあるのだ。メリッサ・ラトキをはじめとする女性たちが自力でがんばっていた 1970 年代とは異なり、現在は業界内の女性に対する差別的な発言に対処する専門組織がある。カナダ放送協会のアイスホッケー記者であるドン・チェリーが、女性はロッカールームに入るべきではないと主張した（したがって、本質的に女性は試合の取材ができない）とき、AWSM は次のような声明を発表した。

女性はホッケー選手のロッカールームに入るべきではない、というチェリー氏のスタンスは、時代遅れであると同時に男性至上主義である。プロフェッショナルな女性スポーツジャーナリストと広報担当者は、約 40 年にも渡り NHL（ナショナル・ホッケー・リーグ）ロッカールームに入り、男性記者に伍して働いてきた。(Association for Women in Sports Media, 2013)

問題はロッカールームへの出入りだけではない。スポーツメディア業界における女性の立場を正当化しようとする努力にもかかわらず、スポーツ界は今もなお圧倒的に男性の領域なのだ。歴史的に見て、女性はスポーツ現場とニュース報道から除外されてきたため、このスポーツジャーナリズム業界でキャリアを築こうとする女性は、特有の困難に直面するが、その多くの困難は、同じキャリアの男性にはないものだ。ロッカールームへの自由な出入り権については、かなり報道されてきたが、スポーツジャーナリズムの世界で女性が一歩前に出ようとすれば、他にも数多くの障壁がある。ここでは研究者が明らかにした 3 つの主たる課題について述べる。

第 4 部　スポーツ産業界の女性たち

- ガラスの天井という障壁
- 職場での制約
- 男性本位（男性目線）の基準

　女性は、スポーツジャーナリズムの世界でキャリアを積んでいくうちに、上記の課題のどれか、あるいは全部に直面する可能性がある。スポーツを取材する女性をあまり見かけないのは、これが原因だと思われる。アメリカでは、新聞、放送、ラジオ、スポーツ情報、ブログまで含む各種スポーツメディアの中で、女性の割合は15％の閾値を超えていない（Hardin & Whiteside, 2006；Hardin & Whiteside, 2009；Whiteside & Hardin, 2010）。編集者やニュースディレクターなど、主導的地位にある女性の割合はさらに低い。たとえば、2012 年のある報告書によれば、新聞のスポーツ欄の編集者の90.4％が男性である（Lapchick et al., 2013）。この割合は世界的な傾向と一致しており、見通しは明るくない。22 ヵ国の新聞 80 紙を対象にした国際調査では、記者の90％超が男性であり「国際的な印刷メディアのスポーツジャーナリズムは男性の世界である」ことが判明した（Horky & Nieland, 2011, p.6）。メディア業界の他の部門でも、管理職にある女性はいまだ少数派だが、スポーツ分野ほど大幅なジェンダー格差のあるところは類を見ない。

スポーツメディアのガラスの天井

　女性の管理職の地位への昇進に時間がかかることを説明するために、研究者は**ガラスの天井**という用語をつくり、「女性が業界や企業でトップになることを妨げている、目に見えないが割ることはできそうにない障壁」と言及した。（Chambers, Steiner, & Fleming, 2004, p.83）。スポーツメディア業界の場合、ガラスの天井はいっそう顕著である。伝統的に男性の仕事とされてきた他の分野では状況が変わってきていても、この業界では、女性ジャーナリストを採用し長期にわたり雇用することがなかったため、依然として人材の多様性が不足しているからだ（Hardin & Shain, 2005a）。言い換えれば、女性がスポーツジャーナリズムの世界に足を踏み入れても、ジェンダーに関わる障壁に直面してほとんど昇進の道がなく、多くは数年で辞めていくのである。このパターンは、スポーツジャーナリズムの**回転ドア**と呼ばれている。若い女性が入社する一方、誰かが辞めていき、障壁をぶち破るために十分な数の女性スポーツジャーナリストが育たないのである。（Hardin, Shain, & Shultz- Poniatowiski, 2008）

　ガラスの天井は、構造的および体質的な要因の両面から形成される。女性にとっての人工的な障壁を生ずるこうした構造的・体質的な要因は、多くの意味でジェンダーについての考え方から派生している。ニュース編集部、特にスポーツニュース編集部は、だいたいが**男性本位**で物事が進む。そのため、男性本位の態度や基準が容認されるばかりか、それが好ましいものとさえ考えられるのである。

スポーツメディア業界の女性に対する職場での制約

スポーツニュース編集部においては、女性は業界特有の制約に直面している。初めはやる気満々で業界に入り、仕事に満足していた女性でも、家事を担う責任との時間的両立が難しいため、仕事に対する本当の満足感は得られない（Hardin & Shain, 2005b）。研究によれば、多くの場合、女性が仕事と家事を担う責任とを両立できるようにするサポートシステムが職場には存在しない（Whiteside & Hardin, 2012）。若い世代では、スポーツジャーナリズムの世界において、恋愛はキャリアの邪魔になるとまで考える女性もいた（Hardin & Whiteside, 2009）。こうしたことは、ジェンダーに基づく職場内差別から派生している問題ではあるが、それでも女性、なかでも子どもがいる女性は、キャリアを築いていくことができないのは自分のせいだと考える傾向が強く、そのため、同様の役職に就く男性に比べ、仕事を辞める可能性が高い（Whiteside & Hardin, 2010）。スポーツ部の女性はまた、**お飾り**のように扱われる場合がある。つまり、個人の能力よりも女性であること(そしてこの業界における推測される限界)の方に目を向けられる。このような扱いにより、昇進の機会は往々にして少なくなっているのだ。

スポーツメディア業界における、女性に対するジェンダー基準の影響

女性が直面しているその他の課題は、ジェンダー基準に対する私たちの文化的理解度から生じている。前述のとおり、スポーツニュース編集部は非常に男性に偏った職場だ。女性を性的な視点でしか見ない男性本位（男性目線）の編集部の体質は、様々な現れ方をしており、女性は以下のような問題に直面している。

● セクシュアルハラスメント。
●「男性仲間」に染まらなければならない、というプレッシャー。
● 仕事の割当てにおける差別。

職場における女性に対する**セクシュアルハラスメント**は世界的な問題である。これはまず、セクシュアルハラスメントに対するガイドラインがなく、セクシュアルハラスメントの報告手順が定まっていないところに生じる。国際女性メディア基金（IWMF）の研究によれば、59ヵ国の企業552社を対象に行った調査で、セクシュアルハラスメントなどジェンダー関係の問題とジェンダーエクィティに関するガイドラインを定めていない企業が多いことが明らかになった。これには、ジェンダーに関するガイドラインが法律で義務づけられている国の企業も含まれている（Byerly, 2011）。

アメリカでは、セクシュアルハラスメントは法律によって禁止されているにもかかわらず、特に30歳未満の女性にとってはきわめて重大な問題であることが研究で明らかになっている。スポーツメディアに関わる女性たちが、最も頻繁に取材先から、そして

第 4 部　スポーツ産業界の女性たち

時に同僚から受ける問題がセクシュアルハラスメントなのである（Walsh-Childers, Chance, & Herzog, 1996）。同様に、スポーツメディア業界の、さらに若い世代の女性たちは、仕事を通じて出会った同僚、アスリート、コーチからセクシュアルハラスメントを受ける傾向が高かった（Pedersen, Lim, Osborne, & Whisenant, 2009）。

　言い寄られて嫌な思いをした経験や性的な意図の発言を受けたことを公表する女性も一部にはいる。これがメディアにおいて私たちが耳にする話である。しかし、仕事をこなしていくために、そのような言動をなかったことにし、逆に許容することを選ぶ女性が多い（North, 2007）。女性たちは今もなお、スポーツニュース編集部でのお飾り的存在から抜け出せていないため、多くの場合、ニュース編集部の男性本位の基準を満たすためにロッカールームメンタリティ（女性は男性の世界に入るな、という傾向）に順応せざるをえない。このような環境下で女性は、仕事の評価を得なければというプレッシャーのもとタフさを示し、成功するには男性と同じにならざるをえないことになる（Whiteside & Hardin, 2012）。

　要するに、スポーツニュース編集部がいまだに男性の領域であることは明らかである。女性の割合が少ないニュース編集部という組織が、男性の価値観を常識化させていく過程を見れば、スポーツ部門がいかに性差別化していくかに注意を払わなければならない。男性の価値観はニュース編集部のあり方だけではなく、取材範囲にも影響している。したがって、スポーツメディアにおける女性の仕事の機会に及ぼす男性の価値観が、女性アスリートおよび女性スポーツの取り上げられ方に関係している可能性も気になるところである。

あるスポーツ記者の体験：未来のジャーナリストたちへ

ローリー・ショルツ　Lori Shontz

　スポーツ記者を目指す人たちにジャーナリズムを教えるとき、私はいつも、「いい子いい子」されたエピソードを紹介する。ゴルフトーナメントの取材に、別の仕事から直接かけつけたときのことだった。トーナメントはとっくに始まっていたので、（すでにコースアウトした）スコアを確認するために掲示板をチェックしていると、ひとりの男性が何をしているのか尋ねてきた。私がスポーツ記者であることを伝えると、「（試合の様子は）そのうちわかる」と男性が言った。もちろんこれ自体に問題があるわけではない。だが、この男性は、まるで私が算数の宿題に頭を悩ませている 7 歳の子どもであるかのような態度で、私の髪をなでながらこの言葉を口にしたのだった。

　レイプ犯として有罪宣告された地元チームの選手について、これは私が書きたかったのに、男性の同僚がこの記事を書き、賞を取ったときの悔しさについても話をする。男性の編集者たちは、私はこの取材に向いていないと言いつつ、警察回りでは私より経験が多いわけではない男性

記者にこの仕事を任せたのだった（その後まもなく、私は当てつけに警察回りの臨時担当を希望した）。いつも紹介しているジョークだが、ここでも言わせてもらおう。女性が男性と平等を成しえたと言えるのは、私が電話を取って「はい、スポーツ部です」と答えても、「えーと、スポーツ部の人をお願いします」と言われなくなったときだ。

　私は、通常は授業で「戦争もの」の話はしない。私が重点を置くのは、上手に取材して書き、編集するにはどうしたらよいかということと、倫理上の判断についてであり、プレス席の一部始終についてはゲストスピーカーに話をしてもらう。とはいえ、私自身の経験話から講義を始めることによって、学生は、他では学ぶことのできないことを知ることができる。何人かの他の女性スポーツジャーナリストと違って、私自身はセクシュアルハラスメントを受けたことはない。しかし、女性を軽視し見下す態度に耐えることは仕事の一環であり、スポーツメディア体質の一端でもあり、つまりは、社会が女性をどのように見ているのかを示しているのだ。

　私は、スポーツ活動をする母親、姉妹、あるいはガールフレンドをもつ若い男性たちが、彼ら自身のサポートがどれほど大切であるかを知ってほしいと思っている。少し前までは、そんな近しい男性たちですら、女性のスポーツ活動を認めることが普通ではなかったことも知ってほしい。私は、ミア・ハム（Mia Hamm）とアメリカ代表女子サッカーチームに子どもの頃から憧れてきた若い女性たちに、自分たちの歴史の重要な部分の真価に気づいてほしいと思う。だから次のような話をする。ペンシルベニア州北東の中規模の新聞で働いていた私が、高校のレスリングの試合の取材を引き継ぎ、コーチたちに冷たくあしらわれたときのことだ。思うように仕事が捗らず、憤った私は、7人目のコーチとやっと話ができ、オリンピック選手と全米チャンピオンを擁するペンシルベニア州立大学のレスリングチームを3年にわたり取材していることを説明した。続いて、テイクダウン［訳注：立っている相手をマット上に倒すこと。日本では「タックル」と呼ぶことが多い］のテクニックについて専門的な質問をした。記事とは関係なかったが、質問をすることによって自分にレスリングの知識があることを証明することができた。それから1週間もしないうちに、これが噂になり、コーチたちは喜んで会って話してくれるようになった。

　20年前にレスリングの試合の取材をしていた前任者の男性記者は、このようなことをする必要はなかった。今日、私の科目を受講する若い女性のほとんどは、これほどあからさまな男性至上主義には遭遇しないだろう。しかし、様々な理由でこちらを信用してくれない取材先に当たることは誰にも起こる。そのような状況に対応するために、このテクニックを頭に入れておいてほしいと思う。

　そして、そこに留まらずにもっと大きな視野で女性のあるべき姿を考えてほしい。

ローリー・ショルツは、スポーツを中心に18年にわたり新聞記者と編集者を務めた後、フリーランスとしてスポーツを取材している。現在はオレゴン州立大学でジャーナリズムとコミュニケーションを教える他、スポーツメディア女性協会の同大学支部の顧問を務めている。

類似点：女性アスリートと、その報道をする女性

　スポーツメディアの世界で働く女性の割合は低い。しかし、ニュース編集部には男性が圧倒的に多いことは、取材範囲に影響を及ぼしているのだろうか？　言い換えれば、スポーツメディア業界の女性の数が増加すれば、スポーツ記事での女性アスリートの取

第 4 部　スポーツ産業界の女性たち

り上げられ方に変化が生じるのだろうか？　私たちは、その可能性が実際にあると言いたい。業界内に女性が少ないため、この問いに答えることは難しいが、女性の存在によりニュース編集部の男性本位の基準が変わっていく可能性を示す証拠がある。これは、女性ジャーナリスト（女性アスリートも同様だが）のほうが、女性スポーツがどのように取り扱われているかについて気づくことや疑問をもつことが、男性よりも多いからである。フェミニストの研究者は以下のように述べている。

> 誰が指名されてどのスポーツの取材をするのか、アスリートはどのように取り上げられるのか、読者や観客は男女どちらか、などの点から、スポーツニュースはジャーナリズムの中でも最も強烈で歴史的に根強いジェンダーによる役割分担が残っているところである。(Chambers et al., 2004, pp.111-112)

　要するに、スポーツ**担当**の女性ジャーナリストにしても、メディアに**取り上げられる**ことを想定すべき女性アスリートにしても、非主流という位置に置かれている点では同じである。すなわち「いずれも**男性でなく**、そのためスポーツ/メディアの集合体の中では**価値がない**。なぜなら、女性は、男性が主流の業界でその基盤となっている男性基準を満たすことは決してできないからである」(Hardin & Shain, 2005b, p.816)。

　多くの理由から、（西洋の文化全体を通して）女性スポーツは男性スポーツほど重要ではないと考えられているため、女性スポーツを担当する女性ジャーナリストの地位向上の機会は男性より少ない場合があり、その結果、仕事に対する満足度が低くなり、辞めてしまう傾向が高くなる（Whiteside & Hardin, 2012）。そして、女性アスリートと女性スポーツが二流に位置づけされていることにより、その記事扱いは少なくなり、女性のスポーツジャーナリストたちも女性スポーツが二流の扱いを受けることを認めて、自らそのような態度を取るようになる。つまりこのようにして、女性スポーツとその重要性が判断される男性目線の基準を承服してしまうのである。

　結局は、一般的に受け入れられている（そして、ほとんど疑問をもたれない）ジャーナリズム業界の基準も、女性スポーツの報道が少ない理由の 1 つとなっているのだ。女性スポーツが報道されにくい理由として、主に男性である読者と観客が単に関心をもっていないことが最もよく挙げられる。読者や観客は女性スポーツに興味がないとされていることと、男性スポーツの方が収益性が高いことから、ジャーナリズムの基準である**客観性**の観点から、当然ながら報道対象は男性スポーツが大半となる。女性ジャーナリストが、客観性という業界基準を守って仕事をしていることを示したいならば、男性スポーツを中心に報道することになる。女性スポーツばかりを取り上げれば、その報道にはプロモーションの意図があると考えられてしまうからである（Knoppers & Elling, 2004）。こうした論法でしばしば見逃されているのは、**男性**スポーツの報道の仕方、特にアメリカにおいてそれは、プロモーション的**でなければならない**という考え方に基づいていることである。男性のリーグ、チーム、およびプレーヤーのプロモーションは、

212

第 11 章　女性、メディア、そしてスポーツ

アメリカにおけるスポーツジャーナリズム発展の根幹であった（Bruce & Hardin, 2014）。

　ESPN が女性ファンのために 2010 年に espnW を発足させたことは、正しい方向への第一歩であったと思われる。このサイトに対する評価は二分される。女性が成し遂げた成果を強調しているとして賞賛する研究者がいる一方、女性の役割を強化しているとして批判する研究者もいる（Barnett, 2013）。とはいえ、このサイトは、記事の内容については評価が高いうえ、多くの記事は女性記者によるものである。たとえば 2012 年、espnW は、タイトル IX 施行 40 周年を記念して、子どもから大人までの女性がどれほどタイトル IX の恩恵を被ったかについて、歴史上のマイルストーンおよび個人的なエピソードを記事にした。そればかりか、少数派の女の子たちが今もなお、いかに疎外され続けているかについての批判的な分析まで掲載した。ドキュメンタリーシリーズ「Nine for IX」の映像は、監督も制作も女性によるもので、女性スポーツにスポットライトを当てている。スポーツを愛する女性（espnW サイトの講読者層）を区別することで女性スポーツをさらに非主流化してしまう可能性はあるものの、この取組みは、制作関係者の大多数が女性であるサイトは女性に関する情報の発信が多く、女性擁護の役割も果たす、ということの事例となっている。

　スポーツメディア業界において、女性の占める割合はまだまだ低く、既存の男性本位に大きく異論を唱えるまでには至っていない。実際のところ、スポーツニュース編集部には女性スタッフがひとりもいないところも多い。女性の数が少ないことと、ジャーナリズム業界の基準が男性スポーツに都合のいいものであることから、女性がどの程度、ニュース編集部の体質および女性スポーツの扱われ方を変えていくことができるかを語るのは難しい。しかし、私たちは、女性スポーツに関する記事において確かな違いを生じさせるためには多様性が必要であり、ニュース編集部の女性の存在そのものが、それに寄与すると主張する。

女性アスリートとメディア

　タイトル IX の施行以来、子どもから大人までスポーツに参加する女性たちの数は飛躍的に増大してきた。それでも、女性アスリートや女性スポーツについてのメディア報道においては、大きく様変わりしたということはなく、メディアの取り上げ方は相変わらず、多くの意味で女性を矮小化し続けている（Cooky & LaVoi, 2012）。ここで私たちは、女性アスリートとメディアとの関係について 3 つの視点から検討する。

- メディアにおける女性アスリートと女性スポーツの表出（表現の仕方）の問題。
- 女性アスリートはメディアの言説をどう解釈しているか。
- 女性スポーツがより公平に取り上げられるようになるための突破口。

213

第 4 部　スポーツ産業界の女性たち

　女性スポーツの報道は量が少ないだけでなく、女性アスリートがしばしば**ジェンダーのステレオタイプ的**な見方で描かれるため、この 3 つの問題に取り組むことは重要である。女性アスリートが、写真を撮られ取材対象となることに自ら同意することが多いとはいえ、このような描かれ方は、必ずしも本人が**望んでいる**こととは限らない。というわけで、女性アスリートの社会的な受容に積極的な変化を示すことができる可能性のあるメディアイメージの例を以下に示してみる。

女性アスリートのメディア表出の問題

　女性アスリートについて研究するメディア研究者およびスポーツ社会学者は、以下の点で一致を見ている。すなわち、新聞（Rowe, 2007）、テレビ（Messner & Cooky, 2010）、ラジオ（Nylund, 2007）、さらにはブログ（Clavio & Eagleman, 2011）まで、メディアの種類を問わず、女性アスリートは今もなお主流から取り残されたままである。アメリカ、具体的にはロサンゼルスでは、スポーツ界の女性が最も取り上げられていないメディアはテレビで、オリンピック期間中を除き、通常は放映時間の 2％ にかろうじて届く程度である。女性スポーツの全国版記事も非常に少なく、状況は過去 15 年間で改善していない（図 11.1）。スポーツメディアはスポーツにおける社会的性差を正確に反映していない。スポーツ参加において男性アスリートに対する女性アスリートの比率は、メディアで取り上げられる比率を大きく超えている。

　しかし、取り上げられ方が少ないことだけが問題なのではない。女性アスリートがメディアに注目されて報道される場合、しばしば、ジェンダーのステレオタイプ的な見方による描かれ方をされるため、本人の成果がないがしろにされて、男性アスリートほど強壮でも有能でもない印象を与え、したがって男性のアスリートの場合ほど意義深くはないと受け取られてしまう。このようなジェンダーに関する文化的理想像をつくりあげる方法には事欠かない。女性アスリートが達成したことを本人の資質と努力の成果ではないように見せる 1 つの方法は、その女性が**家族（特に男性）に依存している**ように描くことである。女性アスリートの成果を伝える記事の場合でさえ、その成果はしばしば男性コーチや父親のおかげだとされ、女性アスリートは自立していないような描き方がなされるのである（Knoppers & Elling, 2004）。その上女性は、家庭における妻や母などの伝統的な役割を果たす者として描かれる傾向がある。一例として、著名なプロバスケットボール選手のキャンダス・パーカー（Candace Parker）がどのような取り上げられ方をしたかを見てみよう。2009 年に『ESPN』誌で特集されたとき妊娠中だった同選手についての記事では、本人のブラジャーのサイズにまで触れていた。雑誌の記事でアスリートについてスポーツに関係しない情報を提供すること自体は問題ではないが、もともと女性アスリートに関する記事が少なく、前述したように、スポーツニュース編集部で女性スポーツがいかに粗末に扱われていたかを考えるなら、これはれっきとした問題

第11章　女性、メディア、そしてスポーツ

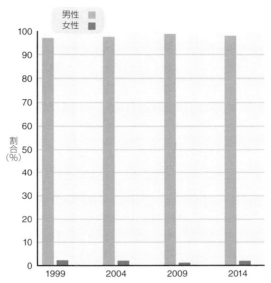

図11.1　アメリカで最も人気のあるスポーツ番組
『SportsCenter』で女性スポーツを取り上げた割合。
(Created from data from Cooky, Messner, & Musto, 2015)

である。女性スポーツを男性スポーツに比べて二流であるとするメディア業界においては——女性アスリートの外見や夫に注目し——本人の能力を低く評価するような記事は、女性アスリートは男性アスリートよりスポーツ競技的に劣っている、というステレオタイプな見方をさらに強くするものでしかない。

　新聞記事とテレビ放送は、特に、女性アスリートの外見を強調することが多い（Jones, Murrell, & Jackson, 1999；Billings, Angelini, & Eastman, 2005）。テレビカメラや写真では、見る人の目に訴えるものとして女性アスリートの臀部、胸部、腿部などの身体部分に注目する（Jones, 2011）。研究者は、ESPN の『Body Issue』（男性および女性アスリートのソフトポルノ的画像を提供する）なども、男性が女性アスリートを性的に見る手段をさらに増やすことになるため、結局は女性アスリートに害をなすものであると指摘した（Kane, LaVoi, & Fink, 2013；Krane et al., 2010）。『Body Issue』の場合は、女性アスリートだけでなく男性アスリートも性的対象とされているという議論もできなくはないが、このような対象化の機会均等が、究極的に女性スポーツの推進に役立つとは考えられない。単に同じようなイメージを垂れ流すだけである（Hatton & Trautner, 2011）。

　このような取り上げ方の背景とこれが広く利用される理由は、女性アスリートのセックスアピールは売れるという前提である（Kane et al., 2013）。この前提は、メディアで

215

よく行われるように、（異性愛の）男性視聴者にアピールして購売率を上げる目的で女性を**性の対象として描く**ことに基づいている。広告主が相変わらず男性を（視聴）ターゲットとしているため、この事情はスポーツ業界でも同様である。ここで考慮に入れられていないのが、女性アスリートをこのように性の対象として取り上げることにより、実際には読者が減ってしまう可能性だ。このような画像が女性スポーツへの敬意を育むこともない。Kane が述べたように「性的表現で売れるのはセックスであって、女性スポーツではない」（2011, para. 9）のである。しかし、女性アスリートたち自身は、そのような取り上げられ方についてどう考えているのだろうか？

メディアの言説を女性アスリートはどう解釈するか

　スポーツニュースの制作における女性の状況、およびメディアでの女性アスリートの取り上げられ方については、様々な角度から追究がなされてきた。しかし、当の女性アスリートがこの状況をどう考えているのかについての研究はなかった。こうしたイメージをどう思うかについて尋ねる調査を研究者が行っているが、その結果は、複雑な現実を示している。メディアでの女性アスリートの取り上げられ方と本人たちの関係を調査するために、研究者はアスリートを撮影会に招待し、自分がどのように描かれたいかを完全にコントロールできるようにしたり（Krane et al., 2010 参照）、女性アスリートたちに写真を見せて、どれを好ましく思うかについて尋ねたりした（Kane et al., 2013）。このアプローチは、この章において示された他の視点と同様、スポーツメディアというものはジェンダーについての考え方を形作る社会的構造であるという考えに基づいている。

　女性として魅力的なイメージのほうが、読者や観客、特に男性のそれらに対しアピールできるということを女性アスリートが認めた場合でも、そのように描かれたいと思っているわけでないことは明らかだった。女性アスリートは、正真正銘のアスリートとして見られることを望んでいた。ひとりの言葉がすべてのアスリートの気持ちを集約している。「私たちのほとんどは、単に「かわいい」イメージではなく、アスリートとして評価されたいのです」（Kane et al., 2013, p.286）。したがって、女性アスリートは自分にとって自然な写真を撮ってくれるよう、つまり実際のスポーツ環境で練習中または競技中であるかのようにアスリートらしい姿で撮ってくれるよう求めた（Krane et al., 2010）。

　実際に、女性トップアスリートがアスリートとしての能力に注目した描かれ方（普通あまり目にしないイメージ）を好んでいるというのに、これほど多くのセクシーな描写があるのはなぜなのだろうか？　この質問に答えるには、ESPN の『Body Issue』を見るとよくわかる。女性スポーツの支持者はこの雑誌に激しく反対する傾向がある。読者のスポーツ熱を高揚させるのではなく、性的対象化を永続させるからというのである。しかし実は、被写体となってポーズをとる女性アスリートは、自分の身体を誇らしく思うと言っている。たとえば、アメリカ代表女子サッカーチームのゴールキーパー、ホー

第 11 章　女性、メディア、そしてスポーツ

選ぶ機会を与えられた場合、女性アスリートは紙媒体において性的対象として見られるよりも、実際のスポーツシーンで見られることを好んだ。

プ・ソロ（Hope Solo）は、「ヌードでポーズするのでもかまわなかった。私の身体には人に自信をもたせる力があると思っているから」（Ain, 2012, para. 2）と言ってのけた。（競技力を表わすポーズも女らしさを表わすポーズも）どちらのアプローチにも価値はあるので、これを矛盾すると言い切ることはできないだろう。となれば「最も問題なのは、**行為**ではなく、**動機**である」（Hardin & Whiteside, 2014, p.15）のかもしれない。女性アスリートはエンパワーされたと感じるのか、そして、女性アスリートはメディアでのこのようなイメージにより女性スポーツについてのポジティブなメッセージを伝達していると思っているのか？　たとえそうであっても、そのような描写がいかに男性の優位性を印象づける役割を果たしているのかを批判的に調査し続けることは重要である。

> 「私は今でも、自分が"セックス・シンボル"だという人の考えには賛同できません。女性アスリートには美しい身体の人が多くて驚くほどです。美しい身体が注目され始めているのはすばらしいことです」
> ——ホープ・ソロ（アメリカ代表女子サッカーチームのゴールキーパー）

「変わる」可能性

メディアにおける女性アスリートおよび女性スポーツの取り上げられ方については、いまだに懸念があるとはいえ、一部の事例でいくらかの進歩があった。研究者は、オリンピックなどの国際的なスポーツ・イベントでは、女性アスリートがより公平な扱いを

受けるようになったことを明らかにしている。1996年のオリンピック・アトランタ大会は「女性のオリンピック」と言われ、また、2012年のオリンピック・ロンドン大会では、アメリカは女性のほうが男性よりメダル獲得数が多く、主流メディアはその原因としてタイトルIXをあげた（Brennan, 2012；Eastman & Billings, 2000）。オリンピック期間中は、女性スポーツの放送時間が増える傾向にあり、女性アスリートへのあからさまな偏見が減り、競技そのものに焦点が当てられた（Fink & Kensicki, 2002）。女性を性的対象として見るような画像がなくなったとはとても言えない（Jones, 2011）ものの、このことからわかるのは、国としてメダルがかかっているときにはジェンダー意識にこだわっている余裕はなく、こういう機会を利用して女性スポーツに対する意識を変えていくことができるかもしれない、ということである。とはいえ、メディアにおいて、女性アスリートが二流の地位に甘んじていることについては、まだまだ異議を唱えなければならない。女性スポーツが社会的に受容されるようになるには、メディアの表出において大きな改善が必要なのだ。

第 12 章
スポーツ組織・団体における女性リーダー

本章のポイント

- スポーツと関連のない業界にいる女性の上級管理職に、スポーツ界が与える影響。
- スポーツに関連する職場におけるジェンダーの問題。
- プロスポーツにおけるジェンダーによる雇用形態の違い。
- 国際的なスポーツ現場で女性がリーダーとなる機会。
- スポーツ産業界で働く女性たちの経験。
- プロスポーツ界・国際スポーツの舞台で女性がリーダー的地位を獲得するための戦略。
- スポーツ界の女性リーダーたちに関する話の重要性。

第 4 部　スポーツ産業界の女性たち

　もしもあなたが、オリンピックにおいて、出場種目の最年少の女性であったとしたら、どんな世界観をもつだろうか？　ドナ・デ・ヴァローナ（Donna de Varona）は、その問いに答えられる経歴の持ち主だ。13 歳にして、初めてメディアで大きく取り上げられたティーンエイジャーの天才水泳選手は、高校 3 年生のときに 18 の世界新記録を次々に更新し、1964 年の東京オリンピックでは、2 つの金メダルを獲得した[1]。ヴァローナの自分の将来に対する見解は、東京での偉業（通信社 2 社が選んだ年間最優秀女性アスリートとして、母国アメリカで称賛を浴びた）の 2 年前に『スポーツ・イラストレイテッド』誌のインタビューで、すでにはっきりと示されていた。水泳でトップを維持できなくなったときのことを思い、デ・ヴァローナはこう言った。「多分海外へ渡り、親善活動に努めるんじゃないかな」（Heilman, 1962）。

　実際、スポーツ界における女性の代表として親善に尽くすことが、デ・ヴァローナのライフワークとなった。水泳競技を引退した後、デ・ヴァローナは、持ち前の鋭い注視力と競争心の強さで、女性アスリートについて、あるいはスポーツ産業界において、女性がなしうることについての国内外の論議を引っぱった。デ・ヴァローナはその「一番初め」志向により、アメリカ ABC テレビの番組『Wide World of Sport』で初の女性キャスターとなった（Espinosa, 2012）。彼女が、スポーツ界で活躍するあらゆる世代の女性たちに対する世間の見方を変える役割を果たしたとして、Espinosa はこう述べている。「彼女は舞台裏で、1974 年のタイトルⅨの成立に精力を注ぎ、ビリー・ジーン・キング（Billie Jean King）と共に、女性スポーツ財団の設立を支援した」（2012, para.5）。

　デ・ヴァローナは、政治的にも経済的にも大きな影響力をもったスポーツエグゼクティブとなり、女性スポーツ界に起きた最も重要な変遷の原動力となってきた。彼女は、オリンピックのプールで脚光を浴び、『スポーツ・イラストレイテッド』誌で大々的に取り上げられて以来、およそ 10 年ごとに、目に見える形で、女性がアスリートやリーダーとして活躍する道を開くことに貢献してきた。1970 年代には、アメリカ上院でコンサルタントとして働き、タイトルⅨの成立を手助けしただけでなく、USOC（アメリカオリンピック委員会）の再建に貢献した。1980 年代には、アメリカのオリンピック・モスクワ大会のボイコットに反対する運動を始め、1981 年には、バーデンバーデンでの IOC（国際オリンピック委員会）の会議開催中に、最初の IOC アスリート委員会の設立に尽力した（Riley, 1999）。デ・ヴァローナは、1984 年、オリンピック・ロサンゼルス大会でコンサルタントとして働き、シカゴが 2016 年のオリンピック開催地として立候補申請をしたときも、再びその役目を担うことになった。

　デ・ヴァローナが大会会長を務めた 1999 年の FIFA 女子ワールドカップは、アメリカが主催し、女性のスポーツ史上、間違いなく、最も刺激的なイベントの 1 つとなった。世界中の人々が見守る中で、アメリカが、中国と世紀の一戦を繰り広げたのである（詳細は第 14 章参照）。デ・ヴァローナは、女性のトップアスリートたちが自分たちの優位

第 12 章　スポーツ組織・団体における女性リーダー

な立場を利用して、経済、教育、行政、医学、政治の分野で、多くのキャリアに進出することを熱心に援助し、2013 年には他の女性理事たちと共同で、Women Athlete Global Leadership Network を設立した（Rossingh, 2013）。

デ・ヴァローナは女性スポーツの新時代を先駆け、スポーツ組織における女性たちのキャリアチャンスの限界を破る中心的な存在となった。しかし、デ・ヴァローナほどの影響力や成功したキャリアがあっても、女性がスポーツ界で正当な場所を求めるときに直面する試練と無縁ではなかった。2000 年に、デ・ヴァローナの業績は、American Women in Radio and Broadcasting によって表彰されたが、そのセレモニーのちょうど 1 週間前に、彼女は ABC を相手取り、彼女を解雇したのは年齢および性差別にあたるとして、5000 万ドルの訴訟を起こしたのである（Roger, 2000）。

この訴訟についてのインタビューで、デ・ヴァローナは、起こったことを公表せず、ただ ABC を去りたかったが、自分は長年、女性のロールモデルとして見られてきたので、解雇について争うことは自分の義務であると思った、とコメントした。デ・ヴァローナの話の中に、私たちは、スポーツ産業界で働く女性たちに共通したテーマを読み取ることができる。女性の社会進出が進み、重要なリーダーシップの地位に就く初めての女性という状況は少なくなったが、女性の足場には、まだ危うさが見られる。スポーツ界で女性たちに開かれた仕事は広がっているが、女性の成功を支える職場環境には、改善の余地がまだたくさんある。女性が拡大しつつある役割に進出していくとき、彼女らの経験から、多くのことを学ぶことができる。

他章では、高校や大学でのスポーツ、あるいはスポーツメディアにおいて、女性が果たしている役割に焦点が当てられている。本章では、最も高い競技レベル——スポーツ組織の範疇に入る分野、主にプロや国際的に活躍するレベル——のパワープレーヤーとしての女性に注目する。そこで本章では以下、スポーツ参加と女性の上級管理職の関係、ジェンダーとスポーツに関連する職場との関係、プロスポーツまたは国際レベルのスポーツの女性代表について、そして、このようなスポーツ産業の領域での、女性たちの継続的参入を促進させる戦略について触れる。

> 「私たちは驚くべき進出を果たしたのだ。今後も同様に進んでいく——自分たちのために、地位を切り開いていくのだ。女性同士、協力していかなくてはならない。私たちは、この女性スポーツの新しい世界に地位を確立していくために闘っていかなくてはならない」
> ——ドナ・デ・ヴァローナ（オリンピック選手、スポーツ専門委員）

第 4 部　スポーツ産業界の女性たち

スポーツ関連の職場におけるジェンダー問題を概括する

　本節の目的は、限られた情報の範囲内で、スポーツに関連する職場におけるジェンダーの構造を図示することで、本章の背景にあるものを提供することにある。スポーツ産業は、スポーツ産業分野のいくつかの部門について、しっかり定着した通念を意味する terra firma（固い大地）と、ジェンダーや雇用慣例、職場環境に関連して、いまだ十分掘り下げられていない分野を意味する terra incognita（未知の土地）を含んでいる。そこで本節では、スポーツ組織の中でも重要な 2 つの分野──プロスポーツ事業である MLB（メジャー・リーグ・ベースボール）、NBA（ナショナル・バスケットボール・アソシエーション）、NFL（ナショナル・フットボール・リーグ）、WNBA（ウィメンズ・ナショナル・バスケットボール・アソシエーション）と国際的なスポーツと運営組織──にいる女性たちについての既存の情報にスポットを当てる。スポーツ産業界の女性たち、とりわけイベントのマネジメント、施設のマネジメント、スポーツマーケティング会社、スポーツ用品、スポーツコミッション、その他数多くの分野で働く女性たちについての調査研究が続けられれば、間違いなく異った勢力図ができあがるであろう。全体像が見えてくれば、状況がより正しく把握されるだろう。今のところ、研究者たちが知りえているのは次のようなことである。

　この 20 年間、研究者たちはスポーツ界を、女性であることを犠牲にして男性であることに特権を与えるジェンダー問題が発現する場として記述してきた（Burstyn, 1999；Disch & Kane, 1996；Hall, 1996；Messner, 2002；Messner & Sabo, 1990；Messner & Solomon, 2007；Shaw & Hoeber, 2003）。Daddario（1997）は、1992 年の夏季オリンピック・バルセロナ大会で掲げられた、性に偏りのある競技プログラムの分析において、スポーツの管理運営は男性の領分であるとした。

　ジェンダー、スポーツ、マネジメントと、その関係性や交わりについてのある論考では、Knopper と Anthonissen（2005）が、男性アスリートとしての男らしさと、管理者としての男らしさが一体化して、価値観と期待が形成され、それが女性がスポーツマネジメント関連の職場へ参画することの難しさとなっている状況を探った。Knopper らは、スポーツにおける男性偏重の文化について、欧米社会ではスポーツの人気と影響が 1970 年代初めから今日まで着実に大きくなってきたが、「管理職は相変わらず圧倒的に男性によって占められており、特に上層部で顕著である」と述べている（p.123）。

　次に、Shaw と Hoeber は「男と結びつき、スポーツ組織で高く評価される「男らしさ論」によって、上層の管理職は、男性に圧倒的に支配されている」と報告した（2003, p.347）。さらに、スポーツ産業界に身をおく女性たちが、他の男性優位の専門職に就く女性たちと同じ状況にあるとするならば（Sartore & Cunningham〔2007〕の研究は、その可能性はあるとする限定的なエビデンスを示した）、女性たちもまた、**ステレオタイプ**

第 12 章　スポーツ組織・団体における女性リーダー

な脅迫を内面化し、自己規制してしまうだろう（Bergeron, Block, & Echtenkamp, 2006）。
その結果、「スポーツ組織内の女性たちは、自分はリーダーとして適切で有能であると評価できなくなり（…）そのように振る舞わなくなってしまう」（Sartore & Cunningham, 2007, p.244）。

　スポーツ産業界において、女性がマイノリティであることははっきりしているが、「スポーツアドミニストレーション」「マネジメント」「マーケティング」あるいは「メディア」といった専門用語で括られる様々な職業分野を見渡しても、スポーツ業界で働く女性の代表者たちに関する重要な情報源や情報センターは、現時点では存在しない。かろうじて、この産業界の特定の分野や監査団体に焦点を当てた研究調査から集められた情報によると、競技場にしろ、あるいは役員室、放送室、マーケティング部、報道関係者席、フロントオフィス、テレビのスタジオにしろ、スポーツ産業界は男性に占められているという説が統計的に裏づけられているという。Hardin と Whiteside（2006）が指摘するように、スポーツ産業界における女性を統計結果で追うことは、女性たちがその産業界で仕事を確保するために成し遂げた成果を測る、一次的な方法になるかもしれない。同時に、この種のモニタリングは、定期的に評価されるべき進歩の度合いを測るための、最も基本的な指標の１つとなる。

　労働人口のおよそ 50％、国内すべてのカレッジアスリートの 43％を女性が占める（BLS Reports, 2013；National Collegiate Athletic Association, 2014）ことを考えると、スポーツ産業界の労働力は、このどちらの割合も反映していない。仕事の種類や分野をまたぎ、女性がスポーツ産業界の仕事に就く場合、低い地位の仕事に限られていることがわかる。さらに、権力と決定権をもつポストを手にいれることは、厳しく制限されている。言い換えるならば、女性たちがスポーツ産業界に参画するために進まなければならない領域はでこぼこしており、はっきりとした道しるべがなく、時に危険であり、キャリアへの意欲が満たされる快適な場所は、ほとんどないのである。続く２つの節では、スポーツ参加、女性、経営者のリーダーシップの関係について、また、スポーツ産業界で働く女性がいかに少ないかについて詳しく述べていく。

女性、経営幹部の地位、そしてスポーツ参加

　2013 年に Ernst & Young 社は、女性にとってのスポーツ参加の意義や、スポーツと業績の良いチームで働くこととの間の関係について、世界で活躍するビジネスリーダーたちの見解を調査した報告書を公表した（N = 女性 328 人、男性 493 人）[2]。幹部レベルの女性たちは、マネージャーレベルの女性に比べ、大学でスポーツに参加している人が多かった（55％対 39％）。また、幹部レベルの女性の大多数（約 70％）は、スポーツに参加することで人はチームで良い仕事をするためのスキルを身につけるので、スポーツの経験がキャリアの向上に役立つ、と考えていることが示された。他の多くの人（76％）

第 4 部　スポーツ産業界の女性たち

も、ワーキングチームでの仕事ぶりは、スポーツで培った振る舞いや技術を、組織での活動に適用することで向上できると考えていた（Ernst & Young, 2013）。

　世界中の女性経営幹部 400 人を調査した追跡研究（ブラジル、カナダ、中国、イギリス、アメリカ）では、スポーツの経験は、雇う側にとって好意的に受け止められていると広く認められていた。回答者の 74％は、スポーツ経験は女性のキャリアアップを促進する可能性をもっているという確信を示していた。同時に 61％の回答者が、スポーツ経験は彼ら自身の成功にプラスに働いたと考えていた（Ernst & Young, 2014）。

　Ernst & Young 社の報告書（2013, 2014）に見られる結果は、スポーツ参加が、仕事における女性の成功と関係があるとする別の研究結果と一致している。調査会社 Catalyst が女性の経営幹部に実施した調査（Tahmincioglu, 2012）によると、82％が、小学校以降に組織的なスポーツに参加していたことがわかった。また、60％の回答者が、ビジネスの世界で他者と協働するときに必要な競争力は、スポーツの経験によって得たものであると信じていた。年収 7 万 5000 ドル以上の女性経営幹部 400 人以上を対象にした、1992 年のオッペンハイマーファンズの調査では、81％が、積極的に身体を動かしているか、あるいは組織的なチームスポーツに参加していた経験があることが報告された。彼女たちはまた、スポーツと関わることで、いっそう鍛えられ（86％）、リーダーシップのスキルを磨き、プロとしての成功を掴み（69％）、失敗をうまく処理でき（65％）、競争力がついた（59％；Di Giogio, n.d.）と回答した。

　調査会社によって実施されていない数少ない研究の 1 つではあるが、Wentworth（2009）は、高等教育、企業、軍関係（1 ケースだけであったが）の各分野で上級管理職に就く 11 人の女性に、大学スポーツへの参加経験がリーダーの地位を担うためにどのように役立ったかを評価するインタビューを行った。この調査の中で、女性幹部たちは、スポーツへの参加によって、競ったり、チームの一員としての役目を果たしたり、任されたりする経験を通して、リーダーとして成長する機会が与えられたと考えていた。インタビューに応じた女性たちは、競技によって得られるメリットとして、自信がつき、失望や失敗に直面してもくじけない力がつき、難題は克服するべきものとして与えられたのだと前向きに受け止められるようになることを挙げた。練習や準備は、スポーツに限らず他の仕事の場面においても役に立つ基本的なスキルとして捉えられ、チームとして他のメンバーと働くときに、対立を解決したりコミュニケーションを図るために必要なものと認識されていた。

　企業部門では、スポーツの経験がある女性は、様々な場面に臨機応変に対応する能力やリーダーシップなど、ビジネスにおいて求められる資質を有すると認識している一方、スポーツビジネス部門では、スポーツの世界を経験してきた女性をリーダーとして認めることに対し、遅れがある。

224

第 12 章　スポーツ組織・団体における女性リーダー

スポーツ組織・団体：プロスポーツの分野

「（スポーツ界での）男女同等を達成するために、私たちは、変革的な考え方と戦略について話し合う必要がある。意義ある歩みを進めるために、私が "パープル・エレファント（俗悪なタブー）" と呼ぶ、私たちの中に潜む偏った見方を認識しなければならない」
——ドナ・オレンダー　Donna Orender（オレンダー・アンリミテッド社 CEO）

セントラルフロリダ大学のスポーツ多様性倫理研究所から発表された『Racial and Gender Report Card（人種とジェンダーについての報告書）』は、より抜きのプロリーグにおける雇用の慣行と傾向に関する情報を提供する唯一の縦断的研究である。報告書は、1980 年代からリーダーの地位に就く女性とマイノリティの人々の公開された雇用記録に基づいて、MLB、NBA、および NFL をランクづけしてきた。報告書はのちに、その対象を MLS（メジャー・リーグ・サッカー）と WNBA に広げた。

Lapchick、Johnson、Yacaman（2014）によると、WNBA は他のどのプロスポーツ団体よりも、女性と人種的マイノリティの雇用の点で優れている（表 12.1）。組織の上層から下層まで、WNBA は、極めて未来志向的で前向きなとらえ方をする。WNBA は、有色人種女性で初めてプロのスポーツリーグ会長になったローレル・J・リッチー（Laurel J. Richie）が率いている。WNBA で働く人々はほとんどが女性であり、79％が様々な役職に就いている（Lapchick, Johnson, & Yacaman, 2014）。リーグの役員として女性が果たす役割は、徐々に増大している。10 年間を通してみると、女性が、リーグの過半数株主として参画したのは、2004 年に 18％だったのが、2012 年に 40％、2014 年には 33％になり、上昇軌道を描いている[3]。

しかし、女性と女性のリーダーシップに確かな配慮があることで知られる WNBA 内にあっても、管理職においては、必ずしもしっかりとした基盤があるわけではなかった。

表 12.1　人種とジェンダーに関する報告書による 2014 年の雇用評価等級

プロリーグ	性別雇用評価等級
WNBA	A+
NBA	B+
MLB	C/C+
MLS	C+
NFL	C−

2015 年 4 月に発表された人種とジェンダーに関する報告書には、2014 年および 2015 年の一部のデータが含まれる。

225

第4部　スポーツ産業界の女性たち

上層管理職の役を担う女性は、2012年の52％を最高に、2014年には37％まで減少している。最高経営責任者や会長の地位にある女性は、2010年の40％を最高に、2012年には13％になり、2014年には若干持ち直し、20％になっている。ヘッドコーチ、ジェネラルマネージャー、アスレティックトレーナーなどの重要な役職については、女性の占める割合は、約40％も減少した。1998年から2014年の間に、女性のヘッドコーチは70％から50％へ、女性のジェネラルマネージャーは77％から40％へ、女性のアスレティックトレーナーは100％から54％に減少した（Lapchick, Johnson, & Yacaman, 2014）。WNBAを構成するチーム数が比較的少ないため（12チーム）、これらのパーセンテージは、いくらか強調されて算出されている。このような少数の母集団では、変化

オレンダー・アンリミテッド社

　人も羨むスポーツ一家の出身である事業主ドナ・オレンダーは、スポーツ業界で業績を残してきた。ニューヨークのクイーンズ・カレッジ時代は、国内でランク入りした女子バスケットボールチームの一員として競技しながら、心理学を勉強した。抜群の才能とタイミングのよさもあり、彼女は1979～1981年の3年間にわたり女子プロバスケットボールリーグで競技した、わずか20人の女性のうちのひとり、という優秀な実績を残した。大学院時代に、ソーシャルワークの仕事からABCスポーツでの製作アシスタントの仕事へ進路を変え、伝説的なスポーツキャスターであったジム・マッケイ（Jim McKay）について研究した。そこから彼女は、PGAツアーの仕事へ進み、それを17年間続けて、昇進を遂げ、2001年には、コミッショナー事務局の戦略開発の上席副会長の地位を獲得した。プロとしての様々な経験（プロバスケットボール選手の経験、テレビ番組制作の経歴、交渉スキルの獲得）を積んだことが、2005年のWNBAの会長就任につながり、5年間その職を務めた（Kuttler, 2014；Mathis, 2015）。

　オレンダーの人生は私たちを奮起させてくれる。彼女の業績だけでなく、プロとして人生にアプローチする際に彼女が見せた賢明さに、触発されるのである。現在、彼女はオレンダー・アンリミテッド社（世界は無制限であるという彼女の世界観を反映した会社名）の最高経営責任者であり、企業に対し効率性や成果を上げるための、戦略的アドバイスを行っている。競技者として、またWNBAの役員としての役割を担い、戦略について学んだことを話しながら、彼女はインタビューにこう答えた。「試合とは、敵を出し抜き、裏をかくことに尽きます。コートの中では選手たちの戦略的な相互作用があり、それが実際に、リズム感ある詩的状態にまで高められるのです」（Marthis, 2015, para.10）。

　オレンダーは、人間関係を築くことを重んじ、彼女の原動力の一部は感謝の心であった。彼女は自分が幸運であることを意識していた。いわく「誰かに何かを頼まれたら、どんなことでも引き受けるよう心がけるようになったのは、感謝の心があるからだ。私の言うことを聞き入れてくれる人たちがいつも周りにいてくれた私の人生は、これからも彼らにありがとうと言い続けて進んでいくでしょう」（Mathis, 2015, para.31）。

が生じた場合の比率の変動は、より顕著になる。すなわち、WNBAはほんの12チームしかないため、女性の地位をめぐっては、もろさがあるという事実から、女性の安定した就業に関しては疑問が残る。

WNBAリーグ全体で見ると、職員の大多数は女性であり、この状況は、業界全体と比べるとはっきりと違う。また、WNBAの兄弟リーグであるNBAの女性雇用の実績は、歴史的に見ても、他のプロリーグの先頭に立っている。2013〜2014年シーズンで、女性の少数派株主は、2011〜2012年の12.7%から5.6%へと減少した。[4] また、最高幹部の女性は8%以下であるが、一方、チーム副会長の16.6%、経営幹部の21.4%、プロの管理部門（マーケティング、プロモーション、広報の分野でのマネージャー、スーパーバイザー、コーディネーターなど）の35%を女性が占めている（Lapchic, Donovan, Loomer, & Martinez, 2014）。

MLSは、女性の雇用に関しては、リーグ事務局には女性が多く在籍するが、プロ管理部門に従事する女性は少ないという相反した状況の歴史がある（Lapchik, Domingues, Haldane, Loomer, & Pelts, 2014）。2012年にMLSは、経営幹部への女性雇用に関して進展が見られないとして、評価（ランク）が下げられた。2014年に成績がC+に改善したものの、オーナーの地位にある女性や、ジェネラルマネージャーとして働く女性がいない状況は続いている。14.3%が副会長、19.5%が経営幹部で、最も女性が多い（37.4%）のは、リーグ事務局の専門職である。

MLBとNFLはどちらも、女性雇用に関する改善が遅れている。2014年のシーズンを見ると、女性はMLB全体の就業人数の29.4%で、前年と比べると若干減少した。これは過去4年間のゆるやかな減少傾向を反映している。上級管理職レベルの職に就く女性は全体の22.6%、部長や管理職の地位にある者は26.8%であったが、一方、過半数株主の女性は16.3%であった。MLBでは、権力や権威のあるポジションへの女性の起用は、チームの副会長17.3%、上層部のシニア・アドミニストレーター（つまり、上級アドバイザー、アシスタント・ジェネラル・マネージャー、法律顧問）で、27.2%であり、また、マネージャー、スーパーバイザー、コーディネーターとしてのプロのアドミニストレーターにあたる女性は28%であった（Lapchik & Salas, 2015）。同様に、Lapchick、Donovan、Rogers、Johnson（2014）は、最高経営責任者あるいは会長レベルの地位にあるのは、NFLの過半数株主の9%（副会長レベルだと15%が女性）であるとした。そして女性は、シニア・アドミニストレーターの19%、プロチームのアドミニストレーターの27%であった。

スポーツ組織・団体：トップクラスの国際スポーツの分野

オリンピックは、アスリートにとって最高のスポーツイベントであり、夏季には1万500人以上、冬季では2500人以上のアスリートが競い合う。夏季オリンピック・ロンド

第 4 部　スポーツ産業界の女性たち

ン大会では、(世界中で) 205 ある NOC (国内オリンピック委員会) から 4751 人の女性アスリートが参加した。その数は、男女比に換算すると 44.3％で、過去最高を記録した (Smith & Wrynn, 2010 : 2013)。アスリート界の男女同等を達成しようという努力にもかかわらず、IOC、NOC、そして IF (国際競技連盟) のメンバーとして、オリンピックでリーダー的役割を果たす女性の数は、女性アスリートが獲得してきた男女同権からは、かけ離れている。オリンピックレベルの女性のスポーツ界の先導者は、全体数を増やし、より影響力のある地位を得るために奮闘し続けている。この節では、IOC、NOC、IF の 3 つの組織における、女性スポーツに関するリーダーシップを評価する。さらに、パラリンピック組織の類似した構造を検討する。

　IOC は、すべてのレベルで男性優位の組織である。1894 年に 13 のメンバー (すべてが男性) で発足し、夏季および冬季オリンピックを取り仕切り、オリンピックムーブメントの幹事役を果たした。IOC は、排他的に 106 人のメンバーにのみ強大な権力——オリンピック種目から、開催地、NOC への資金投与に至るまでの決定権——を与えている。2000 年には、IOC でのスポーツリーダーシップにおけるジェンダー問題を是正するため、2005 年までに目標を達成するべく、経営組織に女性を最低でも 20％参画させることとした (Smith & Wrynn, 2013)。20％という基準値 (50％からはかけ離れた数字) を設定したにもかかわらず、IOC と関連する様々な構成組織は、各々の最低基準を満たすのに苦心した。2012 年には、IOC 史上初めて、女性の比率が会員の 20.8％にあたる 22 人を数え、20％の目標を達成した (女性の比率が 14.9％だった 2008 年と比べると増加)。同じく注目すべきは、3 人の女性 (ドイツのクラウディア・ボーケル〔Claudia Bokel〕、モロッコのナワル・エル・ムータワキル〔Nawal El Moutawakel〕、スウェーデンのグニラ・リンドバーグ〔Gunilla Lindberg〕) が、15 人の理事会のメンバーに入ったことである。特に、エル・ムータワキルは、4 人いる副会長のうちの 1 人である[5]。これまでのところ、IOC 史上、会長になった女性はいない。オリンピックムーブメントにおける女性の役割や権威を改善するために、IOC は、女性スポーツ委員会を設立し、女性とスポーツに関する 5 つの世界会議を主催した[6]。トータルで 29 の IOC 委員会があり、442 のポジションのうち 84 (19％) を女性が占めている。29 のうち 11 の委員会が、IOC の 20％最低基準を満たしているかまたは上回っている (これは 2008 年の 31 のうちの 4 委員会であった状況から増加したことになる)。29 のうちの 6 つ委員会では女性が議長を務めている：Women and Sport Commission (アニタ・デ・フランツ〔Anita De Frantz〕)、Athletes Commission (クラウディア・ボーケル)、Evaluation Commission (グニラ・リンドバーグ)、PyeongChang 2018 Coordination Commission (グニラ・リンドバーグ)、the Rio 2016 Commission (ナワル・エル・ムータワキル)、Youth Olympic Games Coordination 2016 Commission (アンジェラ・ルッジェーロ〔Angela Ruggiero〕)。こういった進展にもかかわらず、29 のうち 6 つの委員会で女性の比率が 10％以下であ

228

第 12 章　スポーツ組織・団体における女性リーダー

り、4 つの委員会では女性はひとりもいない（Smith & Wrynn, 2009, 2010, 2013）。

　IOC が設定したリーダー的役職のうち、女性を 20％にするという最低基準は、NOC、IF、NGB（競技統括団体）にも波及したが、これらの組織においても、この基準を達成するのに苦労している。女性が全国レベルや世界レベルのスポーツ組織において、リーダーとしての役割を果たす機会は少ない。2012 年夏季オリンピックの時点で 205 を数えた NOC は、スポーツリーダーシップの機会の一例となった。それぞれの NOC の 2 つの主要なリーダーは、会長と事務局長である。2012 年のオリンピック・ロンドン大会後、わずか 8 つの NOC で、女性の会長（3.9％）と 22 人の女性事務局長（10.8％）が就任し、両ポストとも、先のオリンピックから若干増加した（4th IOC World Conference on Women and Sport, 2008）。205 の NOC のうち、175（85.4％）が男性のリーダーのみで構成され、29（14.1％）が男女両方からなっていた。ザンビアだけが、女性のリーダーのみで構成された唯一の NOC である。Henry と Robinson（2010）は、オリンピックムーブメントにおけるリーダー的地位にある女性について調査し、NOC は、IOC の 20％の最低基準を満たしていないと結論づけた（Smith & Wrynn, 2013）。

　様々なオリンピック競技を束ねる IF もまた、女性に独自のリーダー的地位を与えているが、2012 年の夏季オリンピックの時点では、28 の IF のうち、わずか 2 団体のみ（7.1％）——国際馬術連盟と国際トライアスロン連合——会長が女性であった。28 の IF のうち、6 団体が IOC の設定した 20％最低基準を満たし、10 団体が、女性ひとりか、まったくいないかのどちらかであった。冬季 IF は 7 団体あるが、女性が会長となっているところはない。IF 7 団体のうち、2 団体で女性が事務局長、副会長 17 人のうち 2 人が女性である（11.8％）。

　パラリンピックは、IPC（国際パラリンピック委員会）によって運営されている。IPC の会長と副会長は、どちらも男性である。IPC は、幹部の女性の比率を 30％にする目標を立て、現在は 15 人のうち 3 人が女性（20％）である。また、パラリンピックのスポーツ審議会の 23 人の代表のうち、7 人（30.3％）が女性であった。IOC が幹部に女性を含めようと努力しているのと同じように、IPC も女性の幹部職参画を使命とし、彼らの取組みを詳しく記したビデオ（タイトルは「国際パラリンピック委員会において女性であるということ」）がつくられ、ウェブ上に公開された。IOC と同じく、IPC の 1 つに女性が議長を務める女性スポーツ委員会がある。そして残りの 10 の委員会のうち、2 つの委員会で女性議長がいる——職業分類委員会、開発委員会、教育委員会。11 の IPC の 55 人のメンバーのうち 21 人が女性で、これは委員会全体の構成メンバーの 38.2％であり、IPC の基準 30％を超えている（Smith & Wrynn, 2009, 2010, 2013）。

　175 の NPC（各国パラリンピック委員会）があり、それぞれを会長と、事務局長もしくは主要担当者がこれを率いている。この 2 つの役職は、ひとりが兼任することもある。2012 年の夏季オリンピックの時点で、会長が女性である NPC が 19（10.9％）、女性が

229

第4部　スポーツ産業界の女性たち

主要担当者の役に就いている NPC が 42（24％）あり、わずかながら好ましい方向を示しているといえる。11 ヵ国（オーストリア、ブルネイダルサラーム、コンゴ、インドネシア、モザンビーク、ナミビア、ルーマニア、サンマリノ、ウズベキスタン、ベネズエラ、バージン諸島）の NPC は、女性がリーダーシップをとるチームを有する——実際は会長と主要担当者をひとりが兼任しているため、大半が女性のリーダーになるのである（Smith & Wrynn, 2013）。

　アメリカでの、オリンピックおよびパラリンピックにおける女性のリーダーシップの状況を見ると、女性は相変わらず障壁に直面している。USOC（アメリカオリンピック委員会）は、アメリカ内のすべてのオリンピック競技団体である。USOC は、スコット・ブラックマン（Scott Blackmun）によって率いられ、理事メンバーの 37.5％は女性であり、IOC の 20％基準を超えている。USOC のリーダー的役職は 17 人で、そのうち 6 人（35.3％）が女性である。アニタ・デフランツとアンジェラ・ルッジェーロは USOC のメンバーであり、IOC の代表も務める。両者とも元オリンピック選手であり、女性がスポーツ界の指導的地位に進出していく典型的な道をたどった。2012 年のオリンピック開催の時点で、幹部がすべて女性という競技団体はなかった。一方、23 の競技団体では、幹部がすべて男性であった（79.3％）。29 のうち 16 の競技団体が、IOC の女性の比率基準の 20％を満たしていた。5 つの競技団体は、女性がたったひとりしかいない。柔道においては、女性の理事がいない（Smith & Wrynn, 2010, 2013）。

　すべての階級や現場において、スポーツのリーダー的地位に女性を参画させようとする IOC や IPC の構造上の取り組みは、注目するべきものである。しかし、IOC が 20％、IPC が 30％を公平さの基準としていることから、まだまだ成し遂げるべきことが多いといえよう。女性が 20％以上という目標値を達成できていないコミッティ、コミッション、統括団体がいかに多いかを見ると、国際的なスポーツ組織の最も重要で影響力のある地位については、女性は依然として目に見えない打ち破りがたい障壁に直面しているのだということを再認識せざるをえない。

　イギリスのスポーツ競技団体における女性の役割を調査した White と Kay は、スポーツ組織は女性の雇用を調整・改善する可能性はほとんどないという通説に反して、「実際のところ、女性はスポーツ運営組織での上層の（管理）職に指名されることが徐々に増えている」と報告した（2006, p.465）。スポーツ界のリーダーシップにおける男女同権が大きく進展した徴候があり、セバスチャン・コー（Sebastian Coe）が率いる LOCOG（オリンピック・パラリンピック・ロンドン組織委員会）は、男女同権を重要な指導理念とした。コーは LOCOG のメンバー構成において、50％を女性に、50％を男性にしようと模索した（Roenigk, 2012）。また、ドイツのスポーツ組織に関わる男性女性は、権力、名声そして論争に対する見解の点で、ジェンダーによるはっきりとした違いがあることを示した。さらに、Pfister と Radtke はこう報告する。「女性は性差別を経験しただけで

230

なく、非常に感情的に、論争に巻き込まれることを示した」(2006, p.111)。Chin、Henry、Hong（2009）は、女性の役割が、まったく異なるイデオロギーの中に組み込まれていく対照的なコンテクストを調査した。

スポーツ組織・団体で働く女性は不足している

スポーツ産業界での統率的な地位で働く女性が不足している状況について、次の3つの問いが挙げられる。①スポーツ界のマネージメント職で、キャリアを追求しようとする女性にとっての障壁とはどんなものか、②企業スポーツ産業界で働く女性たちは、ワーキングライフをどのように送っているのか、③女性がスポーツ産業界で最初の成功を収め、昇進していくためには何が必要か。調査が進むにつれ、ある程度これらの問いの答えが明らかになってきた。

女性がスポーツ界で経営・管理職を求める際の障壁

スポーツに関わる職場で、女性たちが経験する不平等の原因を明らかにするために、学者たちが用いた1つの方法は、Kanter の1977年の"homologous reproduction（同様のことを繰り返すこと）"という考え方である。1970年代に Kanter が、権限をもつ人々がその地位をどのように維持するかについて記述する際に、この語を用いた。スポーツにおける homologous reproduction の例は、慣習を重んじる OB 会組織の人間関係に見られる（Acosta & Carpenter, 1990；Whisenant, Pedersen, & Obenour, 2002）。そこでは、男性たちは互いに利益を保護し合い、彼らのスタイル、イメージ、価値観に合う男性たちを雇用することによって、情報を統制する役割を果たす。そして、そのシステムの理想を体現する男性を昇進させ、一方で、女性の数と役割を制限する、という排他的な意思決定の方法をつくりだすのである。Kane と Stangl（1991）は、少年チームの女性コーチに関する研究で、スポーツ界の homologous reproduction は、女性に対する**形ばかりの平等**や**主流からの疎外**によって起こるとした。

形ばかりの平等は、女性が限られた数だけ雇用されたときに起こる。それは、雇用体制に変化があったかのように見せかけるものだが、実際は、システムに組み込まれたごく限られた女性だけが、男性に有利な地位に対し最低限の挑戦をすることが可能になる。一方、主流からの疎外は、将来キャリアを伸ばし高めることがほとんど期待できないような低いレベルの地位に女性を追いやる、労働界の性差別の慣行に見られる。

昨今の雇用形態には、両方の例が見られる。スポーツ産業界ももはや例外ではなく、かなり男性側に偏っているといえる。その結果、女性が、公平にスポーツ産業界のすべての地位に就くようになるまでは、成功への障壁はなくならないであろう。さらに、女性を疎外し低い地位に留めておこうとすることは、スポーツ関連の職での男女のバラン

スがとれる可能性を減じていく。

　女性を雇用する際の性差に基づいた力関係は、国内のスポーツ競技団体に女性を採用する場面にも見られる。男性の会長と女性の役員に対して行ったインタビューでは、認識が一致しているかどうかという点が、女性を役員に起用する際の主要な検討事項であった。採用や人選においては、役員会の男性優位の文化を脅かさず、男性文化をそのまま認める女性を見出すことが重要であった。さらに女性側も、「自分のジェンダーを抑え、男性に合わせることを約束することで、職を得ようとする傾向にあった」（Claringbould & Knoppers, 2007, p.495）。そして、女性がそこに適応しようと働きかけていくうちに、もし、スポーツ組織が実質本位の人材経営プログラムをつくって女性をサポートするために理性的に関わっていくならば、よりいっそうジェンダーの平等が達成され、幹部の地位に就く女性が格段に増えるであろうことが明らかにされている（Moore, Parkhouse, & Konrad, 2000）。

　スポーツ産業界には男性優位の先入観があり、そのせいで、有能かつ信頼できる女性の能力が正当に評価されていない、という事実があるので、女性の中には、自分にはリーダーとしての資質や能力がないと思うようになり、自制的行動をとってしまう者もいる、と示唆する研究がある（Sartore & Cunningham, 2007）。Sartore と Cunningham が述べているように、スポーツ界に関わる職場では、ある種の仕事は女性向きではない（例：ヘッドコーチは女性であるべきではない）と信じている人の評価に服従せざるをえない女性たちは、上層の地位への昇進を頭から排除してしまうのかもしれない。実際には、巧妙かつ徹底的に、リーダーとしての女性の価値を傷つけるスポーツ界のシステムにおいて、女性がキャリアアップに困難を感じたとしても当然である。

スポーツ産業界で働く女性たちの経験

　スポーツ産業界の企業分野で働く女性たちについて、私たちが知っていることの多くは、個人的な見解に基づいた報告によるものである。この分野で女性に焦点をあてた数少ない研究の1つに、Staurowsky、Brown、Weider（2009）によるものがある。回答を寄せた WISE（Women in Sports and Events）[7]のメンバー 108 人のうちの多くが、スーパーバイザーまたはマネージャー、あるいはディレクターレベルの地位（55％）にあることが示された。次に多いのが、副会長の地位にある女性（16％）と、会長あるいは最高経営責任者（11％）であった。この調査では、2人だけがスポーツビジネスの経営者であった。グループ全体として、これらの女性たちの学歴は高かった。8％が何らかの大学院コースを経ており、31％が修士の学位（MBA、MD、その他）を修了しており、約6％が法律の学位を有している。

　WISE の女性たちは、成功につながる良いまたは非常に良い機会や、成功するのに必要なリソースに恵まれたと感じており、スポーツ界で働く経験に概ね満足していた。彼

女たちがどのくらい満足しているかということは、「女性がスポーツ界でキャリアを追求することを勧めない」との回答が、ほんの3%だけであったことからもわかる。

それでも、長期間にわたってスポーツ産業界で働き続けることに強い思い入れがあるかどうかに関しては、言葉を濁した。11%が、いつまでその職に留まる予定かははっきりしないとし、他の1/3が、自分はスポーツ分野で長きにわたり、ある程度熱心に取り組んできただけであるとした。そして、大多数が、自分たちは仕事上サポートを受けてきたと信じていると表明した一方で、20%が、スタッフや資金がなくキャリアアップに不可欠な専門職としての成長の機会が乏しいため、仕事に困難を感じているとした。

WISEの女性たちの視点から、スポーツの労働環境において、女性は課題多き状況に直面していることがわかる。大多数の女性たち（約70%）が、スポーツ産業界には2つの基準が存在し、男性の給与の半分を得るために、2倍は働かなければならないようになっていると感じていた。また、女性たちが上層の管理職に昇進するのを妨げる、ガラスの天井が存在すると述べている（72%）。

スポーツの調査における、WISEの女性たちからのキャリアに関するアドバイス

女性が最初の成功を経験し、スポーツ産業界の中で昇進するために必要なものはなんだろうか？　この質問調査が、WISEのメンバー100人以上を対象に、自由記述式で実施された（Staurowsky, 2011）。その質問に対する主な回答（アドバイス）をそのまま引用し、以下に列挙した。

- ビジネスとしてのスポーツに関わり、それを反映した知識とスキルの基礎を高める。
- ビジネスマネジメントや財務に関する講座を取り入れるなど、自分の学びの場を広げる。
- 交渉術を学ぶ。
- 回復力（レジリエンス）を身につける。失望することがあっても、その後に立ち直ることが大きな違いを生み出す。
- 変化や競争が激しいスポーツ産業界は、勤勉でなければならないと認識する。
- ビジネスと娯楽を混同しない。楽しく社交的なイベントで働いているときにも、自分は仕事をしているのだという意識をもつ。
- 男性の同僚と、社交の場では慎重に振る舞いつつ、強固な人間関係をつくる。
- アスリートと親密な関係にならない。
- 支援のネットワークを広げる。
- 助言を求める場をつくる。
- 男性とも女性ともつながる。

第4部　スポーツ産業界の女性たち

- 全幅の信頼を寄せる相談相手を見つける。
- キャリアプランニングは、戦略的でなければならない。
- ゴールに到達するために、何が必要で何をすべきか見出す。
- 業界での最高レベルの人的・物的資産に触れる機会を、できる限り多くもつ。
- 夢を大きくもつ。夢はかなえられる。

スポーツ界の女性幹部たちの物語の意義

　スポーツのリーダーシップについての新たな模範に関する議論において、Maylon（2011）は、学生に伝える話には、スポーツ界の女性のリーダーについての話を含ませる必要があると主張した。スポーツ組織の中でのリーダーシップが、今後どのように理解され、展開され、発揮されるかは、これからの時代を担う学生が体現することになるからである。スポーツ界をリードしているのは誰なのか、その共通理解を見直すことで、前世代には業界のスタンダードと考えられていたリーダーシップのあり方が、新しい時代ではさほど有効ではないかもしれないと気づく機会になる。スポーツ界でより多くの女性たちがリーダーの地位に就くようになれば、リーダーの地位に近づく道が変わる可能性がある。スポーツ界のリーダーは誰なのか、という概念も変わるだろう。スポーツリーダーから連想される英雄的、男性的という特性は、ジェンダー（意識）を中立のものとして扱うが、女性がその特性を見せても、正当に認められないままにすまされたり、低く評価されたりする（Hovden, 2010）。Maylon が指摘するように、一般的にはほとんど注意が払われないが、スポーツ界の一部の女性リーダーの間ではっきりと認められる特性は、共感力である。

　こういった物語の重要性や、それがスポーツ産業界で働く女性たちにどんな影響を与えるかについては、WISE の女性たちの、スポーツ産業界で最も際立っている女性は誰かを答える自由記述の回答に表れていた。2009 年には、2 人の名前が突出して多く挙がった——レジェンドであり、提唱者である、女性実業家のビリー・ジーン・キングと、当時、WNBA 会長であったドナ・オレンダーである。これらの女性たちの強みはどういったものかという問いに対しては、ただ「ビリー・ジーン・キング」と書けば十分で、それ以上の説明をする必要はない、と思っている回答者もいた。レジェンドは、レジェンドなのである。他には、「リーダーにして歴史をつくった女性」「先駆者」「女性全体の擁護者」といった回答があった。彼女はまた、「すべての人々の平等に向けて、たゆまぬ取り組みや献身をした人」として捉えられていた。ドナ・オレンダーは、「ビジネスの知識」「信頼性」「行動力／熱意」「存在感」「ユーモアのセンス」「大胆不敵さ」「知性」を有し、「パワフルな実利的リーダーである」と賞賛された（Staurowsky, 2011）。

　1100 人の上層レベルのスポーツエグゼクティブを対象とした 2011 年の Turnkey

234

第 12 章　スポーツ組織・団体における女性リーダー

Sports Poll（調査）では、49％が、専門職としてのキャリアのある時点で、女性のスーパーバイザーの部下となった経験があると答えた（"Game Changers"、2011）。そのキャリアの中で女性上司に仕えたことのある人が半数に満たないというのは問題であるが、（組織内の隠れた）**情報ルート**が独占的に男性であった時代から見ると、変化の兆しがあるといえる。それでも今なお、上層レベルのスポーツエグゼクティブ（男女とも）の54％が、女性がスポーツビジネスで成功しようとしたときに、男性より困難に直面すると答えている（"Game Changers"、2011）。

　このような物語の一部は、何百万ドル単位ではなく数十億ドル単位のスポーツ企業の女性経営者が現れるようになってから、スポーツ欄で紹介され始めている。2013 年 3 月に、『スポーツ・イラストレイテッド』誌は、スポーツ界で最も影響力のある女性 10 人を選んだ（Newman, 2013）。選ばれた女性たちは以下の通り：

● シャロン・バイヤー（Sharon Byers）とアリソン・ルイス（Alison Lewis）：コカ・コーラ ノースアメリカのノースアメリカ・マーケティングのグループ副社長および上級副社長（年間スポーツ関連収入：2 億 6000 万ドル）

● シンディ・デーヴィス（Cindy Davis）：ナイキの副社長兼ナイキゴルフの副社長（年間スポーツ関連収入：6 億 2300 万ドル）

● クリスティン・ドリーセン（Christine Driessen）：ESPN の CFO（執行副社長兼最高財務責任者）（年間スポーツ関連収入：82 億ドル）

● レサ・フランス・ケネディ（Lesa France Kennedy）：インターナショナル・スピードウェイの最高経営責任者（年間スポーツ関連収入：7 億 5000 万ドル）

● ハイディ・ユベロス（Heidi Ueberroth）：NBA の国際事業運営部長（年間スポーツ関連収入：3 億ドル）

● ミシェル・ウィルソン（Michelle Wilson）：WWE の CMO（最高マーケティング責任者）（年間スポーツ関連収入：5 億 2500 万ドル）

● デニス・デバートロ・ヨーク（Denise DeBartolo York）：サンフランシスコ・フォーティナイナーズの前オーナー、現共同議長（年間スポーツ関連収入：2 億 1400 万ドル）

● リタ・ベンソン・ルブラン（Rita Benson LeBlanc）：ニューオーリンズ・セインツの共同オーナー兼理事会副会長（年間スポーツ関連収入：2 億 3200 万ドル）

● ステーシー・アラスター（Stacey Allaster）：ウィメンズ・テニス・アソシエーションの最高経営責任者（年間スポーツ関連収入：8600 万ドル）

● キャスリン・カーター（Kathryn Carter）：サッカー・ユナイテッド・マーケティング会長（年間スポーツ関連収入：1 億ドル）

　ドナ・デ・ヴァローナの話に戻るならば、彼女のような女性たちは、プロレベルまた

235

第 4 部　スポーツ産業界の女性たち

は国際レベルの企業における、女性の地位をめぐる物語を変えていくのに大変重要であり、しばしば改革を掲げて公のスポーツ政策に参入し、スポーツ産業界で働く女性たちへの大いなる機会提供に貢献したのである。その過程で、彼女たちはまた、スポーツそれ自体の物語も変えたのである。

1　デ・ヴァローナが東京から帰国したとき、大学レベルで水泳をする機会は事実上なかった。女性アスリートは奨学金を受けられなかったのである。

2　この研究に協力した役員は様々な部門の企業の代表で、調査に参加した人の年収は 2 億 5000 万ドルを超えていた。

3　セントラルフロリダ大学の Richard Lapchick がつくりだした人種とジェンダーに関する Racial and Gender Report Card は、スポーツ組織内の女性スタッフ人員の割合を基準として用いて成績を決めた。もし、組織のスタッフの 40％が女性ならば成績は A で、B は 32％、C は 27％、D は 22％、F は 22％以下である。

4　Lapchick、Lecky、Trigg（2012）が 2013〜2014 年のシーズンに 9 人の女性オーナーが世間の注目を浴びたと報告したが、これらの女性たちの多くはオーナーの家系に関係していることは注目に値する。JoAnn、Jeanie、Janie Buss は、ロサンゼルス・レイカーズのオーナーズチームに、Helen、Elisabeth、Andrea、Maria、Pamella DeVos はオーランド・マジックのオーナーズチームに、Colleen、Adrienne Maloof 父子はサクラメント・キングス（2013 年にチームを売却するまで）のオーナーズチームに名を連ねている。こういったオーナーの家系出身の女性オーナーのうち、Karen Gail Miller のみが、ユタ・ジャズの過半数株式所持者として知られている。同様に、2013〜2014 年には、いくつかのチームで夫婦が過半数株式所有者であった——俳優のジェイダ・ピンケットとウィル・スミス（フィラデルフィア・セブンティシクサーズ）、Popp コミュニケーションズ役員のビル・ポップと妻のテリー（ミネソタ・ティンバーウルブズ）、オールド・ノースウェストカンパニーのウィリアム・セクストンと妻のジョイス・セクストン（ミネソタ・ティンバーウルブズ）。リタ・ベンソン・ルブラン（ニューオーリンズ・ペリカンズ）はオーナーであるトム・ベンソンの孫娘である。リタは 2001 年から、トム・ベンソンが所有する NFL フランチャイズのニューオリンズ・セインツで、2012 年からはペリカンで働いている。2014 年 12 月に一族の争いがあり、彼女はオフィスを追い出された（Associated Press, 2015）。

5　IOC の理事会は会長 1 人、副会長 4 人、および理事 10 人からなる。

6　IOC での女性の起用はきわめて遅い。女性初の理事は 1981 年のピルホ・ハグマンとフロール・イサバ・フォンセカであった。イサバ・フォンセカは、1990 年に役員に選出され、アメリカのアニタ・デフランツは 1997 年に、初の女性副会長に選ばれた。

7　WISE がこの研究の対象となったのは、プロのスポーツ界で働く女性を最もよく表す団体だからであろう。ウェブサイトで紹介されているように、「60 人ほどの女性がニューヨークのレストランで集まった 1993 年の設立当初から、WISE はスポーツとスポーツイベント産業で、女性のための主要なプロの組織として存在している。このビジネスにおいて女性の導き手、あるいは資源として、WISE はアメリカ全土に支部がある。会員は、経験と専門分野において多様な範囲に広がっている。つまり、初歩のレベルから C レベルまで、主要なプロのスポーツリーグから商品やメディアに至るまで、WISE は、女性が集い、キャリアに関連する事項を話し合い、情報交換する機会を提供しているのである」（Sports and Events, n.d., para. 1）。

第 13 章
高校スポーツ・カレッジスポーツに関連する職場における女性リーダー

本章のポイント

- 高校スポーツ・カレッジスポーツに関連する職場の性別志向。
- 高校スポーツ・カレッジスポーツに関連する職場で女性が担う広範な仕事。
- 高校スポーツ・カレッジスポーツに関連する現場における女性の進出度。
- 高校スポーツ・カレッジスポーツに関連する職場における性別分業。
- 高校スポーツ・カレッジスポーツに関連する職場での女性の雇用・人材の定着（維持）・昇進に影響する要因。
- カレッジスポーツに関連する職場における女性の将来。

第 4 部　スポーツ産業界の女性たち

　革製のバスケットボールが、磨かれた硬材のコートを跳ねる音は、目を閉じていても
わかる。そして、サイドラインに沿って同じ床を打ちつけるハイヒールの音も。大学女
子バスケットボールの試合で耳を澄ませば、ボールとハイヒールの音が両方混ざり、絡
まりあって聞こえるだろう――ボールを操るプレイヤーと、それを見守りながら、コー
トサイドをせわしく移動するコーチのハイヒールが刻むゲームの抑揚とリズムを。一瞬
のタイミングで出されるパス、（パスされた）ボール、シュート、そしてスコアの攻防に
呼応して、カツカツと床を打つヒールの音が響きわたる。一段と力を込めて踏みおろす
ハイヒールの音が、競技会場中にこだますることがある。それは、ディフェンスのシフ
トを予告する無数の戦略的決定、オフェンススキームの変更、選手のあっぱれなプレイ
に対する高揚感、あるいは、審判のタイミングが悪く、しかも疑わしい判定に対する、
やり切れないフラストレーションの表れである。

　2012 年 3 月、トーナメントに出場したハイヒール姿の SEC（サウスイースタン・カ
ンファランス）所属の女性のバスケットボールコーチたちがニュースになり、それぞれ
が履いている靴が話題になった。ルイジアナ州立大学のアシスタントコーチ、ター
シャ・バッツ（Tasha Butts）が、黒のスタイリッシュな 15 cm のスティレットヒールで
「最も高いヒール賞」を取った（Kline, 2012）。この 6 ヵ月後、当時ノースカロライナ州
立大学女子バスケットボールチームのヘッドコーチであったケリー・ハーパー（Kellie
Harper）が、女性コーチとして初めて、自分だけのシグネチャーラインである、シュー
ズメーカー Fan Feet がデザインしたウルフパック・ヒールを履き、歴史がつくられるこ
とになる。ハーバーは、テネシー大学時代の恩師であった伝説のコーチ、パット・サミッ
ト（Pat Summitt）の手法をそっくり真似たと思われる。サミットはその回想録の中で、
「自分がサイドラインの上に立ち、ハイヒールで硬い床を怒りにまかせて踏み鳴らす音
が銃弾のように響いたことを覚えている」と書いている（Summit & Jenkins, 2013, p.3）。

　シューズが重点的な商品である産業界にあって、バスケットボールコーチ業のユニ
フォームの一部としてハイヒールを履く女性がいるという事実は、社会からの期待とス
ポーツに関わる職場の要求との間に生じる張力の収束点として役立っている。人類学者
クリスタル・ダコスタ（Kristal D'Costa）は『Scientific American』誌の中で、「その日ど
んなシューズを選んだかよりも、ひとりの女性がそこにいるということのほうがはるか
に重要だが、シューズは周囲との関わり方に影響することがある。何を履くかで歩き方
も立ち方も変わるし、周りの見る目も違ってくる」と書いている（2012, para. 6）。1988
年、民主党全国党大会で演説したテキサス州の政治家アン・リチャーズ（Ann Richards）
が、この感性を鮮烈に捉えている。160 年の歴史がありながら、これまで党大会で基調
講演に立った女性は、たった 2 人しかいない、とリチャーズは述べ、党は視野を広げて、
もっと直接的に女性をリーダー層に入れなければならない、と苦言を呈した。「チャンス
をもらえれば、私たちはやれるのです。（ダンサーの）ジンジャー・ロジャーズ（Ginger

Rogers)を見てください。（ダンスパートナーである）フレッド・アステア（Fred Astaire）がやっていることは全部やっているではありませんか。バックステップだって、しかも、ハイヒールを履いてです」（Richards, 1998, para. 3）と訴えたのは有名な話である。

　強さとスピード、パワー、インパクトを最大限に発揮するために、足かせなく自由に動き回れることが何よりも大切であるスポーツ界で働く女性にとって、「ハイヒール」というエンブレムは、ちょっと考えられない無理難題である。女性がステータスと認知を求めて奮闘する競争の激しい環境下では、「ハイヒール」のもつ様々な意味がことごとく見えてくる。

　一種のパワーツールとして、「ハイヒール」はひとつのイネイブラー、相手の目を真っすぐに見てわたりあうことを可能にし、それによって、男性と同じ土俵に立つために、何十年も前から女性が使ってきた手段なのだ（Brockman, 2000）[1]。アメリカで、女性スポーツの発展に最も影響を与えた人物のひとりとして間違いなくその名があがるドナ・ロピアノ（Donna Lopiano）は、女性の履く「ハイヒール」をパワーシューズと呼んだ（Howard, 1994）。様々なタスクに追われているコーチたちは自分では気がついていないかもしれないが、「ハイヒール」を履くことに伴う綱渡りのようなバランスとりは、女性たちが仕事以外にもあれやこれや片付ける中で、1日中ついてまわる。忍耐の実践、あるいは、最終的に勝者になるための挑戦において、女性がさまざまなことに耐えている証拠として、女性の（社会で体験する）不快さを「ハイヒール」が象徴している。このことは、10人中8人の女性が、「足が痛む靴を履いている」と認めている数字が裏づけている（D'Costa, 2012）。「ハイヒール」には、たとえどれほどの職業的野心をもっていても女性コーチは女性らしい振る舞いや見た目を捨ててはいない、という保証を与える力があるのだ。ファッションショーのランウェイやウォール街、そしてスポーツが一堂に会するような文化空間にふさわしい装いを考える時、テレビの視聴者や企業のスポンサー、地元のファンやプログラムの支援者たちとのコネクションづくりに忙しい、エネルギッシュで知名度の高い女性コーチにとって、「ハイヒール」は手頃な手段なのだろう。女性コーチには、パワーフラットというシューズの選択肢もある[2]。

　トップレベルのコーチを目指す女性なら、金銭的に報われる職に就くことが期待できる。LaVoi（2013）も指摘しているように、最高レベルの大学コーチは、大半のアメリカ国民より収入が多い。2008年の不況によってその後数年間、アメリカの平均的労働者の給与は伸び止まるどころか1.5％下降したが、同時期の大学コーチの給与は、他の高等教育セクターのすべてを上回るペースで増加した（DeNava-Walt, Proctor, & Smith, 2012）。2010年から2011年の間に、大学教員の給与は1.8％の割合で上がったが、インフレ率の上昇はその上をいき、3％であった。対照的に、コーチの給与は9.5％の上昇、なかでもフットボールのコーチは、12％の上昇を見た。具体的な数字にしてみると、NCAA（全米大学スポーツ協会）ディビジョンI-A女子プログラムのアシスタントコー

チは、平均5万1000ドル以上稼いでいるが（Equity in Athletics Disclosure Act Report, 2012）、この金額は、5万ドルをやっと超えた程度のアメリカの所帯収入の中央値を上回る（DeNava-Walt et al. 2012）。

コーチという職業が、女性にとっていい暮らしができる期待を抱かせる一方で、よりによって一番適さない場所でハイヒールを履くという極端な女らしさを求める社会規範に従うことで、はたしてより多くの女性への門戸を開くことができるのか、あるいはスポーツの領域で女性コーチの権威が軽んじられる結果を生むだけなのか、という問いの答えは出ないままである。現実問題として、高校や大学のスポーツ現場で働く女性の地位は保証されているとはいいがたく、カレッジスポーツすべてにおいて、ヘッドコーチの男女比は通常、8対2と圧倒的に男性が多い（Acosta & Carpenter, 2012）。そして、彼女たちの足が地面にしっかり根を下ろしていようが、ハイヒールの足元が多少よろめいていようが、女性コーチたちはみんないつも、同等の男性たちにはるか及ばない報酬しか得られないというジレンマを感じている（Gentry & Alexander, 2012；Lavoi, 2013）。

まさにこの点を、Gentry と Alexander（2012）が報告している。NCAA ディビジョンI 男子チームのコーチの平均収入は、どの競技種目であるかにかかわらず、2003 年から2010 年の間に67％上がって26 万7007 ドルになった。同時期、同じディビジョンⅠの女子チームコーチの平均収入の上昇はわずか16％で、9 万8106 ドルである。しかもこの分析では、コーチにとって相当な副収入になるスポーツアパレル会社の CM 出演料や、裏書き契約などのスポーツ現場外収入は、計算に入っていない。結局、巨額の競技用シューズの契約で潤ってきたのは、ぴかぴかのローファーとクラシックオックスフォードに身を固めた男性コーチであり、ハイヒールやフラットシューズを履いた女性コーチではないのである。

過去40 年間、スポーツという企業が成長するにつれて、学校スポーツ職就労人口も急増した。Staurowsky、Murray、Puzio、Quagliariello ら（2013）が指摘しているように、コーチや教育スタッフがスポーツアドミニストレーターの数を大幅に上回っていた、かつての単純な構成のスポーツ局は、収益アップを支援し、アスリートの育成を促進し、やる気を出させて成績を上げさせ、いろいろな規制の枠の中でコンプライアンスを徹底し、情報やコンテンツを作成、配信、管理するといった様々な専門スタッフが、コーチの数を圧倒している、多面的で複雑な雇用環境に変貌した。この構造の中で、かつてないほど多くの女性が、高校スポーツ・カレッジスポーツに関わる職場で働いている。それと同時に、長年、男性が多数を占めていた雇用現場に新たに入ることによって、女性労働者は大きなチャンスをも与えられたが、男性中心に回るスポーツ産業の性質ゆえに、難題にも遭遇することになった（Blom et al., 2011；Hoffman, 2011；Magnusen & Rhea, 2009；Wright, Eagleman, & Pedersen, 2011）。

これ以降、本章では、スポーツ局に関わる職場の性別志向、学校スポーツ現場で女性

第13章　高校スポーツ・カレッジスポーツに関連する職場における女性リーダー

が担う仕事の範囲、そして高校スポーツおよびカレッジスポーツセクターにどの程度女性が労働者として進出しているかを見ていく。これらを一通り見た後で、女性たちの雇用、定着、昇進に影響を与える要因を含めて、高校や大学のスポーツ現場で働いている女性の人生に影響を及ぼしている問題に焦点をあてることとする。そして、高校スポーツ・カレッジスポーツにおける女性の将来の展望を述べて本章の結びとする。

> 「私は、選手たちをひとり残らず、みんな覚えている。テネシーオレンジのユニフォームを着た選手たち。ライバル校が目の敵にしたテネシーオレンジは、私たちのプライドの旗、私たちがレディーボランティアーズという、間違えようのないタイプの女性たちなのだという証明だった。私たちは戦士だった。より良い人生を目指して闘いに身を投じた女性たちが、どれほどたくさんいたことだろう。出会わなかった戦士たちも、同じくらいたくさんいるだろう」
> ──パット・サミット

高校スポーツ・カレッジスポーツに関連する職場の性別志向

　女性が一人ひとり違うように、高校スポーツ・カレッジスポーツに関連する仕事の何が女性を惹きつけるのかも、それぞれ違っているだろう。経済的なことが、ライフスタイルに関する選択や手持ちのスキル、そして職能への適正と同じくものをいうことは確かである（Bracken, 2009：Schneider, Stier, Henry, & Wilding, 2010）。若者たちと一緒に働いて、その人生に意味のある貢献をしたいという願いは、学校スポーツの職場で働く人々の強い動機になることが多い。40年近いコーチ人生の中で、全国大会に8度優勝して1098勝という、男女問わず、他のいかなるコーチも成しえなかった偉業を達成し、不動のトップの地位を築いた元テネシー大学女子バスケットボールチームのヘッドコーチ、パット・サミットが、一番記憶に残っているのは選手たちだ、と述べているのは実に説得力がある。アルツハイマー病を発症するという試練と格闘しながらも、記憶から落ちていったのは試合の得点や統計データであって、選手たちとの関わりは鮮やかに記憶に残り続けているとサミットは語っている（Summitt & Jenkins, 2013）。

　高校スポーツ・カレッジスポーツのスポーツに関わる職場に魅力があるのは明らかである一方で、その複雑さは検討が必要である。スポーツチームは男女別になっている、つまり、男の子と女の子、男性と女性にチームがはっきり分かれることから、学校スポーツでは、他の職場に例を見ないほど、性別の力学が露骨に現れる。「分離と平等」というタイトルIXの概念の下に容認されていた、この性別体制は、**男女別**の基礎構造は維持するが、この構造の中で競技や仕事をする者を公平かつ平等に扱うことを要求するシステムを生んだ。

241

第 4 部　スポーツ産業界の女性たち

　1972 年にタイトル IX が議会で可決された当時、男女別々の競技プログラムが、男女別の構造での学部や男女別々の組織を通じて大学レベルで運営されていた（Acosta & Carpenter, 2012；Grappendorf, Lough, & Griffin, 2004）。個々の大学のキャンパスでは、男性のコーチとスポーツ局のディレクターたちが男性アスリートのためのプログラムを運営する一方、女性のコーチとスポーツ局のディレクターたちが女性アスリートのための機会をつくっていた。が、こちらは体育科目に関わる程度のことが多かった。強い女子チームがアメリカ全土に根づき始め、スポーツ文化が発展して女性の参加を認めるようになってきて、女性のカレッジスポーツの立ち上げ期だ、という雰囲気になった。

　ESPN［訳注：アメリカのスポーツ専門チャンネル］のスポーツ記者、ボニー・D・フォード（Bonnie D. Ford）は、オーバリン大学のバスケットボール選手だった 1978 年当時の経験を思い起こして、それが女性のカレッジアスリートやコーチにとって、どんな時代だったかを語っている。1902 年に設立され、その管轄下で女性が競技することを明示的に禁じていた OAC（オハイオ・アスレチック・カンファランス）が、以前は男性だけだったクロスカントリーチームで女性アスリートを競技させた上に、OAC の加盟校とエキシビジョンレースで競技することを奨励していたことを理由に、オーバリン大学の加盟資格を無効にする、と脅してきたという。リーグ組織の支援がなかったために、試合のスケジューリングに不整合が生じ、記録管理もいい加減になり、競技経験にも偏りが生じていた、とフォードは回想している。

　　私がいた頃のオーバリン大学女子バスケットボールチームは（…）似たようなレベルの学校（たとえば、ケニヨン大学）も、オーバリンなんかお呼びでないような学校（たとえば、クリーブランド州立大学）も、ごちゃ混ぜになったスケジュールを使って四苦八苦していた。当時の痕跡を探してみたが、統計的なデータと言えるようなものはなくて、情報の残骸があるだけだった。（Ford, 2012, Para. 13）

　女性のカレッジスポーツのリーダーたちが、公式に認められていない領域へ踏み出したとき、十分に発達して強固に定着した男性向けのプログラムと比べてとやかく言われながら、すべての女性のためのプログラムで競技する場を確保しようとしたが、その試みは数々の困難に遭遇した。そうした困難は、今も十分に解決したとはいえない。OAC の創立 70 年に至って、ようやくオーバリン大学を始めとするオハイオ州の学校で女性向きのプログラムが出現したように、男性しか加盟していなかった NCAA も、当初女性のスポーツには関与しないという立場をとったため、AIAW（全米大学女性スポーツ協会）が、女性のカレッジスポーツをまとめる、最初の全アメリカ的な団体となった。

　Acosta と Carpenter によると、「AIAW は、女性アスリートが成長し、競技にフルに参加してその恩恵を受けられるように、体育館のドアを開け放ってやる、という女性リーダーたちの宣言だった」（2007, p.49）。女性のカレッジスポーツのリーダーたちは、メディアの注目、大観衆、収益の獲得を目的に、観戦スポーツのプロモーションを強調す

242

第 13 章　高校スポーツ・カレッジスポーツに関連する職場における女性リーダー

る男性の競技モデルを拒んだ。AIAW のリーダーたちは、アスリートに奨学金を与える
という発想を、学生と学校の関係をゆがめるものだと考えた。こうしたシステムを維持
していくために必要な付随的な方針、はっきり言ってしまえば、有望なアスリートの苛
烈なスカウトや、アスリートの学校移籍を認めないという規則に沿って、アスリートが
学校のために競技することに対してなら奨学金を支払うというやり方は、学生ではなく
コーチやプログラムの利を図る管理の道具だと、AIAW のリーダーたちは受け取った。
AIAW のリーダーたちは、女性の大学対抗競技のビジョンの中心に学生重視を据えつ
つ、高等教育の使命を尊重し、アスリートが競技責任に影響されることなく確実に教育
を受けられるような保護策を策定するという一連の理念を組織の礎にしようとした。具
体的には、アスリートの健康と安全、学業と競技という、相反する負担を背負うことに
伴う重圧を緩和することが配慮された。

> 「女性は（障壁を）大股でまたいできた。だが、オールド・ボーイズ・クラブ（男だけの
> ネットワーク）は根強い。今でも、女性を雇わせるのは骨が折れるし、雇われたら、もっ
> と過酷な道が待っていることもある。もう、文化を変革しなければ、という話になってく
> る。そして、これには時間がかかる」
> ──パティ・フィリップス Patti Phillips（全米大学女性スポーツアドミニストレーター協
> 会事務局長）

　AIAW は、その 10 年の存続期中に、女子の大学対抗競技に欠けていると Ford（2012）
が指摘した構造基盤を着実に整備した。AIAW のリーダーたちは、タイトル IX の可決に
より求められることになった、学内での女子学生の公平な扱いをめぐる全米規模の協議
にも貢献した。NCAA が、タイトル IX の実施対象からスポーツ競技をはずすようにアメ
リカ連邦議会と裁判所に働きかけて、必死になって押さえ込もうとした協議である。そ
れに失敗した上、AIAW がテレビ局と交渉して契約を取り、資金源への独立した手段を
得てさらに強い勢力になろうとしていることがわかると、NCAA は、ただちに全米選手
権を設けることを提案して、女性のカレッジスポーツを吸収しようと動いたのである。
AIAW のリーダーたちは、これを悪意のある乗っ取りだと判断したが、はるかに歴史が
古く、資金サポートも桁が違う相手では勝ち目はなかった。こうして女性スポーツの監
督機関としての AIAW は、創設から 10 年で終わりを告げた。
　NCAA によって、全国レベルの競技に女性向けプログラムが組み込まれると、ほどな
く、個々の競技プログラムもこれに続いた。高校レベルでは、学校当局が大学レベルで
起きていることをそっくりそのまま採用し、男女プログラムの**合体**も開始した（Mather,
2007）。合体されたとはいえ、女性は、主要な意思決定のポジションから外されること
が多かった。こうした合体の遺産が、スポーツ局の中で、はっきりと 3 つに分かれて機

243

第4部　スポーツ産業界の女性たち

> 「日々闘いの連続だ。時にはジェンダー絡みの闘いになる。私について何かが決定された
> り、私のことがあれこれ言われたとき、そこに、私が女だからということが、ある程度は
> 関係していたに違いない。でもそんなことを気にしてもしょうがない。途中に障壁がある
> のなら、どうやったらそこを乗り越えていけるか、ぶち壊して進むのか、避けて回り道を
> するのか、考えるしかないのだから」
> ──サンディ・バーバー　Sandy Barbour（ペンシルベニア州立大学、スポーツディレクター）

能している職場、つまり、ほぼ男性に限定される男性のスポーツ関連職、女性と男性の
職員が混在している女性のスポーツ関連職、そして、完全に**男女が統合された**部門とし
て運営するべきでありながら、運営の仕方も意思決定も男性向けプログラムの価値観に
頼った姿を露呈しているスポーツ局の職場である。

　子どもから大人までを対象とした女性向けプログラムが、男性向けプログラムの下に
埋もれてしまっていたことが、学校スポーツに関わる雇用環境に長年影響してきた面が
いくつかある。第一に、女性向けプログラムを既存の男性向けスポーツの構造の下に移
すという決定をしたために、男性向けの高校・大学対抗競技の現状が維持され、女性向
けプログラムにも、男性の価値観が幅を利かせる評価システムに沿った尺度が持ち込ま
れる土台ができてしまった（Mather, 2007；Schneider et al., 2010）。第二に、女性スポー
ツに関係した職業は男女融合され、男性が女性のチームをコーチしたり、女性向けプロ
グラムを運営したりするようになった一方で、男性向けプログラムでは、こうした男女
融合の動きは見られていない。第三に、学校スポーツに関わる職場が数多くのサポート
スタッフを抱えて複雑化する中で、**性別分業**が形成された。つまり、女性はキャリアの
選択肢が限られ、男性と同じ報酬も得られず、キャリアアップの可能性も少ない職位に
固まってしまう。学校のスポーツ現場で働く女性が、どこにいてどのように扱われてい
るのかを詳しく見る前に、学校スポーツという環境で女性が就くことができる仕事を概
観してみると、重要な背景がわかる。

学校スポーツという環境で女性が就ける仕事

　スポーツは性質上、高度に可視的であるため、学校スポーツという環境における様々
なシーンの裏で多くの人間が働いて、アスリートに競技の機会をつくり、観客が声援を
送り、ビジネスエリートが金をもうける機会をつくっていると誤って伝えてしまう傾向
にある。学校スポーツでどんな雇用の可能性があるのか十分に把握するには、互いの取
り組みを補完・支援しあうように設計された独立組織が集まった星座のような集合体を
考え、スポーツ局をそうした団体の1つととらえるのが一番わかりやすい。こう考える

第 13 章　高校スポーツ・カレッジスポーツに関連する職場における女性リーダー

表 13.1　全国の高校スポーツ・カレッジスポーツに関する機関

領域	例
全国スポーツ管理団体	National Collegiate Athletic Association（NCAA）, National Federation of State High School Associations（NFSHA）
コーチ協会	Women's Basketball Coaches Association（WBCA）, Indiana Coaches of Girls Sports Association（ICGSA）
スポーツ局運営管理組織	National Association of Collegiate Directors of Athletics（NACDA）, National Association of Collegiate Women Athletics Administrators（NACWAA）
特定スポーツ協会	College Football Association, United States Field Hockey Association
専門大学スポーツ協会	College Sports Information Directors Association（CoSIDA）, National Association of Collegiate Marketing Administrators（NACMA）
カレッジスポーツマーケティング団体	Active Imagination, Affinity Sports & Event Marketing, Front Row Marketing, GMR Marketing, IMG College, Nelligan Sports Marketing, Octagon
カレッジスポーツ顧問団体	Alden & Associates, Carr Sports Consulting, Collegiate Sports Associates, DHR International（Sports Division）, Eastman & Beaudine, Korn/Ferry International, Parker Executive Search, Spencer Stuart, Westwood Partners, Witt/Kieffer
カレッジスポーツネットワークとメディア支援	Big Ten Conference, Longhorn Network, Pac-12 Enterprises, NeuLion, SEC Network, Sidearm Sports

と、高校スポーツ・カレッジスポーツに関連する仕事は、学校が資金を提供する個々のスポーツ局だけでなく、こういう関連団体や協会組織でも見つけられることになる（**表 13.1**）。

　ほとんどすべての学校のスポーツ現場に共通する責務は、外部対応（スポーツコミュニケーション、スポーツ〔データ分析〕情報、資金調達と寄付者対応、マーケティング、マーチャンダイジング、チケット販売、助成業務）、アスリートの健康とウェルビーイング、育成（学業―競技両立カウンセリング、コーチング、メンタルトレーニング、鍛錬と調整、スポーツ医学）、そして運営管理（予算、経理、コンプライアンス、施設やイベントの管理運営、人事、法務、危機管理、およびセキュリティ）に区分できる。プログラムの系統的整備や資金源のレベルにもよるが、これら各専門分野それぞれに仕事はあるだろう。比較的小規模で資金の少ない競技プログラムや競技団体では、職務内容もより具体性が乏しいことが多く、こうした環境に雇用されると、色々雑多な責務を背負うことが多い。

第4部　スポーツ産業界の女性たち

高校スポーツ・カレッジスポーツに関連する職場における女性の進出

　これだけ様々な仕事があり、アメリカ中の大学のスポーツプログラムに、かつてないほどの女性アスリートが参加しているにもかかわらず、学校スポーツに関わる職業であるコーチ、スポーツアドミニストレーター等には、それに呼応する数の女性が進出していないことが、40年にわたる調査で明らかになっている（大学と高校における女性アスリートのスポーツ参加機会の増加については、第2章を参照）。その上、女性は、権威も名声も男性に劣る職位に集中することが多い。

　学校スポーツに関わる職場では、権威やリーダーシップ、ビジョンを発揮しなければならないほぼすべての職種において、女性は依然として少数派である。大学のコーチ職のランクで見ると、すべての男女チームを対象としたコーチ職全人口に占める女性の割合は、わずか20％である。かつては、ほぼ女性コーチの独占領域だった女性チームに限定して見ると、女性の比率は42.9％まで落ち込んでいる、とAcostaとCarpenterが指摘している（2012）。女性向きのプログラムを指揮するコーチングスタッフの男女統合は起きたが、男子チームで同じことは起こらず、男性コーチが依然98％を占め、まれに女性コーチがいても、ほとんどがテニス、ゴルフ、水泳などの個人競技を担当している。

　この女性進出の少なさに似たパターンは、至る所で発見できる。例をあげると、NCAAのフットボール選手権部門（大学間の対抗意識が最も強く、財政も潤っている）の中で、スポーツ局ディレクターの職位を占める女性はわずか3％、すべての大学のスポーツ局ディレクターでは20％をわずかに超える程度で、ヘッド・アスレティックトレーナーになると1/3を超え、ヘッド・スポーツ（データ分析）情報ディレクターの職位では10％を下回る。外部に対してスポーツ局を代表する職位では、女性はおよそ1/3である（Acosta & Carpenter, 2012：Lapchick, Farris, & Rodriquez, 2012）。アメリカ国内のスポーツ局全体で見ると、なんと10％近くが、管理職に女性をひとりも入れていない。最も強力な11のカンファランス[3]において、理事に就いている女性はひとりもいない。NCAA自体が、ガバナンス構造の中で重要度が高い領域ほど、リーダーの役割に関与する女性の比率が低くなっている（Yiamouyiannis & Osborne, 2012）。NCAAで働いている女性の場合、ディレクター職はもっと多く（47.3％）、マネージングディレクターが16.7％、エグゼクティブとしてリーダーシップを執る職位では23.5％になる（Yiamouyiannis & Osborne, 2012）。

　大学のスポーツ局に情報提供している、大手のスポーツマーケティング会社を抜粋してみると、会社のウェブサイトで確認できる役職者の性別は、21％が女性であった。確認できた大学向けコンサルティングおよびヘッドハンティング会社では、もう少し高く、女性の比率は25％だった。このカレッジスポーツコンサルティングおよびスカウト

第13章　高校スポーツ・カレッジスポーツに関連する職場における女性リーダー

会社計16社の中で、女性が創立した会社が2社、女性2人が男性2人と共に共同で創立した会社が1社あった（Staurowsky & Proska, 2013）。

　スポーツ業界の女性雇用パターンを綿密に見ていくと、女性は報酬も名声も低い職位に集中していることがわかる。たとえば、2011～2012年の雇用データを示しているNCAAの「Race and Gender Demographics Report（人種とジェンダーの人口統計に関する報告書）」によると、NCAA傘下機関の全部門にわたる就労者の43％が女性だった。スポーツ局に限った女性就労者の分布は、管理運営アシスタント（92％）、学業アドバイザーまたはカウンセラー（60％）、コンプライアンス担当者またはコーディネイター（53％）、ライフスキルコーディネイター（69％）、ビジネスマネージャー（60％）など、サポート職種で最も比率が高い。1995～1996年と、2011～2012年のスポーツ局の雇用パターンを比較すると、女性就労者の大幅増加を実現したのは、管理運営アシスタント（82％から92％に）、教育アドバイザーまたはカウンセラー（50％から60％）、ビジネスマネージャー（45％から60％）、そして、コンプライアンスコーディネイター（46％から53％）などの職位であった。重要事項の意思決定、権限の利用、収益源の確保といった職位では、女性はまだ少数派のままであり、スポーツ局ディレクター（20％）、同准ディレクター（34％）、同アシスタントディレクター（33％）、資金調達・開発担当（32％）、販促・マーケティングマネージャー（34％）にとどまる。単独職種の範囲内で見ると、最も多くを占めているのは、2575人の女性が従事している管理運営アシスタントであった[4]。NCAAのスポーツ局で、インターシップに参加している女性の比率を、1995～1996年と2011～2012年の期間で比較すると、38％から42％と、わずか4ポイントの伸びであった（Irick, 2012）。

　アメリカの高校レベルで見ても、女性の進出は、わずかにこれを上回る程度でしかない。LaVoi（2013）によれば、ヘッドコーチ全体に占める女性の比率は27％、女性アスリートを担当するコーチの、40％弱が女性であった。対照的に、男性アスリートを担当するコーチでは、女性は7.5％であった。22州の高校を対象としたWhisenant、Miller、Pedersen（2005）の調査では、スポーツ局ディレクターの13％が女性だった。高校のスポーツ局ディレクターの性別内訳を州別に追っていくと、女性のスポーツ局ディレクターは13～17％であったとBarlow（1999）は報告している。NIAAA（全米学校対抗スポーツアドミニストレーター協会）のエグゼクティブディレクター、マイク・ブラックバーン（Mike Blackburn）によれば、2010年に、高校のスポーツ局ディレクターとして働く女性の比率は、アメリカ全体で15％だった（White, 2012）。2012～2013学校年度に、アメリカの州立高校スポーツの関連団体を監督するエグゼクティブディレクターでは、94％が男性、女性は6％だった。州立高校関連団体の職場を、副エグゼクティブ、准ディレクター、アシスタントディレクター、マネージャーレベルの仕事で見ると、33％を女性が占めた。唯一女性が圧倒的多数を占めた職種は、管理運営アシスタント、

247

第4部　スポーツ産業界の女性たち

役員秘書、オフィスマネージャーで、95％が女性だった（Staurowsky & Proska, 2013）。2012年のNIAAAの役員レベルで、女性は役員会の13％を占めていた（15人の役員メンバーのうち2人が女性）。

学校スポーツに関連する職場における女性の雇用、定着、昇進

　2009年、マリア・シュライバー（Maria Shriver）とセンター・フォー・アメリカン・プログレスは、アメリカの労働人口の劇的な変化を、『The Shriver Report：A Woman's Nation Changes Everything』という本の中で詳細に記録している。女性の比率がアメリカの労働人口の半分を超えた、という認識が動機となって書かれた報告書である。学校支援のスポーツシステムの中で競いあう、すべての世代の女性・男性たちの経験を方向づけてきた指導層構造の場合、シュライバーが描くアメリカの女性の経験は、主に男性が管理運営しているスポーツコミュニティにおいて、女性の競技人口と、そこからリーダー層に進出する比率との間に、逆比例関係があることを示している。女性アスリートが、フィールド、コート、そしてアリーナで強くなっていく一方で、女性のスポーツアドミニストレーターたちが意思決定に影響する領域で力を失っていっているという現象について、男性に有利な賃金格差、職場での障壁、そして女性自身が自己規制してしまう傾向など、おそらくは多岐にわたる要因があるのだろうと研究者たちは推察している。

　学校ベースのスポーツに関わる職場は、能力、教育、成果をもとに人が雇用される能力主義によって運営されていると信じている人々にとっては、スポーツシステムの中で雇用される女性の比率、アスリートとしてのすべての世代の女性の進出が男性より少ないという格差は、性別中立により説明がなされてきた。たとえば、女性は出遅れただけであり、今追いつこうとしているのだから、スポーツ界にしてもアメリカ社会にしても、女性の全人口の比率が反映された労働人口構成に、そのうちなるだろうと主張する人々もいる。一方、女性たちがしたいと思うことと、スポーツ局が働き手に要求することとがかみあっていないことを示す研究があると指摘する向きもある。Bracken（2009）によると、大学レベルでの女性アスリート（$N = 8900$）は、単に大学対抗スポーツに興味がなかっただけ、と述べたという。Brackenは、「もっと高い給料がほしいから、拘束時間が長いのが嫌だから、9時から5時までで帰れるような職位でいたいから、が今の女性アスリートがスポーツ分野でキャリアを追わない選択をした要因としてあげたものである」と伝えている（p.2）。とはいえ、選手として、より大きな成功を収めたと回答している女性アスリートは、コーチやアドミニストレーター職、または、スポーツ科学の専門職を追い求めることに強い興味を示している。

　学校ベースのスポーツ関連職に応募する女性は、このような性別中立的な考察に惹かれているように見えるが、スポーツ界の女性進出の格差に対する前述の説明は、現実に

第 13 章　高校スポーツ・カレッジスポーツに関連する職場における女性リーダー

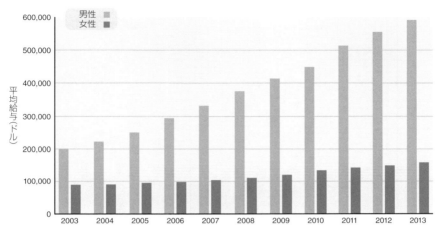

図 13.1　NCAA ディビジョン I-A ヘッドコーチ平均給与の男女比較（2003～2013 年）
Created with data taken from EADA analysis cutting tool located at http://ope.ed.gov/athletics.

存在する複雑さを覆いかくしてしまっている。その複雑さの最たるものが、スポーツに関わる職場の隅々までいきわたって、女性の職業生活に影響する不平等なのだ。たとえば、スポーツでキャリアを積もうとする決心を性差別が阻むことがありうると思うかと聞かれて、カレッジスポーツの世界に性差別があるとは思わない、と答える女性アスリートが多いのも驚くことではないのだが、コーチやスポーツアドミニストレーター、アスレティックトレーナーを含めて、スポーツ組織で働く女性たちは、性差別は正当な根拠のある要因だとさえ思っているのだ（Schneider et al., 2010）。ある職位を引き受け、そこで働き続けるかどうかの判断に、大学がどの程度女性のスポーツを支援しているかが影響したと女性コーチたちが回答している。カレッジスポーツの職場で働いている女性アドミニストレーターの 80% が、スポーツ局幹部には「男性しか雇わない男性がいる」と確信している（Bracken 2009, P.19）。

カレッジスポーツ関連職での男女の賃金格差

　カレッジスポーツに関わる職の女性の賃金が男性と比べて低いことを、男女バスケットボールチームのヘッドコーチの収入と比較した記事を通して初めて知るというケースが多い。2009～2010 年の NCAA ディビジョン I プログラムのコーチの平均給与は 32 万 9000 ドルであるが、その数字は、女性チームのコーチが稼ぐ 17 万 1600 ドルのおよそ倍である。バスケットボールを 4 年間のタイムスパン（2006～2007 年から、2009～2010 年まで）で見ると、バスケットボールチームの男性コーチの平均給与が 40% 増加しているのに対し、女性コーチの増加は 28% だった（Tyler, 2012）。

第 4 部　スポーツ産業界の女性たち

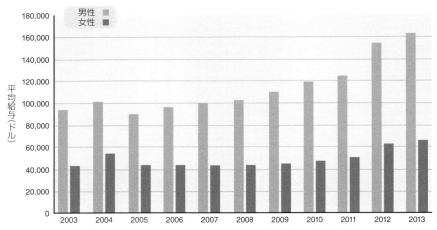

図 13.2　NCAA ディビジョン I-A アシスタントコーチ平均給与の男女比較（2003～2013 年）
Created with data taken from EADA analysis cutting tool located at http://ope.ed.gov/athletics.

　NCAA ディビジョン I-A レベルになると、男子チームと女子チームのコーチの賃金の格差はより著しく、Equity in Athletics Disclosure Act レポート［訳注：スポーツ競技における情報開示の公正規定（EADA）により連邦補助金を受けている中等教育後の教育機関に義務づけられている、資金の内訳の年次報告。p. 28 参照］の 2011～2012 学年度のデータによると、男子チームのヘッドコーチの平均給与は、女子チームのヘッドコーチの給与を 37 万 2047 ドル（男子チームヘッドコーチの平均給与 51 万 7321 ドル、女子チームヘッドコーチの平均給与 14 万 5892 ドル）上回っていた（U. S. Department of Education, 2012）。その上、NCAA ディビジョン I-A の男子チームヘッドコーチの平均給与は、過去 7 年間で 2 倍以上になり、2003 年の 20 万 7774 ドルから、2011 年には 51 万 7321 ドルに上昇したが、同様な上昇率は、女子チームのヘッドコーチには認められず、平均給与は、2003 年で 9 万 3486 ドル、2010 年で 14 万 5892 ドルであった（図 13.1）。この男女格差の傾向は、アシスタントコーチの給与においてはここまで顕著ではなかったが、そこでも賃金格差は存在した（図 13.2）[5]。

　Brook と Foster（2010）は、この種の格差は単に市場原理の結果であったのに、雇用者による組織的な性差別を反映したものと間違って解釈されてきたと主張している。プログラムの収益源の確保や生産性、コーチの経験などを考慮すると、男子バスケットボールチームと女子バスケットボールチーム間のコーチの給与差は、実際には有意ではない、と 2 人は結論づけているのである。

　格差の大きさと持続性が数字に現れているとはいえ、賃金格差が存在するということだけでは、現実にコーチの報酬に性差別が起きていると結論づける十分な根拠にはなら

第 13 章　高校スポーツ・カレッジスポーツに関連する職場における女性リーダー

表 13.2　NCAA 全ディビジョンの組織における男女賃金格差

ディビジョン	男性ヘッドコーチの給与	女性ヘッドコーチの給与
NCAA DI-A	$517,321	$145,892
NCAA DI-AA	$125,507	$70,755
NCAA DII-F	$66,543	$53,040
NCAA DII-NF	$55,299	$49,820
NCAA DIII-F	$59,610	$50,748
NCAA DIII-NF	$47,019	$44,338

Created with data taken from the EADA analysis cutting tool located at http://ope.ed.gov/athletics.

ない、という点では Brook と Foster は正しい。しかしながら、EEOC（均等雇用機会委員会）は、「ここで明らかにされた男女チーム間の賃金差は懸念事項である（…）なぜなら、教育機関によるコーチ雇用のパターンが、全般的に性別中立的ではないからである。女性は概して女性のコーチに限定される一方で、男性は男女どちらの選手のコーチにも採用される」（Igasaki, 1997, para. 2）と述べている。

　Igasaki は、Brook & Foster の分析について、2 つの欠点を指摘する。第一に、EEOC は、表面だけを見て市場原理を性差別がもう起きていないことの兆候であると受け入れることはできない、それは、表面に現れる給与差だけをもって性差別が存在すると証明できないのと同じことである、と明確に述べていること。カレッジスポーツの職場のように独特の性別の力学がある世界においては、なぜ男性向けプログラムにそれほどの収益源を確保する能力があるのかを問わなければならない。あるスポーツ団体が、女性向けプログラムについても、男性向けプログラムと同程度のマーケティングを実施してこなかったか、または女性向けプログラムを成功させる対策を講じるなどして男性と同様の取組みをしてこなかった、あるいは男性向けプログラムのマーケティングへの努力をサポートする人員は手配してきたが、同程度のことを女性向けプログラムにはしてこなかった、というのであれば、市場に原因を求める主張は正当化できないかもしれない。

　第二に、男子・女子のバスケットボールチームのコーチに限定した分析は理にかなっており、均等支払法またはタイトルⅦの下で申し立てを確立することに関連する問題を明らかにしているが、女性チームのコーチの給与の方が少ないという傾向は、カレッジスポーツのシステム全体を通じて、発生している。2011〜2012 年の EADA のデータによると、これらの格差は、プログラムが収益を生んでいるのか、あるいは収益を流出させているのかにかかわらず、すべてのレベルで存在している。表 13.2 を見れば、NCAA すべての部門の所属チームで、男性チームのヘッドコーチの平均収入が女性チームのヘッドコーチを上回っていることがわかる。

　この情報は、コーチ、アドミニストレーター、その他学校のスポーツ現場で働く女性の就労者たちが、給与の問題やその他の不平等を、仕事の満足度に影響する問題として

251

第 4 部　スポーツ産業界の女性たち

引き合いに出すのには、根拠があることを裏づけている。NCAA で働いている女性のシ
ニアアドミニストレーター 406 人を対象としたある研究では、賃金不平等の問題が、ス
ポーツ局への女性の進出に影響する、上位 5 つの差別要因のうちの 1 つにあげられてい
た（Schneider et al., 2010）。給与の満足度を聞かれると、女性のカレッジスポーツに関
わるコーチの 33％が不満足を示し、74％が大学対抗スポーツのコーチ業に女性が進出
しない理由として、もっと給料を上げる必要性に同意している。コーチ業を辞めた女性
たちが、辞職の決断につながった男女格差の領域として、十分なリソースがない、報酬
が責務に見合っていない、当局からの支援がない、女性を見下す男性との交渉、そして
女性が家庭でお世話係りになってしまう傾向をあげた（Kamphoff, 2010）。

女性の進出と成功を阻む職場の障壁

　プログラム支援や報酬に伴う問題を超えて、学校のスポーツ現場では、女性の進出と
成功を妨げる障壁が特定されてきた。2008 年、Rhode と Walker は、コーチ業において
女性が果たす役割が小さくなってしまうのは、大まかにいって、仕事と家庭の両立が困
難なこと、敵対的なステレオタイプ（人種差別、性的マイノリティー、年齢差別などを
示す）、そして、小集団内のえこひいき、の 3 つが理由ではないかと述べている。

　働く母親にとって、仕事と家庭生活との両立において、特に厳しいのは、時間に追わ
れプレッシャーのかかる環境になることである。この厳しさは高校や大学の職場でしば
しば見られる特徴だ。スポーツ局職員の極端な労働時間を認識して、子どもを職場に連
れてくるのを認めるフレックスタイム制をとるなど、家庭に優しい対応策が欠如してい
る環境は、子育て担当者としての責任が働く母親に、とりわけ過酷にのしかかる。

　包括的でオープンな風土がない高校・大学の職場は、有色人種女性（Kamphoff & Gill,
2008）、性的マイノリティ、社会に出たばかりの若い女性にとって、問題が多いことが
明らかになっている。Sartore と Cunningham（2006）によると、コーチ職の応募者を評
定するのが白人だと、スポーツ関連の技量や人種的既成概念に頼って、昇格可能なコー
チ候補者を評価し、選ぶ傾向があるという。大学対抗バスケットボールの黒人女性コー
チの経験に光をあて、Borland と Bruening（2010）は、差別扱い、専門的能力の開発に
関する支援の欠如、そしてステレオタイプ化の、3 つの障壁を特定した。コーチ格で成
功することを目指す黒人女性は、黒人選手が「専門スカウト担当」になるためにアシス
タントコーチに採用されることが多いが、アシスタントコーチの責務の範囲内では、
キャリアアップに有利な職位に就くために必要な、広範なスキルを習得する機会はほと
んどない。Lapchick、Agusta、Kinkopf、McPhee（2013）によれば、アフリカ系アメリ
カ人の女性アスリートは、2011〜2012 年の女子バスケットボールディビジョン I に属
する選手の 47.9％を占めていたが、これらのチームでヘッドコーチのポジションに就い
たアフリカ系アメリカ人女性は、全体の 7.9％でしかなかった。

252

第13章　高校スポーツ・カレッジスポーツに関連する職場における女性リーダー

　コーチ職を辞めた女性たちのインタビューで、Kamphoff（2010）は、大学対抗競技の
コーチ格に見られる重度の同性愛者嫌悪（性的マイノリティーへの恐れと不寛容）が、
大学対抗競技界の至る所で女性に否定的に影響していること、その影響はレズビアンの
コーチに対して特に大きく、本人たちが性指向を隠す必要があると感じていることを発
見した。こうした女性たちは、negative recruiting（アスリートを特定の学校に行かせま
いとして、対立するコーチがその学校のコーチやチームメンバーの性指向を利用する習
慣）の影響に苦しみ、普通にあることと許容されてしまっている性的マイノリティーに
関するジョークやコメントの形での差別的態度にたびたび遭遇している。
　職業人としての人生が始まったばかりの若い女性たちからは、大学対抗スポーツでの
女性のアスレティックトレーナーが、自分たちの進路に悪影響を及ぼす前に、性的偏見
の芽を摘み取ってくれた、という声が聞かれた。初めて配属された現場で遭遇した性差
別について述べる女性のアスレティックトレーナーたちは、専門職としての信用を築
き、女性に対して、ステレオタイプにとらわれて行動しているコーチらに難詰されても、
自分の判断を信じて揺らがない強い基盤を築くために、はっきりと自分の意見を言う必
要があった、と報告している（Mazerolle, Borland, & Burton, 2012）。
　キャリアをスタートしたばかりの若い女性が目撃した性的偏見が、やがて、スポーツ
局の女はおとなしく言われたとおりに振る舞い、タイトルⅨ絡みのコンプライアンスだ
の、男女平等だの、男女同待遇だのとうるさいことをいうものではない、という規範の
押しつけとなって、立ちはだかってくることがある。女性のヘッドコーチとスポーツア
ドミニストレーターを対象とした最近の研究では（Staurowsky & Weight, 2011, 2013）、
微妙な圧力とあからさまな脅しを駆使して、スポーツ関連の職場の女性を黙らせてコン
トロールし、女性アスリートや自身のために声を上げる勇気をくじき、タイトルⅨコン
プライアンスの取り組みを間接的に攻撃して、女性が成功する能力を壊そうとする、報
復的な文化があることが明らかになっている。こういう文化があるため、これだけの年
数を経ても、スポーツ局内の女性の進出度が依然として低いのかもしれない。
　スポーツ界の女性は、グループ内でのえこひいきにも遭遇する。つまり、男性のス
ポーツ局ディレクターによる採用が、古いなじみの人間関係からになりがちなこと、そ
の人間関係は、主に男性の応募者、候補者で構成されている、ということである。
homologous reproduction［訳注：第12章 p.231 参照］という観点から、スポーツにおける女
性の進出を分析した Stangl & Kane（1991）は、スポーツ局ディレクターの性別が、確
実に女性の雇用に影響している、と結論した。つまり女性のスポーツ局ディレクターの
方が、男性ディレクターよりも多く女性を採用していた。

自分で限界をつくってしまう女性の態度
　女性が自分たちの置かれている位置、ステータス、価値について、矛盾する内容の

253

女性が、コーチは男性でなければと思い込むといった自分に限界をつくってしまう習慣に陥らないようにするだけで、教育現場のスポーツへ女性が進出する一助になることができる。

メッセージを受けとる環境下では、女性が自身の能力についてアンビバレンスを抱え（どこかのレベルで、意識的または無意識的に）、また、自分で限界をつくってしまう態度や心の癖を身につけてしまっても不思議はない。この現象のエビデンスは、女性アスリートにも、コーチやスポーツアドミニストレーターにも見受けられる（Greenawalt, Fleischman, & Smeaton, 2013）。NCAA ディビジョン I の女性アスリート 144 人が、男性および女性コーチをどう見ているかを検討した Greenwalt らは、81％が、女性コーチより男性コーチを希望すると答えたと報告している。「コーチといえば男性」という発想に表れる現代的な性差別が、男性コーチの方が女性コーチより信頼できて、強く、自分を操るようなことも感情的になることも少ないと思う、と回答した女性アスリートの間に認められた。男性コーチにも女性コーチにも指導を受けたことがある女性アスリートのひとりは取材に応じて、「自分は今の女性コーチが大好きだが、男性コーチには、違うレベルの尊敬の念を起こさせる何かがある」[6]と意見を述べた。

自分に限界をつくってしまうこの傾向は、学校ベースのスポーツシステムの中に持ち込まれている。カレッジスポーツと管理職のスカウト会社を設立したベッツィー・オールデン（Betsy Alden）は、女性は自分の市場価値について男性とは違う見方をしている、と指摘している（Staurowsky, 2011）。男性は、手が届きそうにない、あるいはまだ経験がないポジションでも応募するのに、女性は、自分の応募努力に自己検閲をかけて職務記述書の内容は実際にすべて経験済みだ、と証明できる仕事だけに応募する傾向がある。男性が、大学スポーツ界のありとあらゆる職種に応募するのに、女性は、概して直接経験したことのある職にしか応募しない事実を見れば、このことは歴然としている。

第 13 章　高校スポーツ・カレッジスポーツに関連する職場における女性リーダー

アメリカ全体の傾向もそうなのだが、カレッジスポーツ界の女性たちは、給料アップ、手当て等の充実、仕事で成功するためのリソースの拡充を求めて交渉することも、男性より少ない。

高校スポーツ・カレッジスポーツに関連する職場における女性の将来

　2012 年、史上最多数の女性がアメリカ連邦議会に当選し、国家の立法機構の中心部に関わる女性の声が、着々と拡大している軌跡を明示した。ようやくアメリカも、かつては近づくことも禁じられていた道から、意味のある重要な形で社会に貢献する機会を女

ビッグ・イースト・コミッショナー、ヴァル・アッカーマン

エレン・J・スタウロウスキー（Ellen J. Staurowsky）、マイケル・プロスカ（Michael Proska）

　2013 年 6 月、ビッグ・イーストは、構成を変えて生まれ変わった同カンファレンスの初代コミッショナーに、ヴァル・アッカーマンを起用した。アッカーマンは法律の学位をもつ元バスケットボール選手で、NBA の幹部を務めた経歴があり、WNBA 創立時の会長、USA バスケットボール初の女性会長でもある。組織人としての経歴や、バスケットボールで認められた能力、テレビ契約交渉の経験などが、ヴィラノヴァやジョージタウンなど、脚光を浴びるバスケットボールチームで知られる由緒あるカンファランスにとって理想的だと判断されたのである。

　ビッグ・イーストのコミッショナーとして踏み出す自分に待ち受けている困難について尋ねられたとき、アッカーマンは、モデルとなる競技カンファランスをつくるために、眠れない夜を過ごすことも多くなるだろう、と答えている。男性が圧倒的多数を占める職域で働くことについて尋ねられると、「同じ経験をしている女性が多い職場ならあるはずの、他の女性からの精神面でのサポートは期待できない」と認めている（Reynolds & Crockett, 2013, p.2）。スポーツ界で働く他の女性に何かアドバイスはあるか、との質問には、「スポーツ界で女性が成功するためには、ある程度、面の皮が厚くないとだめだとわかった。自分の仕事については、掛け値なしに有能であること。ときには受け流すこともユーモアのセンスも必要だ。こだわりどころと決めどころを見極めることだ」と答えている。

　スポーツ界における女性のパイオニアとして、アッカーマンは、女性たちに門戸を開く力になってきた。スポーツ界が女性にとって、アッカーマンが出発した頃ほど孤独な場所ではなくなったのは、彼女のような女性たちの功績だ。ビッグ・イーストで新しい仕事をスタートするアッカーマンは、男女を問わず、ひとりでも多くのアスリートに、1 つでも多くのドアを開くことに力を入れていく。

マイケル・プロスカは、2014 年 12 月、ドレクセル大学からスポーツマネジメント学士号を受けた。

255

性にも与えるまでになったか、と思わせた（Hook, 2012）。そして、スポーツ界におい
て、女性の雇用や成功へのアクセスに立ちはだかる障壁は依然としてあるにしても、学
校ベースのスポーツプログラム関係者の団結した取組みが公平化の実現に向かって前進
している、と期待させる出来事がそこここにある。

　カレッジスポーツでは、権限のある職位に初の女性起用が相次いだ。2013年6月、
NBA（ナショナル・バスケットボール・アソシエーション）の前法律顧問で、WNBA
（ウィメンズ・ナショナル・バスケットボール・アソシエーション）の創始者であり、
USAバスケットボールの会長であるヴァル・アッカーマン（Val Ackerman）が、構成を
変えて生まれ変わったビッグ・イーストの将来を託され、コミッショナーに選出された
のだ（前ページ参照）。

　同様に、2015年秋、ジュディ・マクロード（Judy McLeod）が、アメリカのトップエ
リート・カンファランス上位10の1つ、カンファランスUSAのコミッショナーに女性
として初めて指名された（Solomon, 2015）。その数年前には、NCAAそして4つのディ
ビジョンIカンファランスで様々な職位を歴任したアミー・ハクソーゼン（Amy Huch-
thausen）が、女性として初めてアメリカ・イースト・カンファランスのトップの座に就
いている。有色人種女性として、初めてディビジョンIカンファランスのコミッショ
ナーに指名された経歴を経ての就任である（"Amy Huchthausen Named," 2011）。そし
て、2012年3月には、リサ・カンポス（Lisa Campos）が、北アリゾナ大学の大学対抗
競技会の副大会長に選ばれた。この職位では全米最年少である（Preuss, 2012）。

　高校レベルでも、スポーツ現場の権力機構に変化が起こりつつあるようだ。2012年に
は、ヒューストン（テキサス州）の学区で、5人の女性がスポーツ局ディレクターとし
て働いていた（Barron, 2012）。西ペンシルベニアの学区では、7人の女性スポーツ局ディ
レクターが、地域の高校で働いていた（White, 2012）。2013年には、ダイアン・ジョー
ダン（Diane Jordan）が、ペンシルベニアにあるリーハイバレーカンファランス初の女
性スポーツ局ディレクターに指名された（Groller, 2013）。サマービルで創立以来、初の
女性スポーツ局ディレクターを務めたニコル・ヴィエル（Nicole Viele）が、在任中の業
績により、マサチューセッツ高等学校スポーツ局ディレクター協会から、経験年数5年
以下で特筆に価する貢献のあったディレクターの功績を評価する賞の受賞者に指名され
た（Goisman, 2011）。

　高校スポーツ・カレッジスポーツに関わる職場には、輝かしいキャリアを切り開いて
きた女性の長い系譜がある。そんな女性たちと、これまでの研究からわかっていること
を考え合わせれば、コーチングやアドミニストレーション、その他様々なスポーツ関連
職でキャリアを追求する次世代の女性たちの助力になる視点が得られる。テネシー大学
女子バスケットボールのコーチ、パット・サミットは、選手の闘志を掻き立てて能力を
伸ばせる手ごわい「競技者」と恐れられていた。学校スポーツの世界で仕事をしたい女

第13章　高校スポーツ・カレッジスポーツに関連する職場における女性リーダー

性は、何をおいても自分に正直でなければならない。ニッキー・コールドウェル（Nikki Caldwell）がUCLA（カリフォルニア州立大学ロサンゼルス校）からLSU（ルイジアナ州立大学）に移った後、女子バスケットボールプログラムの統率を引き継いだヘッドコーチ、コリ・クローズ（Cori Close）は、任命直後に前任者の流儀についてどう思うかと問われた。クローズは次のように答えた。

　　（ジョン）ウドゥン（John Wooden）コーチからいつも言われていたのは、自分らしくあれ、そして自分という人間に違和感のないやり方でコーチせよ、ということだった。私はウドゥンコーチがとても好きだけど、彼のようにコーチすることはできない。私は自分に合ったやり方で高みを目指さなければならない（…）自身の性格に合ったやり方でプログラムを指揮し、ふさわしいゴールまでもっていくことになるだろう。（Reid, 2011, para. 5）

　自身の著作『LEAN IN　女性、仕事、リーダーへの意欲』の中で、幹部職であるシェリル・サンドバーグ（Sheryl Sandberg）は、時に男性が圧倒的多数を占める新しい分野に切り込んでいきながら、仕事と家庭のバランスを模索する女性に、キャリア上のアドバイスをしている。自分が何を恐れて前に進めずにいるのかよく考えてみるようにと忠告し、その恐れを克服して、理にかなった助言を与えてくれる良き師を見つけて、**リーン・イン**すること、要するに、熱意とエネルギーをもって新しい挑戦に踏み出すようにしなさい、と女性たちを後押しした。サンドバーグは、「内なる革命を起こすなら、消えかかっていた革命の炎は再び燃え上がるだろう。男女がより平等な世界への変化は、一人から始めることができる。女性一人ひとりが一歩踏み出すことによって、私たちは真の平等という大きな目標に近づくと信じている」（2013、p. 11；シェリル・サンドバーグ『LEAN IN　女性、仕事、リーダーへの意欲』、村井章子訳、日本経済新聞出版社）と書いている。女性の職業人生に対するアプローチについて、すべての女性がサンドバーグの見方に同意するわけではない。事実、女性が何年も繰り返し突きつけられてきた問題を軽く見すぎている、という意見もある。それも認めた上で、スポーツ界で女性が権限と影響力をもつ職位に近づこうと闘い続けている、このときに、スポーツ界の女性がひとり残らずリーン・インしたら、学校スポーツシステムはどんな世界になれるだろう、とじっくり考えてみる価値はある。

　パット・サミットは、長いコーチのキャリアの中で何が一番貴重だったかと振り返り、若い女性たちと一緒に働く機会を得たことを特に強調した。みんな戦士（ファイター）だった、自分と家族がもっといい人生を送れるようにと闘いに身を投じた若い女性たちだった、と回想した。スポーツ界の女性は昔からずっと戦士（ファイター）だった。自分を信じて安住の地を飛び出すことをいとわず、社会の数々の境界線に果敢に挑戦してきた女性たち。目的のある充実した人生を送るためなら、現状をひっくり返すことも恐れず、後に続く女性たちのために、苦難を越えて道を切り開いてきた女性たち。その道を、歩くのか駆け下りるのか、

257

第4部　スポーツ産業界の女性たち

そのときに履く靴がハイヒールかハイカットのスニーカーか、ランニングシューズか、フラットシューズか、そんなことはどうでもいい。女性たちがその旅を続けるという事実が、先陣を切り、まだやるべきことはあると歩み続ける女性たちの喜びなのだ。

---

[1] 盛期ルネサンス（1490年代〜1500年代中期）期、ベネツィアの高級売春婦は、ゾッコリと呼ばれたとても厚い靴底の靴を履いていた。ゾッコリは最高76cmにもなる厚さで、女性の社会的地位は靴底の厚さで評価されていた。靴底が厚ければ厚いほど、それを履いている女性の地位も高かった（D'Costa, 2012）。

[2] 2012年11月、『ウォール・ストリート・ジャーナル』紙の記者、クリスティーナ・ビンクリー（Christina Binkley）は、女性管理職が好んで履いていたパワーヒールから、男性用シューズのオックスフォードに触発された「フラット」への移行を報じた。

[3] 2013年7月、NBAの法律顧問であったヴァル・アッカーマンが、ビッグイーストのコミッショナーに任命された。WNBAの初代会長であり、USAバスケットボールのトップでもあった女性である。ビッグイーストの運命がどうなるのか、憶測が何ヵ月も続いた末の起用だった。ビッグイーストは2012年秋に完全に分裂し、カンファランスの改革に向けてカトリック機関が結束した折に、バトラー大学など宗教に属さない大学をいくつかメンバーに加えている。こうした経緯により、ビッグイーストの主要カンファレンスたるステータスについては、本報告の時点で議論がかまびすしい。ビッグイーストが大学スポーツの重要な勢力として再浮上できるかどうかは、まだ決着がついていない。

[4] あと2つの職種には男性の人数がかなりあった。大学院生助手が2128人、「その他」が2763人である。「その他」の区分の内容は絶えず変化するし、大学院生助手はパートタイムに近いため分析対象にはしていない。

[5] Gentry & Alexanderによると、バスケットボールのディビジョンⅠでは、2010年男子チームコーチの平均給与は32万9300ドルであり、女子チームコーチの給与の、およそ2倍だった。女性コーチの平均給与は17万1600ドルであった。過去4年間に男性ヘッドコーチの平均給与は40％上昇しているが、これと比較して、女性コーチの給与上昇率は28％だった（2012, n. p.）。

[6] ただし、すべての研究で、女性コーチに対する女性アスリートの、この種の偏見が認められたわけではない。Magnusen & Rhea（2009）が報告しているように、女性アスリートは、フィジカルコーチが男性でも女性でも問題なくやっていけるのである。しかし、女性のフィジカルコーチの成功を阻む障壁があることは、フィジカルコーチは男性にやってもらいたい、ときっぱり言い切ったフットボール選手たちの態度を見ればわかる。

第 14 章
女性スポーツの商品化と
マーケティング

本章のポイント

- スポーツ関連商品の消費者としての女性、スポーツファンとしての女性。
- 女性向けのスポーツ用品、スポーツ用アパレル。
- 女性スポーツのマーケティングの様々なアプローチと努力。

第4部　スポーツ産業界の女性たち

　16年前に起きたある出来事が、女性スポーツのマーケティングのその後を永久に変えた。その出来事とは、1999年アメリカでの女子サッカーのワールドカップ決勝戦のことである。これまで女性の大会では想像もつかなかったほど多くの観客が押し寄せ、世間の注目を集めた。大会そのものが、私たちの記憶に残るのに十分な内容のものだった。アメリカ代表の女子サッカーチームの選手——ミシェル・エイカーズ（Michelle Akers）、ブランディ・シャステイン（Brandi Chastain）、ジュリー・ファウディ（Julie Foudy）、クリスティン・リリー（Kristine Lilly）、カーラ・オーバーベック（Carla Overbeck）、ブリアナ・スカリー（Briana Scurry）——が勝ち進んでいく姿は、選手それぞれの人間的な魅力も相まって、アメリカ中を魅了し、決勝戦の日は、9万人の観衆がローズボウルを埋め尽くした（Howard, 2011）。このすばらしい選手たちの中で最も輝いていたスターを挙げるとするなら、僅差だが、ミア・ハム（Mia Hamm）だろう。ポジションはフォワード。彼女はその激しい闘争心、プレッシャーがかかる中で見せる優雅なプレー、物静かな表情、精度の高い狙い通りのシュートによって有名になり、一時期マーケティングにおける象徴的な存在となった。NBA（ナショナル・バスケットボール・アソシエーション）のスーパースターであったマイケル・ジョーダン（Michael Jordan）の隣に立つハムの特集記事を見て、NFL（ナショナル・フットボール・リーグ）のクォーターバック、ダグ・フルーティ（Doug Flutie）の娘は、父親にこう尋ねたという。「ミアと一緒にいるこの男性は誰？」ジョーダン自身もかなりの経歴のアスリートであるのに。

　決勝戦に至るまでの、全32試合を観にいった65万人の観客とテレビの前で観戦していた4千万の人々が、女性スポーツ史の中で類を見ない、歴史的な瞬間を目にすることになる。それは、アメリカ対中国の激しい戦いの最後に起こった。試合時間が終わり、勝敗は最後のペナルティキックに託された。壮絶な戦いの最後を決めるのは、カリスマ的存在であったブランディ・シャステインであった。彼女の蹴ったボールは、中国のゴールキーパー、ガオ・フォン（Gao Hong）を抜いて、アメリカはワールドカップの優勝を手にした。ゴールを決めたシャステインは、歓喜の中で走り回り、勝利を祝してジャージを引き裂き、膝でスライディングした。完全勝利の瞬間を味わうシャステイン、彼女の黒いスポーツブラと、くっきりと浮き出た腹筋の写真は、その後『スポーツイラストレイティッド』誌の表紙を飾り、不朽のものとなった。

　私はネット裏にいて、シュートが決まった瞬間、全身に鳥肌が立ったのを覚えている。そのとき、アスリートとしてのキャリアの中で、最高の偉業を成し遂げたこの女性たちが、どれほどの感動と喜びに満ちあふれているかということ以外に、私は何も思わなかった。シャステインがユニフォームを引き裂いたことは、ごく自然なパフォーマンスのように思えた。男性の選手は、ゴールすると、きまってユニフォームを引き裂く。それと同じことを女性の選手がすると、世間の人が違和感を覚えるのはなぜなのだろうか。

　私はこれまで、競技スポーツの浮き沈みを経験してきたものの、その当時まだ世間知

らずな 18 歳の女性アスリートだった。だから、世間の人々が、必ずしもアメリカ代表チームのワールドカップ優勝について語っているわけではなく、勝利の喜びからシャステインが露出した黒のスポーツブラに、小さなナイキのロゴマークがついていたことを話題にしていたとは思いも寄らなかった。世間では、様々な意見と疑問が飛び交っていた。この喜びのパフォーマンスは目論まれていたのだろうか。背後にナイキが関係していたのだろうか。シャステインは肌を露出しすぎたのであろうか。

　こうした問題に議論の余地はあるが、確実なことが 1 つある。この出来事が、女性アスリートと女性スポーツのマーケティングにとって、飛躍のきっかけとなったことである。企業は、女性スポーツが世界的に周知され、人気を集めるだけでなく、女性アスリートは売り物になると気づいたのであった。過去 10 年半の間に、フィールドの内でも外でも女性スポーツは大きく成長した。この成長し続けるスポーツ産業界において、マーケティング戦略やアプローチなど、スポーツ市場に関わる人たちの努力を知ること、そして女性がその消費者であり、ファンであるということを認識することで、今日の女性スポーツのマーケティングにおけるその位置づけが見えてくる。

消費者そしてファンとしての女性

　女性は、以前よりさらなる購買力をもつようになった。事実、アメリカでは女性の購買力は、個人消費と企業による購入において 7 兆ドルを占める。この先 10 年の間に、女性は消費財の 2/3 を掌握することになるだろう。商品を購入する際に、85％の割合で、決定あるいは影響を及ぼすのは女性である。家財道具、車、家電製品など、これまで男性が因習的に購入していた製品の 50％を女性が購入している（Krasny, 2012）。つまり女性は、ソフトドリンク、朝食のシリアル、スニーカー、その他の日用品のほとんどを購入する消費者なのである。

　このような有効な統計が存在するにもかかわらず、女性のスポーツ用品消費者と女性スポーツに関連する消費者をめぐっては、様々な仮説がある。第一にマーケティング担当エグゼクティブには、女性はスポーツに興味がないとの思い込みがある。その結果、スポーツにおけるスポンサー契約が女性消費者を対象とすることは効果的ではないとみなしている可能性がある。（Ridinger & Funk, 2006）。2011 ～ 2012 年度に NCAA（全米大学スポーツ協会）で競技したアスリートの 43％以上、数にして約 20 万人にのぼるアスリートが女性であったことを考えると、この仮説は真実ではないと言える（Irick, 2012）。

　第二に、男性が女性スポーツに興味がないとする説である。この仮説とは逆に、SBRnet（Sports Business Research Network）が発刊する年間の「Sports Fan/Social Media Report」（2012）によれば、WNBA（ウィメンズ・ナショナル・バスケットボール・アソシエーション）の視聴者のおよそ 59％が男性である。同様に、LPGA（全米女子プロ

第4部　スポーツ産業界の女性たち

ゴルフ協会）のファン層の63.4%は男性である（"Fans of PGA", 2011）。こうした統計がすべての女性スポーツを表しているわけではないものの、一定数の男性が女性スポーツを観戦していることは明らかである。

さらに、女性のスポーツファンが、男性のスポーツファンと異なっているのかどうかについての議論もある。たとえば、ある研究によれば、男性は闘争的なスポーツを好み、女性はスタイリスティックなスポーツを好む、ということが明らかになっている（Sargent, Zillmann, & Weaver, 1988）。好きなスポーツを聞かれると、男性は女性よりもアグレッシブなスポーツの名を挙げる（Wann & Ensor, 2001）。一方で、女性ファンの関心は、男性ファンと同じであるとする研究結果もある（Farrell, Fink, & Fields, 2011；Whiteside & Hardin, 2011）。これが事実だとすると、女性も男性と同じくらい猛々しいスポーツを観戦している、ということにならないだろうか。また、ある研究では、男子大学生は女子大学生よりも、観戦者としてスポーツに関わる傾向があることがわかっている。男性は、スポーツについて聞いたり、見たり、読んだり、話したりすることに多くの時間を費やし、情熱を傾ける（Bahk, 2000）。女性はスポーツイベントに参加したり、関わったりするなど、社交的な面に重きを置いている（Ridinger & Funk, 2006）。また別の研究では、男性のスポーツファンは、試合前の効果（チケットの値段や広報）、現在の行為（グッズの購入、チームユニフォームの着用、メディア消費〔利活用〕）、未来の行為（ファンとしての忠誠心、参加の意思）（Fink, Trail, & Anderson, 2002）の認識の仕方が、女性のスポーツファンとは異なっていることを示している。

女性スポーツと男性スポーツのファンが本質的に異なっているという事実が、女性スポーツにとって致命的であることはない。実際のところ、すべてのスポーツファンや市場に影響を及ぼすような包括的なアプローチなど存在していないのだから、マーケティング戦略はスポーツによって異なるべきである。独自の製品を世に出し、市場において成功を収めるための唯一の方法は、スポーツとジェンダーの違いを受け入れることであろう。

女性消費者をターゲットとする商品とスポーツ用品

スポーツに参加する女性が増えるにつれて、女性向けのアパレル、スポーツ用品への注目度も高まっている。すでに指摘したように、家庭の中で物品を買う時の決定権は女性にある。女性が、自分の夫や息子のためだけでなく、自分自身と娘のための買い物についても、決定権をもっていることが明らかになっている。大手のスポーツ用品店を見回すと、デザインやスタイル、流行から選ぶことのできる、女性専用のウェアやシューズのコーナーがある。このコーナーが、高い利益を生み出すビジネスになっている。2012年には、女性アスリートのシューズ類だけで48億円の収益があった（"Footwear Industry Statistics", 2012）。アパレル製造業者とスポーツ用品製造業者は、女性の体型や

第 14 章　女性スポーツの商品化とマーケティング

好みが男性とは異なると認識することで、躍進を遂げてきた。2012 年のオリンピック・ロンドン大会は、スポーツに関わる女性に大きな影響を与えた。スポーツ用アパレルを扱う市場関係者は、これを機に多くのエネルギーとお金を費やした。アディダスは近年、女性のランニング部門に力を入れ始めた。女性たちがスポーツで追い求めているものを分かち合うために、ソーシャルメディアを利用して世界中の女性とつながれるようにしている。アディダスの企業目標は、女性たちがアディダス製品やブランドとつながるように、女性を刺激することである。アンダーアーマーもまた、2013 年からソーシャルメディア・キャンペーンをスタートさせ、女性アスリートの再定義を行った。これによって、アンダーアーマーは消費者に対する理解を深め、女性たちがこのブランドとのつながりを感じられるようにした（Joseph, 2013）。

　ナイキは、2013 年女性の消費者に対して、より統合した形で商品を提示する Women's Amplify ［訳注：女性たちが、限界または現実を超えて大きく羽ばたくこと］という戦略に取り組んだ。それは、ランニング、トレーニング、サッカー、ライフスタイルといった各カテゴリーから女性に訴えかけるのではなく、すべてのスポーツをひとまとめにした、1 つの女性ブランドとして打ち立てるというものである。ナイキの目標は、女性がより簡単に買い物ができるようにすること、そして、情報を得やすくすることであった。女性の消費者は、商品が技術的にもデザイン的にも女性らしいものであることを望む。もはや、男性向けの商品を女性に合わせて微調整するのではない。ナイキは市場戦略としてまず、商品が女性のためにデザインされていること（女性の身体へのフィット感、女性が好む柄や素材）を見てもらうことを重視した。いったん女性たちの注目を集め、彼女たちが商品を気に入れば、ナイキの技術的な利点を理解してもらうのが容易になった。この戦略は "attract and engage（引きつけて、魅了する）" と呼ばれた。3〜6 m 向こうから引きつけて、30〜150 cm の近さで魅了する。

　ナイキの Women's Amplify という戦略は、女性アスリートである消費者が今何を必要としているかについて、明確な答えを提示した。スポーツへの高まる関心を巧みに利用するには、女性アスリートの、アパレルやスポーツ用品市場の継続的な理解が必要である。女性が望んでいるものに焦点をあてた研究が、これほど重要とされたことはかつてなかった。時の流れとともに流行は変わるので、キャンペーンや販売方法も変わっていくべきである。企業は、今や女性が見栄えをよくするためだけに商品を買うのではないということを理解している。すなわち、女性たちは第三者的な立場で応援している存在ではないのだから、製品は高品質、高機能、耐久性を兼ね備えていなければならない。

　スポーツ組織もまた、スポーツ市場における女性に注目してきた。NFL においては、12 歳以上の女性の 60％が NFL ファンであると公言しており、女性ファンの割合が全体の 44％を超えた（Jessop, 2012）。リーグの幹部は、女性たちが望んでいるものの調査に時間とお金を費やしてきた。NFL は "pink-it-and-shrink-it" をやめ、"It's My Team"

263

第4部　スポーツ産業界の女性たち

女性スポーツにおける利便性とファッション性をめぐる長い歴史

ローレン・E・ブラウン　Lauren E. Brown,（デサレス大学スポーツマーケティング学部准教授）

　AAGPBL（全米女子プロ野球リーグ）は、第二次世界大戦中に躍進した。大戦中、多くの男性選手が戦争に行っている間も、野球に対する人々の関心を維持するためのリーグであった。1992年コロンビア・ピクチャーズの作品『プリティ・リーグ（A League of Their Own）』が公開され、大ヒットすると、AAGPBLはアメリカの大衆の心によみがえった。物語の筋はフィクションであるものの、構成は、リーグと選手の事実に基づいてつくられた。その一例が選手のユニフォームである。AAGPBLの首脳部は、男性選手が履いていたズボンの代わりにスカートスタイルのユニフォームをデザインした。映画の中で、AAGPBLの選手たちが、スカートではスライディングできないと抗議をする場面がある。その抗議に対して、リーグの理事イーラ・ローウェンスタイン（Ira Lowenstein）は、ユニフォームは実用性よりも観衆の目を引くためにデザインされている、と答えるのだった。

　ユニフォームをめぐるイーラ・ローウェンスタインとAAGPBLの選手たちのこのやり取りは、女性アスリートのアパレルの発展を促すものとなった。製造業者が女性アスリートの実用性のために、それぞれの競技のためのシューズや衣服を大量生産するようになって30年しかたっていない。リーボックが、1980年代に女性の間で人気を集めたエアロビクスに着目したことで、この新しい市場をめぐるナイキとの競争が生じた。市場は時間と共に飛躍的に拡大し、ラルフローレンやリズクレイボーンのようなスポーツ以外の企業までもが（それほど大きな範囲ではないにしても）参入するようになった。

　女性のチームやアスリートのマーケティングと同様に、女性のスポーツ用アパレルは、従来の性基準や女性アスリートの性別化をさらに強める形となった。フィットネス用のスカートやワンピース、短くてタイトなショートパンツの普及から、ピンクや紫といった従来の女性的なカラーの豊富さにいたるまで、今日のスポーツ用アパレルは、実用性とステレオタイプを強めることの間に、明確な線引きをしている。スタイルから価格に至るまで、消費者の優先事項によって市場は変化する。この巨大で多様な市場の中で企業が適切な地位を得るには、財政的な生き残りのためにも、消費者それぞれについて理解しなければならない。それと同時に、従来の性的役割やアスリートの性別を強調しすぎれば、マイナスの評価につながる危険性があり、すべての消費者に快く受け入れられない可能性もある、ということを予測しておかなければならない。

　キャンペーンを始めた。このプロモーションは、チームの商品化されたオリジナルウェアが日常のファッションと組み合わせることができるものであってほしいという女性の好みに基づいている。また、NFLのマーケティングリサーチャーは、女性が試合の度に同じ服装をするのを好まないことを発見した。これは様々なパターンのアパレル商品やグッズを販売する大きな機会となり、キャンペーン開始以来、NFLは3桁の成長を遂げた（Jessop, 2012）。こうした変化は、多くのスポーツ組織で生じている。マーケティング担当者は、巨大な女性ファン層全体をうまく活用していきたいと考えている。

264

女性スポーツにおけるマーケティングへのアプローチ

女性スポーツのマーケティングは、過去数十年にわたる挑戦であった。タイトルIXの成立以来、スポーツに参加するすべての世代の女性たちの数が急増している一方で、女性アスリートのプレゼンテーションやプロモーションにそれほどの進展は見られなかった。伝統的に男性が占有してきたスポーツ界において女性に焦点をあて、選手としての能力を尊重し、かつ消費者が注目するように促すというのは、マーケティング担当者にとって至難の技であった。この節では、性や性別化というカテゴリーに関する討論を通して、女性スポーツのマーケティングが遅れをとった理由を考察する。また、この遅れが女性アスリートにいかに影響してきたか、女性がこの問題にどのような対処をしてきたかについても取り上げる。

ジェンダースキーマ理論と性別化

マーケティング担当者は、様々な形で女性スポーツを盛り上げる取組みをしている。そこには、(故意であろうとなかろうと) 社会的な現象が反映されることがある。たとえば、私たちは社会の中で、性によって機会や関係、全体的な位置を規定する性別の定型化に準じることが多い。これは、**ジェンダースキーマ理論**と呼ばれている (Bem, 1981)。つまり、多くの人々はヒトやモノを男性的、女性的という2つの特性に基づいて、2つの性別のカテゴリーに当てはめようとする。男の赤ちゃんには水色、女の赤ちゃんにはピンク色の贈り物をするような、単純でありふれた事象である。社会が、個人の期待や結果をつくりあげる。規範が見出されなければ、人々は不安を感じる。

時間と共に、社会は性別に関する伝統的な見方を打ち破り、性別のカテゴリーは多様なものになった。私たちはもはや、すべてを黒と白 (あるいは青とピンク) に分ける必要はない。しかしながら、スポーツにおいて、このことが認識されるまでにはより多くの時間がかかった。研究者たちは、最近の若い観戦者は、今なおスポーツを男性と女性にはっきり分類していることを見出した (Hardin & Greer, 2009)。たとえば、バレーボールや体操などのスポーツは女性のスポーツ、バスケットボールやラグビーは男性のスポーツといったように。市場は、このことから何を読み取るのか。女性リーグ、女性チーム、女性アスリートは、自分たちの売り込み方を自分たちで決めなければならない立場に置かれている。女性として売り込むのだろうか。社会的に男性と分類されがちなアスリートとして、売り込むのだろうか。結局、多くの場合、矛盾したメッセージを送ることになる。McGinnin、Chun、McQuillan (2003) は、WNBA が女性に権限を与え、女性を激励する一方で、市場の購買キャンペーンやテレビ放送になると、その選手たちの恋愛や家族構成を強調してしまい、結局退行してしまうことを例に挙げている。

女性アスリートは、一時的なファンの注目を集めるために、魅力が強調されて女性化

第 4 部　スポーツ産業界の女性たち

されることが多い。この状況は、1970 年代における初期の印刷媒体の、広告研究の一部にさかのぼって見られる（Belknap & Leonard, 1991）。現在、多くのマーケティングキャンペーンや広告において、女性がおしとやかなポーズをとっているのに対し、男性は活動的でたくましいポーズをとっている（McGinnis et al., 2003）。たとえば、女性アスリートがカウチにもたれかかったり、腰に両手をあてて立っているのに対して、男性アスリートはジャンプしたり、シュートしたりしている。実際、女性アスリートが活発に動いている広告は、レジャーかレクリエーション的な活動の広告であることを、研究者は見出している（Cuneen & Claussen, 1999）。ある研究では、分析を行った広告の 81％で、挑発的に、あるいは部分的に服をまとった女性アスリートの姿が特集されていた（Grau, Roselli, & Taylor, 2007）。

　一般に、見栄えをよくするのは消費者の注目を集めるためであるが、マーケティング責任者はより明白な戦略として、露骨な性的対象化を図る。この戦略が、選手たちの功績を、故意ではないにしても、台無しにするのではないかと感じる人もいる。2011 年 6 月、WBF（世界バドミントン連盟）は「バドミントンの魅力と見栄えのために」すべての女子選手は、コートでスカートを着用すること、という命令を下した（WBF、2011、総競技規則 19.2）。選手とファンはこれを不快に感じ、その規則はすぐに覆った。その規則を見送る決定がされる直前、『ニューヨーク・タイムズ』紙のインタビューで、パイサン・ランスキーホー（Paisan Rangsikipho）（アメリカにおける WBF 会長代行）は、規則を擁護し、WBF は、スポーツ促進のために性を利用しているわけではなく、「ただ、彼女たちが女性らしく見え、見栄えが良くなり、女子バドミントンの人気がもっと出るようにしたいだけです」（Longman, 2011, para. 11）と言った。女性アスリートを性的対象とみなしている例には、他に次のようなものがある。

- 2004 年、FIFA（国際サッカー連盟）の会長のセップ・ブラッター（Sepp Blatter）が女子サッカー選手に「より女性らしいユニフォーム」を提案した。彼は「彼女たちは、たとえば、もっとぴったりした短パンを着用したっていい」（BBC Sport, 2004, para. 3）と言った。
- LPGA の 4 年ぶりの広告キャンペーンは、女性選手ナタリー・ガルビス（Natalie Gulbis）を特集した。ガルビスは当時世界ランク 108 位だった。
- 2013 年、ナショナル女子サッカーリーグのポートランド・ソーンズは、チームに興味をもってもらうために、太字で「Feeling Thorny?（目障りでしょ？）」とプリントされた商品を販売した。そのフレーズは不快とみなされ、店から撤去された。
- ワシントン州エバレットの、カスケード高校を含む多くの高校は、服装基準の観点からチアリーダーにユニフォーム姿で登校することを禁じた。（にもかかわらず）ここで興味深いのは、これらのケースすべてにおいて、短いスカートは試合での着用は容認

第14章　女性スポーツの商品化とマーケティング

される、と判断されたことだ。

　2007年のランニングの広告の1つに、ナイキは、陸上競技のスター、ローレン・フレッシュマン（Lauren Fleshman）を起用し、アスリートを性的対象化することに対して疑問を投げかけた。その広告では、フレッシュマン選手は腕を組んで立ち強くいかめしい様子を見せ、そばには太字の大文字で「Objectify me.（私を客観的に見て）」と、挑発するコピーが添えられている。ナイキは、提供している商品とテクノロジーにおいて、男女の身体の違いを強調しながらも、これらの違いを認識し、それを讃えていると自負している。

　女性スポーツ界の性別化と密接につながっているのが、同性愛嫌悪である。リーグ、チーム、会社の仲間は一様に、レズビアンお化け、という汚名や、スポーツへの参加は同性愛を奨励することになるだろう、という潜在的恐怖を払拭し、女性がありふれた家庭の役割で終わってしまうのを防ごうとする（Knight & Guiliano, 2003）。女性アスリートは、攻撃的なプレーをし、筋肉を鍛え、汗を流し、より男勝りになるので、社会の基準に合わない（Krane, Choi, Baird, Amar, & Kauer, 2004）。それどころか、私たちはステレオタイプな見方をしたこれらの「男っぽい」女性を、男性的なレズビアンと決めつけてしまう。このため、マーケティング担当者や社会全体の基準に合わせるため、試合以外では過度に女性らしく振る舞うことによって、フィールドでの男っぽい行動に対して過剰補償をしている、と自覚する女性アスリートもいる。

　女性が男性と同じように激しく競い合うことを、潜在的に不快に感じている人々の懸念を和らげるために、異性愛像を表現する必要性を感じている人もいる。たとえば、2011年、5人のドイツのプロサッカーリーグの女性選手が下着姿でドイツ版『プレイボーイ』誌のモデルをした。ミドルフィルダーのクリスティーナ・ゲサトゥ（Kristina Gessat）は言った。「私たちは、すべての女性のサッカー選手が男っぽい女性であるという、陳腐な考えが誤りであることを証明したい」（Adams, 2011）。マーケティング担当者はまた、消費者が、女性アスリートを過度に男っぽいとみなし、広告に否定的な反応をするのではないかと心配している。これを避けるために、広告で女性アスリートを描写する際は、選手自身のかわりに、モデルが使われることもある（Grau et al., 2007）。

　これらの例は、同性愛嫌悪の実例と異性愛像の普及促進として引き合いに出されるが、一方で、アスリートやファンを、ありのままの人物として受け入れているマーケティング担当者もいる。常に、というわけではないが、WNBAは最近になり、従来の市場形態に合うアスリートだけではなく、ヘビーな刺青をしたミネソタ・リンクスのスター、サイモン・オーガスタス（Seimone Augustus）のような、才能ある選手の売り込みを始めることが、最高の利益になるだろうと判断した。WNBAチームはまた、重要なゲイのファン層やゲイコミュニティ全体を理解し、受け入れてきた（Rhoden, 2012）。ゲ

267

第 4 部　スポーツ産業界の女性たち

性を売り物にする『ゴルフダイジェスト』誌の歴史

　『ゴルフダイジェスト』誌は、ゴルフコースや用具、インストラクションについての見識やニュースを読者に提供する、65 年の歴史をもつ月刊誌である。1969 年以来、23 人の女性がその雑誌の表紙を美しく飾り、彼女たちの選択についても描写についても、批判を集めてきた。

　2014 年に、ホッケーのレジェンド、ウェイン・グレツキー（Wayne Gretzky）の娘で、PGAツアーのスター、ダスティン・ジョンソン（Dustin Johnson）のフィアンセであるパウリナ・グレツキー（Paulina Gretzky）が同誌の表紙を飾った。多くの人は、他にふさわしい女性がたくさんいるのに、なぜゴルファーではない人が選ばれたのかと疑問に思っただろう。白いヨガパンツとスポーツブラを身につけ、アイアンに寄りかかるポーズを取ったグレツキーは、何人かの女子プロゴルファーたちの怒りを買った。当時、世界ランキング第 3 位のステイシー・ルイス（Stacy Lewis）は、『ニューヨーク・タイムズ』紙の記者に、グレツキーを選んだことについてどう思うかとたずねられた。彼女は答えた。

　　女性ゴルファーにとって腹立たしいこと。これはいつも私たちが置かれてきた状況。私たちは、私たちがゴルファーであることに敬意を払われていない。『ゴルフダイジェスト』が雑誌を売ろうとしていることはわかりきっている。でも同時に、女性の試合に対しても少しは敬意を払ったらどうだろう。

　『ゴルフダイジェスト』は自分たちの雑誌で、このカバー写真を説明した。編集長のジェリー・タルド（Jerry Tarde）は、この議論に以下のように答えた。

　　雑誌の創刊以来、スポーツ選手、有名人、モデルたちが『ゴルフダイジェスト』のカバーに登場した。パウリナは今日、ゴルフ関係の有名人として最上位を占めている。しかも彼女には語るべき説得力のある話がある。彼女によって、試合に関心をもつ新たなファン層を獲得するかもしれない。

　どんな批判があっても、『ゴルフダイジェスト』は「性を売り物にするタイプの表紙」をやめなかった。2015 年 5 月号フィットネス特集版では、胸に白い布をかけ、黒のボトムと片手にゴルフ用グローブをつけただけでポーズを取った、プロゴルファーのレキシー・トンプソン（Lexi Thompson）が表紙になった。

　女性が表紙を飾る『ゴルフダイジェスト』については以下を見てほしい。

　www.golfdigest.com/magazine/golf-digest/2007-07/gdcovergirls_2#slide＝1.

イのアスリートを公に売り出すだけでなく、チームは、LGBTQ のプライドナイトも主催し、しばしば、地域の LGBTQ 非営利団体へ寄付している。

女性の成功例とロールモデル

　女性スポーツの人気が上がり、一般の人が目にする機会が多くなると、女性のカレッジアスリートやプロアスリートはロールモデルとして脚光を浴びるようになった。ロールモデルという言葉は、同一視または真似るにふさわしい模範、もしくはその価値のある人を指す（Yancey, 2008）。そして、望ましい人格とプロの資質を併せもっている。これらの資質の中には、テクニカルスキル、気質、判断力、プロとしての倫理的価値観、

リーダーシップ力、道徳的な姿勢、自信などが含まれる。

アスリートは長い間これにふさわしいモールド（型）と見られてきた。これらの特性のすべて（または多く）をもっているアスリートは、とても人気がある。1999年の女子ワールドカップの後に結成された、WUSA（アメリカ女子サッカーリーグ）は、リーグが存続した3年の間、こうした面を売り出しのために使った。女性たちはハードなトレーニングをし、もてるものすべてをスポーツに捧げるために集まった強い人たちの集団と見られ、彼女たちは世界一になった。興味深いことにこれらエリート級のアスリートは、ロールモデルとしての立場においては、厳格なプロとしての倫理的価値観と前向きな態度といった人格特性がスポーツスキルよりも重要だと感じていた（Guest & Cox, 2009）。

アスリートがどれほどセクシーに表現され、どれだけ良いロールモデルとなりうるにしろ、尊敬されるには高度なスキルレベルと成功が必要だ。たとえば、カーレーサーのダニカ・パトリック（Danica Patrick）は、Go Daddy.comのコマーシャルで性的魅力を強調してきたが、彼女は性的魅力を利用しながらも、同僚や一般人に尊敬されるためには、スポーツ界で成功することが何よりも重要であることを認めている（Ross, Ridinger, & Cuneen, 2009）。マーケティング担当者は、一般人の認識の中で、エリート級のアスリートの成功が重要であることを認識している。したがって、広告界では成功したアスリートをよく目にするのである。

女性スポーツを売り込む努力

エリートスポーツへの参加の増加に伴って、マーケティング担当者は、リーグ、チーム、アスリートを消費者に売り込む必要性を理解してきた。参加者が増えれば、好きなスポーツのチームやアスリートを見たり、関わったりしたくなるのは当然である。その結果、マーケティング担当者は、すべてのレベルで消費者の注意とお金をつかみとろうとしてきた。本節では、女性の売り込み方において、プロと大学の両方のスポーツマーケティング担当者による具体的な努力について議論する。

プロ

WTA（女子テニス協会）は、女性アスリート市場にとって代表的な存在だ。2013年、彼女たちは、賞金、参加者数、視聴率で記録を塗り替えた（WTA, n.d.）。この成功は、国際的なマーケティング促進が活発に行われたからである。創立40周年に焦点をあてた2013年の広報活動「40 LOVE」キャンペーンに加え、WTAは性的アピール、アクション、インスピレーションの巧妙な組み合わせで、アスリートたちを活発に売り出してきた。「強さは美しさ」キャンペーンは、数人のWTA選手がドレス姿でアクション

第4部　スポーツ産業界の女性たち

ポーズをとる特集を組んだ。その広告は、柔らかで優しい照明、厚化粧、華麗さも特徴だ。この広報活動と併せて、WTA は、自分たちにとっての**強さ**について、有名人が話す一連の関連広告をプロデュースした。スポーツの広報活動に、アスリート以外の有名人を起用するということは、普通、チームやリーグが新しいファンを獲得することを期待して、通常の購買層の外まで市場を広げていくことを示す。

　2002 年から 2007 年にかけて、LPGA は「セレブになる 5 箇条」というプランに則って、スポーツにエンターテイメント性を加味しようと試みた。このプランには、パフォーマンス、親しみやすさ、情熱と楽しみ、関わり方、容姿について、アスリートを評価し、彼女たちの知名度を上げることによって、LPGA アスリートの市場価値を高めるという目的があった（Sirak, 2008）。LPGA は史上初の「プレイヤーズサミット」を開き、出席したアスリートは、そのプランの基本に沿ったトレーニングを義務づけられた。消費者への認知度（そして収益の可能性）を高めるためには、この新しい取組みが必要だと感じるアスリートや専門家がいる一方で、容姿がそのプランの焦点であることに、がっかりする人もいた。実際のところ、女らしさを体現するという隠されたプレッシャーを感じる選手たちも多かった（Wolter, 2010）。

大学

　大学の女性スポーツは、タイトルⅨ可決以来、参加者数と人気の両方で飛躍的に成長した。たとえば、NCAA 女子バスケットボールの参加者数は、1982 年は 9000 人であったが、2013 年には 1 万 5000 人以上に増えた（Ackerman, 2013）。ここ数年は参加者が減ってきているが、年間のファンの数は、2000 年の 860 万人から 2012 年には 1100 万人にまで増えた（National Collegiate Athletic Association, 2012）。成長期には、女子バスケットボールのマーケティングとプロモーションに関する問題にフォーカスするために、NCAA にディビジョン 1 女子バスケットボール問題委員会の結成を促した。2000 年代半ばには、フォーカスグループを用いた調査が行われ、新しいブランド化の基礎として役立てることのできる、大学女子バスケットボールにおける、独自の 6〜7 の特性が確認された（Lee, 2004）。具体的には、その組織的な取組みは、組織が、マーケティングとプロモーションにおいて役立てることのできる手段とリソースを開発した。また、ナショナルマーケティング構想を立ち上げ、NCAA に加入しているすべての学校に使ってもらえるよう、「All day. Every day. Our game.（1 日中、毎日、私たちの試合）」というキャッチフレーズを打ち出した。女性スポーツには独自の価値があり、独自に市場取引されるべきだ、ということを理解したのである。

　NCAA のヴァル・アッカーマン（Val Ackerman）による女子バスケットボール白書（2013）では、現在、大学女子バスケットボール市場において、統一された戦略的アプローチはない。全国的な法人組織の資金援助は、サッカーと男子バスケットボール、す

なわち男子バスケットボールトーナメントに向けたものが大部分を占める。これは、大学女子バスケットボールへの資金援助が少ないのは、女子チームの試合の観戦者は男性が優位を占めていて、スポンサーが期待するだけの女性の観客が得られない、という全般的な印象と関係しているのかもしれない。

　性別という観点ではなく、収益という観点から、女性スポーツを男性スポーツとは少し違ったやり方で、売り出している学校もある。男女のサッカーは、サイン会、ユースチームの割引、大学生への無料の食事などを通して、基本的に男女とも同じ方法で売り込む一方、無収益のスポーツ（すべての女性スポーツを含む）は男子のバスケットボールやフットボールとは違った売り出し方をしている。男子バスケットボールやフットボールの試合は外部からの呼び水（誘因）がなくてもファンは集まるが、女子ラクロスの試合でスタンドを埋めるためにはそうはいかない。マーケティング担当者は、ゲートにファンを集めるために、食事の割引やTシャツのサービスといった特典を付けなければならない。いったんファンが来れば、スポーツの質の高さやエンターテインメント性を体感し、何度も来たいと思ってもらえるだろう。

　タイトルIXはまた、カレッジスポーツのマーケティングにも影響力をもっている。コンプライアンス基準の一部として、学生アスリートの経験の質に影響するアスリートプログラム構成は、タイトルIXの分析に従っている。この構成グループには、マーケティング部門も含まれている。毎年、競技部門は、マーケティング部門も含めた下部組織に予算を設定する。マーケティング部門は、それぞれの競技チームに、比較的平等な方法で資金を割り当てることを任されている（第2章参照）。フットボールのようなスポーツプログラムは大学の他のチームの3倍の年間予算を使うかもしれないが、数年間にわたって数字を見るなら、男女双方のスポーツチームに使われる市場取引額は納得できる平等なものであるべきだ。

　カレッジスポーツのマーケティングは、1つのマーケティング担当グループが、スポーツ局すべてのスポーツチームを扱うという点で独特である。難しいのは、多くのスポーツが異なる対象の市場をもっていることだ。彼らのマーケティングプロセスの第一歩は、対象となる市場を見出し、それらと接点をもつ方法を把握することだ。たとえば、アイオワ大学の男子バスケットボールのファン（主に大学生と若～中年の大人）は、近々行われる試合やプロモーションについての詳細を、ソーシャルメディアや電子メールを通して知る（L. Pearson, personal communication, July 9, 2013）。一方、女子バスケットボールチームは、主に幼い子どもや年配者のいる家族が対象となる。ファミリー層を動かすために、マーケティング部門では地域の学校を通して子どもたちを試合でわくわくさせ、両親にはチーム情報を広める。年配者は電子メールやソーシャルメディアよりもダイレクトメールや新聞広告といったコミュニケーション方法を好む。

　性別に特化したプロモーションもよく行われている。たとえば、アイオワ大学のス

271

第 4 部　スポーツ産業界の女性たち

ケンタッキー大学女子バスケットボールにおけるマーケティング

ネイサン・シュウェイグ Nathan Schwake(ケンタッキーアスレチック大学のマーケティング&プロモーション副AD)

　ケンタッキー大学では、女子バスケットボール選手やスタッフを、身近に会うことができる存在にするために、尽力してきた。女性向けプログラム（試合）は国代表レベルでありながら、チケットを手に入れやすく、選手にサインを求めて試合後に会うこともできる。そして、ファンは1年中様々なイベントに参加できる。それによって、より個人的にカレッジアスリートを知ることができる。

　有名なことだが、ラップ・アリーナでは、男子バスケットボールの各試合に 2 万 4000 人のコーチがいると言われている。ファンは、コーチや選手、主催者に向かって（ポジティブにもネガティブにも）大声で叫ぶのである。それはユニフォームの背中にある名前を使って呼ぶことが多い。女性の場合、コーチというより 7000 人の祖父母やいとこのようである。応援に対する思いは同じであるが、ファンは女子チームをファーストネームで応援する。その気運を高めるための基盤を、シーズンを通して選手に与えようとしている。常にチーム全体がチケットや試合のプログラムに掲載され、付加的なマーケティングで選手に言及するときには、ファーストネームを強調する。機会があるときにはいつでも、メディアガイドでユニフォームを脱いだ選手たちの普段の姿を見せようとしてる。

　試合に関わる諸々の活動に加えて、私たちは、女子バスケットのカレッジアスリートを地域の小中学生のロールモデルとして、積極的に紹介している。地域の学区と協力して、毎年小学生を対象にした参加型チャレンジの場を提供している。そこでは、コーチのマシュー・ミッチェル（Matthew Mitchell）ならではの誠実さ、勤勉さ、克己心をプログラムに組み込むこともできる。コートの内外で、カレッジアスリートの活躍を見せることによって、私たちのパートナーである学校の子どもたちや教職員のみなさんに、その実例を見せることができる。

　また、私たちは毎年マチネーゲーム（昼興行試合）を計画し、地域の 6 年生たちは、大学を遠足で訪れることができる。それを有意義なものにするために、6 年生たちは、アリーナとは反対側で降ろされ、キャンパスツアーに案内される。多くの子どもたちにとって、そのとき初めて、大学とはテレビで見るサッカーやバスケットボールの試合以上のところであると知る。私たちの女子バスケットボールプログラムのブランド性のおかげで、これらすべてのことが可能なのだ。

　こういったイベントやヘッドコーチを、公の場で見ることができるという柔軟な対応、コートでの成功のおかげもあり、ここ 10 年間にわたり、女子バスケットボール推進プログラムは向上してきた。その成功は、女子バスケットボールのスタッフからファン層に及ぶ家庭的な雰囲気によって、ある程度助けられてきた。新メンバーが試合を見に訪れれば、私たちが築いている関係性や将来に対する構想を見ることができる。

　プログラムが拡大するにつれ、カレッジアスリートとファンの間の、比較的親密な関係を維持することが難しくなってくるが、狙いは、ファンが選手と面と向かって会う前に、できる限り多くのを方法で選手と結びつきを深めることができるようにすることにある。

272

ポーツ局のマーケティングディレクターであるリサ・ピアソン（Lisa Pearson）は、こう説明する。

> 私たちの大学の女子バスケットボールチームの試合を観戦しに来てくれる女性もたくさんいるので、その人たちのためにスペシャルなプロモーションを行います。たとえば、地元の美容室を招いた女子会を主催し、試合前に中央ホールにブースをつくって、試合を見に来たあらゆる世代の女性たちのために無料のヘアスタイリング、マニキュア、化粧直しなどを提供しています。私たちはファンの好みにも耳を傾けようとしています。（personal communication, July 9, 2013）

スポーツのマーケティング戦略

すでに言及した努力と併せて、ほとんどのレベルのスポーツは、ファン（またはファンになりうる人）の心を動かすために、お決まりの戦略を多く使う。これらの戦略は、男性スポーツのマーケティングで成功してきたので、女性のスポーツでも同じくらい成功すると思うだろう。残念ながら常にそうであるとは限らない。本節では、口コミによるマーケティング、エンドースメント、スポンサーシップというよく使われる3つの戦略について議論する。特に、どのようにこれらの方法を使うか、そして女性スポーツでの全般的な有効性について焦点をあてる。また、見逃しがちなマーケティングの機会についても議論する。

口コミによるマーケティング

口コミによる（WOM）マーケティングあるいはバズ・マーケティング（Bush, Bush, Clark, & Bush, 2005）は、イベント、チーム、情報を広く知らしめることができる力をもっている。あまりに多くの方法で広めることができるため（同僚、インターネットポータルや有名人を通して）、口コミはマーケティングコミュニケーションの鍵となる要素として認識されてきた。10代の女の子たちは、コミュニケーション手段として、友達やこうした情報メディアに大きく依存しつつ自尊心を高め成熟していく間ずっと続くので、口コミによるマーケティングは、彼女たちの間でよりいっそう効果的である可能性があることが、調査により明らかにされている（Bush, Martin, & Bush, 2004）。10代は、彼女たちの人生で、チームやアスリートに対する忠誠心を養う重要な時期であるため、マーケティング担当者は、その広報活動のために、この成長期の年齢層を特別な対象として利用する。

ソーシャルメディアサイトを利用すれば、マーケティング担当者がWOM戦略によって、ほとんど、またはまったくお金をかけずに、何百万人という消費者の心を動かせる。組織（リーグとチーム両方）はFacebook、TwitterそしてInstagramを通じて、簡単に

第4部　スポーツ産業界の女性たち

ファンを獲得する。そしてそれらは、メッセージを伝える力をもっている。これは、男性スポーツほど、従来のマスコミ報道に取り上げられることのない女性スポーツにとっては、特に重要である。たとえば、『Bleacher Report』（2013）の中で、ネイサン・マッカーター（Nathan McCarter）は、USWNT（アメリカ女子サッカー代表チーム）はソーシャルメディアでのファンとの交流のおかげで、男子代表チームよりも人気がある、と言っている。USWNTメンバーの何人かはTwitterやInstagramの熱心なユーザーであり、彼女たちのプライベート動画をよく配信している。ファンたちは、お気に入りのアスリートの日常生活や、チームメイトと楽しむ姿を垣間見ることを待ち望んでいる。アスリートもマーケティング担当者も、消費者にそのスポーツに関心をもってもらうためには（消費者のブランドロイヤリティを得たいのなら）こうしたことが必要だとわかっている。

　アスリートは、競技あるいはチームのためだけに、ファンとコミュニケーションをとるのではない。アスリート個人として、自分というブランドを、個人のアカウント名でソーシャルメディアに発信しているのである。リーグや組織によっては、アスリートがいつ、何を投稿するかを制限している場合もあるが、公にシェアされているおおかたの投稿内容は、完全にアスリート個人の判断に委ねられている。自分の慈善事業を宣伝する、Q＆Aコーナーでファンからの質問に答える、また今後の試合情報を伝えるだけの場合もある。こうして発信されるメッセージは、フォロワーに見られ、これが女性スポーツに足りないこともある、ファン・アイデンティフィケーション（選手との共同体意識）が形成される基礎となる。アスリートがファンと交流することは、アスリート自身のイメージアップだけでなく、リーグやスポーツ全体に対する関心を高めるという点で、一石二鳥である。

> アメリカ22州と何人かは、カナダからも駆けつけてくれています。一番遠くから来たキャンパーは表彰されます。# abbywambach.com to register.
> ——アビー・ワンバッグ Abby Wambach（2013年7月2日Twitterより）

エンドースメント

　プロダクト**エンドースメント**［訳注：プロダクトの推奨、ブランド力の裏書］は、スポーツマーケティングにおいて最も盛んに行われる契約の1つである（Shank, 2008）。企業は、アスリートが自社の製品やサービスのブランド力を裏書することに大きな価値を見出している。スポーツ狂の人々に注目され、それが宣伝となるからだ。エンドーサーとは、製品やサービスを宣伝することを目的に広告に出る社会的に知名度の高い人を指すが（McCracken, 1989）、それは男女問わず、その道に秀いで、人を引きつける魅力があり、頼もしさを兼ね備えているゆえである（Till & Busler, 2000）。この3つの特性は、エン

第 14 章　女性スポーツの商品化とマーケティング

ドースされる製品やサービスの発信源の信憑性に関与する。「発信源の信憑性とは、通常、受け手のメッセージの受けとり方に影響力をもつ、発信者の肯定的な特性のことである」（Ohanian, 1990, p.41）。Ohanian の研究によると、発信源の信憑性が高いと、それが低い場合に比べ、より積極的に顧客の態度変容をもたらし、行動変容の誘因になるという。たとえば、スキーのゴーグルをエンドースするのに、信用できると認める選手（たとえば、スキーヤーのリンゼイ・ボン〔Lindsey Vonn〕）が起用されたとする。研究によると、そのアスリートと商品について連想されるイメージに対して人々の反応は肯定的になり、信頼していないアスリートにエンドースされた場合に比べて、ゴーグルはより多く購入される傾向にあるという。マーケティング担当者はそのことを熟知しており、より信頼度の高いアスリートを見つけ出すことに全力を注ぐ。

　前述の通り、3 つの要素（その道に秀いで、魅力があり、頼れる）が、消費者たちにエンドーサーへの信頼を高めさせる。これについては、研究者や専門家の間でも議論される点であるが、女性スポーツの領域では意見が分かれる。まず、卓越性について考えてみよう。企業は多くの場合、そのアスリートが積み上げてきたキャリアを見て、広告に起用するか判断する。ひいきのプロアスリートを応援するのは、大体の場合、高い競技力を称賛しているからである。その卓越したテクニックに至るまでのアスリートの努力に、人々は畏敬の念を抱いているか、少なくとも高く評価している。たとえば、2 つのテニスラケットのコマーシャルがあるとする。1 つは女子テニス界のスター選手、セリーナ・ウィリアムズ（Serena Williams）が起用されたコマーシャル、もう 1 つは、父親が所属するレクリーグの仲間、ボブが登場するとしよう。2 人のうち、どちらの言葉を信じるだろうか。このようなアスリートの卓越性を利用した販売戦略は、エンドースされた商品が、エンドーサーの有名人としての地位に貢献しているか、あるいは関係している場合、特に有効である（Dyson & Turco, 1998）。

　2 つ目の特性、選手の身体的魅力は、女性アスリートのエンドースメントでは、非常に大きな論点となることがある。女性アスリートの身体的魅力、あるいは女性だからという理由でエンドース契約をするのは品位が低く不必要だと考える人がいる一方で、「身体的魅力度の高い女性を広告に起用した場合と、そうでない人を起用した場合を比べると、前者の方が消費者の信念変更においてその成功率が高い」ことが研究により証明されている（Ohanian, 1991, p.47）。結局のところ、有名であるかどうかは問わず、魅力的でない人より魅力的な人に消費者は惹きつけられる。しかし、どの程度の身体的魅力が有効性に必要なのかは、エンドースされる商品によるという研究結果もある。もし商品が美を追求するものであるなら、身体的魅力度の高い有名人を起用することは消費者のポジティブな反応を導き出すが、見た目にこだわらない商品の場合は、さほどではない（Kamins, 1990）。たとえば、魅力的な女性アスリートは、化粧水をエンドースする方が、洗剤をエンドースするよりも好感度を導き出すことができる。身体的魅力とその

275

第4部　スポーツ産業界の女性たち

道のエキスパートであることと、どちらが消費者の興味をそそるのにより効果的なのか、調査結果は一致していない。例をあげると、商品が受け入れられるには、身体的魅力よりもエキスパートであるほうが明らかに重要だとする研究者がいる（Fink, Cunningham, & Kensicki, 2004；Till & Busler, 2000）。Till と Busler はさらに、エキスパートであるほうがエンドースされた商品の購入意欲により強く影響していると考えている。その一方で、Cunningham, Fink, & Kenis（2008）は、身体的に魅力的なアスリートのほうが優れたエンドーサーとなり、スポーツイベントのチケットの販売を促進すると考えている。

　最後に、エンドーサーの信頼性も、消費者にとっては重要である。もし女性アスリートがフィールド内外で模範的な振る舞いをすれば、消費者はたいていの場合、そのアスリートに好感をもつ。グランドでの成績がアスリートの信頼性に重要な影響力をもつということは、これまでも明らかにされてきた（Koo, Ruihley, & Dittmore, 2012）。アスリートが競技で良い成績を出せば、消費者はその競技のエキスパートとして、また信頼のおける選手と判断し、よって信用できるエンドーサーと見なす。それだけではない。男性消費者は男性アスリートを信用するのに対し、女性消費者は女性のアスリートとエンドーサーに信頼性を寄せる。（Grau et al., 2007）。これは興味深い現象である。つまり、企業が女性消費者の信頼を得て売上を伸ばしたいのなら、その競技のエキスパートで信頼のおける女性アスリートを起用すべきなのだ。

　女性は、より女性的と感じられる商品の購入に先入観をもっていることが研究でわかっており、女性エンドーサーは、その商品の女性的な特徴を増長させることが可能であることが、研究により明らかにされている。事実、女性は、親近感の感じられるスポークスパーソンを好む傾向がある（Antil, Burton, & Robinson, 2012）。これこそマーケティング担当者の夢、つまり、女性消費者の心に寄り添う容易な方法であると考えられよう。しかし、女性アスリート起用の優位性があるにもかかわらず、十分に起用されているとはいえないのが現状で、男性の場合と比べると、それは顕著である（Grau et al., 2007）。デラウェア大学のジョン・アンティル（John Antil）教授の研究によると、女性アスリートのエンドースメントには「不成功の連鎖」があるという。女性アスリートをエンドーサーとして広告に起用するとマイナスの効果を及ぼし、それが次の女性アスリート起用の機会を減らしている、と教授は述べている（Tippett, 2012）。

　とはいえ、以前に比べると、女性のトップアスリートのエンドースメント契約はかつてないほど増えている。女子テニストッププレーヤーのひとり、マリア・シャラポワ（Maria Sharapova）は1年で2200万ドルのエンドースメント契約料を獲得した。これは女性アスリートの契約料の中で最も高額である。シャラポワのすばらしいところは、男女問わず人々を魅了した点にある。Darren Rovell（2013）によれば、シャラポワが契約した広告は、ナイキ、ヘッド、コールハーン、エビアン、タグ・ホイヤー、そしてサムスンまで及ぶ。最近は世界で初めてポルシェのエンドーサーとして契約した。シャラポ

第14章 女性スポーツの商品化とマーケティング

ワ以外にも女性アスリートはトップレベルのエンドースメント契約を交わしている。

● 2011年WNBAのスター（コネチカット大学の全米代表選手でもあった）マヤ・ムーア（Maya Moore）は、ジョーダンブランドと初めて契約した女性アスリートである。
● テニスプレーヤー李娜（Li Na）は、アジアで非常に知名度が高く、他のアスリートではありえない特例が認められた。ナイキは、李娜がロゴのないテニスウェアを着てプレーすることを認めたのである（On, 2012）。李娜は、他にもサムスンとメルセデスベンツのエンドースメント契約を交わした。

　女性アスリートの、エンドースメント契約数と契約金額は増加しているものの、男性アスリートに比べると、まだ少ない。たとえば、シャラポワの契約料は、2013年では2200万ドルだが、男子トップテニスプレーヤー、ロジャー・フェデラー（Roger Federer）の契約料6380万ドルの半分にも満たない。さらにいえば、1997年から2009年にかけて、スーパーボウル開催中に671のテレビ広告がアメリカで放映され、そのうち48の広告がスポーツ選手を扱っていたが、女性アスリートを単独で起用していたのはたった4つ（8％）であった（Antil et al., 2012）

　効果の高いエンドースメント契約を考えると、女性アスリート起用にはもう1つの障壁がある。前にも述べたとおり、女性アスリートには、性別で区別するジェンダースキーマ、それは私たちの心にずっしりと根付いているのだが、それが不利に働いてしまう（Knight & Guiliano, 2001）。スポーツ選手としてのイメージと女性としてのイメージが、消費者には相反するものに見えてしまうのである。この拮抗するイメージは、消費者にとってはなかなか折り合いがつきにくいものであり、女性アスリートが、エンドーサーとして広告に起用されにくい一因となっている。言い換えれば、男性は、アスリートとして起用されるが、女性アスリートは、アスリートとしてではなく、まず女性として起用されるのである（Grau et al., 2007）。そのため、スポーツ関連商品の広告には、女性アスリートより男性アスリートをエンドーサーとして起用することが多くなるし、効果も期待できると思われるのだ。

　契約金とエンドースメント契約数に成功例が多いのは、因習的に、個人競技の女性アスリート、たとえばゴルフやテニスのような選手（シャラポワなど）である。Badenhausen（2012）によると、2012年の契約金トップ10の女性アスリートは、みな個人競技のアスリートである。「Sports Marketers' Scouting Report」誌（アスリートのエンドースメントの可能性を分析している）の記者、ボブ・ドーフマン（Bob Dorfman）は、こう分析する。スポーツ界における女性のチームアスリートが、オリンピックやワールドカップのような、数年に1度開催される国際コンペティションに絡んだマーケットで契約されないのは、女性のチームスポーツのリーグ制度が整っていないことが大きな理由であ

277

第4部　スポーツ産業界の女性たち

る（Castillo, 2011）。それはなぜか。McGinnis、Chun、McQuillan（2003）は以下のように検証した。スポーツには、男性的あるいは女性的な競技という捉え方が存在する。一般的に個人競技（アイススケート、体操、テニスなど）は、チームスポーツよりも女性的な競技と捉えられている。彼らの論拠、つまり性差に対する価値観で認知するジェンダースキーマ理論に基づいて考えると、女性的なものには女性を（男性的なものには男性を）という偏好傾向が明らかになる。つまり、人々は、もともと女性的と思われてきた個人競技を見るのを好むのだから、個人競技の女性アスリートの方が広告効果の高いエンドーサーになるということである。

　そうだとすれば、スポンサー業界は、女性アスリートと女性スポーツに対して偏見をもっていると言えるのではないか。おそらくその通りである。しかし、性差別以外にも理由があるかもしれない。たとえばAntilら（2012）は以下のように述べている。女性アスリートの意識はとても低く、それはおそらくは国民から常に注目されているわけではないため、親近感がつくりだされていないからである。親近感がなければ、広告に起用されてもアスリートは消費者に認知されず、エンドースメントは価値をもたない。さらに、女性スポーツの多くがあまり注目されておらず、かつ女性スポーツに対するメディアの関心も非常に低いとAntilらは述べている。Michael Messnerの20年にわたる研究（2010）によると、女性スポーツのテレビ放映時間は、1999年に9％だったのが、2009年にはわずか1.6％にまで減っているという。タイトルIXが制定された頃に比べ、多くの女性がスポーツに携わるようになり、トップレベルで戦っていることを考えると、非常に残念である。

　今まで述べた通り、女性スポーツのメディアでの取り上げ方は、スポーツ需要者への受け入れられ方に直接的な影響を与える。もしアスリートが、たまにしかメディアに出ない、あるいはまったくメディアに取り上げられないとしたら、スポーツ需要者は一体どのようにそのアスリートに親近感をもち、またそのアスリートを評価できるだろうか。その女性アスリートの知名度が低ければ、企業はその選手をスポークスパーソンとして起用しようとはしないだろうし、ましてや、そのアスリートについて知ろうと努力することはありえない。一体誰のせいでそうなっているのか。女性スポーツを社会に広告しようとしないマーケティング担当者に責任があるのか。あるいは私たち、つまりスポーツ需要者が、女性スポーツや女性アスリートがメディアに取り上げられないことを黙認し、不満の声を上げないからなのか。

スポンサーシップ

　スポーツ分野におけるスポンサーシップへの出資は、世界規模で近年増加している。ここではスポンサーシップを、企業が金銭あるいは物資を支給して、リーグあるいはチームを支援していくことと定義する。たいていの場合、自社と自社ブランドに対する

第 14 章　女性スポーツの商品化とマーケティング

バレーボール大学女子リーグの試合をスポンサーすることで、自社ブランドに対する観客の認知度がアップし、商品の売り上げは理想的に上昇することを Wilson 社は期待している。

　人々の関心を高め、ブランドイメージを変え、ブランドロイヤリティを通して収益増加を図り、また新たな市場への手段を得ることを目的として、企業はスポンサーシップ契約を結ぶ。(Maxwell & Lough, 2009)。効果的なスポンサーシップの鍵、それは観客の認識をいかに上げるかである。たとえば、ソフトボールの試合を観戦しているファンが、Progressive Insurance がチームのスポンサーだと認識すれば、少なくとも部分的には、企業の目的は達成されたといえる。この認識、あるいはブランド認知は、理想的には消費者の、この企業の商品に対する購買意欲の増長につながり、スポンサーシップ投資の見返りとなる。

　スポンサーシップの意思決定は、通常、スポーツ商品と消費者向け製品をつくる企業の、経営組織のシニアマネージャーによって行われる。双方において、男性優位な価値体系とネットワークが主流であるため、スポンサーシップの意思決定も、同じように歪んだ方向に進む傾向にある。Shaw と Amis (2001) によると、女性スポーツのスポンサーシップが不十分なのには、相互に連動する 3 つの理由があるとする。1 つ目は、意思決定者（たいては男性）の価値観や信念が、どこにスポンサー支援を行うかに強い影響力をもつということである。支援は、基本的にネットワーキング形成の機会も含めた、予想される経済的・社会的効果に基づいて決定される。また意思決定者の目は、たいてい女性スポーツではなく、男性スポーツに向いている。なぜなら、たとえば「誰もが、いつでも、どこでも」という理念の草の根的なスポーツプロジェクトを通して良き協力者として自分たちをプロモートでき、国民にも受け入れられ、かつ企業側のニーズをも満たすのは、男性スポーツだと思われているからだ。

　2 つ目として、メディアカバレッジ、つまり全人口におけるメディア聴取者を示す割合（第 11 章参照）が、スポーツスポンサーシップでは重要であることがあげられる。

279

第 4 部　スポーツ産業界の女性たち

男性スポーツは、かなり高確率でメディアに取り上げられるので、露出度が最も多くなり、かつ支出に見合う収入を得られるプラットフォームとして、スポンサーシップ企業が男性スポーツを選択するのは当然のことである。女性のスポーツチームは、資金をつぎ込んでもメディアの注目度が低いと企業は考えているのである。

　3つ目は、業界の最新動向が、スポンサーシップの決定に影響力をもつということである。スポンサーシップにはコストがかかり、リスキーな投資でもある。経営者にとって、少なくともライバル企業の動向把握は必須である。成功しているライバル企業を見て、それを模倣しようとする経営者は多い。あまり大胆でも画期的でもないが、安全なスポンサーシップである。例をあげると、A社、B社、C社が最近、男子野球のマイナーリーグとスポンサー契約を交わし、3社とも非常に良いメディア露出を得ているとする。他社の成功を目の当たりにしているのだから、D社のマーケティング担当者は、女性のプロサッカーイベントへの投資ではなく、やはり、ほかの男性のマイナーリーグチーム（あるいはマイナー競技）とのスポンサー契約を検討するだろう。

女性スポーツマーケットにおける機会の逸失

　女性スポーツに最も大きな影響を与えたイベントといえば、1999年の女子サッカーワールドカップ決勝であるといって異論はないであろう。4千万人が観戦したとされ、テレビの視聴率は、男子ワールドカップより高かった。このワールドカップとサッカー全体の人気上昇により WUSA（アメリカ女子サッカーリーグ）が新しく組織されたが、3年の存続の後、2003年シーズン終了後に解散した。関係者の要望もあり、新たなリーグ再生の努力の結果、5年後に発足したのが WPS（ウィメンズ・プレミア・サッカー）である。サッカーは、アメリカの若者たちに最も人気のあるスポーツであり続け、国際的な女子サッカーの試合は、常にメディアに取り上げられたが、WPS はその人気に乗ずることができず、2012年のシーズン前に活動を中止した。

　2012年のオリンピックで、アメリカ代表女子サッカーチームが金メダルを獲得したことにより、アメリカサッカー連盟は8チームからなる NWSL（ナショナル・ウィメンズ・サッカー・リーグ）を2013年に発足すると発表した。このリーグのマーケティングキャンペーンでは、ナショナルチームのスター選手をフォーカスし、ソーシャルメディアを活用したファンとのコミュニケーションを重視した。リーグは、国内の放送権を FOX Soccer と契約し、NWSL 発足後、最初のシーズンの後半に、9つの試合をテレビ放映した（National Women's Soccer League, 2013）。NWSL の今後の見通しについて語るのは早計であろう。マーケティング担当者が、アメリカのプロスポーツの現状を鑑みて、リーグの地位をより向上させるため、失敗に終わった前リーグから、多くを学ぶことができるはずである。

280

第 14 章　女性スポーツの商品化とマーケティング

　1996 年にスタートした WNBA は、今までのアメリカのスポーツ史の中で、一番成功した女性のチームスポーツである。国際的に活躍するトップレベルの選手と大学時代スター選手だったプレーヤーの活躍で、5～9 月のシーズン中、WNBA は、世間の注目を独占した。この時期は、ほとんどの大学やプロバスケットボールがシーズンオフで、それが集客に幸いした。しかし、最近レギュラーシーズンの WNBA 観客数が減少しており、2015 年は 7318 人となり、1997 年の開始以来、最低の数字であった。事実、リーグは 1999 年以来、1 ゲームの平均観客数が 1 万人を超えることがない（Rhoden, 2012）。さらには、ローカルテレビと有料契約をかわしている WNBA フランチャイズチームは、2012 年から翌年にかけて平均観客数ではリードを保ってきたロサンゼルス・スパークスだけである。他のチームは試合の放映権を手放すか、あるいは制作費を払って放送してもらっている。放映しても視聴率が上がらないだろうから、広告料を期待できないと、テレビネットワークは考えているからである。お金を払って試合を放送してもらうなど、NBA のチームであれば、ありえないことだ。

　結局、可能性があるにもかかわらず、契約が実現しないこの 2 つの例から言えることは、マーケティング担当エグゼクティブが、ターゲットとなる市場を理解していないか、あるいは、その市場の要望に応えていないかということである。たとえば、LBGTQ コミュニティは女性のプロスポーツファンのかなりの部分を占めるのに、最近まで、明確なマーケティング対象とされていなかった。2014 年 5 月、WNBA は、LBGTQ コミュニティを直接ターゲットとするプランを公表した。男性スポーツと女性スポーツの違いを目立たせることによっても、チャンスが広がる。熱烈なファンはたいてい男性スポーツに肩入れし、女性スポーツを男性スポーツと比べがちである。もし、スポーツ企業の経営者らが、世界レベルの才能やスキルを、女性の試合で積極的に目立たせることができるなら、それは、フランチャイズ制やリーグを整備したり、女性スポーツをあらゆる消費者に認識させたりする、より良いチャンスとなるだろう。しかし残念ながら、創造力と理解力の不足、その期待が現実的でないことから、女性のチームスポーツに参加する人は、増えているにもかかわらず、女性のプロリーグは悪戦苦闘している。

> 「私たちにとって、ファンの多様性を歓迎し、これまで情熱的に支えてきてくれたファンを仲間とし、認識する記念すべき瞬間であります。これは W の文字にこめられた〔訳注：WNBA の W と women の w〕、すべての人が一緒に集うすばらしい瞬間でもあるのです。この可能性を、ずっと話し合ってきましたが、踏み切るのに 18 年もかかってしまいました（…）私たちは、すべてのファンを受け入れます。そして彼らが、WNBA を支えてくれる大変心強いサポーターであることを私たちは知っています」
> ──ローレル・リッチー Laurel Richie（WNBA 会長 LBGTQ。コミュニティに対するマーケット決定理由についての言葉）

第15章
宗教と政治が
女性スポーツに与える影響

本章のポイント

- 原理主義の信心深い著述家たちにより二分化して定義された女性の性質。
- 政治力、組織力とそれらによる影響力を手に入れ利用しようとする女性に対する二重のステレオタイプの影響。
- 女性のスポーツガバナンス進出度の低さ、そしてそれが伝統的な宗教やスポーツにおいて男性に限定された空間があることと関連している可能性について。
- 女性のスポーツガバナンス進出比率を男性と公平にすることの法的および政策、人権上の根拠。
- スポーツにおいて影響力のあるリーダー層に同等な数の女性を送り込むための戦略。

第 4 部　スポーツ産業界の女性たち

　この章を読んだ後は、読者がスポーツガバナンスにおいては、**時代は変わっても本質は変わらない**のだと結論づけてしまったとしても無理はない。このことを端的に表した例がある。1972 年から 1992 年まで、私は**アメリカ保健・体育・レクリエーション・ダンス連合**（現在、保健体育教育者同志会として知られている）の女性代表として WUG（ユニバーシアード）のアメリカチームを組織していたアメリカ大学スポーツ評議会に出ていた。現在のような WUG は 1959 年に始まったのだが、私が関わっていた当時は、アメリカ人選手が参加する種目については、すべてひとりずつ競技役員を同行させるというのが長年の暗黙のルールだった。当時女性の競技役員はひとりも存在せず（例外は体操種目で、時々いた）、女性職員も極めて稀だった。FISU（国際大学スポーツ連盟）の規則が、エントリーするチームにつき審判ひとりの同行を許可していると知ったとき（1987 年だった）の私の驚きを想像してほしい。アメリカは男女ともバスケットボールチームがエントリーしていたから、文字通り解釈すれば、2 人の審判が同行できることになる。私は、ソフトボールでチームメートだった旧友のダーレン・メイ（Darlene May）が国際審判の資格をもっていることを知っていたし、もうひとり、カリフォルニア関係の知合いのカレン・ジョンソン（Karen Johnson）博士が当時、NAGWS（全米女子スポーツ協会）の常任理事だったので、2 人で相談して、審判に進出してきている同性の代表として是非ともダーレンを WUG に送り込み、このレベルで審判の女性第一号になってもらおうと決めた。

　ところが担当の男性たちは、「女を送る金を出す余裕がないし、そうまでして送る理由がない」と言わんばかりの理由を並べてダーレンを送ることを承諾しなかった。それでも NAGWS を通じて手続き書類をすべて提出し、必要経費も支払った。かいつまんで話すと、ダーレン・メイは審判を務めたのだ！　当時は競技役員を一元管理してすべてのバスケットボールの試合に割り振っていたため、ダーレンの優秀さが国際大学スポーツ連盟競技役員の目に留まって、なんと男子チームの試合の審判に割りあてられたのだ。当時の『ニューヨーク・タイムズ』紙の第 1 面には、身長約 178 cm のメイが彼女より優に 30 cm は高い 2 人の男子選手に挟まれてトスアップの構えを見せている写真が掲載された。すごい話ではないか？　ところが 2013 年夏、似たようなケースの手続きが自分のデスクを通っていった。私はタイムワープしているに違いないと思った。

　それは、WSI（**女子スポーツインターナショナル**）のスポーツにおける、ろうおよび難聴女性タスクフォースに向けた手続きだったのだが、ある女性審判をデフリンピック（偶然にも 1987 年の WUG も、2013 年の聴覚障害がある選手を対象とするデフリンピックも、ブルガリアのソフィアで開催された）のバスケットボール競技で使うことはできない、という話になっていたのである。この女性は、正式な資格をもち、単発試合で国際舞台の経験も積んでいた。聴覚障害者スポーツと健常者の NCAA（全米大学スポーツ協会）の選手権大会の両方でリーダーシップを発揮してもいた。デフリンピックではそ

れまで女性がバスケットボールの審判を務めた例がなく、当時のリーダー層は彼女に審判を務めさせまいとしていたが、本人はその理由を求めても説明されない、と訴えていた。参加を求める適切な不服申し立ての手続きをすべて行い、デフリンピックで審判する機会を求める彼女の戦いは1年以上に及んだ。この件は未決で、しかも最後まで闘う決心だったので、結局彼女は自費で、審判員として大会に参加した。なんとか1試合で審判することはできたが、他の男性審判と違い、旅費も支払われず、男性審判はそのまま持ち帰った競技役員のシャツも、返却を求められた。この女性の名はマーシャ・ウェツエル（Marsha Wetzel）である。この章では、スポーツガバナンスで権力を握る男性が、必死になって女性の進出を門前払いしようとするいくつかの理由と、政治的圧力とシステム運用の知識があれば、いかにその門を開かせるきっかけをもたらしうるかを解説する。

　一人ひとりは全力疾走で前に進んでいくが、私たちが世間に向けて発する言葉はその場にとどまる。**当時**、なぜそうであり、**今**、どうしてこうなったのか、その差をわかるように説明する責任が私たちにはある。今から40年以上前の1974年に、私は初めてスポーツ界のガバナンスシステムに関わる女性のことを書いた。本章は、1974年以降、何が変わって何が変わらなかったのかを判断してもらう機会としたい。この分析で扱うスポーツガバナンスの状況を、1つのコミュニティとして示すとわかりやすいと思う。1974年以降、そのコミュニティの様相は大きく変わり、隔世の感がある。はるかに多くの人間がそこに関わるようになったし、構え（ビルなどの建物）も趣向を凝らして、見栄えが良くなった。でも足元の地盤はどうなのだろうか。この構えを支えてそこから生み出されるものすべてに、自身の性格を付与する地面はどうなのだろう。その地盤は実はほとんど変わっていなくて、私たちのように相当な変容を願う者は、新しい前提に立ちまったく違う戦略を取り入れなければ、ことは前に進まないのではないかと私は思っている。

スポーツガバナンスの女性における宗教、慣習、力関係

　スポーツにおいて新しい仮説を立て、理解を進めるためには、フェミニストの学者や著述家による宗教や権威の分析が役立つ。宗教、文化的背景、学術的修養の違いがどんなものであれ、そうした学者や著述家は、ある共通のテーマを強調していることがわかる。いずれも、女性への圧力の源は宗教でもなければ宗教全体でもないと主張しているのだ。女性を人間として一人前ではないと見るのは**父権的宗教の伝統**であり、解釈なのである。

　古代や中世の書物に表れる女性の扱いを検討して、母性を詳細に分析したRichは、「父権的一神論教は、単に神の性を変えただけではなく、全世界から女性の神性をはぎとり、唯一母としてのみ女性が神聖化されることを許した」と結論している（Rich, 1986, p.119)。カール・ユング（Carl Jung）の有名な弟子であった心理学者のエーリッヒ・ノイマン（Eric Neumann）は、女性らしさの二重性を再定義する範囲をさらに拡大して、ユダヤ教、キリスト教、イスラム教、ヒンズー教を含む父権的文化の特徴であるとしている（Neumann, 1955）。Rich と Daly（1973）も、女性を二分化する宗教の力、つまり（1）不純で堕落した（イブ）、出血や下り物で汚れた、魅力的で危険なものと見る一方で、（2）神聖で純粋な母、命を養う存在（聖母マリア）とすることの強い影響を強調している。邪悪で不純で危険な存在としては制御すべきである。だから女性の存在は一般社会から閉ざされる。このように、女性の良さと純粋さは、母性、家族と家庭に限って想定される。こういった虚像やステレオタイプは、すべての大陸や国で文化的な慣習を通じて幅広く広がっている。今日のスポーツ新興事業ですら、こういう文化的、宗教的な伝統が、いかに女の子たちのスポーツ振興事業の障害になるかを Meier（2005）が書いている。それと気づかないほど意識の中に深く根付いている障害である。

　女性の人間性を家父長制と宗教が損なった世界規模の例を探すなら、おそらくベナジール・ブット（Benazir Bhutto）の著作が最も鮮烈だろう。ブットは、1988～1990 年と 1991～1993 年にパキスタンの首相を務めた、イスラム諸国初の女性である。1999～2007 年まで国外に亡命しており、国家元首に再選されるかどうか、という段になって帰国した。到着して数時間のうちに暗殺未遂に遭い、その 2 ヵ月後に射殺された。暗殺される前の数ヵ月の間に仕上げに入っていた書籍の中で、ブットは過激派の部族長らが聖典である**コーラン**から逸脱していく様を、これ以上はないというほど率直に描いている。「イスラムは、不平等を最も大きな不正の表れとして強く否定している」とブットは記している（2008, p17）。さらに、これらイスラム教と自国に対す反動分子を、女の子たちに基礎教育を与えず、女性と少数派民族をあからさまに差別し、さらにはイスラム以外の文化や宗教をあざ笑う「正道を踏み外した」者たちであるとしている（2008, p19）。また、男は女より優れているという部族の考え方が女性への差別を正当化しているとも述べ、こういう認識は「コーランで否定されている」（2008, p.48）と断じている。ブットの結論の骨子は、パキスタンを超えて広範にあてはまりそうだ。「今日のイスラム教の魂をかけた闘いは、中庸派と狂信派、民主派と独裁派、まだ過去に生きている者と現状に適応してより良い未来を考える者との闘いである」（2008, p.19）。

　宗教や文化的伝統に関わる論理的で深い思索などは、スポーツガバナンスの枠内で女性の力に関して抱く疑問と、とうてい縁がないように思えるかもしれないが、私はそうは思わない。Freeman、Bourque、Shelton（2001）は、今日のアメリカで、女性が政治のリーダーシップをとることを妨げている要因を 4 つ指摘している。最初の 2 つは、宗教色の強い女性のイメージにただちに結びつく。つまり、家事と仕事の構造の性別分業と、根強い伝統的な性的役割の期待である。ビジネス界を見ても、最近のコーチングやスポーツアドミニストレーションに携わる女性の研究を見ても、女性は相変わらず 2 つ

第 15 章　宗教と政治が女性スポーツに与える影響

の仕事をこなしている。外では賃金を稼ぎ、家では家族の筆頭世話係りであり、家事担当者である。夫が家事に参加しても、それは妻を手伝っている、という見方をされる。今どきのアメリカからはるか隔たった地のスポーツ振興事業の中にも、同じ問題の兆しが見える。Meier は、開発の遅れている文化圏で地域の長老たちに、女の子たちがスポーツをすることを許可するよう説得する、長く難しい交渉を伝えている。男の子はスポーツをしてもよいが、幼い女児や 10 代の女の子たちは伝統的な家庭の役割を担うべきであり、それを妨げるべきではないと長老たちが言い張るからである（2005）。

アメリカでは、個人にせよ団体にせよ、女性が（スポーツ活動を含めた）キャリアを継続できるよう家事と家族の役割のバランスを図るべきと声をあげると、頑迷な宗教団体や政治団体から抵抗にあう。スポーツでキャリアを求める女性が遭遇する抵抗の例は、次頁の「宗教、政治、その他の文化的な影響による抵抗」を参照してほしい。

こういった保守的な集団は、家族や伝統的な家庭生活を妨害しようとしていると思うものには、断固として反対する。こうした集団に属する人間からすると、「どんな形であれ、家族というまとまりから離れてひとりだけが上に行けるようなやり方が害になるのはあたりまえ」なのだと Rich は述べている（1986, p. xvi）。

スポーツ振興プログラムが急速に増加し、初期の簡素な段階を超えるにしたがって、かつて Meier が的確に指摘していた「スポーツのジェンダーエクイティを求めるプロジェクトが持続するためには、リソースの利用とその管理、地域のパワーダイナミクス、そしてそれぞれに異なるジェンダーの役割など、個々の社会文化的、社会経済的な変数を考慮しなければならない」ことも当然のことと受け止めるようになっている（2005, p.8）。

女性や志を同じくする男性は、このようなスポーツの問題に何十年も取り組んできたが、しなければならないことは、まだ山ほどある。スポーツガバナンスシステムの中で、より多くの女性を権力をもつ地位に進出させることは確かに効果があるが、それですべてが解決するわけではない。全世界的に見ると、女性はまだ問題を最終的に解決できるために必要な強い立場を得ていない。これらは、マクロ的には政策と戦略レベル、中間的には専門的、制度的なレベル、ミクロ的には個人的あるいは社会的レベルで顕在化する複雑な問題である（Kirk, 2012）。女性は認知上の敵を自分の中にもってしまっている。Rich が詩的に表現している敵のことである。「父なる神——その言葉は法律であり、その考えは意識、伝統、そして私たち自身の根本的な道徳として私たちの中に宿ってしまっている」（1986, p.67）。

スポーツにおけるジェンダー・ポリティクスの変容

第二波フェミニズム運動についての著作に始まり、すばらしい思想家たちが連綿と、

第4部　スポーツ産業界の女性たち

宗教、政治、その他の文化的な影響による抵抗

- アフリカ南部で研究を行った Fasting、Huffman、Sand は、次のように述べている。「文化は、女性のスポーツ参加を阻む上で大きな役割を担っている（…）まず服装であるが、両親も男たちも、女性の短パン姿を受け入れられない（…）男も問題である。夫は妻が他の男性と交流しているのを見るのをいやがる。また、主導権の取り合いにもなる。男性は女性がリーダーになれるとは思っていない。他にも、スポーツをする女性が少ない理由として、宗教や安全性の問題などの文化的要素も（それら研究の中で）言及されている（2014, p.15）。
- ケニヤを本拠とした研究において、Brady と Khan は、同じような制限を発見している。「女性が身を置くにふさわしいとみなされる公共の場、つまり市場や病院などは、結局、女性が主婦や母親として家庭内の役割を果たせる場所のことである。対照的に、男性にとっての公共の場はこれほど狭く定義されることはなく、性別役割にも必ずしも結びつけられていない（…）女性はタウンホール、公園、競技場などへ出かけるにも男性が同伴しないとはるかに難儀するし、時には完全にそれらの場所から閉め出されている」（2002, p.2）。
- 「ケニヤのソマリア難民キャンプで、地元のドレスコードをめぐって女性のバレーボール選手たちが地域の住民からかなり激しい非難を浴びたため、国連難民高等弁務官事務所がナイキ社と協働して、ドレスコードに即した快適で実用的なスポーツウェアをデザインした」（UNDAW, 2008, p.15）。
- 2012年オリンピック・ロンドン大会のジェンダーエクイティ監査報告に、ある柔道の事例が記されている。サウジアラビア代表の女性選手が国際柔道連盟の競技役員からヒジャブ（スカーフ）の着用は認められない、と伝えられたのである。ヒジャブは代表チームから義務づけられたものだったので、彼女は困り果てた。最終的には妥協策が取られたが、研究者たちはこれをユニフォームをめぐる問題の氷山の一角だと見ている（Donnelly & Donnelly, 2013）。

女性、とりわけ力を行使するあるいは力をもとうとする女性に対する男性の恐れや不安、そして敵意を鮮明に描いてきた（de Beauvoir, 1949/1989；Horney, 1967；Rich, 1986；Freeman et al., 2001）。頻繁に引用されるリシュリュー枢機卿の「女性に知性はそぐわない」という台詞も、その感性を実に簡潔に括っている（Bernstein, 2008, p.201）。この反感がどうしてこれほど根深いのか理解できないというなら、女性がこれを否認してきた理由も同じように理解に苦しむ。精神分析医カレン・ホーニイ（Karen Horney）は、「女性自身がどうしてこれほど長い間このことを見過ごしてこれたのかということのほうが、もっと驚くべきことだろう」と書いている（1967, p.67）。女性は、どうして自分たちが置かれた状況を否認し、無視し続けるのだろう。なぜ女性は、自分たちの権利であるにもかかわらず、法律が原則として認めている力を要求することにこれほど腰が重いのだろう。父なる神は、相変わらず女性の心の中に法を刻み込んでいるのだろうか。

　スポーツのリーダーシップとガバナンスに参画する女性は極端に限られており、それは宗教や政治分野の領域で私たちが目にするのと同じである。この章では、何が間違っ

ているのかを考える重要な例として、また、変革をもたらす解決への文脈として IOC（国際オリンピック委員会）を取り上げる。状況はどの程度ひどいのだろうか。実際ひどい。答えがどこにも見あたらないというほどひどくはないけれども。アメリカ女性スポーツ財団は、スポーツリーダーシップにおける女性に関するデータを公表している（Smith & Wrynn, 2010a, 2010）。2010 年以降の情報は、第 5 回世界会議国際ワーキンググループのレガシーであるシドニースコアボードウェブサイトに掲載されている（www. sydneyscoreboard.com）。トロント大学も 2012 年オリンピック・ロンドン大会後にジェンダーエクイティ監査報告を公表している（Donnelly & Donnelly, 2013）。

スポーツ上級ガバナンスの女性たち

　過去 20 年間、スポーツの上級ガバナンスに女性がいないことが当たり前のように思われている（したがって、気づかれもしない）ことから、一般の注目を集めるためにそのデータを公表する取組みが続けられてきた。アメリカでは、コーチ職女性の職位に関する Acosta と Carpenter 報告書と、女性の参加とリーダーシップへの関与に関する女性スポーツ財団のジェンダーエクイティ・レポートカードがよく知られている。これに比べて、次に紹介する 2 つの国際的な取組みはそれほど知られていないだろう。

● **シドニースコアボード**（www.sydneyscoreboard.org）
オーストラリア、シドニーで開催された「2010 年世界女性スポーツ会議」のレガシーとして、5 つのオリンピック地域（5 大陸）の 3 つのリーダーシップカテゴリー（常任理事、代表理事、CEO）に関するデータ収集と掲示を促進するためにウェブサイトが立ち上げられた。各国のスポーツガバナンス機関とオリンピック委員会のデータを中心に、約 50 ヵ国の国別データが報告されている。約 90 の IF（国際競技連盟）から会長や CEO に関する情報が追加された。データを掲載することにしたこれら各国機関は、全体の半分に満たない。ある詳細な研究で、興味深いパターンが明らかになっている。しかし、その研究論文の中の短い概要からも、これらの機関は IOC が提言しているつつましい目標値にもはるか及ばないことが歴然としている。女性の進出が 30％前後に達しているのはこれらの団体のほんの一握りであり、ほとんどは 10〜20％の間をさまよっている。
● **2012 年オリンピック・ロンドン大会のジェンダーエクイティ監査**
トロント大学後援の下でピーター（Peter）とミシェル・ドネリー（Michelle Donnelly）によって書かれたこの報告書は、平等の趣旨を大々的に謳われたオリンピック・ロンドン大会において、いまだにジェンダーエクイティへの努力が必要な領域を特定することに特化した内容となっている。オリンピックについて解決されていない構造上の問題にほぼ全精力を注ぎ、非常に詳細に報告しているが、統率力の平等を達成するには残っている競技数の問題を解決しなければならず、長い道のりになることを覚悟しなければならないと、様々な状況を取り上げて読者に伝えている。「男子の競技数が 30 も女子を上回るようなオリンピックプログラムを続けていくことは、もはや正当化できない」（Donnelley & Donnelly, 2013, p.6）。

第4部　スポーツ産業界の女性たち

　女性はIOCのウェブページやメディアによる甘い美辞麗句に惑わされているのだろう（IOC Department of International Corporation and Development, 2013）。たとえば、「IOCの使命と役割」の7項目は、オリンピック・ムーブメントが「男女平等の原則を実行するため、あらゆるレベルと組織において、スポーツにおける女性の地位向上を奨励し支援する」ことに全面的にコミットすることを約束している（International Olympic Committee, 2014, p.15）。IOCは、2009年国連公式オブザーバーの地位を獲得して国連から認められる必要のある立場になっていることから、ジェンダーエクイティのモデルとして見られることが非常に重要なのである。では、オリンピック・ムーブメントにおいて女性の地位は今現在どうなっているのだろうか。

　1994年、あるIOC研究委員会が、女性の役割の改善を提言する分科会の設立を勧告し、1995年までにIOC女性分科会が設立された。この分科会を正式な委員会とするよう多くの要望が出されたが、実現したのはやっと2004年のことだった。

　ここで、このIOCの措置に先立つ数十年の女性の経過をいくつか紹介し、IOCがいかに遅れをとったかを明らかにしておくと参考になるだろう。

● 1972年：タイトルIXがアメリカで通過される。
● 1972年：ニューヨーク証券取引所で女性取締役が任命される。
● 1981年：サンドラ・デイ・オコナー（Sandra Day O'Connor）が最高裁に指名される。
● 1983年：サリー・ライド（Sally Ride）がアメリカ初の女性宇宙飛行士として宇宙へ。
● 1989年：バーバラ・ハリス（Barbara Harris）が女性として初めてアメリカ聖公会の司教に任命される。
● 1993年：ジャネット・レノ（Janet Reno）がアメリカ司法長官に指名される。
● 1997年：マデレーン・オルブライト（Madeleine Albright）がアメリカ国務長官に指名される。

　女性の平等を求める数十年来の要求に対してIOCが取ってきた措置には、本当に失望させられてきた。IOCは自身をジェンダー・メインストリーミング［訳注：男女平等の考え方を政策やシステムに取り入れること］に力を注ぐ者と喧伝している（International Olympic Committee Department of International Cooperation and Development, 2013）。IOCのいうところのメインストリーミングの具体的な活動とは、以下のようなものである。

● 過去10年で18ヵ国においてスポーツにおける女性をテーマにしたセミナーを開催。
● 4年ごとに世界女性スポーツ会議を開催。現時点で5回［訳注：2019年時点で7回］開催。
● 各大陸につきひとりの受賞者と総合的な受賞者ひとりの計6人にトロフィーを授与する女性スポーツ大賞を実施。

第 15 章　宗教と政治が女性スポーツに与える影響

　こういったIOCの取組みに問題はないが、ガバナンスの現状を変えるという意味では
まったく無力である。IOCはこれらセミナーを、「可視化する」、また「NOC（国内オ
リンピック委員会）が女性の平等に向けていっそう努力するように啓発する」ものだと
主張している（International Olympic Committee, 2014, p.47）。だが、こういったセミ
ナーで、能力が高まった女性にその新しいスキルを活用する機会を与えるという要件を
課しているわけではないし、セミナーに参加したことが、キャリアコースにどう影響す
るかを示すデータも存在しない。いくつかのグローバルレベルの女性団体が、同じよう
な世界レベルの会議を開催しているので、女性スポーツの運動家からすると、IOCの会
議の取組みにはむだな重複がある。

　一番イライラするのは、IOCが言うところの、オリンピックガバナンスにおける女性
の役割強化に向けた最低達成目標だろう。目標値は1996年に設定されている。オリン
ピックグループに所属するすべての団体が、リーダーシップに関与する女性の比率を
2001年までに10%、2005年までには20%に上げること、としている。IOCが委託し
たラフバラー大学ジェンダーエクイティとリーダーシップ研究（Henry & Robinson,
2010）では、さらにその目標値を2014年までに25%、2018年までには30%に引き上
げることを勧告している

　まず、こういった目標値自体の適否を問わなければならない。ジェンダーの公正を支
持すると自称する国際機関が2010年までに女性のリーダーシップ参画率20%の達成と
いう目標を掲げることに対して、女性や公平な男性からどうして怒りの声があがらな
かったのか。

　もちろん、より重大な懸念はコンプライアンスである。このことを女性スポーツ財団
の研究者たちが雄弁に語っている。「このIOCのもっともらしい目標については、
NOC、IF、IPCが最低限対応をしたに留まり、それら団体ですら大部分が女性の比率
20%というIOCの提案の達成にも苦労している」（Smith & Wrynn, 2010b, p.2）。実際
IOCの目標値は提案でしかなく、基準を満たさない団体があっても言葉で注意する程度
のことしかなされていないのだ。

　IOC国際協力・推進部は、2013年次のような声明を出している。

- 2013年、IOC会員の女性比率は2005年の目標であった20%に達した。
- 204のNOCの中で、女性が委員長である委員会は11である（5%）。
- 87のIFから報告があり、その中で夏季オリンピック国際団体連合加盟団体に女性会
  長が2人、事務局長が3人いた。
- 国際オリンピック冬季スポーツ団体連合加盟団体では、女性会長1人、女性事務局長
  3人がいた。

291

第4部　スポーツ産業界の女性たち

SmithとWrynn（2010a, 2010b）は、以下のように述べている。

- 国際オリンピック冬季スポーツ団体連合では役員会の23％が女性。
- 25のIOC委員会中、7委員会が女性20％の目標値を達成した。
- USOC（アメリカオリンピック委員会）では、取締役会会長もCEOも男性であった。
- アメリカNGBの23団体中16団体は女性比率20％という目標値を達成している。

シドニースコアボード

　シドニースコアボードには依頼に応えて45ヵ国から報告されたNGB（ナショナル・ガバニング・ボディズ）、IF、NOCの女性比率に関する情報が掲載されている。

　IOCが委託したラフバラー大学（Henry & Robinson 2010）による調査では、204のNOC中、回答があったのは110組織のみである。これらの組織は目標値を達成しておらず、進捗についてもはっきりと報告しようとしない。平等の要望を無視しても何の影響もないという暗黙の了解があることが、あからさまにわかる。目標値を引き上げれば解決するという問題ではなさそうだ。

　これ以外のことでもたいがい同じなのだが、それらしい言葉を口にしておけば十分だとIOCは信じているようだ。約束を十分果たせなくとも、それでどうこうなることなどほとんどないと思っている。約束を守れないことで使命の達成が損なわれる、あるいは組織の至適な業績達成に影響する、という切迫感がまるでない。目標値が本当に問題であれば、達成しようとするだろう。

組織を知ること

　オリンピック・ムーブメントのあらゆる面において、女性は男性と同比率で進出しなければならない。オリンピック憲章では、IOCの使命として7つめの項目でそれを約束している（International Olympic Committee, 2014）。これらに加えてアメリカのタイトルⅨのような保証は、男女平等の提唱者にとって苦しい戦いの末に得た勝利である。だが、このような約束の言葉は、何世紀にもわたって政治、宗教、文化によりなされてきた周辺化を覆すという大仕事を背負ってもいるのだ。女性は、アスリートやスポーツリーダーとして、男性とは異なった、男性の補足として働く過程を経て成長してきたのであり、女性特有の貴重な視点を見せてくれる。指導者の地位への進出に立ちはだかる気の遠くなるような障壁は、すぐにはなくならないだろう。ではどうやって克服するのか。まずよく学び、観察し、自分が入ることになる組織のシステムとその詳細な運用を深く包括的に理解することが絶対に欠かせない。

　ここでは、オリンピックの国際的なスポーツガバナンスシステムの機能的分析に焦点

第 15 章　宗教と政治が女性スポーツに与える影響

を絞る。この分析では、システムの基本構造を成す組織を特定し、システムの規範的ミッションを簡潔に説明し、システムを構成する組織の間で補足的に生じる権利と義務を特定する。この後半の段階で、このガバナンス構造をどのようにシステムとして理解しなければならないのかがわかる。このように、組織の振る舞いは単一の構成組織の振る舞いとして理解することはできず、システム全体が機能している状況で考えなければならない。

　表明されたミッション内容と、オリンピック競技大会とオリンピック・ムーブメント（オリンピズム）の両方によって生まれ、その両方に責任を負うシステムの機能の仕方をよく知ることによって、システム内で好ましい変化を実現するための行動や計画が進みやすくなると私は信じている。さらに、これらと同じような原則や実践を踏襲することは、他の組織のシステムでもことを進める上で有用かもしれない。たとえば、アメリカなら NCAA、世界レベルなら FISU、または IPC（**国際パラリンピック委員会**）である。**図 15.1** は、スポーツガバナンスシステムを構成する組織の略図である。

　この略図はシステムの各構成組織の本質的役割（権利と義務）を、特にそれらが他の構成組織と相互補完的関係にあるという観点から説明する目的で 1974 年に作成された。上位 2 つの水平レベルでは、国際的な分野が各国の構造を支配しようとする権力をもつ領域を示している。一方、垂直の側面は、多種目スポーツ統括団体（**図 15.1**）がこのシステムにおいて、単独競技組織をしのいで権力をもっている様を説明している。

　LOCOG（オリンピック地域組織委員会）は、オリンピック・ムーブメントの最高機関である IOC と非常に特別な関係をもっている。オリンピック競技大会の目に見える姿を整える責任を与えられているのが LOCOG である。ここには伝統や歴史だけでなく、大きな経済的意味合が伴う。このように、どのオリンピック競技大会でも LOCOG は絶大な影響力をもつが、大会ごとに組織の中身が入れ替わっていくので、その影響力が及ぶ期間は短い。

　私たちが**オリンピック**という言葉を使うとき、4 年に 1 度のイベント、スポーツの祭典、伝統、勝利の喜びと敗北の悔しさ、という決まり文句をしばしば連想する。これに比べてあまり認識されていないのが、グローバルな多国籍複合企業としてのオリンピック・ムーブメントの側面である。オリンピック・ムーブメントは、定期的に何十億ドルという金を生む価値あるイベントである。（ちょうどローマ教皇庁のように）国連においては常任オブザーバーとして認知されている。IOC は、107 ページのずっしりした法的文書であるオリンピック憲章に則って運営されている。次回のオリンピック開催地の発表が全世界にテレビ中継されることを考えると、世界の国々やリーダーたちが IOC の動向に一喜一憂するといっても過言ではない。次の項では、オリンピックの複雑さを説明したい。というのは、女性がこのシステムの中で高い地位に就きたいと考えるなら（もしくは、多くの女性を一定の流れに沿ってこのシステムに送り込みたいと考えるなら）、

293

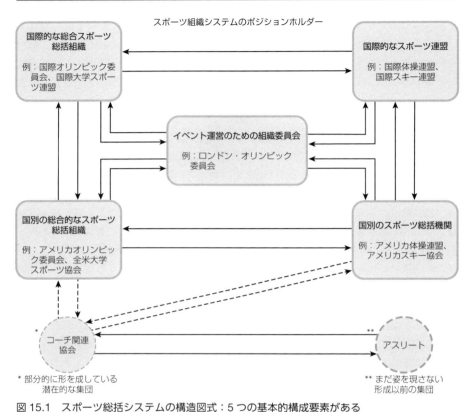

図 15.1　スポーツ総括システムの構造図式：5 つの基本的構成要素がある
(Reprinted, by permission, from C. Oglesby, 1974, "Social conflict theory and the sport organization system," *Quest* (22)：63-73.)

システムの詳細を理解する必要があるからだ。詳細の多くはスペースの関係で省かなければならないが、最も重要な点をはっきりさせておきたい。

オリンピック・ムーブメントの根本原則とミッション

　オリンピック憲章には 7 つの根本原則が前文に謳われている。根本原則はそこに歴史や哲学を織り混ぜながら、「調和のとれた発展、人間の尊厳の保持に重きを置く平和な社会、いかなる種類の**差別も受けることなく**スポーツを通じて若者を教育させる平和でより良い世界」（太字は著者：International Olympic Committee, 2014, Charter Fundamental Principals 2 and 4, p.13）へのスポーツの貢献を鮮烈に描いている。原則は次のように述べられている。

第 15 章　宗教と政治が女性スポーツに与える影響

オリンピズムの根本原則

1．オリンピズムは肉体と意志と精神のすべての資質を高め、バランスよく結合させる生き方の哲学である。オリンピズムはスポーツを文化、教育と融合させ、生き方の創造を探求するものである。その生き方は努力する喜び、良い模範であることの教育的価値、社会的な責任、さらに普遍的で根本的な倫理規範の尊重を基盤とする。
2．オリンピズムの目的は、人間の尊厳の保持に重きを置く平和な社会の推進を目指すために、人類の調和のとれた発展にスポーツを役立てることである。
3．オリンピック・ムーブメントは、オリンピズムの価値に鼓舞された個人と団体による、協調の取れた組織的、普遍的、恒久的活動である。その活動を推し進めるのは最高機関の IOC である。活動は 5 大陸にまたがり、偉大なスポーツの祭典、オリンピック競技大会に世界中の選手を集めるとき、頂点に達する。そのシンボルは 5 つの結び合う輪である。
4．スポーツをすることは人権の 1 つである。すべての個人はいかなる種類の差別も受けることなく、オリンピック精神に基づき、スポーツをする機会を与えられなければならない。オリンピック精神においては友情、連帯、フェアプレーの精神とともに相互理解が求められる。
5．スポーツ団体はオリンピック・ムーブメントにおいて、スポーツが社会の枠組みの中で営まれることを理解し、自律の権利と義務を持つ。自律には競技規則を自由に定め管理すること、自身の組織の構成とガバナンスについて決定すること、外部からのいかなる影響も受けずに選挙を実施する権利、および良好なガバナンスの原則を確実に適用する責任が含まれる。
6．このオリンピック憲章の定める権利および自由は人種、肌の色、性別、性的指向、言語、宗教、政治的またはその他の意見、国あるいは社会的な出身、財産、出自やその他の身分などの理由による、いかなる種類の差別も受けることなく、確実に享受されなければならない。
7．オリンピック・ムーブメントの一員となるには、オリンピック憲章の遵守および IOC による承認が必要である。

（公益財団法人日本オリンピック委員会の「オリンピック憲章 2017 年版」より引用）

　これら根本原則は、オリンピック・ムーブメントの哲学であるオリンピズムとその具現化であるオリンピック競技大会を通じてオリンピック・ムーブメントの本質を概説している。オリンピック憲章の第 1 章は、根本原則をより具体的に示し、目標設定につなげる 16 の綱領をあげている。

第4部　スポーツ産業界の女性たち

IOC の使命と役割

1. スポーツにおける倫理と良好なガバナンスの促進、およびスポーツを通じた青少年教育を奨励し支援する。さらに、スポーツにおいてフェアプレー精神が広く行き渡り、暴力が禁じられるよう、全力を尽くす。
2. スポーツと競技大会の組織運営、発展および連携を奨励し支援する。
3. オリンピック競技大会を定期的に確実に開催する。
4. スポーツを人類に役立てる努力において、権限を有する公的または私的な組織および行政機関と協力し、その努力により平和を推進する。
5. オリンピック・ムーブメントの結束を強め、その主体性を守り、スポーツの自律性を保護するために行動する。
6. オリンピック・ムーブメントに影響を及ぼす、いかなる形態の差別にも反対し、行動する。
7. 男女平等の原則を実践するため、あらゆるレベルと組織において、スポーツにおける女性の地位向上を奨励し支援する。
8. ドーピングに対する戦いを主導し、いかなる形態の試合の不正操作、および関連する不正行為に対抗する行動をとることにより、クリーンな選手とスポーツの高潔性を保護する。
9. 選手への医療と選手の健康に関する対策を奨励し支援する。
10. スポーツと選手を政治的または商業的に不適切に利用することに反対する。
11. スポーツ団体および公的機関による、選手の社会的、職業的将来を整える努力を奨励し、支援する。
12. スポーツ・フォア・オールの発展を奨励し支援する。
13. 環境問題に対し責任ある関心を持つことを奨励し支援する。またスポーツにおける持続可能な発展を奨励する。そのような観点でオリンピック競技大会が開催されることを要請する。
14. オリンピック競技大会の有益な遺産を、開催国と開催都市が引き継ぐよう奨励する。
15. スポーツと文化および教育を融合させる活動を奨励し支援する。
16. IOA（国際オリンピック・アカデミー）の活動およびオリンピック教育に取り組むその他の機関の活動を奨励し支援する。

（公益財団法人日本オリンピック委員会の「オリンピック憲章 2017 年版」より引用）

　憲章の原則と綱領を見る限り、ジェンダーエクイティについて曖昧な表現は存在しない。6 番目の項目は、一般的な差別禁止のステートメントであり、7 番目の項目においては「あらゆるレベルと組織において、スポーツにおける女性の地位向上を奨励し支援

する」（International Olympic Committee, 2014, p.16）ことを IOC に課している。7 番目の項目での IOC の腰の重さを考えると、「ドーピングに対する戦い」を課された 8 番目の項目において同じ IOC がとった措置との差は興味深いのではないだろうか。WADA（世界ドーピング防止機構）に匹敵するほどふんだんな資金を与えられて世間に名高い、7 番目の項目を無視するやからを暴くための機関は、いったい何をしているのだろう。

　オリンピック憲章の第 1 章と第 2 章がオリンピック・ムーブメントの最高機関としての IOC の役割を明確に定めているのに対して、第 3 章、第 4 章では、IF、NOC、NGB、LOCOG が相互補完的に連動して果たす責任と行動を規定している。

　オリンピックシステムへの女性の関与を促すためには、システム内でどの仕事に対して誰が適切な経歴を備えているかを見極める視点をもって憲章とその運用を勉強することが、私たち一人ひとりにとっても私たちが所属する支援グループにとっても有益となりうる。各組織にはそれぞれ独自の権限の範囲がある。混乱を避けるために、ここで整理しておこう。第 1 章の 1 行目は「IOC は、オリンピック・ムーブメントの最高機関である」（2014, p17）と述べている。それなら IOC が責任をもってくれ、と言いたくなるだろう。オリンピック競技が確実に開催されるよう責任をもつのが IOC であり、競技大会に関わるテレビや映画の放映権のモニタリングや運営、スポンサーシップならびにオリンピックの五輪マーク、旗、切手、エンブレム、モットー、トーチなどの財産のマーケティングを行う。憲章は、IOC がその収益を IF、NOC、オリンピック連帯基金や LOCOG に返還することも認めている。私たちが相手にしている各組織に総額どれほどの金が流れるかを考えると、この潜在的収益移転は、IOC の意向に従い、すべての関係を伝統にたがわないよう処理しなければというすさまじいプレッシャーとなりうる。

その他の主なムーブメント参画組織の権利と義務：IF、NOC、NGB

　IF に関していえば、規則、実践、活動すべてがオリンピック憲章に準拠しなければならない。その条件を満たした上で、IF は各自のスポーツ運営において独立・自律した機関となれるのである。IF はスポーツを実行するための実施規則を定め、スポーツを発展させ、参加資格を設定し、オリンピック競技大会の際に技術的な指示を出し、連帯プロジェクトにおいて NOC と NGB を支援する責任を担っている。

　NGB は、各国内で各種目の技術的リソースとして機能する。それぞれの職能をどう実施するかは国によって、特に、ある国においてそのスポーツがどのくらい強いかによって様々に異なる。

　NOC は、オリンピック競技大会、IOC が後援する地域、大陸または世界的な総合スポーツ競技において唯一国を代表する権限をもつ。NOC は差別に対して行動を起こすよう指示を受けているが、女性のリーダーシップに関しては対応しないことが多い。また、NOC はオリンピック開催を志願する都市を候補として指定する権限をもっている

第 4 部　スポーツ産業界の女性たち

（たとえば、2012 年ロンドン大会）。この章の後ろのほうで私は、女性たちが団結して、オリンピックシステム自身が定めている規定の適用を訴えることを通じて運動を進めることを勧めている。たとえば、入札して開催地になろうとしている都市が非常に魅力的な候補であり、しかもその自治体が機会均等に関する法規を特色としていたら、そうした法規が今後のオリンピック入札の必須条件になることも考えられる。そういった法規を入札条件に組み込むことで、女性とマイノリティに属する人たちの機会が前進する可能性があるのだ。これは、システムに関する知識を利用し、システムを普通に機能させる上では必要とされないが、システムの規則が命じている方向へシステム全体を積極的に変えていくことに対する意識の一例である。

1974 年から 2010 年までの構造的な進化

　図 15.2 は、制定から数十年間の間にオリンピック憲章の構造的な枠組みの中で、変化したものと変化しなかったものを表している。IOC、IF、NOC、NGB、そしてLOCOG が絡み合い、依存し合っている構造は今も変わらない。はるか昔には有志によって運営されていたこともあったこのシステムは、今では巨大で複雑な構造をした、もっと企業的なシステムになっている。この章では経済的な要因を直接取り上げないが、システムの抱える経済的利害関係を感覚的に理解してもらう上で役に立ちそうな数字をあげる。IOC のウェブサイトでは、1993〜1996 年のオリンピック市場の収入が 26 億米ドルであったのに対し、2009〜2012 年では 80 億米ドルを超えたとするマーケティングおよび財務報告書を掲載している。

　このシステム内部の構造パターンを理解する上で指摘しておく価値がありそうな具体的な精緻化（変化）が 5 つ、ガバナンスの構成に認められる。

● 構造の中心には引続きオリンピック競技大会そのものが位置する。オリンピック競技大会の売り上げ（五輪マークの活用）が IOC の主要な収益財産である。競技大会の規模が拡大し、競技種目と競技件数、アスリート人数が増加した。それ以上に重要なのは、まったく新しい競技大会が少なくとも一式加わったことかもしれない。それは、オリンピックと同じく 4 年ごとに開催されるユースオリンピック競技大会で、2010 年夏のシンガポール大会が最初、その後 2012 年冬のインスブルック大会、2014 夏の南京大会、2016 年冬のリレハンメル大会と続いた。

● 障がい者コミュニティ内の総合競技大会も、以前よりはるかに IOC 寄りに引っ張られつつある（もしくは意図的にそう動いている）。競技大会を後援した国際的な総合統括団体は以前と同じ顔ぶれだが、IOC との関係はこの 10 年間で緊密になり、特別の地位に移行してきている。最も緊密なパートナー関係は IPC とパラリンピックである。パラリンピックは、今ではオリンピックと同じ施設でオリンピック直後に開催されて

第 15 章　宗教と政治が女性スポーツに与える影響

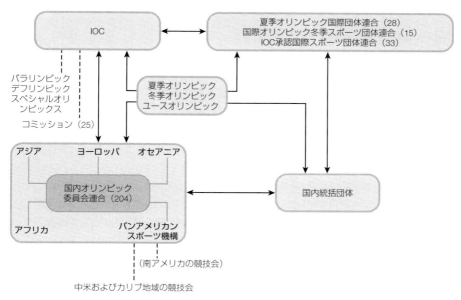

図 15.2　スポーツ組織構成図アップデート　［訳注：( ) 内数字は、国・地域の加盟数を表す。］

いる。もう 1 つ関係が緊密化しているのがデフリンピックで、これは国際ろう者スポーツ委員会とスペシャルオリンピックスが統括し、国際スペシャルオリンピックスが運営する。これらの精緻化はすべて、財務収入と支出の拡大と共に、職員、テクニカル指導者層や方針の大きな増加を伴う。

- こういった巨大な企業体を指導し運営するスタッフと協働する委員会の数も増やされた。現在は 25 の委員会が存在している。これら委員会に占める女性の比率は 17％でしかない。女性の数は以前より増えていると IOC が言うのは確かにそうなのだが、比率がこれではあまり説得力がない。各委員会につき女性はせいぜいひとりというのが、これらの委員会の大多数である。
- もっと意味のある精緻化があと 2 つあり、その 1 つは IF のカテゴリーである。最初の分析を行った時点では、IF は各自別々に IOC と関わっていた。個々の IF が IOC に対する立ち位置を強めて IOC の支援を最大限に受けようとしても、その力は限られていた。それ以降の期間に IF は団結して同盟を形成し、IOC にもそのように認知されるに至っている。夏季オリンピック国際団体連合には 28、国際オリンピック冬季スポーツ団体連合には 15、IOC 承認国際スポーツ団体連合には 33 の IF が加盟している。あとはオリンピック競技種目参入をねらって待機している競技団体の集まりであり、ネットボール、クリケット、モーターサイクル、ダンス、ボーリング、そしてブ

299

第 4 部　スポーツ産業界の女性たち

リッジなどが含まれる。折に触れて IF が団結して声をあげることができれば、以前と比べて聞きとどけられるようにはなっている。

● 最後の精緻化は NOC 内に見られる。ここも、NOC 同士団結して自分たちの声をいっそう強くしていくことが得策だと判断したのだろうと私は推測している。NOC も地区ごとにまとまって、地元で開催されるオリンピックの運営、その他の全般的な問題対応に連携するようになってきた。このような地区の 5 団体をまとめて国内オリンピック委員会連合と呼ばれる。アメリカが入っている地区連合はパンアメリカンスポーツ機構であり、4 年ごとにパンアメリカン競技大会を開催している。地区競技大会でも、オリンピックと同じような競技種目、イベント、アスリート、壮大さを備えた新しい競技大会が生まれている。入札招致処理、スタッフ、メディア、リーダーシップなど、すべてが飛躍的に増加したというのに、女性の比率は相変わらずのままだ。IOC 自身の委託研究を含むすべてのソースからのデータにおいて、全構成組織カテゴリー中 NOC とこれら地区団体の女性の参加が最低であると出ている。

このすべてからまず認識するべきは、オリンピック・ムーブメントが目に見える形で結実したのがオリンピックだということである。すべての競技種目が一体となって 4 年ごとに開催される。一般人が目を向けるのは競技の本番であり、こここそ女性アスリートにとって最大の見せ場である。2012 年のロンドン大会では、出場選手の 48％が女性だった。メディアのサウンドバイトはいっせいにオリンピック・ムーブメントの男女平等達成間近と報じたが、一皮めくってみればオリンピック・ムーブメントの日常的な現実がある。女性コーチ、競技役員、プレス、そして NOC、NGB、IF、LOCOG、IOC 等、オリンピックファミリー組織の女性比率は最大でも 20％前後なのだ。もし全部のカテゴリーで女性が 48％に達していたら、オリンピック・ムーブメントはどんな様相になるだろうか。なぜ女性はそこに存在しないのか？

次に考慮すべきことは、この膨大な組織で地位を得るプロセスである。このプロセスは、システムの仕組み、遭遇しうる障壁や誰と手を組む可能性があるかを明確に知り、困難に耐えて辛抱強く取り組めば、今のところは一対一の戦いで済む。もう 1 つ必要なことは、女性を入れる根拠となる法律、政策をよく知ることである。最後にこの面の啓発を扱ってこの章を締めくくりたい。

スポーツ界内外における女性進出の影響

前アメリカ国務長官ジェームズ・F・バーンズ（James F. Byrnes）が以前こう話している。「男性にとって、パワーは向こうから進んで明け渡されるものではない。こちらから奪いとるものなのだ」（Miner & Rawson, 2006, p.535）。この行動原則をまさに、IOC に

300

第 15 章　宗教と政治が女性スポーツに与える影響

当てはめてみるといい。スポーツのガバナンスにおいて IOC が自分から女性に場所を譲るだろうか。いやいやながらに女性を入れるパターンは、すでに 1920 年代に例がある。当時、オリンピック競技大会には女性の陸上競技種目が存在しなかったが、機会さえあれば出場する用意も意欲もある女性たちがいた。フランス人のアリス・ミリア（Alice Milliat）が、女性だけのスポーツイベントを開く女性スポーツ連盟を組織した。1922 年にパリで初めて開催された大会は、当初、女性オリンピック競技大会と呼ばれ、2 万人の観客が集まった。2 度目はスウェーデンで開催され、競技日程が長くなり、観客も増えた。この頃には IOC も神経を尖らせ始め、無理矢理**オリンピック**という言葉を名称から外させた。1930 年のプラハで開かれた女性競技大会には 17 ヵ国から 200 人の選手が参加して、1 万 5000 人の観客を集めた。これ以上好きにさせておきたくなかった IOC は、オリンピックのプログラムに標準的な競技一式を組み込むという契約を女性リーダーたちと結んだ。女性スポーツ連盟は 20 を超える現行の競技種目すべてをオリンピック競技のプログラムに組み込むよう懸命に交渉したが、結局採用されたのは 5 種目だった。100 m 走、800 m 走、走高飛、円盤投、400 m リレーである（Oglesby et al., 1998）。これは、女性の居場所を切り開くには、関わる女性の勇気とある種の作戦が効果的であり必要だということを鮮烈に示した例である（Leigh & Bonin, 1977）。

　ウィルマ・スコット・ハイド（Wilma Scott Heide：全米女性機構の 2 代目会長）は、女性の権利がただ時を経ただけで進展したことは一度もないと述べている（Oglesby, 1978）。ことを進めようと思ったら、ミリア財団をつくったような運動をしなければならない。ごく最近も、女性のスキージャンプ選手たちの多面戦略で、この主張の正しさが改めて証明された。オリンピック競技大会への種目追加を求める闘いは何年も続いた。バンクーバー（2010 年大会）での敗訴、前ソルトレイクシティ市長ディーディー・コラディーニ（Deedee Corradini）と「ウィメンズ・スキー・ジャンピング USA」が率いたメディアキャンペーンもその例である。コラディーニがこの取組みに関わるようになったのは、2002 年に開催されたソルトレイクシティ大会で考えるところがあったからである。2014 年ソチ大会の女性ジャンプ選手は、ノルディック複合競技チームの種目にもラージヒルジャンプにも出場できなかった。ミリアと同じく、とりあえず望みの半分でよしとしなければならなかったのだ。

　今、女性の進出が、特にアスリートとしての格付けで確かに見られる。それはなぜだろうか。IOC は、最大の国際舞台である国連で、（反動的な組織ではなく）文化の貢献者として認められるというパワーポリティクスに命運を賭けているから、というのが私の主張である。

　1990 年の初期以来、女性スポーツの国際的運動コミュニティはめざましい能力を発揮して国連の枠組み内の女性部門とつながりをつくってきた。**女性差別撤廃委員会、女性の地位向上部、女性の地位委員会**がそれである。さらにこれらの女性スポーツ団体は、

301

第 4 部　スポーツ産業界の女性たち

自分たちの国際的なネットワークを構築できる能力は証明している。こういった仕事は多くの場合、知られていないため、オリンピック・ムーブメントが最近になってようやく重い腰を上げるまでの間、スポーツ界内外で活動を展開する女性スポーツの主導団体がスポーツにおける女性の役割を世間の脚光を浴びる国連内の位置に置くために続けてきた努力の経過を簡単に述べることにする。

スポーツ界外の団体

　1995 年、中国の北京にて、第 4 回世界女性会議が開催された。1975 年にメキシコ、1980 年にコペンハーゲン、そして 1985 年にナイロビで開催された最初の 3 回が、政府・非政府の強力な女性パートナーシップを起動させ、その勢いが頂点に達したのがこの第 4 回会議だった。**北京行動要綱**は大きな成果であり、最終的にはほぼすべての国連加盟国が批准している。これは、女性のスポーツがすべての世代の女性たちの健康や教育に果たしうる貢献を具体的に特定し、未成年の女性の懸念にも対応した初の国連文書だった（UNDAW, 2008）。

　5 年後の 2000 年には、すべての世代の女性のスポーツや体育教育が北京プラス 5 文書にも特定的に記載された。女性の国連機関との協働の成果が 2008 年国連女性の地位向上部がシリーズとして公布している研究論文「Women 2000 and Beyond, Women, Gender Equality and Sport」である。この論文は、国連の通常配布ソースのすべてを通じ、電子版、ハードコピーで 5 つの言語に翻訳されて配布された。こうした 1995 年、2000 年、そして 2008 年の前進は、特に WSI、アメリカ女性スポーツ財団、IWG（**国際女性スポーツワーキンググループ**）をはじめとする女性のスポーツ活動団体の関与と創造の成果である。この前進に、IOC は何ひとつ直接的に関わってない。

スポーツ界内の団体

　この間、上記と同じような女性スポーツの主導団体が、スポーツの枠組みの中で次々と自分たちの効果的なキャンペーンを展開していた。1994 年には世界女性スポーツ会議がイギリスのブライトンで初めて開催された。280 人の代表が参加して、女性スポーツに関する正式な宣言と、署名活動（潜在的な勢力の確保）、宣言の影響力を観察し、それを行使する責任を負う協働団体（IWG）を認知したことが主たる成果であった。

　会議はそれ以来 4 年ごとに開催され、仕事の拡大と宣言の施行につながる様々な成果を生み出した。1998 年ナミビア、2002 年モントリオール、2006 年熊本、2010 年シドニー、そして 2014 年ヘルシンキである［訳注：2018 年はボツワナ・ハボローネで開催］。

　ブライトン宣言は世界の重要なスポーツ組織の 419 団体の署名を得て今日でも強力な文書として影響力をもっている。署名した団体には IOC、IPC、WADA、イギリス連邦競技連盟、イギリス連邦スポーツ大臣、20 の国際スポーツ団体、71 の国内オリンピッ

ク委員会が含まれるが、これらはごく一部である。文書に署名するということは、世界の女性に対して重要な約束をしたということである。対象となる 10 の領域を下にあげる（International Working Group on Women and Sport, 1994）［訳注：ブライトン宣言の全文は次の URL を参照：https://www.juntendo.ac.jp/athletes/albums/abm.php?f＝abm00019479.pdf&n＝Brighton_Declaration_JPN.pdf。

1．社会とスポーツにおける公平さと平等
2．施設設備
3．学校と青少年スポーツ
4．参加促進
5．高度な競技スポーツ
6．スポーツにおけるリーダーシップ
7．教育、トレーニングと能力開発
8．スポーツ情報と調査研究
9．資源（人的資源・財源・物的資源）
10．国内協力・国際協力

　本章の残りの部分で明らかになるように、こうした約束は大部分、果たされていない。オリンピック・ファミリーの様々な団体が次々と説得に応じてこの基盤となる文書に署名し、趣旨に同意しているのは、それぞれ理由があってのことだ。ここに伝える約 20 年間に、国際的ガバナンスの枠組みでのリーダーシップが女性問題の観点から世の中にどう受け取られているかという問題を IOC がもう一度よく考えざるをえなくなるような事態が次々と起きた。オリンピズムの哲学を謳うどころではなくなるほど、大々的な批判と厳しい責任追及が IOC とオリンピック運動に向けられてきた。開催都市入札のスキャンダルと収賄、ドーピング問題を制御できない無能さ、競技を見に行くチケットを買えなくなるほどの額を納税者に負担させた莫大な負債、建築と環境団体、国のニーズを出し抜くようなオリンピック会場の建設、アスリートとスポーツの商品化など（Jennings, 1996；Lenskyj, 2000）。これら多くの責任追及の内容に深く入ることは本章の目的を大きく超える。ここでは、自分たちのやり方に対する非難をかわし、文化への貢献というオリンピック・ムーブメントのイメージをジェンダー公正を含むような領域で高め

「自分を信じるのだとトレーナーたちから教えられた（…）その言葉に勇気を与えられ、強い意志と自分を律することを学んだ（…）スポーツは自分を知る機会を与えてくれる」
──ナワル・エル・ムータワキル Nawal El Moutawakel
（1984 年のオリンピック競技大会でモロッコ初の金メダリスト）

第 4 部　スポーツ産業界の女性たち

るために、国連や開発団体、慈善団体と国際的に協働する機会を利用したい根強い動機が IOC にはあったのだと指摘するにとどめる。

　国連の開発機関は、世界が必要としているプロジェクトに資金を出せないため、資金に恵まれた組織との効果の高い創造的な提携に頼っている。IOC は、このニーズに沿って提携者として着実に存在感を増してきたのだ。2002 年には当時の事務総長コフィ・アナン（Kofi Annan）が、開発と平和のためのスポーツ国連機関横断タスクフォースを新たにつくった。2004 年から 2008 年にかけて、このタスクフォースがスポーツ振興機会の概要をまとめた報告書を作成した。2008 年 12 月には国連総会決議 63/135 が、「教育、健康、開発および平和を推進する手段としてのスポーツ」というタイトルで可決された（United Nations, 2008）。

　決議では、総長に報告義務を負うスポーツ、開発、平和特別アドバイザーも新たに設けた。2009 年に IOC は、主に国連ミレニアム開発目標への貢献が評価され、国連オブザーバーの地位を与えられた。これらの開発目標は、女性と子どもの健康に直接言及するものを含み、すべてが女性の能力開発全般に関わっている。IOC は、その組織においても活動においてもジェンダーエクイティだと思われており、それは体面上の大きな既得権益である。遅きに失したとはいえ、そろそろ女性や志を同じくする男性は、オリンピック・ムーブメントが外側だけでなく中身もあるべき姿にもっと近づくことを要求する行動に出るべきではないだろうか。

304

終 章
女性アスリートの未来を垣間見る

> 世間が何と言おうとも、それによって女性の価値が変わることはありません。
> 私たちがやるべきことは、一人ひとりが内なる声に耳を傾けて、自らの価値を決めることです。その上で、その価値を、人類の一員として生まれながらにしてもっている権利である誇りと喜びをもって、世界に知らせるのです。
> ——ミシェル・オバマ Michelle Obama（元アメリカ大統領夫人）

　すべての女性とスポーツとの関わりにおいて最終章というものはない。果敢なアスリート、コーチ、教育者、競技団体役員、ファン、ジャーナリスト、親、公共政策立案者、科学者、明確なビジョンをもつ人たちにより、物語は世代から世代へと繰り広げられ、書かれ、書き直される。偉大なアスリートになることを目指している女性が受け継ぐ遺産には、先人の多くの成果と犠牲がつまっている。彼女たちの未来は、はるか以前に思い描かれた可能性、そしてまだ想像もつかない可能性で、明るく輝いている。

　現代は活気にあふれている。あらゆる世代の女性とスポーツにとってこれほどの好機はかつてなかった。スポーツに参加できる機会が増え、女性は年齢を問わず、スポーツが好きであることを素直に表現できる。目いっぱい生きる喜び、困難に打ち勝って勝利する充実感、チームメイトと家族の温かさを感じることもできる。そして、品格をもっておのれのスキルで競った後には称賛を受け、さらにはスポーツ業界で働き、収入を得ることもできる。

　子どもから大人まで、すべての女性たちとスポーツの21世紀の物語は、勝利の物語である。この大きな成果によって、数百年間続いた女性の劣性に関する様々な誤解が解消された。女性アスリートはかつてなく強く、女性ファンの数はかつてなく多い。スポーツ文化の中で、女性への関心がこれほどの高まりを見せたことはない。

　スポーツ界における女性の存在感がどんどん大きくなっている現在、男女アスリートのスポーツ参加の諸相を明らかにすることで、男女別のスポーツシステムがどれほど強固であるかが試されている。ひと昔前のような女性たちのスポーツとの関わり方である現行のスポーツシステムは、今世紀もこのまま続くのだろうか？　同じ条件で男女混合、あるいは男女対抗で競うべきだとする意見が強まるのだろうか？　男女の生物学的相違により、男女別に競技を行うことが望ましく、現実的で、そうする必要があるとする意見がある一方で、ジェンダーの境界が曖昧になり、性も多様になってきていること

から、インクルーシブなスポーツ活動のあり方を主張する議論もある。

　女性がスポーツ界において完全な平等を達成するために、最も差し迫った課題は何なのだろうか？　女性がNFL（ナショナル・フットボール・リーグ）やMLB（メジャー・リーグ・ベースボール）のコミッショナーになるためには、何が必要となるだろうか？メディアが女性アスリートに敬意を払った取り上げ方をするようになったならば、スポーツ番組は未来の世代の女性アスリートと視聴者にどのような影響を及ぼすのだろうか？　ハイレベルのスポーツトレーニングが女性に及ぼす影響に関する研究は、FAT（女性アスリートの三主徴<ruby>トライアッド</ruby>）、女性アスリートが膝に傷害を起こしやすいこと、女性アスリートの脳しんとうに対するリスクの点で、適格に焦点を合わせて行われてきただろうか？　スポーツ固有の男性至上主義は過去のものとなり、タイトルIXがまったく必要ないほどになっているのだろうか？　それとも長い歴史の影響がいまだに及んでおり、性差別的イデオロギーが強化されて、タイトルIXについても気を配り続ける必要があるのだろうか？　性自認や性志向に対する恐怖症は弱まり続け、スポーツ全体の可能性も制限されなくなるのだろうか？　人種、ジェンダー、イデオロギー、宗教、能力、スポーツの相互関係が認識され、理解が深まり、どこにいても女性は男性と同様に、自らが望むスポーツに参加できるようになるのだろうか？

> 「『女の子みたいにプレイしている』がほめ言葉になったならば、女性スポーツが本当に認められた証となるでしょう」
> ——アビー・ワンバック　Abby Wambach（アメリカ代表女子サッカーチームメンバー）

　あらゆる世代の女性とスポーツにつきものだったパラドックスは、今後も続くのだろうか？　女性はより強くなる道を歩み続けて、自らの人生をコントロールできるようになる一方で、スポーツ場面やそれ以外でも、なおも性暴力の被害にあうのだろうか？スポーツシステムの中核をなす価値観、すなわち、伝統的に男性的と捉えられてきた筋力、スピード、体格といったものに価値を見出すことに変化が起こり、バランス、柔軟性、優美さといった女性の特性と言われるものが、その価値観に含まれるようになるのだろうか？　テクノロジーの進歩によって、サイボーグのアスリートが出現すれば、未来のスポーツ界ではジェンダーを云々することはまったく無意味になるのだろうか？

> 「歴史というものは、どんなに苦痛であったとしても、過去に起きたことをなかったことにするわけにはいきません。しかし、勇気をもって立ち向かうならば、同じ苦痛を再び味わう必要はなくなるのです」
> ——マヤ・アンゲロー　Maya Angelou（詩人）

終章　女性アスリートの未来を垣間見る

　歴史の次章がすべての世代の女性たちを待ちうける中、スポーツ・ジェンダー論の研究者である Ellen Gerber、Jan Felshin、Pearl Berlin、Wyneen Wyrick の言葉が心に響く。「女性アスリートにこれから何が起きるかは、アメリカの女性アスリートに対して関心と懸念を共有する人たちが、彼女たちに代わって、一体化し、協調し、かつ一生懸命努力する気持ちがどの程度あるかにかかっている」（1974, p.537）。

参考文献

● 序文 ●

Spence, B.(2009). Jesse Owens：One of the greatest athletes of all time. *Bleacher Report*. Retrieved from http://bleacherreport.com/articles/233873-jessie-owens-one-of-the-greatest-athletes-of-all-time

● 序章 ●

Bem, S.L.(1993). *The lenses of gender：Transforming the debate on sexual inequality*. New Haven, CT：Yale University Press.

Cahn, S.K.(1994). *Coming on strong：Gender and sexuality in twentieth-century women's sport*. New York, NY：The Free Press.

Chalk, H.M., Miller, S.E., Roach, M.E., & Schultheis, K.S.(2013). Predictors of obligatory exercise among undergraduates：Differential implications for counseling college men and women. *Journal of College Counseling, 16*(2), 102-114.

Daniels, D.B.(2009). *Polygendered and ponytailed：The dilemma of femininity and the female athlete*. Toronto, Ontario, Canada：Women's Press.

Daniels, E.(2012). Sexy versus strong：What girls and women think of female athletes. *Journal of Applied Developmental Psychology, 33*(2), 79-90.

Eime, R.M., Harvey, J.T., Craike, M.J., Symons, C.M., & Payne, W.R.(2013). Family support and ease of access link socio-economic status and sports club membership in adolescent girls：A mediation study. *International Journal of Behavioral Nutrition and Physical Activity, 10*(1), 50-61.

Epstein, D.(2014, February 7). How much do sex differences matter in sports? *Washington Post*. Retrieved from www.washingtonpost.com/opinions/how-much-do-sex-differences-matter-in-sports/2014/02/07/563b86a4-8ed9-11e3-b227-12a45d109e03_story.html

Erskine, J.(Director/Writer), & Gregory, V.(Producer).(2013). *American masters：Billie Jean King* [Motion picture]. United Kingdom：Goldcrest Films and WNET.

Fausto-Sterling, A.(1993). The five sexes：Why male and female are not enough. *The Sciences, 33*(3), 20-25.

Henson, S.(2012, February 15). What makes a nightmare sports parent—and what makes a great one. *The Post Game. Yahoo Sports*. Retrieved from www.thepostgame.com/blog/more-family-fun/201202/what-makes-nightmare-sports-parent

Kane, M.J.(2013). The better sports women get, the more the media ignore them. *Communication & Sport, 1*(3), 231-236.

Knight, J.L., & Guiliano, T.A.(2003). Blood, sweat, and jeers：The impact of the media's heterosexist portrayals on perceptions of male and female athletes. *Journal of Sport Behavior, 26*(3), 272-284.

McArdle, W.D., Katch, F.I., & Katch, V.L.(2007). *Exercise physiology：Energy, nutrition, and human performance* (6th ed.). Baltimore, MD：Lippincott, Williams, and Wilkins.

Messner, M.A.(2002). *Taking the field：Women, men, and sports*. Minneapolis, MN：The University of Minnesota Press.

Munkwitz, E.(2012). Vixens of venery：Women, sport, and fox-hunting in Britain, 1860-1914. *Critical Survey, 24*(1), 74-87.

Rozsak, T.(1999). *The gendered atom：Reflections on the sexual psychology of science*. Berkeley, CA：Conari Press.

Sokolove, M.Y.(2008). *Warrior girls：Protecting our daughters against the injury epidemic in women's sports*. New York, NY：Simon and Schuster.

Stein, A.(Producer).(1987). *Shooting stars*. Montreal, Quebec, Canada：National Film Board of Canada. Retrieved from www.nfb.ca/film/shooting_stars

Terman, L.M., & Miles, C.C.(1936). *Sex and personality：Studies in masculinity and femininity*. New York, NY：McGraw-Hill.

Volner, D.(2014). ESPN's Beth Mowins reflects on growth of softball as WCWS finals begin. *ESPN Front Row*. Retrieved from www.espnfrontrow.com/2014/06/espns-beth-mowins-reflects-on-growth-of-softball-as-wcws-finals-begin

● 第 1 章 ●

Baker, J.(2013). *Amelia Bloomer and dress reform, or：How women came to wear pants*. Seattle, WA：Amazon Digital.

Cox, L.(2014, June 27). Alysia Montano completes 800 meter race while 8 months pregnant. *Hollywoodlife.com*. Retrieved from http://hollywoodlife.com/2014/06/27/alysia-montano-completes-800-meter-race-while-8-months-pregnant

Czajka, C.(n.d.). Frontier life : Homestead history. *PBS.org*. Retrieved from www.pbs.org/wnet/frontierhouse/frontierlife/essay10.html

Davis, L.(2014, April 17). No, corsets did not destroy the health of Victorian women. *IO9.com*. Retrieved from http://io9.com/no-corsets-did-not-destroy-the-health-of-victorian-wom-1545644060

Fee, E., & Brown, T.M.(2003). Bicycling for pleasure and power. *American Journal of Public Health, 93* (9), 1409.

Gerber, E., Felshin, J., Berlin, P., & Wyrick, W.(1974). *The American woman in sport*. Boston, MA : Addison-Wesley.

Gilman, S.L., King, H., Porter, R., Rousseau, G.S., & Showalter, E.(1993). *Hysteria beyond Freud*. Oakland : University of California Press.

Hoffman, A., Jette, S., & Vertinsky, P.(2009). "Ski-erinas" in the Olympics : Gender justice and gender politics at the local, national and international level over the challenge of women's ski jumping. *Olympika : The International Journal of Olympic Studies, 18*, 25-50.

Ikard, R.W.(2005). *Just for fun : The story of AAU women's basketball*. Little Rock : University of Arkansas Press.

Kimmel, M.(2012). *The history of men : Essays on the history of American and British masculinities*. Ithaca, NY : SUNY Press.

Lannin, J.(2000). *A history of basketball for girls and women : From bloomers to big leagues*. Minneapolis, MN : Lerner.

Lebing, W.(1987, February 9). The way it was when women were under wraps. *Sports Illustrated*. Retrieved from www.si.com/vault/1987/02/09/114853/the-way-it-was-when-women-were-under-wraps

Ley, T.(2014, August 13). *Fox & Friends* host has annoying question for Mo'ne Davis. *Deadspin*. Retrieved from http://deadspin.com/fox-friends-host-has-annoying-question-for-mone-davis-1621124476

Mann, B.(2005, November 14). Women lobby for Olympic ski jumping event. *National Public Radio*. Retrieved from www.npr.org/templates/story/story.php?storyId=5011904

Marks, P.(1990). *Bicycles, bangs, and bloomers : The New Woman in the popular press*. Lexington : University of Kentucky Press.

Melnick, R.(2007). *Senda Berenson : The unlikely founder of women's basketball*. Amherst : University of Massachusetts Press.

Ohikaure, J.(2013, July 29). How Sheryl Swoopes' pregnancy changed professional sports forever. *The Atlantic*. Retrieved from www.theatlantic.com/sexes/archive/2013/07/how-sheryl-swoopess-pregnancy-changed-professional-sports-forever/278168

Palmer, G.(1929). *Baseball for girls and women*. New York, NY : A.S. Barnes and Company.

Peavy, L., & Smith, U.(2008). *Full court quest : The girls from Fort Shaw Indian School, basketball champions of the world*. Norman : University of Oklahoma Press.

Pickup, O.(2012, July 25). London 2012 Olympics : Pregnant Malaysian shooter Nur Suryani Mohamad Taibi aiming for historic gold. *Telegraph.co.uk*. Retrieved from www.telegraph.co.uk/sport/olympics/news/9426433/London-2012-Olympics-pregnant-Malaysian-shooter-Nur-Suryani-Mohamad-Taibi-aiming-for-historic-gold.html

Popova, M.(n.d.). A list of don'ts for women on bicycles circa 1895. *Brain Pickings*. Retrieved from www.brainpickings.org/2012/01/03/donts-for-women-on-bicycles-1895

Sack, A., & Staurowsky, E.J.(1998). *College athletes for hire : The evolution and legacy of the NCAA amateur myth*. Westport, CT : Praeger Press.

Seelye, L.C.(1875). *Inauguration of Rev. L. Clarke Seelye as president of Smith College*. Pamphlet. Springfield, MA : Clark W. Bryan.

Smith-Rosenberg, C.(1972). The hysterical woman : Sex roles and role conflict in nineteenth century America. *Social Research, 39*, 562-583.

Steele, V.(2001). *The corset : A cultural history*. New Haven, CT : Yale University Press.

Travers, A.(2011). Women's ski jumping, the 2010 Olympic Games, and the deafening silence of sex segregation, whiteness, and wealth. *Journal of Sport and Social Issues, 35*, 126-144.

Veblen, T.(1899). *The theory of the leisure class : An economic study of institutions*. New York, NY : MacMillan.

Wood, A.D.(1973). "The fashionable diseases" : Woman's complaints and their treatment in nineteenth-century America. *The Journal of Interdisciplinary History, 4* (1), 25-52.

● 第 2 章 ●

Ali, R.(2010, April 20). *Intercollegiate athletics policy clarification : The three-part test—Part three*. U.S. Department of Education Office for Civil Rights. Retrieved from www2.ed.gov/print/about/offices/list/ocr/letters/colleague-20100420.html

Ali, R.(2011, December 2). *Dear colleague letter*. U.S. Department of Education Office for Civil Rights. Retrieved from www2.ed.gov/about/offices/list/ocr/letters/colleague-201111.html

American Bar Association.(2013). *Enrollment and degrees awarded : 1963-2012 academic years*. Washington, DC : American Bar Association.

Anderson, P.(2012). Title IX at forty ∶ An intro-
duction and historical review of forty legal
developments that shaped gender equity law.
Marquette Sports Law Review, 22（2）, 325-391.

Anderson, P., & Osborne, B.(2008). Report ∶ A
historical review of Title Ⅸ litigation. *Journal of
Legal Aspects of Sport, 127*, 127-168.

Bayh, B.(1971). Statement of Senator Birch Bayh.
Congressional Record.

Bayh, B.(1972). Statement of Senator Birch Bayh
outlining the sex discriminatory barriers to
women encountered in higher education. *118
Congressional Record* 5804.

Biediger v. Quinnipiac University.(2013, March).
Retrieved from www.nacua.org/documents/
Biediger_v_QuinnipiacU_030413.pdf

Blumenthal, K.(2005). *Let me play* ∶ *The story of
Title IX.* New York, NY ∶ Simon & Schuster.

Blumenthal, K.(2012, June 22). The truth about
Title Ⅸ. *The Daily Beast/Newsweek.* Retrieved
from www.thedailybeast.com/articles/2012/
06/22/the-truth-about-title-ix.html

Bonnette, V.M.(2004). *Title IX and intercollegiate
athletics* ∶ *How it all works—In plain English.*
San Diego, CA ∶ Good Sports.

Brake, D., & Catlin, E.(1996). The path of most
resistance ∶ The long road toward gender equity
in intercollegiate athletics. *Duke Journal of Gen-
der, Law, & Policy, 51*（3）, 5-25.

Bryant, A.(2012, June 27). Title IX at 40 ∶ Most
schools aren't in compliance. *The Christian Sci-
ence Monitor.* Retrieved from www.csmonitor.
com/Commentary/Opinion/2012/0627/Title-
IX-at-40-Most-schools-still-aren-t-in-compli
ance

Buzuvis, E.(2012, June 25). Celebrating Title Ⅸ,
the little statute that could. *Education News.*
Retrieved from www.educationnews.org/educa
tion-policy-and-politics/celebrating-title-ix-
the-little-statute-that-could

Cantu, N.(1996). *Clarification of intercollegiate
athletics policy guidance* ∶ *The three-part test.*
U.S. Department of Education Office for Civil
Rights. Retrieved from www2.ed.gov/about/
offices/list/ocr/docs/clarific.html

Cantu, N.(1998). Clarification regarding discrimi-
nation in the awarding of athletic scholarships in
intercollegiate athletic programs. U.S. Depart-
ment of Education Office for Civil Rights.
Retrieved from www2.ed.gov/about/offices/
list/ocr/docs/bowlgrn.html

Carpenter, L.J., & Acosta, R.V.(2005). *Title IX.*
Champaign, IL ∶ Human Kinetics.

Cohen, D.(2005). Gender equity in intercollegiate
athletics ∶ Where does Pennsylvania stand?
Women's Law Project. Retrieved August 6, 2010,
from www.womenslawproject.org/reports/Gen

derEquitySum.pdf

Golden, S.(2011). Getting in the game［Review of
the book *Getting in the game* ∶ *Title IX and the
women's sports revolution*, by D.L. Brake］.
Inside Higher Education. Retrieved from www.
insidehighered.com/news/2011/01/28/new_
book_on_title_ix_and_its_impact_on_college_
sports

Hogshead-Makar, N.(2015, April). Highlighted
projects... get involved! *Champion Women News-
letter. Champion Women Newsletter.*

Hosick, M.B.(2007, May 21). A force for equality.
NCAA News. Retrieved from http://fs.ncaa.org/
Docs/NCAANewsArchive/2007/Association-
wide/a%2Bforce%2Bfor%2Bequity%2B-
%2B05-21-07%2Bncaa%2Bnews.html

Hosick, M.B.(2010, April 20). OCR rescinds 2005
Title Ⅸ clarification. *NCAA News.* Retrieved
from http://fs.ncaa.org/Docs/NCAANewsAr
chive/2010/aWide/ocr_rescinds_2005_title_
ix_clarification.html

Irick, E.(2014). *Student-athlete participation
1981-1982-2013-14* ∶ *NCAA sports sponsorship
and participation rates report.* National Colle-
giate Athletic Association. Retrieved from www.
ncaapublications.com/productdownloads/
PR1314.pdf

Lhamon, C.E.(2015). *Protecting civil rights,
advancing equity* ∶ *Report to the President and
Secretary of Education.* U.S. Department of
Education Office for Civil Rights. Retrieved
from www2.ed.gov/about/reports/annual/ocr/
report-to-president-and-secretary-of-educa
tion-2013-14.pdf

Matthews, M., & McCune, S.(1975). *Title IX
grievance procedures* ∶ *An introductory manual.*
Office of Education（Department of Health,
Education, & Welfare）. Retrieved from www.
eric.ed.gov/PDFS/ED135296.pdf

Mellman Group.(2007, June 14). Memorandum
written to "Interested Parties" regarding survey
of attitudes towards Title Ⅸ. Retrieved Septem-
ber 1, 2007, from www.nwlc.org/details.
cfmPid=3062&section=athletics

Meyer, R., & Nahra, J.(2012). Biediger v. Quinni-
piac ∶ What is a sport under Title IX? *Law 360.*
Retrieved from www.law360.com/articles/
384625/biediger-v-quinnipiac-what-is-a-
sport-under-title-ix

Monroe, S.(2007, June 22). *35th anniversary of
Title IX.* U.S. Department of Education Office
for Civil Rights. Retrieved from www2.ed.gov/
about/offices/list/ocr/letters/colleague-
20070622.html

Monroe, S.(2008, September). *Clarification let-
ter* ∶ *How to determine which activities can be
counted for the purpose of Title IX compliance.*

U.S. Department of Education Office for Civil Rights. Retrieved from www2.ed.gov/about/offices/list/ocr/letters/colleague-20080917.pdf

Nash, M.A., Klein, S.S., & Bitters, B.(2007). The role of government in advancing gender equity in education. In S. Klein (Ed.), *Handbook for achieving gender equity through education* (pp.63-101). Mahwah, NJ : Lawrence Erlbaum Associates.

National Center for Education Statistics (NCES). (2013). *Fast facts : Enrollment trends*. Retrieved from https://nces.ed.gov/fastfacts/display.asp?id=65

National Center for Educational Statistics(NCES). (2014). *Bachelor's, master's, and doctor's degrees conferred by post-secondary institutions. Digest of Education Statistics.* Retrieved from https://nces.ed.gov/programs/digest/d14/tables/dt14_318.30.asp

National Center for Education Statistics (NCES). (2015). *Public school enrollment.* Retrieved from http://nces.ed.gov/programs/coe/indicator_cga.asp

National Federation of State High School Associations (NFHS).(2014, October 30). High school participation increases for 25th consecutive year. *NFHSnews.com.* Retrieved from www.nfhs.org/articles/high-school-participation-increases-for-25th-consecutive-year

National Women's Law Center.(2012). *Title IX : 40 years and counting.* Retrieved from www.nwlc.org/sites/default/files/pdfs/nwlcathletics_titleixfactsheet.pdf

National Women's Law Center, & Piper, D.L.A. (2007). *Breaking down barriers : A legal guide to Title IX and athletic opportunities.* National Women's Law Center. Retrieved from www.nwlc.org/sites/default/files/pdfs/breaking_down_barriers_2007.pdf

NCWGE.(2007). Title IX timeline : Title IX at 35. Retrieved from www.ncwge.org/PDF/Title%20IX%20Timeline.pdf

New York Times.(2011, April 25). New York Times/CBS News Poll : Title IX. Retrieved from www.nytimes.com/interactive/2011/04/26/sports/26-poll-titleIX.html

Obama, B.(2012, June 23). Op-ed by President Obama : President Obama reflects on the impact of Title IX[Press release]. Retrieved from www.whitehouse.gov/the-press-office/2012/06/23/op-ed-president-obama-president-obama-reflects-impact-title-ix

Office of Civil Rights, U.S. Department of Education.(1979, December 11). A policy interpretation : Title IX and Intercollegiate Athletics. *Federal Register, 44* (239). Retrieved from www2.ed.gov/about/offices/list/ocr/docs/t9interp.

html

Pemberton, C.(2012). More of the same—Enough already! *Marquette Sports Law Review : Title IX 40 Year Anniversary Symposium, 22* (2), 597-609.

Reynolds, G.(2003). *Further clarification of intercollegiate athletics policy guidance regarding Title IX compliance.* U.S. Department of Education Office for Civil Rights. Retrieved from www2.ed.gov/about/offices/list/ocr/title9guidanceFinal.html

Ruth, J.E.(2008). Patsy T. Mink papers at the Library of Congress. *The Library of Congress Manuscripts Reading Room.* Retrieved from www.loc.gov/rr/mss/mink/mink-about.html

Sandler, B.(1997, Spring)."Too strong for a woman" —The five words that created Title IX. *About Women on Campus* [former newsletter for National Association for Women in Education].

Sandler, B.(2002). How we got it and what a difference it made. *Cleveland State Law Review, 55,* 473-479.

Save Title IX.(2006, March). Title IX clarification : What's at stake? Save Title IX Coalition. Retrieved from www.titleix.info/Repository/Files/SaveTitleIXFactSheet.pdf

Simpson, J.(2012, June 11). How Title IX sneakily revolutionized women's sports. *The Atlantic.* Retrieved from www.theatlantic.com/entertainment/archive/2012/06/how-title-ix-sneakily-revolutionized-womens-sports/258708

Staurowsky, E.J., with Lawrence, H., Paule, A., & Reese, J.(2007). Travelers on the Title IX compliance highway : How are Ohio's colleges and universities faring. *Women in Sport and Physical Activity Journal, 16,* 46-83.

Staurowsky, E.J., & Weight, E.A.(2011). Title IX Literacy : What coaches don't know and need to find out. *The Journal of Intercollegiate Sport, 4* (2), 190-209.

Staurowsky, E.J., & Weight, E.A.(2013). Discovering dysfunction in Title IX implementation : NCAA administrator literacy, responsibility and fear. *Journal of Sport Administration and Supervision, 5* (1), 1-33.

Tolchin, S.(1976). *Women in Congress.* Washington, DC : Government Printing Office.

Wang, F.(2014, November 24). Hawaii's Patsy Mink honored with Presidential Medal of Freedom. *Nbcnews.com.* Retrieved from www.nbcnews.com/news/asian-america/hawaiis-patsy-mink-honored-presidential-medal-freedom-n248951

Ware, S.(2011). *Title IX : A brief history with documents* (The Bedford Series in History and Culture). New York, NY : Bedford.

Weitkamp, G.(Executive producer).(2012). *A*

sporting chance：*The lasting legacy of Title IX* [Motion picture]. Indianapolis, IN：National Collegiate Athletic Association and Creative Street Entertainment.

Women's Sports Foundation.(2013, April 26). Women's Sports Foundation statement on Biediger v. Quinnipiac[Press release]. Retrieved from www.womenssportsfoundation.org/en/home/media-center-2/statements-and-media-responses/the-womens-sports-foundation-applauds-the-new-legal-precedents

● 第3章 ●

American Psychological Association（APA）. (2013). Adolescent girls and physical activity— strengthening the mind, body and soul. *Raising Strong Girls Podcast Series*. Retrieved from www.apadivisions.org/division-35/news-events/news/physical-activity.aspx

Associated Press.(2013, July 28). Chess prodigy, 9, becomes youngest American to reach "expert" level. *Daily Mail Online*. Retrieved from www.dailymail.co.uk/news/article-2380425/Chess-prodigy-Carissa-Yip-9-youngest-American-reach-expert-level.html

Bickel, B.(2014, July 14). Matt Iseman on American Ninja Warrior：It's been the year of the women. Retrieved from http://kearth101.cbslocal.com/2014/07/14/matt-iseman-on-american-ninja-warrior-its-been-the-year-of-the-women

Bilalic, M., Smaldone, K., McLeod, P., & Gobet, F.(2008). Why are the（best）women so good at chess? Participation rates and gender differences in intellectual domains. *Proceedings of the Royal Society B：Biological Sciences, 276*（1659）, 1161-1165. Retrieved from www.ncbi.nlm.nih.gov/pmc/articles/PMC2679077/

Boren, C.(2015, March 24). Meet the 35-month-old girl who is an archery prodigy in India. *Washington Post*. Retrieved from www.washingtonpost.com/news/early-lead/wp/2015/03/12/meet-the-35-month-old-toddler-who-is-an-archery-prodigy-in-india

Bradford, S.H., & Keshock, C.M.(2010). Athlete attrition and turnover：A study of Division I female athletes. *Psychology and Education：An Interdisciplinary Journal, 47*（3）, 42-46.

Brekke, K.(2015, May 11). WNBA Skylar Diggins：You can be both a beauty and a beast. *Huffington Post*. Retrieved from www.huffingtonpost.com/2015/05/11/skylar-diggins-model_n_7244930.html

Broad, K.L.(2001). The gendered unapologetic：Queer resistance in women's sports. *Sociology of Sport Journal, 18*（2）, 182-204.

Burke, M.(2014, February 6). The men behind the Olympic curtain. *Huffington Post*. Retrieved from www.huffingtonpost.com/martha-burk/the-men-behind-the-olympi_b_4725449.html

Caggiano, J.(2010). Girls don't just wanna have fun：Moving past Title IX's contact sports exception. *University of Pittsburgh Law Review, 72*（1）, 119-146.

Catanzaro makes history on American Ninja Warrior.(2014, July 14). *Towson Tigers*. Retrieved from www.towsontigers.com/news/2014/7/14/Catanzaro_Makes_History_on_American_Ninja_Warrior.aspx?path=wgym

Chase, L.F.(2006).(Un) disciplined bodies：A Foucauldian analysis of women's rugby. *Sociology of Sport Journal, 23*（3）, 229-247.

Chessmaniac.com.(2012, December 27). How many chess players? Retrieved from www.chessmaniac.com/how-many-chess-players

Cohen, A., Melton, N., & Peachey, J.W.(2014). Investigating a coed sport's ability to encourage inclusion and equality. *Journal of Sport Management, 28*（2）, 220-235.

Conrod, M.(2014, April 7). Toy weapons for girls：Too violent, or too pretty? *Teaching Kids News*. Retrieved from http://teachingkidsnews.com/2014/04/07/1-toy-weapons-girls-violent-pretty

Davis-Delano, L.R., Pollock, A., & Vose, J.E. （2009). Apologetic behavior among female athletes：A new questionnaire and initial results. *International Review for the Sociology of Sport, 44*（2-3）, 131-150.

Disney.(2012). Merida. *The Disney Wikia*. Retrieved from http://disney.wikia.com/wiki/Merida

Dolan, E.(2014, July 30). Meet Ronda Rousey：The woman who shattered the UFC's glass ceiling with an armbar. *The Raw Story*. Retrieved from www.rawstory.com/rs/2014/07/30/meet-ronda-rousey-the-woman-who-shattered-the-ufcs-glass-ceiling-with-an-armbar

Ezzell, M.B.(2009). "Barbie dolls" on the pitch：Identity work, defensive othering, and inequality in women's rugby. *Social Problems, 56*（1）：111-131.

Felshin, J.(1974). The triple option... for women in sport. *Quest, 21*, 36-40.

Festle, M.J.(1996). Playing nice：Politics and apologies in women's sports. New York, NY：Columbia University Press.

Fields, S.(2008). *Female gladiators：Gender, law, and contact sports in America*. Champaign, IL：University of Illinois Press.

Fields, S., & Comstock, D.(2008). Why American women play rugby. *Women's Sport and Physical Education Journal, 17*（2）, 8-16.

Fink, J., & Maxwell, H.(2010). Challenging the

gender binary : Male practice players' views of female athletes. Presentation at the North American Society for Sport Management, Tampa Bay, FL.

Friedman, H.L. (2013a). *Playing to win : Raising children in a competitive culture*. Oakland, CA : University of California Press.

Friedman, H.L. (2013b). Soccer isn't for girly-girls? How parents pick the sports daughters play. *The Atlantic*. Retrieved from www.theatlantic.com/sexes/archive/2013/08/soccer-isnt-for-girly-girls-how-parents-pick-the-sports-their-daughters-play/278386

Goyanes, C. (2012, March 21). This high school archer worthy of "Hunger Games." *ESPN*. Retrieved from http://espn.go.com/espn/page2/index?id=7718289

Hardy, E. (2015). The female "apologetic" behaviour within Canadian women's rugby : Athlete perceptions and media influences. *Sport in Society : Cultures, Commerce, Media, Politics, 18* (1), 155-167.

Henry, J.M., & Comeaux, H.P. (1999). Gender egalitarianism in coed sport : A case study of American soccer. *International Review for the Sociology of Sport, 34* (3), 277-290.

Holden, S., Keshock, C., Forester, B., Pugh, S., & Pugh, S. (2014, April 25). Athlete burnout : Is the type of sport a factor? *The Sport Journal*. Retrieved from http://thesportjournal.org/article/athlete-burnout-is-the-type-of-sport-a-factor

International Olympic Committee. (2014, May). Fact sheet—Women in the Olympic movement. Retrieved from www.olympic.org/Documents/Reference_documents_Factsheets/Women_in_Olympic_Movement.pdf

Jones, A., & Greer, J. (2011, December). You don't look like an athlete : The effects of feminine appearance on audience perceptions of female athletes and women's sports. *Journal of Sport Behavior, 34* (4), 358-377.

Kelley, B., & Carchia, C. (2013, July 11). "Hey data data—swing!" *ESPN*. Retrieved from http://espn.go.com/espn/story/_/id/9469252/hidden-demographics-youth-sports-espn-magazine

Krane, V., Choi, P.Y.L., Baird, S., Aimar, C.M., & Kauer, K.J. (2004). Living the paradox : Female athletes negotiate femininity and masculinity. *Sex Roles, 50* (5), 315-329.

Lawler, J. (2002). *Punch! Why women participate in violent sport*. Terre Haute, IN : Wish.

Martin, M. (2012, April). The (im) possible sexual difference : Representations from a rugby union setting. *International Review for the Sociology of Sport, 47* (2), 183-199.

McClain, D.L. (2011, December 17). Making the case, for and against, chess being an Olympic sport. *New York Times*. Retrieved from www.nytimes.com/2011/12/18/crosswords/chess/making-the-case-for-chess-as-an-olympic-sport.html

McDonagh, E., & Pappano, L. (2012). *Playing with the boys : Why separate is not equal in sports*. New York, NY : Oxford University Press.

Messner, M. (2002). *Taking the field : Women, men, and sports*. Minneapolis : University of Minnesota Press.

Moore, J. (2011, January 26). Martial arts statistics and demographics : How many people and who in the US practice? *Maine Martial Arts*. Retrieved from http://mainemartialarts.com/martial-arts/martial-arts-statistics-demographics-people-practice

Mundo, N., & Croshere, R. (Directors). (2014, July 28). Rowdy Ronda Rousey. *ESPN*. Retrieved from http://espn.go.com/espnw/w-in-action/nine-for-ix/shorts/rowdy-ronda-rousey

National Collegiate Athletic Association. (2013). *NCAA sports sponsorship and participation report*. National Collegiate Athletic Association. Retrieved from https://www.ncaapublications.com/p-4334-1981-82-2012-13-ncaa-sports-sponsorship-and-participation-rates-report.aspx

National Federation of State High School Associations (NFHS). (2013). High school athletics participation data. Retrieved from www.nfhs.org/ParticipationStatics/ParticipationStatics.aspx

Riemer, B.A. & Visio, M.E. (2003). Gender typing of sports : An investigation of Metheny's classification. *Research Quarterly for Exercise and Sport, 74* (2), 193-204.

Riemer, B.A. & Wainwright, S. (2011, January). Ponytails and diamonds : The female apologetic in collegiate softball. Presented at the Fourth Annual Scholarly Colloquium on Intercollegiate Athletics in Conjunction with the NCAA Annual Convention. San Antonio, TX.

Ross, S.R., & Shinew, K.J. (2008). Perspectives of women college athletes on sport and gender. *Sex Roles, 58* (1-2), 40-57.

Rubin, C. (2012). "Hunger Games" makes archery hip. *Herald Tribune Health*. Retrieved from http://health.heraldtribune.com/2012/12/03/hunger-games-makes-archery-hip

Ryan, T.J., & Schwartz, N. (2013). NSGA sports participation report. *SGB Weekly, 1335*, 14-15.

Sabo, D., & Veliz, P. (2008). *Go out and play : Youth sports in America*. East Meadow, NY : Women's Sports Foundation.

Sabo, D., & Veliz, P. (2011). *The decade of decline : Gender equity in high school sports*.

Ann SHARP Center for Women and Girls. Retrieved from http://irwg.research.umich.edu/pdf/OCR.pdf

Steinfeldt, J., Carter, H., Benton, E., & Steinfeldt, M.(2011). Muscularity beliefs of female athletes. *Sex Roles*, *64*（7）, 543–554.

Steinfeldt, J.A., Zakrajsek, R., Carter, H., & Steinfeldt, M.C.(2013). Conformity to gender norms among female student-athletes：Implications for body image. *Psychology of Men & Masculinity*, *12*（4）, 391–403.

Stout, H., & Harris, E.A.(2014, March 22). Today's girls love pink bows as playthings, but these shoot. *New York Times*. Retrieved from www.nytimes.com/2014/03/23/business/todays-girls-love-pink-bows-as-playthings-but-these-shoot.html

Thomas, L.(2014, April 24). Dana White co-signs Ronda Rousey, says Cyborg Justino once looked like "Wanderlei Silva in a dress and heels." *SBNation.com*. Retrieved from www.mmafighting.com/2014/4/24/5650584/dana-white-co-signs-ronda-rousey-says-cyborg-santos-once-looked-like

Thompson, R.A., & Sherman, R.T.(2010). *Eating disorders in sport*. New York, NY：Routledge.

U.S. Chess Federation.(2014). Top player list. Retrieved from www.uschess.org/component/option,com_top_players/Itemid,371

USA Gymnastics.(2013). *About USA Gymnastics*. Retrieved from https://usagym.org/PDFs/About%20USA%20Gymnastics/Statistics/MembershipInfo.pdf

Voepel, M.(2006, December 1). Male practice players cherish, grow from opportunity. *ESPN*. Retrieved from http://search.espn.go.com/male-practice-players/stories/mechelle-voepel/5-4294595284

Wachs, F.(2002). Leveling the playing field：Negotiating gendered rules in coed softball. *Journal of Sport and Social Issues*, *26*（3）, 300–316.

Wachs, F.(2005). The boundaries of difference：Negotiating gender in recreational sport. *Sociological Inquiry*, *75*（4）, 527–547.

Weil, E.(2015, March 4). Mary Cain is growing up fast. *New York Times Magazine*. Retrieved from www.nytimes.com/2015/03/08/magazine/mary-cain-is-growing-up-fast.html

Whitehead, S., & Biddle, S.(2008). Adolescent girls' perceptions of physical activity：A focus group study. *European Physical Education Review*, *14*, 243–262.

Zucker, J.(2014, July 16). ESPYs 2014：Ranking nominees for best male and female athletes. *Bleacher Report*. Retrieved from http://bleacherreport.com/articles/2130933-espys-2014-ranking-nominees-for-best-male-and-female-athletes

● 第 4 章 ●

Appaneal, R., Levine, B., Perna, F.M., & Roh, J.L.(2009). Measuring postinjury depression among male and female competitive athletes. *Journal of Exercise Psychology*, *51*（1）, 66–76.

Audrain-McGovern, J., Rodriguez, D., Cuevas, J., & Sass, J.(2013). Initial insight into why physical activity may help prevent adolescent smoking uptake. *Drug and Alcohol Dependence*, *132*（3）, 471–478.

Brody, J.E.(2010, April 16). Personal health：Women and knee pain. *New York Times*. Retrieved from www.nytimes.com/specials/women/warchive/960814_1176.html

Brown, E., Spiller, L., Stiles, B., & Kilgore, L.(2013). Sexual coercion risk and women's sport participation. *Physical Culture and Sport Studies and Research*, *57*（1）, 5–11.

Carter, J.E., & Rudd, N.A.(2005). Disordered eating assessment for college student-athletes. *Women in Sport and Physical Activity Journal*, *14*（1）, 62–71.

Ciminera, J.(2011, October 21). Chiarelli comes back for 5th year. *The Triangle*. Retrieved from http://thetriangle.org/sports/chiarelli-comes-back-for-5th-year

Coelho, G.M., Gomes, A.I., Ribeiro, B.G., & Soares, E.(2014). Prevention of eating disorders in female athletes. *Journal of Sports Medicine*, *5*, 105–113.

Craft, L.L., & Perna, F.M.(2004). The benefits of exercise for the clinically depressed. *Primary Care Companion Journal of Clinical Psychiatry*, *6*（3）, 104–112.

Dams-O'Connor, K., Martin, J., & Martens, M.P.(2007). Social norms and alcohol consumption among intercollegiate athletes：The role of athlete and nonathlete reference groups. *Addictive Behaviors*, *32*, 2657–2666.

Dawes, J.J., Dukes, R.L., Elder, C., Melrose, D., & Ocker, L.B.(2013). Attitudes of health club patrons toward the use of non-medical anabolic-androgenic steroids by competitive athletes versus recreational weightlifters. *Topics in Integrative Health Care*, *4*（2）.

Dharamsi, A., & LaBella, C.(2013, July 1). Prevention of ACL injuries in adolescent female athletes. *Contemporary Pediatrics*. Retrieved from http://contemporarypediatrics.modernmedicine.com/contemporary-pediatrics/news/prevention-acl-injuries-adolescent-female-athletes?page=full

Diehl, K., Thiel, A., Zipfel, S., Mayer, J., Litaker, D., & Schneider, S.(2012). How healthy is the behavior of young athletes? A systematic literature review and meta-analyses. *Journal of Sports Science and Medicine, 11* (2), 201-220.

Dodge, T., & Jaccard, J. (2002). Participation in athletics and female sexual risk behavior : The evaluation of four causal structures. *Journal of Adolescent Research, 17*, 42-67.

Donohue, B., Covassin, D., Lancer, K., Dickens, Y., Miller, A., Hash, A., & Genet, J. (2004). Examination of psychiatric symptoms in student athletes. *The Journal of General Psychology, 131*, 29-35.

Eitle, T.M., & Eitle, D.J. (2002). Just don't do it : High school sports participation and young female adult sexual behavior. *Sociology of Sport Journal, 19* (4), 403-418.

Eichelberger, C. (2013, July 17). Concussions among women exceed men as awareness is found lacking. *Bloomberg Business*. Retrieved from www.bloomberg.com/news/articles/2013-07-17/concussions-among-women-exceed-men-as-awareness-is-found-lacking

Elliot, D.L., Cheong, J., Moe, E.L., & Goldberg, L. (2007). Cross-sectional study of female students reporting anabolic steroid use. *Archives of Pediatric and Adolescent Medicine, 161* (6), 572-577.

Elliot, D.L., Moe, E.L., Goldberg, L., DeFrancesco, C.A., Durham, M.B., & Hix-Small, H. (2006). Definition and outcome of a curriculum to prevent disordered eating and body-shaping drug use. *Journal of School Health, 76* (2), 67-73.

Erkut, S., & Tracy, A.J. (2000). Protective effects of sports participation on girls' sexual behavior. Working Paper Series #301. Wellesley, MA : Center for Research on Women.

Fagan, K. (2015, May 7). Split image. *ESPN.com*. Retrieved from http://espn.go.com/espn/feature/story/_/id/12833146/instagram-account-university-pennsylvania-runner-showed-only-part-story

Farb, A.F., & Matjasko, J.L. (2012). Recent advances in research on school-based extracurricular activities and adolescent development. *Developmental Review, 32* (1), 1-48.

Fasting, K., Brackenridge, C.H., Miller, K.E., & Sabo, D. (2008). Participation in college sports and protection from sexual victimization. *International Journal of Sport and Exercise Psychology, 6* (4), 427-441.

Faurie, C., Pontier, D., & Raymond, M. (2004). Student athletes claim to have more sexual partners than other students. *Evolution and Human Behavior, 25* (1), 1-8.

Feldman, A., & Matjasko, J.L. (2005). The role of school-based extra-curricular activities in ado-

lescent development : A comprehensive review and future directions. *Review of Educational Research, 75* (2), 159-210.

Fish, J. (2012, December 9). Performance enhancing supplements and drugs—why? *Philly.com*. Retrieved from www.philly.com/philly/blogs/sportsdoc/Performance-Enhancing-Supplements--DrugsWhy.html

Ford, J.A. (2007). Substance use among college athletes : A comparison based on sport/team affiliation. *Journal of American College Health, 55* (6), 367-373.

Franks, R.R. (2013, April 12). Why are concussions worse in females? *Philly.com*. Retrieved from www.philly.com/philly/blogs/sportsdoc/Why-are-concussions-worse-in-females.html

Giardina, E.V., Sciacca, R.R., Foody, J.M., D'Onofrio, G., Villablanca, A.C., Leatherwood, S., ... Haynes, S.G. (2011). The DHHS Office on Women's Health Initiative to improve women's heart health : Focus on knowledge and awareness among women with cardiometabolic risk factors. *Journal of Women's Health, 20* (6), 893-900.

Gill, E.L. (2008). Mental health in college athletics : It's time for social work to get in the game. *Social Work, 53* (1), 85-88.

Greenleaf, C., Petrie, T.A., Carter, J., & Reel, J. J. (2009). Female collegiate athletes : Prevalence of eating disorders and disordered eating behaviors. *Journal of American College Health, 57* (5), 489-495.

Grossbard, J.R., Lee, C.M., Neighbors, C., Hendershot, C.S., & Larimer, M.L. (2007). Alcohol and risky sex in athletes and nonathletes : What role do sex motives play? *Journal of Studies on Alcohol and Drugs, 68* (4), 566-574.

Gruber, A.J., & Pope, H.G., Jr. (2000). Psychiatric and medical effects of anabolic-androgenic steroid use in women. *Psychotherapy and Psychosomatics, 69* (1), 19-26.

Habel, M.A., Dittus, P.J., De Rosa, C.J., Chung, E.Q., & Kerndt, P.R. (2010). Daily participation in sports and students' sexual activity. *Perspectives on Sexual and Reproductive Health, 42* (4), 244-250.

Hainline, B., Bell, L., & Wilfert, M. (n.d.). Mind, body and sport : Substance use and abuse. An excerpt from the Sport Science Institute's guide to understanding and supporting student-athlete mental wellness. *NCAA*. Retrieved from www.ncaa.org/health-and-safety/sport-science-institute/mind-body-and-sport-substance-use-and-abuse

Hammond, T., Gialloreto, C., Kubas, H., & Hap-Davis, H. (2013). The prevalence of failure-based depression among elite athletes. *Clinical*

Journal of Sports Medicine, 23 (4), 273-277.

Hanson, S.L., & Kraus, R.S.(1998). Women, sports, and science : Do female athletes have an advantage? *Sociology of Education, 71* (2), 93-110.

Hanson, S.L., & Kraus, R.S.(1999). Women in male domains : Sport and science. *Sociology of Sport Journal, 16* (2), 92-110.

Harmer, P.A.(2009). Anabolic-androgenic steroid use among young male and female athletes : Is the game to blame? *British Journal of Sports Medicine, 44* (1), 26-31.

Harmon, K.G., Drezner, J.A., Gammons, M., Guskiewicz, K.M., Halstead, M., Herring, S.A., ... Roberts, W.O.(2013). American Medical Society for Sports Medicine position statement : Concussion in sport. *British Journal of Sports Medicine, 47* (3), 15-26.

Holmes, L., & Turgeon, J.K.(2015, June 3). What ESPN got wrong when reporting about Madison Holleran. *Huffington Post.* Retrieved from www.huffingtonpost.com/lindsay-holmes/madison-holleran-suicide-what-espn-got-wrong_b_7454882.html

Huang, J.-H., Jacobs, D.F., & Derevensky, J.L.(2010). Sexual risk-taking behaviors, gambling, and heavy drinking among U.S. college athletes. *Archives of Sexual Behavior, 39* (3), 706-713.

IOC Medical Commission Working Group Women in Sport.(2006). *Position stand on the female athlete triad.* Lausanne, Switzerland : Author.

Isaac, L.G.(2010). *High-risk drinking on college campuses : College life and alcohol : Challenges and solutions : A resource guide.* Retrieved from www.rwjf.org/content/dam/farm/legacy-par ents/high-risk-drinking-on-college-campuses

Iverson, G.L., Gerrard, P.B., Atkins, J.E., Zafonte, R., & Berkner, P.D.(2014). Concussion histories in high school girls are similar across sports. *American Journal of Physical Medicine & Rehabilitation, 93* (3).

Johnson, C., Powers, P.S., & Dick, R.(1999). Athletes and eating disorders : The National Collegiate Athletic Association study. *The International Journal of Eating Disorders, 26* (2), 179-188.

Kaczynski, A.T., Mannell, R.C., & Manske, S.R.(2008). Leisure and risky health behaviors : A review of evidence about smoking. *Journal of Leisure Research, 40* (3), 404-441.

Kaczynski, A.T., Manske, S.R., Mannell, R.C., & Grewal, K.(2008). Smoking and physical activity : A systematic review. *American Journal of Health Behavior, 32* (1), 93-110.

Kaufman, S.B.(2014, March 9). Are you mentally tough? *Scientific American.* Retrieved from http://blogs.scientificamerican.com/beautiful-minds/2014/03/19/are-you-mentally-tough

Kwan, M., Bobko, S., Faulkner, G., Donnelly, P., & Cairney, J.(2014). Sport participation and alcohol and illicit drug use in adolescents and young adults : A systematic review of longitudinal studies. *Addictive Behaviors, 39* (3), 497-506.

Lehman, S.J., & Koerner, S.S.(2004). Adolescent women's sports involvement and sexual behavior/health : A process-level investigation. *Journal of Youth and Adolescence, 33* (5), 443-455.

Lipscomb, S.(2006). Secondary school extracurricular involvement and academic achievement : A fixed effects approach. *Economics of Education Review, 26* (4), 463-472.

Lisha, N.E., & Sussman, S.(2010, May). Relationship of high school and college sports participation with alcohol, tobacco, and illicit drug use : A review. *Addictive Behavior, 35* (5), 399-407.

Loyola University Health System.(2014, April 30). Young female athletes suffering epidemic of ACL injuries. *Science Daily.* Retrieved from www.sciencedaily.com/releases/2014/04/140430091418.htm

Mallet, K.(2013, April 2). College athletes twice as likely to have depression than retired collegiate athletes [Press release]. Retrieved from http://gumc.georgetown.edu/news/college-athletes-depression

Marar, M., McIlvain, N.M., Fields, S.K., & Comstock, R.D.(2012). Epidemiology of concussions among United States high school athletes in 20 sports. *American Journal of Sports Medicine, 40* (4), 747-755.

Mays, D., & Thompson, N.J.(2009). Alcohol-related risk behaviors and sports participation among adolescents : An analysis of 2005 Youth Risk Behavior Survey data. *Journal of Adolescent Health, 44* (1), 87-89.

Miller, K.E., Sabo, D.F., Melnick, M.J., Farrell, M.P., & Barnes, G.M.(2001). *The Women's Sports Foundation report : Health risks and the teen athlete.* East Meadow, NY : Women's Sports Foundation.

Miller, B.E., Miller, M.N., Verhegge, R., Linville, H.H., & Pumariega, A.J.(2002). Alcohol misuse among college athletes : Self-medication for psychiatric symptoms? *Journal of Drug Education, 32* (1), 41-52.

Miller, K.E., Hoffman, J.H., Barnes, G.M., Farrell, M.P., Sabo, D., & Melnick, M.J.(2003). Jocks, gender, race, and adolescent problem drinking. *Journal of Drug Education, 33* (4), 445-462.

Miller, K.E., Melnick, M., Barnes, G., Farrell, M., & Sabo, D.(2005). Untangling the links among athletic involvement, gender, race, and adolescent academic outcomes. *Sociology of Sport*

Journal, 222), 178–201.

Morgan, W.P.(1980). Test of champions. *Psychology Today, 14*, 92–108.

Morgan, W.P., & Pollock, M.L.(1977). Psychologic characterization of the elite runner. *Annals of the New York Academy of Sciences, 301*, 382–403.

National Collegiate Athletic Association.(2007). *Managing student-athletes' mental health issues.* Indianapolis, IN : National Collegiate Athletic Association.

National Collegiate Athletic Association.(2009). *NCAA study of substance use trends among NCAA college student-athletes.* Indianapolis, IN : Author.

National Collegiate Athletic Association.(2012). *National study of substance use trends among NCAA college student-athletes.* Indianapolis, IN : Author.

National Collegiate Athletic Association.(2013). Trends in graduation-success rates and federal graduation rates at NCAA Division I institutions. Retrieved from www.ncaa.org/sites/default/files/GSR%2Band%2BFed%2BTrends%2B2013_Final_0.pdf

National Collegiate Athletic Association.(2014). *2013 NCAA national study of substance use habits of college student-athletes.* Preliminary data presented at the 2014 NCAA Convention, San Diego, CA. Retrieved from www.ncaa.org/sites/default/files/convention2014_drug-use-preliminary.pdf

National Eating Disorders Association.(2011). Coach and athletic trainer toolkit.

Neal, T.L., Diamond, A.B., Goldman, S., Klossner, D., Morse, E., Pajak, D., ...Welzant, V.(2013). Interassociation recommendations for developing a plan to recognize and refer student-athletes with psychological concerns at the collegiate level : An executive summary of a consensus statement. *Journal of Athletic Training, 48* (5), 716–720.

Nichols, J.F., Rauh, M.J., Lawson, M.J., Ji, M., & Barkai, H.S.(2006). Prevalence of the female athlete syndrome among high school athletes. *Archives of Pediatric Adolescent Medicine, 160* (2), 137–142.

Noren, N.(2014). Taking notice of the hidden injury. *ESPN.com.* Retrieved from http://espn.go.com/espn/otl/story/_/id/10335925/awareness-better-treatment-college-athletes-mental-health-begins-take-shape

Pate, R.R., Trost, S.G., Levin, S., & Dowda, M.(2000). Sports participation and health-related behaviors among U.S. youth. *Archives of Pediatric and Adolescent Medicine, 154* (9), 904–911.

Pearson, J., Crissey, S.R., & Riegle-Crumb, C. (2009). Gendered fields : Sports and advanced course taking. *Sex Roles, 61* (7-8), 519–535.

Perkins, H.W., & Craig, D.W.(2012). Student-athletes' misperceptions of male and female peer drinking norms : A multi-site investigation of the "reign of error." *Journal of College Student Development, 53* (3), 367–382.

Petrie, T.A., Greenleaf, C., Reel, J., & Carter, J. (2008). Prevalence of eating disorders and disordered eating behaviors among male collegiate athletes. *Psychology of Men & Masculinity, 9* (4), 267–277.

Proctor, S.L., & Boan-Lenzo, C.(2010). Prevalence of depressive symptoms in male intercollegiate student-athletes and nonathletes. *Journal of Clinical Sport Psychology, 4*, 204–220.

Puffer, J.C., & McShane, J.M.(1992). Depression and chronic fatigue in athletes. *Clinics in Sport Medicine, 11* (2), 327–338.

Rodriguez, D., & Audrain-McGovern, J.(2004). Team sport participation and smoking : Analysis with general growth mixture modeling. *Journal of Pediatric Psychology, 29* (4), 299–308.

Sabo, D., Miller, K., Melnick, M., Farrell, M.P., & Barnes, G.M.(2005). High school athletic participation and adolescent suicide. *International Review of the Sociology of Sport, 40* (1), 5–23.

Severson, H.H., Klein, K., Lichtenstein, E., Kaufman, N., & Orleans, C.T.(2005). Smokeless tobacco use among professional baseball players : Survey results, 1998–2003. *Tobacco Control, 14* (1), 31–36.

Southall, R., Eckard, W., Nagel, M., Keith, E., & Blake, C.(2014). 2013–2014 adjusted graduation gap report : NCAA D-I basketball. Retrieved from http://csri-sc.org/wp-content/uploads/2014/03/2013-14_MBB-WBB_AGG-Report_3-12-14.pdf

Staurowsky, E.J., De Souza, M.J., Miller, K., Sabo, D., Shakib, S., Theberge, N., ... Williams, N. (2015). *Her life depends on it III : The importance of sport and physical activity in the lives of girls and women.* East Meadow, NY : Women's Sports Foundation.

Storch, E.A., Storch, J.B., Killiany, E.M., & Roberti, J.W.(2005). Self-reported psychopathology in athletes : A comparison of intercollegiate student-athletes and non-athletes. *Journal of Sport Behavior, 28*, 86–97.

Sundot-Borgen, J.(1993). Prevalence of eating disorders in elite female athletes. *International Journal of Sports Nutrition, 3* (1), 29–40.

Sundot-Borgen, J., & Torstveit, M.K.(2010, October). Aspects of disordered eating continuum in elite high-intensity sports. *Scandinavian Journal of Medical Science in Sport*, 112–120.

Terry, P.(1995). The efficacy of mood state profiling with elite performers : A review and synthesis. *The Sport Psychologist, 9*, 309-324.

Thomson, C.A., McCullough, M.I., Wertheim, C.A., Chelbowski, R.T., Martinez, M.E., Stefanik, M.L., ... Newhouser, M.L.(2014). Nutrition and physical activity cancer prevention guidelines, cancer risk, and mortality in women's health initiative. *Cancer Prevention Research, 7* (1), 42-53.

Troutman, K.P., & Dufur, M.J.(2007). From high school jocks to college grads : Assessing the long-term effects of high school sport participation on females' educational attainment. *Youth and Society, 38* (4), 443-462.

Turrisi, R., Mallett, K.A., Mastroleo, N.R., & Larimer, M.E.(2006). Heavy drinking in college students : Who is at risk and what is being done about it? *Journal of General Psychology, 133* (4), 401-420.

U.S. Department of Health & Human Services. (2012). Women of color have more risk factors for heart disease [Press release]. Retrieved from www.hhs.gov/ash/news/2012/20120206.html

Veliz, P., & Shakib, S.(2014). Gender, academics, and interscholastic sports participation at the school level : A gender-specific analysis of the relationship between interscholastic sports participation and AP enrollment. *Sociological Focus, 47* (2), 101-120.

Verkooijen, K.T., Nielsen, G.A., & Kremers, S. P.J.(2008). The association between leisure time physical activity and smoking in adolescence : An examination of potential mediating and moderating factors. *International Journal of Behavioral Medicine, 15* (2), 157-163.

Volk, S.(2014, May 23). The tragedy of Madison Holleran and suicides at Penn. *Philadelphia Magazine*. Retrieved from www.phillymag. com/articles/penn-suicides-madison-holleran

Warren, J.(2013, August 20). Does exercise release a chemical in the brain? *Livestrong.com*. Retrieved from www.livestrong.com/article/ 320144-does-exercise-release-a-chemical-in-the-brain

Wichstrom, L., & Pedersen, W.(2001). Use of anabolic-androgenic steroids in adolescence : Winning, looking good or being bad? *Journal of the Study of Alcoholism, 62*, 5-13.

Wichstrom, T., & Wichstrom, L.(2009). Does sports participation during adolescence prevent later alcohol, tobacco and cannabis use? *Addiction, 104* (1), 138-149.

Wilson, G.S., Pritchard, M.E., & Schaffer, J. (2004). Athletic status and drinking behavior in college students : The influence of gender and coping style. *Journal of American College Health, 52* (6), 269-273.

Yang, J., Peek-Asa, C., Corlette, J.D., Cheng, G., Foster, D.T., & Albright, J.(2007). Prevalence of and risk factors associated with symptoms of depression in competitive collegiate student athletes. *Clinical Journal of Sport Medicine, 17*(6), 481-487.

Yusko, D.A., Buckman, J.F., White, H.R., & Pandina, R.J.(2008). Alcohol, tobacco, illicit drugs, and performance enhancers : A comparison of use by college student athletes and non-athletes. *Journal of American College Health, 57* (3), 281-289.

Zazzali, M.(2013, May 1). The female athlete : ACL injuries and prevention. *Huffington Post*. Retrieved from www.huffingtonpost.com/ michael-zazzali/female-athletes-acl-injuries_ b_3194815.html

●第 5 章●

American Academy of Pediatrics (AAP).(1976). Fitness in the preschool child. *Pediatrics, 1*, 88-89.

American Psychological Association (APA). (2007). *Report of the APA Task Force on the sexualization of girls*. Retrieved from www.apa. org/pi/wpo/sexualization.html

Arabi, A., Tamim, H., Nabulsi, M., Maalouf, J., Khalifé, H., Choucair, M., ... Fuleihan, G.E-H.(2004). Sex differences in the effect of body composition variables on bone mass in healthy children and adolescents. *American Journal of Clinical Nutrition, 80*, 1428-1435.

Arendt, E., & Dick, R.(1995). Knee injury patterns amongst men and women in collegiate basketball and soccer : NCAA data and review of literature. *American Journal of Sports Medicine, 23* (6), 694-701.

Astorino, T.A., Allen, R., Robertson, D., Jurancich, M., Lewis, R., McCarthy, K., & Trost, E.(2011). Adaptations to high-intensity training are independent of training. *European Journal of Applied Physiology, 111* (7), 1279-1286.

Bam, J., Noakes, T.D., Juritz, J., & Dennis, S. C.(1997). Could women outrun men in ultramarathon races? *Medicine and Science in Sports and Exercise, 29*, 244-247.

Barnett, A.G., & Dobson, A.J.(2010). *Analysing seasonal health data*. New York, NY : Springer.

Baxter-Jones, A.D.(1995). Growth and development of young athletes. *Sports Medicine, 20*, 59-64.

Baxter-Jones, A., & Mundt, C.(2007). The young athlete. In N. Armstrong(Ed.), *Pediatric exercise physiology : Advances in sport and exercise science* (pp.299-324). Philadelphia, PA : Churchill Livingston Elsevier.

Benbow, D.H.(2014, September 16). Could high

school sports be co-ed? *Indianapolis Star.* Retrieved from www.indystar.com/story/sports/high-school/2014/09/14/high-school-sports-coed/15645121

Bennett, S.(2007). Introducing freshman female athletes to strength and conditioning programs. *Strength and Conditioning Journal, 29*, 67-69.

Blanksby, B.A., Bloomfield, J., Elliott, B.C., Ackland, T.R., & Morton, A.R.(1986). The anatomical and physiological characteristics of pre-adolescent males and females. *Australian Pediatric Journal, 22*, 177-180.

Borms, J.(1986). The child and exercise : An overview. *Journal of Sports Sciences, 4*, 3-20.

Bouchard, C. An, P., Rice T., Skinner, J.S., Wilmore, J.H., Gagnon, J.,... Rao, D.C.(1999). Familial aggregation of V̇O (₂max) response to exercise training : Results from the HERITAGE family study. *Journal of Applied Physiology, 87* (3), 1003-1008.

Brunet, M.(2010). *Unique considerations of the female athlete.* Clifton Park, NY : Delmar Cengage Learning.

Burgess, K.E., Pearson, S.J., & Onambele, G. L.(2009). Menstrual cycle variations in oestradiol and progesterone have no impact on in vivo medial gastrocnemius tendon mechanical properties. *Clinical Biomechanics, 24* (6), 504-509.

Buskirk, E.R., & Hodgson, J.L.(1987). Age and aerobic power : The rate of change in men and women. *Federation Proceedings, 46* (5), 1824-1829.

Campbell, B., & Spano, M.(Eds.).(2011). *NSCA's guide to sport and exercise nutrition.* Champaign, IL : Human Kinetics.

Campbell, K.L., Westerlind, K.C., Harber, V.J., Friedenreich, C.M., & Courneya, K.S.(2005). Associations between aerobic fitness and estrogen metabolites in premenopausal women. *Medicine and Science in Sports and Exercise, 37*, 585-592.

Carter, J.E.(1981). Somatotypes of female athletes. In J. Borms, M. Hebbelinck, & A. Venerando (Eds.), *The female athlete* (pp.85-116). Basel, Switzerland : Karger.

Carter, J.B., Banister, E.W., & Blaber, A.P.(2003). The effect of age and gender on heart rate variability after endurance training. *Medicine and Science in Sport and Exercise, 35* (8), 1333-1340.

Chandler, T.J., & Brown, L.E.(2013). *Conditioning for strength and human performance* (2nd ed.). Philadelphia, PA : Lippincott Williams and Wilkins.

Chilibeck, P.D., Calder, A.W., Sale, D.G., & Webber, C.E.(1998). A comparison of strength and muscle mass increases during resistance training

in young women. *European Journal of Applied Physiology and Occupational Physiology, 77*(1-2), 170-175.

Courteix, D., Lespessailles, E., Peres, S.L., Obert, P., Germain, P., & Benhamou, C.L.(1998). Effect of physical training on bone mineral density in prepubertal girls : A comparative study between impact-loading and non-impact-loading sports. *Osteoporosis International, 8* (2), 152-158.

Crampton, C.W.(1908). Physiological age : A fundamental principle. *American Physical Education Review, 8* (3), 141-154.

Croisier, J-L.(2004). Factors associated with recurrent hamstring injuries. *Sports Medicine, 34* (10), 681-695.

Daniels, E.A.(2009). Sex objects, athletes, and sexy athletes : How media representations of women athletes can impact adolescent girls and young women. *Journal of Adolescent Research, 24*, 399-422.

Daniels, E.A.(2012). Sexy verses strong : What girls and women think of female athletes. *Journal of Applied Developmental Psychology, 33* (2), 79-90.

Deschenes, M.R., & Kraemer, W.J.(2002). Performance and physiologic adaptations to resistance training. *American Journal of Physical Medicine and Rehabilitation, 81* (11), S3-S16.

Dewey, F.E., Rosenthal, D., Murphy, D.J., Jr., Froelicher, V.F., & Ashley, E.A.(2008). Does size matter? Clinical applications of scaling cardiac size and function for body size. *Circulation, 117*, 2279-2287.

Elosua, R., Molina, L., Fito, M., Arquer, A., Sanchez-Quesada, J.L., Covas, M.I., ... Marrugat, J.(2003). Response of oxidative stress biomarkers to a 16-week aerobic physical activity program, and to acute physical activity, in healthy young men and women. *Atherosclerosis, 167*, 327-334.

England, S.J., & Farhi, L.E.(1976). Fluctuations in alveolar CO_2 and in base excess during the menstrual cycle. *Respiratory Physiology, 26*, 157-161.

Faigenbaum, A.D., Westcott, W.L., Loud, R.L., & Long, C.(1999). The effects of different resistance training protocols on muscular strength and endurance development in children. *Pediatrics, 104* (1), 1-7.

Fischer, D.V.(2005). Strategies for improving resistance training adherence in female athletes. *Strength and Conditioning Journal, 27*(2), 62-67.

Fleck, S.J., & Kraemer, W.J.(2004). *Designing resistance training programs* (3rd ed.). Champaign, IL : Human Kinetics.

Fortney, S.M., Turner, C., Steinmann, L., Driscoll,

T., & Alfrey, C.(1994). Blood volume responses of men and women to bed rest. *Journal of Clinical Pharmacology, 34* (5), 434-439.

Fragala, M.S., Kraemer, W.J., Denegar, C.R., Maresh, C., Mastro, A.M., & Volek, J.S.(2011). Neuroendocrine-immune interactions and responses to exercise. *Sports Medicine, 41* (8), 621-639.

Frankovich, R.J., & Lebrun, C.M.(2000). Menstrual cycle, contraception, and performance. *Clinics in Sports Medicine, 19* (2), 251-271.

Fulco, C.S., Rock, P.B., Muza, S.R., Lammi, E., Cymerman, A., Butterfield, G., ... & Lewis, S.F.(1999). Slower fatigue and faster recovery of the adductor pollicis muscle in women matched for strength with men. *Acta Physiologica Scandinavica, 167* (3), 233-240.

Gill, D.L.(2000). *Psychological dynamics of sports and exercise*. Champaign, IL : Human Kinetics.

Gonzalez, A.M., Hoffman, J.R., Townsend, J.R., Jajtner, A.R., Boone, C.H., Beyer, K.S., ... & Stout, J.R.(2015). Intramuscular anabolic signaling and endocrine response following high volume and high intensity resistance exercise protocols in trained men. *Physiological Reports, 3* (7), 1-15.

Goodman, L.R., & Warren, M.P.(2005). The female athlete and menstrual function. *Current Opinion in Obstetrics and Gynecology, 17* (5), 466-470.

Grucza, R., Pekkarinen, H., Titov, E., Kononoff, A., & Hänninenet, O.(1993). Influence of the menstrual cycle and oral contraceptives on thermoregulatory responses to exercise in young women. *European Journal of Applied Physiology, 67,* 279-285.

Gurung, R.A.R, & Chrouser, C.J.(2007). Predicting objectification : Do provocative clothing and observer characteristics matter? *Sex Roles, 57,* 91-99.

Haff, G.G., & Triplett, N.T.(2015). *Essentials of strength training and conditioning* (4th ed.). Champaign, IL : Human Kinetics.

Häkkinen, K., Pakarinen, A., Kyröläinen, H., Cheng, S., Kim, D.H., & Komi, P.V.(1990). Neuromuscular adaptations and serum hormones in females during prolonged power training. *International Journal of Sports Medicine, 11*(2), 91-98.

Hannaford, P.C., & Webb, A.M.C.(1996). Evidence-guided prescribing of combined oral contraceptives : Consensus statement. *Contraception, 54,* 125-129.

Harput, G., Soylu, A.R., Ertan, H., Ergun, N., & Mattacola, C.G.(2014). Effect of gender on the quadriceps-to-hamstrings coactivation ratio during different exercises. *Journal of Sport Rehabilitation, 23* (1), 36-43.

Harris, G.R., Stone, M.H., O'Bryant, H.S., Proulx, C.M., & Johnson, R.L.(2000). Short-term performance effects of high power, high force, or combined weight-training methods. *Journal of Strength and Conditioning Research, 14*(1), 14-20.

Hazelhurst, L.T., & Claassen, N.(2006). Gender differences in the sweat response during spinning exercise. *Journal of Strength and Conditioning Research, 20,* 723-724.

Hewett, T.E., Ford, K.R., & Myer, C.D.(2006). Anterior cruciate ligament injuries in female athletes. *American Journal of Sports Medicine, 34,* 490-498.

Heywood, L., & Dworkin, S.L.(2003). *Built to win : The female athlete as cultural icon.* Minneapolis, MN : University of Minneapolis Press.

Holloway, J.B.(1998). A summary chart : Age related changes in women and men and their possible improvement with training. *Journal of Strength and Conditioning Research, 12* (2), 126-128.

Hunter, S.K., & Enoka, R.M.(2003). Changes in muscle activation can prolong the endurance time of a submaximal isometric contraction in humans. *Journal of Applied Physiology, 94* (1), 108-118.

Huston, L.J., & Wojtys, E.M.(1996). Neuromuscular performance characteristics in elite female athletes. *American Journal of Sports Medicine, 24* (4), 427-436.

Hutchinson, P.L., Cureton, K.J., Outz, H., & Wilson, G.(1991). Relationship of cardiac size to maximal oxygen uptake and body size in men and women. *International Journal of Sports Medicine, 12,* 369-373.

Hvid, I., & Andersen, L.I.(1982). The quadriceps angle and its relation to femoral torsion. *Acta Orthopaedica Scandinavica, 53* (4), 577-579.

Ireland, M.L., & Ott, S.M.(2004). Special concerns of the female athlete. *Clinical Sports Medicine, 23,* 281-298.

Janssen, I., Heymsfield, S.B., Wang, Z., & Ross, R.(2000). Skeletal muscle mass and distribution in 468 men and women aged 18-88 yr. *Journal of Applied Physiology, 89* (1), 81-88.

Juhas, I.(2011). Specificity of sports training with women. *Physical Culture, 65,* 42-50.

Kell, R.(2011). The influence of periodized resistance training on strength changes in men and women. *Journal of Strength and Conditioning Research, 25* (3), 735-744.

Kentta, G., Hassmen, P., & Raglin, J.(2001) Training practices and overtraining syndrome in Swedish age-group athletes. *International Jour-*

nal of Sports Medicine, 22, 460–465.

Kersey, R.D., Elliot, D.L., Goldberg, L., Kanayama, G., Leone, J.E., Pavlovich, M., & Pope, H.G.(2012). National athletic trainers' association position statement : Anabolic–androgenic steroids. Journal of Athletic Training, 47 (5), 567–588.

Kibler, W.B., Chandler, T.J., Uhi, T., & Maddus, R.E.(1989). A musculoskeletal approach to the preparticipation physical examination. American Journal of Sports Medicine, 17, 525–531.

Kibler, W.B., Herring, S.A., Press, J.M., & Lee, P.A.(1998). Functional rehabilitation of sports and musculoskeletal injuries. Gaithersburg, MD : Aspen.

Kibler, W.B., Press, J., & Sciascia, A.(2006). The role of core stability in athletic function. Sports Medicine, 36 (3), 189–198.

Knapik, J.J., Bauman, C.L., Jones, B.H., Harris, J.M., & Vaughan, L.(1991). Preseason strength and flexibility imbalances associated with athletic injuries in female collegiate athletes. American Journal of Sports Medicine, 19, 76–81.

Knechtle, B., Wirth, A., Baumann, B., Knechtle, P., Rosemann, T., & Oliver, S.(2010). Differential correlations between anthropometry, training volume, and performance in male and female ironman triathletes. Journal of Strength & Conditioning Research, 24 (10), 2785–2793.

Kraemer, W.J., Rubin, M.R., Haäkkinen, K., Nindi, B.C., Marx, J.O., Volek, J.S., ... & Ratamess, N.A.(2003). Influence of muscle strength and total work on exercise–induced plasma growth hormone isoforms in women. Journal of Science and Medicine in Sport, 6 (3), 295–306.

Kraemer, W.J., Staron, R.S., Hagerman, F.C., Hikida, R.S., Fry, A.C., Gordon, S.E., ... Hakkinen, K.(1998). The effects of short–term resistance training on endocrine function in men and women. European Journal of Applied Physiology and Occupational Physiology, 78 (1), 69–76.

Kvorning, T., Andersen, M., Brixen, K., & Madsen, K.(2006). Suppression of endogenous testosterone production attenuates the response to strength training : A randomized, placebo–controlled, and blinded intervention study. American Journal of Physiology–Endocrinology and Metabolism, 291 (6), E1325–E1332.

Lebrun, C.M.(1994). The effect of the phase of menstrual cycle and the birth control pill on athletic performance. Clinical Sports Medicine, 13 (2), 419–421.

Lebrun, C.M., McKenzie, D.C., Prior, J.C., & Taunton, J.E.(1995). Effects of menstrual cycle phase on athletic performance. Medicine and Science in Sports and Exercise, 27(3), 437–444.

Lebrun, C.M., Petit, M.A., McKenzie, D.C.,

Taunton, J.E., & Prior, J.C.(2003). Decreased maximal aerobic capacity with use of a triphasic oral contraceptive in highly active women : A randomized controlled trial. British Journal of Sports Medicine, 37, 315–320.

Lin, Y.C., Lyle, R.M., Weaver, C.M., McCabe, L.D., McCabe, G.P., Johnston, C.C., & Teegardena, D.(2003). Peak spine and femoral neck bone mass in young women. Bone, 32, 546–553.

Lipps, D.B., Oh, Y.K., Ashton–Miller, J.A., & Wojtys, E.M.(2012). Morphologic characteristics help explain the gender difference in peak anterior cruciate ligament strain during a simulated pivot landing. American Journal of Sports Medicine, 40 (1), 32–40.

Liu, S.H., Al–Shaikh, R.A., Panossian, V., & Finerman, G.M.(1996). Primary immunolocalization of estrogen and progesterone target cells in the human anterior cruciate ligament. Journal of Orthopedic Research, 14, 526–533.

Maffulli, N., King, J.B., & Helms, P.(1994). Training in elite young athletes (the training of young athletes(TOYA) study) : Injuries, flexibility and isometric strength. British Journal of Sports Medicine, 28 (2), 123–136.

Maffulli, N., Margiotti, K., Longo, U.G., Loppini, M., Fazio, V.M., & Denaro, V.(2013). The genetics of sports injuries and athletic performance. Muscles Ligaments and Tendons Journal, 3 (3), 173–189.

Malczewska-Lenczowska, J., Sitkowski, D., Orysiak, J., Pokrywka, A., & Szygula, Z.(2013). Total haemoglobin mass, blood volume and morphological indices among athletes from different sport disciplines. Archives of Medical Science, 9 (5), 780–787.

Marsh, S.A., & Jenkins, D.G.(2002). Physiological responses to the menstrual cycle. Sports Medicine, 32, 601–614.

Marta, C., Marinho, D.A., Barbosa, T.M., Izquierdo, M., & Marques, M.C.(2013). Effects of concurrent training on explosive strength and V\od\O$_2$max in prepubescent children. International Journal of Sports Medicine, 34(10), 888–896.

Matos, N., & Winsley, R.J.(2007). Trainability of young athletes and overtraining. Journal of Sports Science and Medicine, 6, 353–367.

McArdle, W.D., Katch, F.I., & Katch, V.L.(2016). Essentials of exercise physiology (5th ed.). Baltimore, MD : Lippincott Williams and Wilkins.

McHugh, M.P., Magnusson, S.P., Gleim, G.W., & Nicholas, J.A.(1992). Viscoelastic stress relaxation in human skeletal muscle. Medicine and Science in Sports and Exercise, 24, 1375–1382.

Messner, M.A., & Cooky, C.(2010). Gender in televised sports : News and highlights shows.

Los Angeles, CA : Center for Feminist Research, University of Southern California.

Mitchell, C.J., Churchward-Venne, T.A., Bellamy, L., Parise, G., Baker, S.K., & Phillips, S.M. (2013). Muscular and systemic correlates of resistance training-induced muscle hypertrophy. *PloS One, 8* (10), e78636.

Mueller, K., & Hingst, J.(2013). *The athlete's guide to sports supplements.* Champaign, IL : Human Kinetics.

Multer, C.E.(2001). Gender comparisons in neural, morphological and protein muscle markers of adaptation to acute resistance training [Dissertation]. University of Oregon.

National Federation of State High School Associations (NFHS).(2010). *2009-2010 high school athletics participation survey.* Retrieved from www.nfhs.org/content.aspx?id=3282&linkident ifier=id&itemid=3282

National Strength and Conditioning Association (NSCA).(1989). Position paper on strength training for female athletes : Part I . *NSCA Journal, 11* (5), 29-36.

Nichols, A.W., Hetzler, R.K., Villanueva, R.J., Stickley, C.D., & Kimura, I.F.(2008). Effects of combination oral contraceptives on strength development in women athletes. *Journal of Strength and Conditioning Research, 22,* 1625-1632.

Noakes, T.(2002). *The lore of running* (4th ed.). Champaign, IL : Human Kinetics.

Noyes, F.R., Barber-Westin, S.D., Fleckenstein, C., Walsh, C., & West, J.(2005). The drop-jump screening test : Difference in lower limb control by gender and effect of neuromuscular training in female athletes. *American Journal of Sports Medicine, 33* (2), 197-207.

Nunes, J.A., Crewther, B.T., Ugrinowitsch, C., Tricoli, V., Viveiros, L., de Rose, D., & Aoki, M.S.(2011). Salivary hormone and immune responses to three resistance exercise schemes in elite female athletes. *Journal of Strength and Conditioning Research, 25* (8), 2322-2327.

Paraskevas, G., Papadopoulos, A., Papaziogas, B., Spainidou, S., Argiriadou, H., & Gigis, J. (2004). Study of the carrying angle of the human elbow joint in full extension : A morphometric analysis. *Surgical and Radiologic Anatomy, 26,* 19-23.

Park, S-K., Stefanyshyn, D.J., Ramage, B., Hart, D.A., & Ronsky, J.L.(2009). Alterations in knee joint laxity during the menstrual cycle in healthy women leads to increases in joint loads during selected athletic movements. *American Journal of Sports Medicine, 37* (6), 1169-1177.

Poiss, C.C., Sullivan, P.A, Paup, D.C., & Westerman, B.J.(2004). Perceived importance of weight training to selected NCAA III men and women student-athletes. *Journal of Strength and Conditioning Research, 18* (1), 108-114.

Rechichi, C., & Dawson, B.(2009). Effect of oral contraceptive cycle phase on performance in team sports players. *Journal of Science and Medicine in Sports, 12,* 190-195.

Renstrom, P., Ljungqvist, A., Arendt, E., Beynnon, B., Fukubayashi, T., Garrett, W., ... Engebretsen, L.(2008). Non-contact ACL injuries in female athletes : An International Olympic Committee current concepts statement. *British Journal of Sports Medicine, 42,* 394-412.

Riggs, B.L., Khosla, S., & Melton, J.L.(2002). Sex steroids and the construction and conservation of the adult skeleton. *Endocrine Reviews, 23,* 279-302.

Ristolainen, L., Heinonen, A., Waller, B., Kujala, U.M., & Kettunen, J.A.(2009). Gender differences in sport injury risk and types of injuries : A retrospective twelve-month study on cross-country skiers, swimmers, long-distance runners and soccer players. *Journal of Sports Science and Medicine, 8,* 443-451.

Roberton, M.A., & Halverson, L.E.(1984). *Developing children : Their changing movement.* Philadelphia, PA : Lea & Febiger.

Ruby, B.C., & Robergs, R.A.(1994). Gender differences in substrate utilization during exercise. *Sports Medicine, 17,* 393-410.

Schoene, R.B., Robertson, H.T., Pierson, D.J., & Peterson, A.P.(1981). Respiratory drives and exercise in menstrual cycles of athletic and non-athletic women. *Journal of Applied Physiology, 50,* 1300-1305.

Shultz, S.J., Levine, B.J., Nguyen, A-D., Kim, H., Montgomery, M.M., & Perrin, D.H.(2010). A comparison of cyclic variations in anterior knee laxity, genu recurvatum, and general joint laxity across the menstrual cycle. *Journal of Orthopaedic Research, 28* (11), 1411-1417.

Shultz, S.J., Sander, T.C., Kirk, S.E., & Perrin, D.H.(2005). Sex differences in knee joint laxity change across the female menstrual cycle. *Journal of Sports Medicine and Physical Fitness, 45* (4), 594-603.

Shultz, S.J., Schmitz, R.J., & Nguyen, A.D. (2008). Research retreat IV : ACL injuries—The gender bias. *Journal of Athletic Training, 43,* 530-537.

Sutton, K.M., & Montgomery Bullock, J.(2013). Anterior cruciate ligament rupture : Differences between males and females. *Journal of American Academic Orthopedic Surgery, 21* (1), 41-50.

Szivak, T.K., Hooper, D.R., Dunn-Lewis, C., Comstock, B.A., Kupchak, B.R., Apicella, J.M., ... Kraemer, W.J.(2013). Adrenal cortical responses to high-intensity, short rest, resistance exercise in men and women. *Journal of Strength and Conditioning Research, 27*（3）, 748-760.

Tan, K.S., McFarlane, L.C., & Lipworth, B. J.(1997). Modulation of airway reactivity and peak flow variability in asthmatics receiving the oral contraceptive pill. *American Journal of Respiratory and Critical Care Medicine, 155* (4), 1273-1277.

Tarnopolsky, M.A.(2008). Building muscle：Nutrition to maximize bulk and strength adaptations to resistance exercise training. *European Journal of Sports Science, 8*（2）, 67-76.

Thompson, W.R.(2013). Now trending：Worldwide survey of fitness trends for 2014. *ACSM's Health and Fitness Journal, 17*（6）, 10-20.

Thomsen, S.R., Bower, D.W., & Barnes, M.D.(2004). Photographic images in women's health, fitness, and sports magazines and the physical self-concept of a group of adolescent female volleyball players. *Journal of Sport and Social Issues, 28*, 266-283.

Tse, M.A., McManus, A.M., & Masters, R.W. (2005). Development and validation of a core endurance intervention program：Implications for performance in college-age rowers. *Journal of Strength and Conditioning Research, 19*（3）, 547-552.

Uchida, M.C., Crewther, B.T., Ugrinowitsch, C., Bacurau, R.L., Moriscot, A.S., & Aoki, M.S. (2009). Hormonal responses to difference resistance exercise schemes of similar total volume. *Journal of Strength and Conditioning Research, 23*（7）, 2003-2008.

Vingren, J.L., Kraemer, W.J., Hatfield, D.L., Volek, J.S., Ratamess, N.A., Anderson, J.M., ... & Maresh, C.M.(2009). Effect of resistance exercise on muscle steroid receptor protein content in strength-trained men and women. *Steroids, 74* (13), 1033-1039.

Vingren, J.L., Kraemer, W.J., Ratamess, N.A., Anderson, J.M., Volek, J.S., & Maresh, C.M. (2010). Testosterone physiology in resistance exercise and training：The up-stream regulatory elements. *Sports Medicine, 40*（12）, 1.

Volek, J.S., Forsythe, C.E., & Kraemer, W.J. (2006). Nutritional aspects of women strength athletes. *British Journal of Sports Medicine, 40* (9), 742-747.

Wang, H-K., & Cochrane, T.(2001). Mobility impairment, muscle imbalance, muscle weakness, scapular asymmetry and shoulder injury in elite volleyball athletes. *Journal of Sports Medicine and Physical Fitness, 41*, 403-410.

West, D.W., Burd, N.A., Churchward-Venne, T.A., Camera, D.M., Mitchell, C.J., Baker, S.K., ... & Phillips, S.M.(2012). Sex-based comparisons of myofibrillar protein synthesis after resistance exercise in the fed state. *Journal of Applied Physiology, 112*（11）, 1805-1813.

Williams, C.A., Armstrong, N., Kirby, B., & Welsman, J.(1995). Is there a relationship between children and adolescents' anaerobic and aerobic performance? *Medicine and Science in Sports and Exercise, 27*（5）, S639.

Wojtys, E.M., Huston, L.J., Boynton, M.D., Spindler, K.P., & Lindenfeld, T.N.(2002). The effect of the menstrual cycle on anterior cruciate ligament injuries in women as determined by hormone levels. *The American Journal of Sports Medicine, 30*（2）, 182-188.

Women's Sport and Fitness Foundation（WSFF）. (n.d.). Female physiology and considerations for coaching practice. Retrieved from www.wsff. org.uk/system/1/assets/files/000/000/319/319/959f0f1f0/original/female_psychology_ and_considerations_for_coaching_practice_2771.pdf

Yang, N., MacArthur, D.G., Gulbin, J.P., Hahn, A.G., Beggs, A.H., Easteal, S., & North, K. (2003). ACTN3 genotype is associated with human elite athletic performance. *American Journal of Human Genetics, 73*（3）, 627-631.

Zatsiorsky, V., & Kraemer, W.(2006). *Science and practice of strength training*（2nd ed.）. Champaign, IL：Human Kinetics.

● 第6章 ●

Abney, R.(2007). African American women in intercollegiate coaching and athletic administration：Unequal access. In D. Brooks and R. Althouse（Eds.）, *Diversity and social justice in college sport：Sport management and the student athlete*（pp.51-75）. Morgantown, WV：Fitness Information Technology.

Alsharif, A.(2012, February 29). Saudi women push for the right to play sports. Retrieved from www.reuters.com/article/2012/02/29/us-saudi-women-sport-idUSTRE81S1BX20120229

Andrews, E.(2009, June 29). Wimbledon says looks important in deciding who plays on Centre Court. *The Courier Mail*. Retrieved from www. adelaidenow.com.au/news/wimbledon-says-looks-important-in-deciding-who-plays-on-centre-court/story-e6frea6u-1225744058152

Benn, T., & Dagkas, S.(2013). The Olympic movement and Islamic culture：Conflict or compromise for Muslim women? *International Journal of Sport Policy and Politics, 5*, 281-294.

Black Women in Sport Foundation.(n.d.). The BWSF story. Retrieved from www.blackwomeninsport.org/about-bwsf

Brake, D.L.(2010). *Getting in the game：Title IX and the women's sports revolution*. New York,

NY：New York University Press.

Bruening, J.(2000). Phenomenal women：A qualitative study of silencing, stereotypes, socialization, and strategies for change in the sport participation of African American female student-athletes [Doctoral dissertation]. Retrieved from OhioLINK（osu1392903455).

Bruening, J.(2005). Gender and racial analysis in sport：Are all the women white and all the Blacks men? *Quest, 57,* 340-359.

Bruening, J., Armstrong, K.L., & Pastore, D.L.（2005). Listening to the voices：The experiences of African American female student athletes. *Research Quarterly for Exercise and Sport, 76*（1), 82-100.

Butler, J., & Lopiano, D.(2003). *The Women's Sports Foundation report：Title IX and race in intercollegiate sport.* East Meadow, NY：Women's Sports Foundation.

Cahn, S.K.（1994). *Coming on strong：Gender and sexuality in twentieth-century women's sport.* Cambridge, MA：Harvard University Press.

Carter, A.(2008). Negotiation identities：Examining African American female collegiate athlete experiences in predominantly White institutions [Unpublished dissertation]. University of Georgia.

Carter, A.R., & Hawkins, B.J.(2011). Coping strategies among African American female collegiate athletes in the predominantly white institution. In K. Hylton, A. Pilkington, P. Warmington, & S. Housee（Eds.), *Atlantic crossings：International dialogues in critical race theory*（pp.61-92). Birmingham, England：Sociology, Anthropology, Politics（C-SAP), The Higher Education Academy Network.

Carter-Francique, A.R., & Flowers, C.(2013). Intersections of race, ethnicity, and gender in sport. In E. Roper（Ed.), *Gender relations in sport*（pp.73-94). Rotterdam, The Netherlands：Sense.

Carter-Francique, A.R., & Regan, M.(2012). Power and politics. In G.B. Cunningham & J.N. Singer（Eds.), *Sociology of sport and physical activity*（2nd ed., pp.373-396). College Station, TX：Center for Sport Management Research and Education.

Chase, C.(2011). Henin is sorry for the Serena hand incident... but not really. Retrieved from http://sports.yahoo.com/tennis/blog/busted_racquet/post/Henin-is-sorry-for-the-Serena-hand-incident-not-really--tennis.html

Clark, C., & Arboleda, T.(1999). *Teacher's guide for "In the shadow of race：Growing up as a multiethnic, multicultural, and 'multiracial' American."* Mahwah, NJ：Lawrence Erlbaum Associates.

Coakley, J.(2007). *Sports in society：Issues and controversies*（9th ed.). Boston, MA：McGraw-Hill.

Cohen v. Brown University, 101 F.3d 155（1st Cir. 1996).

Collins, P.(2000). *Black feminist thought：Knowledge, consciousness, and the politics of empowerment.* New York, NY：Routledge.

Combahee River Collective.(1995). A black feminist statement. In B. Guy Sheftall（Ed.), *Words of fire：An anthology of African-American feminist thought*（pp.231-240). New York, NY：The New Press.

Corbett, D., & Johnson, W.(2000). The African-American female in collegiate sport：Sexism and racism. In D. Brooks（Ed.), *Racism in college athletics：The African-American athlete's experience*（pp.179-204). Morgantown, WV：Fitness Information Technology.

Couch, G.(2011, June 24). Serena's court 2 placement raises racism, sexism suspicions. *Sporting News.* Retrieved from www.sportingnews.com/sport/story/2011-06-24/serenas-court-2-placement-raises-racism-sexism-suspicions

Crenshaw, K.(1991). Mapping the margins：Intersectionality, identity politics, and violence against women of color. *Stanford Law Review, 43*（6), 1241-1299.

Crenshaw, K.(1993). Beyond racism and misogyny：Black feminism and 2 Live Crew. In M. Matsuda, C. Lawrence, R. Delgado & K. Crenshaw（Eds.), *Words that wound：Critical race theory, assaultive speech, and the First Amendment*（pp.111-132). Boulder, CO：Westview Press.

Csizma, K.A., Wittig, A.F., & Schurr, K.T.(1988). *Journal of Sport and Exercise Psychology, 10,* 62-74.

Cunningham, G.B.(2011). *Diversity in sport organizations*（2nd ed.). Scottsdale, AZ：Holcomb Hathaway.

Dagkas, S., & Benn, T.(2006). Young Muslim women's experiences of Islam and physical education in Greece and Britain：A comparative study. *Sport, Education & Society, 11*(1), 21-38.

Davis, F.J.(1991). *Who is Black? One nation's definition.* University Park, PA：The Pennsylvania University.

Davis, L.R., & Harris, O.(1998). Race and ethnicity in US sport media. In L. Wenner（Ed.), *Media sport*（pp.154-169). London, England：Routledge.

Dees, A.J.(2008). Access or interest：Why Brown had benefited African-American women more than Title IX. *University of Missouri Kansas City Law Review, 76,* 625-641.

DeGraffenreid v. General Motors Assembly Divi-

sion, St. Louis, 558 F.2d 480 (1977).

de Tarczynski, S. (2010, May 3). Australia : Hijab-wearing footballers oppose FIFA ban. *Interpress Service*. Retrieved from www.ipsnews.net/2010/05/australia-hijab-wearing-footballers-oppose-fifa-ban

Douglas, D. (2005). Venus, Serena, and the Women's Tennis Association : When and where "race" enters. *Sociology of Sport Journal, 22*, 256-282.

Drucker, J. (2009, March 11). What happened at Indian Wells? *ESPN*. Retrieved from http://sports.espn.com/sports/tennis/columns/story?columnist=drucker_joel&id=3952939

Evans, T. (1998). In the Title IX race toward gender equity, the black female athlete is left to finish last : The lack of access for the invisible woman. *Howard Law Journal, 42* (1), 105-128.

Eyler, A., Baker, E., Cromer, L., King, A., Brownson, R., & Donatelle, R. (1998). Physical activity and minority women : A qualitative study. *Health Education Behavior*, 25, 640-652.

Foster, K.M. (2003). Panopticonics : The control and surveillance of black female athletes in a collegiate athletic program. *Anthropology & Education Quarterly, 34* (3), 300-323.

Gathers, R.C., & Mahan, M.C. (2014). African American women, hair care, and health barriers. *The Journal of Clinical and Aesthetic Dermatology, 7* (9), 26-29.

Gibson, A. (2000). Sports. In R. Newman (Ed.), *African American quotations* (p.344). New York, NY : Oryx Press.

Gibson served as role model for Williams sisters. (2003, September 28). *ESPN*. Retrieved from http://espn.com/classic/obit/news/2003/0928/1625394.html

Gibson, A., & Curtis, R. (1968). *So much to live for*. New York, NY : G.P. Putnam's Sons.

Giddings, P. (1984). *When and where I enter : The impact of Black women on race and sex in America*. New York, NY : William Morrow.

Gill, E. (2011). Rutgers women's basketball & Don Imus controversy (RUIMUS) : Privilege, new racism, and the implications for sport management. *Journal of Sport Management, 25*, 188-130.

Green, T., Oglesby, C.A., Alexander, A., & Franke, N. (1981). *Black women in sport*. Reston, VA : American Alliance for Health, Physical Education, Recreation and Dance.

Hall, R.R., Francis, S., Whitt-Glover, M., Loftin-Bell, K., Swett, K., & McMichael, A.J. (2013). Hair care practices as a barrier to physical activity in African American women. *JAMA Dermatology, 149* (3), 310-314.

Hancock, A.M. (2007). When multiplication doesn't equal quick addition : Examining intersectionality as a research paradigm. *Perspectives on Politics, 5* (1), 63-79.

Haslam, S.A., Oakes, P.J., Reynolds, K.J., & Turner, J.C. (1999). *Personality and Social Psychology Bulletin, 25* (7), 809-818.

High cost of youth sports. (2013, June 21). *Huffington Post Parents*. Retrieved from www.huffingtonpost.com/visualnewscom/high-cost-of-youth-sports_b_3469012.html

Hogshead-Maker, N., & Zimbalist, A. (2007). *Equal play : Title IX and social change*. Philadelphia, PA : Temple University Press.

hooks, b. (2000). *Feminist theory : From margin to center* (2nd ed.). Cambridge, MA : South End Press.

Irick, E. (2014). NCAA Race and Gender Demographics, 1995-2014 (United States) [Data file]. Retrieved from http://web1.ncaa.org/rgdSearch/exec/saSearch

Jenkins, B. (2013, March 12). It's time for Williams sisters to return to Indian Wells. *Sports Illustrated*. Retrieved from www.si.com/tennis/2013/03/12/williams-sisters-indian-wells-venus-serena

Jinxia, D. (2003). *Women, sport and society in modern China*. London, England : Frank Cass.

Johnson, R. (2015, April). Queen of the court. *Vogue Magazine*, 242-247.

King, D. (2007). Multiple jeopardy, multiple consciousness : The context of Black feminist ideology. In B. Landry (Ed.), *Race, gender and class : Theory and method of analysis* (pp.16-38). Upper Saddle River, NJ : Pearson Education.

Laboy, S. (2015, March 12). Saudi girls *still* can't play sports in public schools. *Fusion*. Retrieved from http://fusion.net/story/102498/saudi-girls-still-cant-play-sports-in-public-schools

Lapchick, R., Aristeguieta, F., Bragg, D., Clark, W., Cloud, C., Florzak, A., ... Vinson, M. (2011). *The complete racial and gender report card*. Retrieved from http://dl.dropbox.com/u/11322904/RGRC/2011_RGRC_FINAL.pdf

Lapchick, R., Fox, J., Guiao, A., & Simpson, M. (2015, March 3). *The 2014 racial and gender report card : College sport*. Orlando, FL : The Institute for Diversity and Ethics in Sport, University of Central Florida.

McCall, L. (2005). The complexity of intersectionality. *Journal of Women in Culture and Society, 30* (3), 1771-1800.

McDowell, J., & Cunningham, G.B. (2009). Personal, social, and organizational factors that influence black female athletic administrators' identity negotiation. *Quest, 61*, 202-222.

Murphy, C. (2009, March 17). Girls' sports opportunities MIA in city schools. *WeNews*. Retrieved from http://womensenews.org/2009/03/girls-sports-opportunities-mia-in-city-schools

Muslim group slams female Indian tennis star Sania Mirza for wearing revealing clothing. (2005, September 9). *CBS Sports*. Retrieved from www.cbssports.com/tennis/story/8822682

National Collegiate Athletic Association (NCAA). (2015). Sport Sponsorship, Participation and Demographics Search [Data file]. Retrieved from http://web1.ncaa.org/rgdSearch/exec/sponSearch

NCAA emerging sports timeline. (n.d.). Retrieved from www.ncaa.org/sites/default/files/Emerging%2BSports%2BHistory.doc

Nichols, R.A. (2002, September 7). Sensational siblings : Serena, Venus Williams reach U.S. Open final. *The Washington Post*, p. D1.

Oakes, P.J., Haslam, S.A., & Turner, J.C. (1994). *Stereotyping and social reality*. Cambridge, MA : Blackwell.

Off-court distractions : Racism charges swirl as Williams sisters advance. (2001, March 27). *Sports Illustrated*. Retrieved from http://sportsillustrated.cnn.com/tennis/news/2001/03/26/ericsson_open_ap

Philip, R. (2002, July 5). Sister act "sad for women's tennis" says Mauresmo. *The Telegraph*. Retrieved from www.telegraph.co.uk/sport/tennis/wimbledon/3030608/Sister-act-sad-for-womens-tennis-says-Mauresmo.html

Pickett, M.W. (2009). The invisible black woman in the Title IX shuffle : An empirical analysis and critical examination of gender equity policy in assessing access and participation of black and white high school girls in interscholastic sports [Doctoral dissertation]. *Open Access Dissertations* (Paper 288).

Roberts, S. (2002, June 24). Tennis seeks a foil to stop another all-Williams final. *New York Times*, p. D3.

Rodrick, S. (2013, June 18). Serena Williams : The great one. *Rolling Stone Magazine*. Retrieved from www.rollingstone.com/culture/news/serena-williams-the-great-one-20130618

Sabo, D., & Veliz, P. (2008). *Go out and play : Youth sports in America*. East Meadow, NY : Women's Sports Foundation.

Safire, W. (1988, Nov. 20). On language : people of color. *New York Times*. Retrieved from www.nytimes.com/1988/11/20/magazine/on-language-people-of-color.html

Saudi female athletes : Heroes in London, "prostitutes of the Olympics" at home. (2012, August 12). Retrieved from http://rt.com/news/saudi-female-athletes-prostitutes-olympics-494

Sellers, R.M., Kuperminc, G.P., & Damas, A. (1997). The college life experiences of African American women athletes. *American Journal of Community Psychology, 25* (5), 699-720.

Singer, J.N., & Carter-Francique, A.R. (2012). Representation, participation, and the experiences of racial minorities in college sport. In G. Sailes (Ed.), *Sports in higher education : Issues and controversies in college athletics* (pp.113-138). San Diego, CA : Cognella.

Sinha, S. (2014, Aug. 20). 3 reasons Mo'ne Davis' *Sports Illustrated* cover is an even bigger deal than you realize. *Mic*. Retrieved from http://mic.com/articles/96654/3-reasons-mo-ne-davis-sports-illustrated-cover-is-an-even-bigger-deal-than-you-realize

Sloan Green, T. (2007). My letter to Traci. *Title IX, 35*, 25-28.

Smith, Y. (1992). Women of color in society and sport. *Quest, 44* (2), 228-250.

Smith, Y. (2000). Sociocultural influences of African American elite sportswomen. In D. Brooks and R. Althouse (Eds.), *Racism in college athletics : The African American athlete experience* (2nd ed., pp.173-197). Morgantown, WV : Fitness Information Technology.

Staurowsky, E. (2005). SuAnne Big Crow : Her legend and legacy. In R. King (Ed.), *Native athletes in sport and society* (pp.189-210). Lincoln, NE : University of Lincoln Press.

St. Jean, Y., & Feagin, J. (1998). *Double burden : Black women and everyday racism*. Armonk, NY : M.E. Sharpe.

Suggs, W. (2001, November 30). Left behind. *The Chronicle of Higher Education*, A35.

Suggs, W. (2005). *A place on the team : The triumph and tragedy of Title IX*. Princeton, NJ : Princeton University Press.

Sylwester, M. (2005, March 29). Hispanic girls in sports held back by tradition. *USA Today*, p. A1.

The story of my life. Serena struggles to deal with harsh treatment from crowd. (2003, June 5). *Sports Illustrated*. Retrieved from http://sportsillustrated.cnn.com/tennis/2003/french_open/news/2003/06/05/serena_distraught_reut

Vecsey, G. (2003, June 26). Theories about Paris from Serena's mother. *New York Times*, p. D1.

Versey, H.S. (2014). Centering perspectives on Black women, hair politics, and physical activity. *American Journal of Public Health, 104* (5), 810-815.

Vertinsky, P., & Captain, G. (1998). More myth than history : American culture and representations of the black female's athletic ability. *Journal of Sport History, 25* (3), 532-561.

Wiggins, S.K. (2008). Title IX and African American female athletes. In M. Lomax & K. Shropshire (Eds.), *Sports and the racial divide : African American and Latino experience in an era of change* (pp.126-145). Jackson, MS : University Press of Mississippi.

Williams, S., & Paisner, D.(2009). *On the line.* New York, NY : Grand Central.

Women's Sports Foundation (WSF).(2011). *Foundation's position on race and sport.* East Meadow, NY : Author.

● 第 7 章 ●

American Psychological Association (APA). (2008). *Answers to your questions : For better understanding of sexual orientation and homosexuality.* Washington, DC : Author. Retrieved from www.apa.org/topics/sorientation.pdf

Athlete Ally.(2013a). Heather O'Reilly. Retrieved from www.athleteally.org/allies/heather-oreilly

Athlete Ally.(2013b). Meleana Shim. Retrieved from www.athleteally.org/allies/meleana-shim

Banda, P.S.(2013, February 27). Coy Mathis, Colorado transgender girl, not allowed to use school bathroom. *Huffington Post.* Retrieved from www.huffingtonpost.com/2013/02/27/coy-mathis-colorado-trans_n_2776472.html

Birkett, M., Espelage, D.L., & Koenig, B.(2009). LGB and questioning students in schools : The moderating effects of homophobic bullying and school climate on negative outcomes. *Journal of Youth & Adolescence, 38*, 989-1001.

Blatt, J.(2006)."I was kicked off my team for being 'gay.'" *Cosmo Girl, 8* (9), 96.

Buzinski, J.(2005, November 3). Rene Portland targeted with legal complaint. *Outsports.* Retrieved from www.outsports.com/2013/2/20/4010880/rene-portland-targeted-with-legal-complaint

Buzinski, J.(2013, July 25). Rutgers athletic director Julie Hermann reveals she is lesbian. Retrieved from www.outsports.com/2013/7/25/4557326/rutgers-athletic-director-julie-hermann-reveals-gay-lesbian

Coleman, E., Bockting, W., Botzer, M., Cohen-Kettenis, P., DeCuypere, G., Feldman, J., ... Zucker, K.(2011). Standards of care for the health of transsexual, transgender, and gender-nonconforming people, version 7. *International Journal of Transgenderism, 13*, 165-232.

D'Augelli, A.R., Grossman, A.H., & Starks, M. T.(2006). Childhood gender atypicality, victimization and PTSD among lesbian, gay and bisexual youth. *Journal of Interpersonal Violence, 21*, 1462-1482.

DeFrancesco, D.(2013, May 8). Volleyball eases transgender player's transition. *USA Today.* Retrieved from www.usatoday.com/story/sports/college/volleyball/2013/05/08/taylor-

edelmann-purchase-college-mens-volleyball-transgender-player/2144599

Drescher, J., & Byne, W.(2012). Gender dysphoric/gender variant (GD/GV) children and adolescents : Summarizing what we know and what we have yet to learn. *Journal of Homosexuality, 59*, 501-510.

Edwards-Leeper, L., & Spack, N.P.(2012). Psychological evaluation and medical treatment of transgender youth in an interdisciplinary "gender management service" (GeMS) in a major pediatric center. *Journal of Homosexuality, 59*, 321-336.

Edwards-Stout, K.(2012, Sept 11). The mother of a transgender child speaks out. *Huffington Post.* Retrieved from www.huffingtonpost.com/kergan-edwardsstout/the-mother-of-a-transgender-child-speaks-out_b_1868029.html

Enke, A.F.(2012). Note on terms and concepts. In A. Enke (Ed.), *Transfeminist perspectives : In and beyond transgender and gender studies* (pp.16-20). Philadelphia, PA : Temple University Press.

Espelage, D.L., Aragon, S.R., Birkett, M., & Koenig, B.W.(2008). Homophobic teasing, psychological outcomes, and sexual orientation among high school students : What influence do parents and schools have? *School Psychology Review, 37*, 202-216.

Fink, J.S., Burton, L.J., Farrell, A.O., & Parker, H.M.(2012). Playing it out : Female intercollegiate athletes' experiences in revealing their sexual identities. *Journal for the Study of Sports and Athletes in Education, 6*, 83-106.

GLSEN.(2011). *The 2011 national school climate survey : The experiences of lesbian, gay, bisexual and transgender youth in our nation's schools.* Retrieved from www.glsen.org/binary-data/glsen_attachments/file/000/002/2105-1.pdf

GLSEN.(2013). *The experiences of LGBT students in school athletics (research brief).* Retrieved from www.glsen.org/binary-data/glsen_attachments/file/000/002/2140-1.pdf

GLSEN.(n.d.). About the project. Retrieved from http://sports.glsen.org/about-the-project

Grossman, A.H., & D'Augelli, A.R.(2006). Transgender youth : Invisible and vulnerable. *Journal of Homosexuality, 51*, 111-128.

Grossman, A.H., D'Augelli, A.R., & Frank, J. A.(2011). Aspects of psychological resilience among transgender youth. *Journal of LGBT Youth, 8*, 103-115.

Haas, A.P., Eliason, M., Mays, V.M., Mathy, R.M., Cochran, S.D., D'Augelli, A.R., ... Brown, G.K.(2011). Suicide and suicide risk in lesbian, gay, bisexual, and transgender populations : Review and recommendations. *Journal of*

Homosexuality, 58, 10-51.

Haywood, M.(2013, May 9). California transgender student has to quit basketball team, but keeps passion for the sport. Retrieved from www. glaad.org/blog/california-transgender-student-has-quit-basketball-team-keeps-passion-sport

IOC.(2003). *Statement of the Stockholm consensus on sex reassignment in sports.* Retrieved from www.olympic.org/Documents/Reports/ EN/en_report_905.pdf

Ionnatta, J.C., & Kane, M.J.,(2002). Sexual stories as resistance narratives in women's sports : Reconceptualizing identity performance. *Sociology of Sport Journal, 19*, 347-369.

Kauer, K.J.(2009). Queering lesbian sexualities in collegiate sporting spaces. *Journal of Lesbian Studies, 13*, 306-318.

Kauer, K.J., & Krane, V.(2006). "Scary dykes" and "feminine queens" : Stereotypes and female collegiate athletes. *Women in Sport & Physical Activity Journal, 15* (1), 43-55.

Kauer, K.J., & Krane, V.(2013). Sexual identity and sport. In E. Roper(Ed.), *Gender relations in sport* (pp.53-71). Boston, MA : Sense.

Krane, V., & Barber, H.(2005). Identity tensions in lesbian intercollegiate coaches. *Research Quarterly for Exercise and Sport, 76*, 67-81.

Krane, V., Surface, H., & Alexander, L.(2005). Health implications of heterosexism and homonegativism for girls and women in sport. In L. Ransdall & L. Petlichkoff (Eds.), *Ensuring the health of active and athletic girls and women* (pp.327-346). Reston, VA : National Association for Girls and Women in Sport.

Krane, V., & Symons, C.(2014). Gender and sexual orientation. In A. Papaioannou & D. Hackfort (Eds.), *Fundamental concepts in sport and exercise psychology* (pp.119-135). Abingdon, England : Taylor & Francis.

Lapauw, B., Taes, Y., Simoens, S., Van Caenegem, E., Weyers, S., Goemaere, ... T'Sjoen, G.G. (2008). Body composition, volumetric and areal bone parameters in male-to-female transsexual persons. *Bone, 43*, 1016-1021.

Ljungqvist, A., & Genel, M.(2005). Essay transsexual athletes—When is competition fair? *Lancet, 366*, S42-S43.

Lovett, I.(2013, May 6). Changing sex, and changing teams. *New York Times*. Retrieved from www.nytimes.com/2013/05/07/us/transgender-high-school-students-gain-admission-to-sports-teams.html

Lucas-Carr, C.B., & Krane, V.(2011). *What is the T in LGBT?* Supporting transgender athletes via sport psychology. *The Sport Psychologist, 4*, 532-548.

McGuire, J.K., Anderson, C.R., Toomey, R.B., &

Russell, S.T.(2010). School climate for transgender youth : A mixed method investigation of student experiences and school responses. *Journal of Youth and Adolescence, 39*, 1175-1188.

Mueller, A., Zollver, H., Kronawitter, D., Oppelt, P., Claassen, T., Hoffmann, I., ... Dittrich, R. (2011). Body composition and bone mineral density in male-to-female transsexuals during cross-sex hormone therapy using gonadotrophin-releasing hormone agonist. *Experimental and Clinical Endocrinology & Diabetes, 119*, 95-100.

Mustanski, B.M., Garofalo, R., & Emerson, E. M.(2010). Mental health disorders, psychological distress, and suicidality in a diverse sample of lesbian, gay, bisexual, and transgender youths. *American Journal of Public Health, 100*, 2426-2432.

National Collegiate Athletic Association (NCAA). (2009). Current NCAA position regarding transgender student-athlete participation and resource list. Retrieved from www.ncaa.org/ wps/wcm/connect/0eece8804378fefdbaecba6b cdc87ae7/NCAA+TSA+Issues+Resource.pdf

NCLR.(2005, October 11). National Center for Lesbian Rights asks Penn State to stop decades of anti-gay harassment by women's basketball coach Rene Portland [Press release]. Retrieved from www.clubs.psu.edu/up/psupride/articles/ NCLR%20Press%20Release%2010112005.pdf

Nikki.(2013, May 1). Nikki's Story. *Go! Athletes.* Retrieved from http://goathletes.org/go-athletes-blog/116-nikki-s-story.html

Osborne, B.(2007). "No drinking, no drugs, no lesbians" : Sexual orientation discrimination in intercollegiate athletics. *Marquette Sports Law Review, 17*, 481-501.

Russell, S.T., Ryan, C., Toomey, R.B., Diaz, R.M., & Sanchez, J.(2011). Lesbian, gay, bisexual, and transgender adolescent school victimization : Implications for young adult health and adjustment. *Journal of School Health, 81* (5), 223-230.

Spack, N.P., Edwards-Leeper, L., Feldman, H.A., Leibowitz, S., Mandel, F., Diamond, D.A., & Vance, S.R.(2012). Children and adolescents with gender identity disorder referred to a pediatric medical center. *Pediatrics, 129*, 418-425.

Stieglitz, K.A.(2010). Development, risk, and resilience of transgender youth. *Journal of the Association of Nurses in AIDS Care, 21*, 192-206.

Stoelting, S.(2011). Disclosure as an interaction : Why lesbian athletes disclose their sexual identities in intercollegiate sport. *Journal of Homosexuality, 58*, 1187-1210.

Tony Zamazal, Texas transgender student, wins

right to wear dress and heels to prom [Blog post].(2013, April 5). Retrieved from www.huffingtonpost.com/2013/04/05/tony-zamazal-transgender-prom-_n_3021109.html

Torre, P.S., & Epstein, D.(2012, May 28). The transgender athlete. *Sports Illustrated, 116* (22). Retrieved from http://www.si.com/vault/2012/05/28/106195901/the-transgender-athlete

Transgender Law & Policy Institute.(2009). *Guidelines for creating policies for transgender children in recreational sports.* Retrieved from www.transgenderlaw.org/resources/TLPI_GuidlinesforCreatingPoliciesforTransChildreninRecSports.pdf

Understanding gender.(2013). *Gender Spectrum.* Retrieved from www.genderspectrum.org/understanding-gender

Van Caenegem, E., Wierckx, K., Taes, Y., Dedecker, D., Van de Peer, F., Toye, K., ... T' Sjoen, G.(2012). Bone mass, bone geometry, and body composition in female-to-male transsexual persons after long-term cross-sex hormonal therapy. *Journal of Clinical Endocrinology and Metabolism, 97,* 2503-2511.

Wallien, M.S.C., & Cohen-Kettenis, P.T.(2008). Psychosexual outcome of gender-dysphoric children. *Journal of American Academy of Child Adolescent Psychiatry, 47,* 1413-1423.

Women's Sport Foundation.(2011). Recruiting— Negative recruiting/slander based on sexuality : The Foundation position. Retrieved from www.womenssportsfoundation.org/home/advocate/foundation-positions/lgbt-issues/negative_recruiting

Woog, D.(2013, March 7). US soccer, and all that trans Jazz. *Between the Lines.* Retrieved from www.pridesource.com/article 58803-2/

Zeigler, C.(2013, May 8). Taylor Edelmann is trans volleyball player at Purchase College. *Outsports.* Retrieved from www.outsports.com/2013/5/8/4312770/taylor-edelmann-transgender-volleyball-purchase-college

Zhao, Y., Montoro, R., Igartua, K., & Thombs, B.D.(2010). Suicidal ideation and attempt among adolescents reporting "unsure" sexual identity or heterosexual identity plus same-sex attraction or behavior : Forgotten groups? *Journal of the American Academy of Child and Adolescent Psychiatry, 49,* 104-113.

● 第8章 ●

Administration on Aging.(2013). Profile of older Americans 2013. Retrieved from www.aoa.gov/Aging_Statistics/Profile/index.aspx

Anderson, K.(2008, August 25). One for the aged. *Sports Illustrated, 109* (7), 74-77.

Associated Press.(2015, May 31). 92-year-old becomes oldest woman to complete marathon after finishing race in San Diego. *U.S. News.* Accessed from www.usnews.com/news/sports/articles/2015/05/31/92-year-old-seeks-to-become-oldest-woman-to-finish-marathon

Berkley, N.(2013). How many golfers in the U.S.? *Berkley Golf Consulting.* Retrieved from http://nancyberkley.com/771810.html

Borzi, P.(2007). Grannies are flexing their muscles, gently. *New York Times.* Retrieved from www.nytimes.com/2007/02/21/sports/othersports/21granny.html

Boyd, T.(2006). *Report on demographic and consumption behaviors of USMS members.* United States Masters Swimming. Retrieved from www.usms.org/admin/surveys/May2006/consumption_report.pdf

Bruce, D.G., Devine, A., & Prince, R.L.(2002). Recreational physical activity levels in healthy older women : The importance of falling. *Journal of the American Geriatric Society, 50* (1), 84-89.

Carmichael, F., Duberley, J., & Szmigin, I.(2014, July). Older women and their participation in exercise and leisure-time physical activity : The double edged sword of work. *Sport in Society : Cultures, Commerce, Media, Politic, 18*(1), 1-19.

Clift, E.(2011, August 18). Finishing strong— older women athletes show the way. *Women's Media Center.* Retrieved from www.womensmediacenter.com/feature/entry/finishing-strong older-women-athletes-show-the-way

Cooper, P.(1998). *The American marathon.* Syracuse, NY : Syracuse University Press.

Cousins, S.(2000). "My heart couldn't take it" : Older women's beliefs about exercise. *Journal of Gerontology, Behavior Psychology, and Social Science, 55* (5), 283-294.

Dara Torres : The new beauty myth.(2008, August 8). *The-F-Word.* Retrieved from http://the-f-word.org/blog/index.php/2008/08/08/dara-torres-the-new-beauty-myth

Daughtery, C., Vowels, N., & Black, G.(2011). *United States Masters Swimming survey* [Unpublished report]. U.S. Masters Swimming. Retrieved from www.usms.org/admin/surveys/2011/full_member_survey_webversion.pdf

Doi, T., Ono, R., Ono, K., Yamguchi, R., Makiura, D., & Hirata, S.(2012). The association between fear of falling and physical activity in older women. *Journal of Physical Therapy Science, 24* (9), 859-862.

Dunbar, B., Beach, R.E., Spannuth, J., & Wilson, M.(2012). *Masters swimming for life—from the beginning.* Presented at International Aquatic History Symposium and Film Festival, May 9-12, Fort Lauderdale, FL. Retrieved from www.

usms.org/hist/40yrsofusms.pdf

Franks, J.(2012, August 18). American Diana Nyad starts latest Cuba-U.S. swim attempt. *Chicago Tribune*. Retrieved from http://articles.chicagotribune.com/2012-08-18/business/sns-rt-cuba-swim-tvpixl2e8ji1tm-20120818_1_shark-cage-unassisted-open-ocean-cuba

Geoghegan, T.(2011). Why do Americans die younger than Britons? *BBC News*. Retrieved from www.bbc.com/news/world-us-canada-14070090

Grierson, B.(2010, November 25). The incredible flying nonagenarian. *New York Times*. Retrieved from www.nytimes.com/2010/11/28/magazine/28athletes-t.html

Ha, T.T.(2014, June 26). Olga Kotelko, a Canadian track star well into her 90 s, has died. *The Globe and Mail*. Retrieved from www.theglobeandmail.com/news/national/senior-athlete-olga-kotelko-dead-at-95/article19329789

Harsbarger, R., & Jacobsen, J.(2013). *National running survey*. Retrieved from www.runningusa.org/national-runner-survey

Harvard Health Publications.(2014). Simple exercises to prevent falls. *Harvard Women's Health News, 2* (11), 6.

Henderson, K.A.(2010). Women, gender, and leisure matter. *Journal of Zhejiang University, 40* (2), 117-124.

Heo, J., Culp, B., Yamada, N., & Won, Y.(2013, August). Promoting successful aging through competitive sports participation : Insights from older adults. *Qualitative Health Research, 23* (1), 105-113.

House, C.(2003, January 7). June Krauser gets her own lane : 2001 masters swimmer of the year. Biography. *U.S. Masters Swimming*. Retrieved from www.usms.org/fitness-and-training/articles-and-videos/articles/june-krauser-gets-her-own-lane

Howard, J.(2010, August 19). Diana Nyad : Back to the sea again. *ESPN.com*. Retrieved from http://sports.espn.go.com/espn/commentary/news/story?page=howard/100819

Julian, S.(2015, May 31). Fit@50 : Mountain-climbing motivational speaker shares her best training tips. *AARP.com*. Accessed from www.aarp.org/health/healthy-living/info-2015/fitness-tips-susan-ershler.html

Kelley, K., Little, S., Lee, J.S., Birendra, K.C., & Henderson, K.(2014). Articulating meanings of positive adjustment to aging through physical activity participation among older adults. *Journal of Park and Recreation Administration, 32* (1), 63-79.

Kirby, J.B., & Kluge, M.A.(2013). Going for the gusto : Competing for the first time at age 65. *Journal of Aging and Physical Activity, 21* (3), 290-308.

Litchfield, C., & Dionigi, N.(2013). Rituals in Australian women's veteran's field hockey. *International Journal of Sport & Society, 3* (3), 171-189.

National Senior Games Association.(2013). National Senior Games results book. Retrieved from www.nsga.com/media/documents/national-results/2013/Results-Book2013.pdf

Nyad, D.(1978). *Other shores*. New York, NY : Random House.

Nyad, D.(2011). Swimming toward a lifetime goal. Retrieved from www.aarp.org/personal-growth/life-stories/info-07-2010/diana_nyad_firstperson.html

Oghene, P.O.(2013). Understanding the meanings created around the aging body and sports by masters athletes through media data [Unpublished master's thesis]. Sudbury, CA : Laurentian University.

Palowski, A.(2014, January 20). What makes Olga run? Lessons from a 94-year-old track star. *Today Health and Wellness*. Retrieved from www.today.com/health/what-makes-olga-run-lessons-94-year-old-track-star-2D11947816

Pfister, G.(2012). It's never too late to win—sporting activities and performances of ageing women. *Sport in Society, 15* (3), 369-385.

Running USA.(2013). 2013 state of the sport—Part Ⅲ : U.S. race trends. Retrieved from www.runningusa.org/state-of-sport-2013-part-Ⅲ

Serra, M.C., McMillin, S.L., & Ryan, A.S.(2012). Aging in women athletes. *An International Perspective on Topics in Sports Medicine and Sports Injury*, 131-144. Retrieved from http://cdn.intechopen.com/pdfs-wm/28446.pdf

Sharples, M.(1989). *If Madge can do it*. London, England : MRG.

Sims, S.T., Larson, J.C., Lamonte, M.J., Michael, Y.L., Johnson, K.C., Sarto, G.E., & Stefanik, M.L.(2012, January). Physical activity and body mass : Changes in younger versus older postmenopausal women. *Medical Science and Sports Exercise, 44* (1), 89-97.

Sloane, M., Hanna, J., & Ford, D.(2013, September 3). "Never, ever give up" : Diana Nyad completes historic Cuba-to-Florida swim. *CNN.com*. Retrieved from www.cnn.com/2013/09/02/world/americas/diana-nyad-cuba-florida-swim

Smith, C.(2012, August 21). Diana Nyad photos show how badly attempted Cuba-to-Florida swim ravaged her features. *Yahoo Sports*. Retrieved from http://sports.yahoo.com/blogs/olympics-fourth-place-medal/diana-nyad-pho

tos-show-just-badly-attempted-cuba-2006279
24--oly.html

Smith, K.L., Carr, K., Wiseman, A., Calhoun, K., McNevin, N.H., & Weir, P.L.(2012). Barriers are not the limiting factor to participation in physical activity in Canadian seniors. *Journal of Aging Research*, 1-9.

Staton, R.(2014, May 4). Granny basketball game photos. *City of Georgetown Website*. Retrieved from https://georgetown.org/2014/05/03/granny-basketball-game-photos

Staurowsky, E.J., DeSousa, M.J., Miller, K.E., Sabo, D., Shakib, S., Theberge, N.,... Williams, N.(2015). *Her life depends on it III : Sport, physical activity, and the health and well-being of American girls and women*. East Meadow, NY : Women's Sports Foundation.

Stephan, Y., Boiché, J., & Le Scanff, C.(2010). Motivation and physical activity behaviors among older women : A self-determination perspective. *Psychology of Women Quarterly, 34* (3), 339-348.

Stein, J.(2011, August 10). Diana Nyad's Cuba-to-U.S. swim has lessons for us all. *Los Angeles Times*. Retrieved from http://articles.latimes.com/2011/aug/10/news/la-heb-diana-nyad-20110810

Stewart, J.(2014). "Just get out there and move" master athlete Olga Kotelko leaves gold legacy. *Friesen Press*. Retrieved from http://friesenpress.com/blog/2014/6/27/master-athlete-olga-kotelko-leaves-gold-legacy

Strawbridge, M.(2001). Current activity patterns of women intercollegiate athletes from the 1960 s and 1970 s. *Women in Sport and Physical Activity Journal, 19* (1), 55-68.

Sun, Q., Townsend, M.K., Okereke, O., Franco, O.H., Hu, F.B., & Grodstein, F.(2010). Physical activity at midlife in relation to successful survival in women at age 70 years or older. *Archives of Internal Medicine, 170* (2), 194-201.

Syeed, N.(2007, January 14). More senior women stay fit playing hoops. *Washington Post*. Retrieved from www.washingtonpost.com/wp-dyn/content/article/2007/01/14/AR2007011400388.html

Tahmaseb-McConatha, J., Volkwein-Caplan, K., & DiGregorio, N.(2011). Culture, gaining and well-being : The importance of place and space. *The International Journal of Sport and Society, 2* (2), 41-48.

USA Volleyball.(2013, March 1). *USA Volleyball demographics*. Colorado Springs, CO : Author.

U.S. Department of Health & Human Services. (2010). *Healthy people 2020*. Washington, DC : Author.

Vertinsky, Patricia.(2000). A woman's place in the marathon of life : Feminist perspectives on physical activity and aging. *Journal of Aging and Physical Activity, 8*, 386-406.

Vertinsky, P.(2002). Sporting women in the public gaze : Shattering the master narrative of aging female bodies. *Canadian Women's Studies, 21* (3), 58-63.

Walker, L.(2012). *Aging with strength*. Waialua, HA : Author.

Weil, E.(2008, June 29). A swimmer of a certain age. *New York Times*. Retrieved from www.nytimes.com/2008/06/29/magazine/29torrest.html

Weil, E.(2011, December 1). Marathon swimmer Diana Nyad takes on the demons of the sea. *New York Times*. Retrieved from www.nytimes.com/2011/12/04/magazine/marathon-swimmer-diana-nyad.html

Women's Health USA.(2010). *Health status—Health behaviors*. Retrieved from http://mchb.hrsa.gov/whusa10/pdfs/w08hshb.pdf

● 第9章 ●

About Linda.(n.d.). Retrieved from www.lindamastandrea.com/About-Linda.html

About Tatyana.(n.d.). Retrieved from http://tatyanamcfadden.com/about-tatyana

Active Policy Solutions.(2013). Q and A : Disability in sport Dear Colleague Letter. Washington, DC : Author.

Benjamin, A.(2001). *Making an entrance : Theory and practice for disabled and non-disabled dancers*. New York, NY : Routledge.

Biography : Aimee Mullins.(n.d.). Retrieved from www.aimeemullins.com/about.php

Blaze Sports America.(2013). Our purpose. Retrieved from www.blazesports.org/about/our-purpose

Brittain, I.(2012). The role of gender in participation in disability sport. Retrieved from http://paralympicanorak.wordpress.com/2012/06/07/the-role-of-gender-in-participation-in-disability-sport

Clifford, J.(2011). The UN disability convention and its impact on European equality law. *The Equal Rights Review, 6*, 11-25.

Cody, A.(n.d.). *Gender issues in disability sport : Strategies for engaging girls and women in sport and physical activity*. Decatur, GA : Blaze Sports America.

Division of Disability Resources & Educational Services, University of Illinois.(n.d.). Stephanie Wheeler. Retrieved from www.disability.illinois.edu/athletics/coaches/stephanie-wheeler-0

Equity in sport.(n.d.). Retrieved from www.tatyanamcfadden.com/equity-in-sports.html

Grinberg, E.(2012). Ending the R-word：Ban it or understand it. Retrieved from http://edition.cnn.com/2012/03/07/living/end-r-word

Harpur, P., & Bales, R.(2010). Positive impact of the Convention on the Rights of Persons with Disabilities：A case study on the South Pacific and lessons from the U.S. experience. *Northern Kentucky Law Review, 37*（4）, 363-388.

Hums, M.A., Wolff, E.A., & Morris, A.(2009, January). *Implementation of Article 30.5 of the Convention on the Rights of Persons with Disabilities*. Presented at the Boston University Law School Disability in Sport Symposium, Boston, MA.

Illinois Legal Aid.(2005). *Disabilities guidebook：Section 504：Education in schools receiving federal funds*. Retrieved from www.illinoislegalaid.org/index.cfm?fuseaction=home.dsp_content&contentID=228

International Olympic Committee.(2011). *The Olympic charter*. Lausanne, Switzerland：Author.

International Paralympic Committee（IPC）.(n.d.-a.). History of the movement. Retrieved from www.paralympic.org/TheIPC/HWA/HistoryoftheMovement

International Paralympic Committee（IPC）.(n.d.-b). London 2012. Retrieved from www.paralympic.org/paralympic-games/london-2012

International Paralympic Committee（IPC）.(n.d.-c.). Record number of females to take part in London 2012. Retrieved from www.paralympic.org/news/record-number-females-take-part-london-2012

International Paralympic Committee（IPC）.(2010). *IPC women in sport leadership toolkit*. Bonn, Germany：Author.

International Paralympic Committee（IPC）.(2013). *International Paralympic Committee annual report 2012*. Bonn, Germany：Author.

McCallum, J.(2008, December 8). Small steps, great strides. *Sports Illustrated*. Retrieved from www.eunicekennedyshriver.org/bios/si

Milestones in APA and sport for people with disabilities.(n.d.). *International Platform on Sport and Development*. Retrieved from www.sportanddev.org/en/learn-more/disability/background/milestones-apa-and-sports-people-disabilities

Moorman, A.M., & Hums, M.A.(2010, September). Analysis of the UN Convention on the Rights of Persons with Disabilities and US disability discrimination laws. Presented at the annual Congress of the European Association for Sport Management, Prague, Czech Republic.

Moorman, A.M., & Hums, M.A.(2013, March). Summary and discussion of the Department of Education guidance document clarifying legal obligations of schools to provide equal opportunity for students with disabilities in extracurricular activities. Presented at the annual conference of the Sport and Recreation Law Association, Denver, CO.

Moorman, A., & Masteralexis, L.(2001, June 11-17). *PGA-Martin* ruling's a verdict for inclusion, not doom. *Street & Smith's Sports Business Journal, 4*（8）, 32.

Paralympic record breaker, Aimee Mullins seeks to redefine the word "disabled."（2012). *Epic Victories*. Retrieved from http://epicvictories.com/athlete-and-actor-aimee-mullins-seeks-out-to-redefine-the-word-disabled-she-instead-is-differently-abled

Special Olympics.(n.d.-a.). Demographics. Retrieved from http://resources.specialolympics.org/Topics/Research/Program_Research_Toolkit/Demographics.aspx

Special Olympics.(n.d.-b). International Women's Day：Celebrate the females of Special Olympics and help get more involved. Retrieved from http://specialolympicsblog.wordpress.com/2013/03/08/international-womens-day-celebrate-the-females-of-special-olympics-help-us-get-more-involved

Staurowsky, E.J.(2013, March 21). New guidance from the Office for Civil Rights regarding athletes with disabilities. *College Sports Business News*. Retrieved from http://collegesportsbusinessnews.com/issue/march-2013/article/new-guidance-from-the-office-for-civil-rights-regarding-athletes-with-disabilities

United Nations.(2006). *Convention on the Rights of Persons with Disabilities and Optional Protocol*. Geneva, SUI：Author.

United Nations Enable.(n.d.). Fact sheet on persons with disabilities. Retrieved from www.un.org/development/desa/disabilities/resources/factsheet-on-persons-with-disabilities.html

United Nations Human Rights.(2013). International human rights law. Retrieved from www.ohchr.org/en/professionalinterest/Pages/InternationalLaw.aspx

United States Department of Justice.(2009). A guide to disability rights laws. Retrieved from www.ada.gov/cguide.htm

United States Olympic Committee（USOC）.(n.d.). Stephanie Wheeler. Retrieved from www.teamusa.org/Athletes/WH/Stephanie-Wheeler.aspx

White House Task Force on Childhood Obesity.（2010). V. Increasing physical activity. In *Solving the problem of childhood obesity within a generation*（pp.65-85）. Washington, DC：Author.

Women's Sports Foundation.(2007). *What is the*

Women's Sports Foundation? East Meadows, NY : Author.

● 第10章 ●

Acosta, V., & Carpenter, L.(2012). *Women in intercollegiate sport : A longitudinal national study. Thirty-five year update. 1977-2012.* Retrieved from http://acostacarpenter.org/AcostaCarpenter2012.pdf

Ali, R.(2010, October 26). *Dear colleague letter.* U.S. Department of Education, Office for Civil Rights. Retrieved from www2.ed.gov/about/offices/list/ocr/letters/colleague-201010.pdf

Ali, R.(2011, April 4). *Dear colleague letter.* U.S. Department of Education, Office for Civil Rights. Retrieved from www2.ed.gov/about/offices/list/ocr/letters/colleague-201104.html

Brackenridge, C.H.(1997). Understanding sexual abuse in sport. In R. Lidor & M. Bar-Ell (Eds.), *Proceedings of the IX World Congress of Sport Psychology* (pp.142-144). Netanya, Israel : Ministry of Education, Culture, and Sport.

Brackenridge, C.H., Bishop, D.T., Moussali, S., & Tapp, J.(2008). The characteristics of sexual abuse in sport : A multidimensional scaling analysis of events described in media reports. *International Journal of Exercise and Sport Psychology, 6,* 385-406.

Brake, D.(2012). Going outside Title IX to keep coach-athlete relationships in bounds. *Marquette Sports Law Review, 22* (2), 395-491.

Buchwald, M.E.(2008). Sexual harassment in education and student athletics : A case for why Title IX sexual harassment jurisprudence should develop independently of Title VII. *University of Maryland Law Review, 67* (3), 672-724.

Burton Nelson, M., & Brake, D.(2012). *Staying in bounds : An NCAA model policy to prevent inappropriate relationships between student-athletes and athletics department personnel.* National Collegiate Athletic Association. Retrieved from www.ncaa.org/sites/default/files/Staying+in+Bounds+Final.pdf

Christiansen, S., Hubbell, K., Lee, C., O'Brien, E., & Staurowsky, E.J.(2010). Of orange pride and prejudice : An examination of host/hostess groups in college recruiting. Presented at College Sport Research Institute Conference, University of North Carolina, Chapel Hill, NC.

Chuchmach, M., & Patel, A.(2010, April 9). ABC News investigation : USA swimming coaches molested, secretly taped dozens of teen swimmers. *ABC News.* Retrieved from http://abcnews.go.com/Blotter/abc-news-investigation-usa-swimming-coaches-raped-molested/story?id=10322469

Crossett, T., Ptacek, J., McDonald, M.A., & Bene-

dict, J.R.(1996). Male student athletes and violence against women. *Violence Against Women, 2* (2), 163-179.

Diamond, M.(2011, December 16). NBA official allegedly fired for reporting sexual harassment against female employees. *Think Progress.* Retrieved from http://thinkprogress.org/justice/2011/12/16/390943/nba-official-allegedly-fired-for-reporting-sexual-harassment-against-female-employees

Distant, D.(2013, June 19). Serena Williams on Steubenville rape : "Shouldn't have put herself in that position." *The Christian Post.* Retrieved from www.christianpost.com/news/serena-sorry-for-steubenville-rape-comments-williams-contacting-victims-family-98350

Elendu, I.C., & Umeakuka, O.A.(2011). Perpetrators of sexual harassment experienced by athletes in southern Nigerian universities. *South African Journal for Research in Sport, Physical Education and Recreation, 33* (1), 53-63.

Fasting, K., Brackenridge, C., & Sundgot-Borgen, J.(2000). *Females, elite sports, and sexual harassment : The Norwegian Women's Project.* Oslo, Norway : Norwegian Olympic Committee.

Fasting, K., Brackenridge, C., & Walseth, K.(2007). Women athletes' personal responses to sexual harassment in sport. *Journal of Applied Sport Psychology, 19* (4), 419-433.

Fasting, K., & Knorre, N.(2005). *Women in sport in the Czech Republic : The experience of female athletes.* Oslo, Norway, & Prague, The Czech Republic : The Norwegian School of Sport Sciences and Czech Olympic Committee.

Fejgin, N. and Hanegby, R.(2001). Gender and cultural bias in perceptions of sexual harassment in sport. *International Review for the Sociology of Sport, 36* (4) : 459-478.

Forbes, G.B., Adams-Curtis, L.E., Pakalka, A.H., & White, K.B.(2006). Dating aggression, sexual coercion, and aggression-supporting attitudes among college men as a function of participation in aggressive high school sports. *Violence Against Women, 12* (5), 441-454.

Gregoire, C.(2012, April 9). Rape statistics : Over 17 percent of high school-age girls in Indiana experience sexual assault. *The Huffington Post.* Retrieved from www.huffingtonpost.com/2012/04/09/indiana-sexual-assault-17_n_1412507.html

Hartill, M.(2013). Concealment of child sexual abuse in sports. *Quest, 65* (2), 241-255.

Hill, C., & Kearl, H.(2011). *Crossing the line : Sexual harassment at school.* Washington, DC : American Association of University Women.

Humphrey, S.E., & Kahn, A.S.(2000). Fraternities, athletic teams, and rape : Importance of identification in high risk groups. *Journal of Interpersonal Violence, 15* （12）, 1313-1322.

Kirby, S., Greaves, L., & Hankivsky, O.（2000）. *The dome of silence : Sexual abuse and harassment in sport.* London : Zed Books.

Krebs, C., Lindquist, C.H., Warner, T.D., Fisher, B.S., & Martin, S.L.（2007）. *The campus assault （CAS） study.* National Institute of Justice. Retrieved from www.ncjrs.gov/pdffiles1/nij/grants/221153.pdf

LaVoi, N.（2013, May 28）. Female coaches in high school sports : Data released. *Women in Coaching Blog.* Retrieved from www.nicolemlavoi.com/female-coaches-in-high-school-sports-data-released

Lyndon, A.E., Duffy, D.M., Smith, P.H., & White, J.W.（2011, December 14）. The role of high school coaches in helping prevent adolescent sexual aggression : Part of the solution or part of the problem? *Journal of Sport and Social Issues,* 1-23. DOI : 10.1177/019372351/0193723511426292

Macur, J., & Schweber, N.（2012, December 16）. Rape case unfolds on web and splits city. *New York Times.* Retrieved from www.nytimes.com/2012/12/17/sports/high-school-football-rape-case-unfolds-online-and-divides-steubenville-ohio.html

McMahon, S.（2010, July/August）. Rape myth beliefs and bystander attitudes among incoming college students. *Journal of American College Health, 59* （1）, 3-11.

Moynihan, M.M., Banyard, V.L., Arnold, J.S., Eckstein, R.P., & Stapleton, J.G.（2010）. Engaging intercollegiate athletes in preventing and intervening in sexual and intimate partner violence. *Journal of American College Health, 59*（3）, 97-204.

Noveck, J.（2013, March 19）. In Steubenville case, social media is a double-edged sword. *Akron Beacon Journal.* Retrieved from www.ohio.com/news/break-news/in-steubenville-case-social-media-is-a-double-edged-sword-1.382772

Ove, T.（2013, March 15）. Teen testifies under immunity that he videotaped Steubenville assault. *Pittsburgh Post-Gazette.* Retrieved from www.post-gazette.com/local/region/2013/03/15/Teen-testifies-under-immunity-that-he-videotaped-Steubenville-assault/stories/201303150269

Pedersen, P., Lim, C.H., Osborne, B., & Whisenant, W.（2009）. An examination of the perceptions of sexual harassment by sport print media professionals. *Journal of Sport Management, 23* （3）, 335-360.

Ressler, T.C.（2013, April 23）. Michigan high school chooses to protect star basketball player instead of his rape victim. *Think Progress.* Retrieved from http://thinkprogress.org/health/2013/04/23/1907651/michigan-high-school-rape-culture

Rios, C., & Clancy, C.（2013）. No more Steubenvilles : Educate coaches about sexual assault. Retrieved from www.change.org/p/no-more-steubenvilles-educate-coaches-about-sexual-assault

Rodriguez, E.A., & Gill, D.L.（2011）. Sexual harassment perceptions among Puerto Rican female former athletes. *International Journal of Sport and Exercise Psychology, 9* （4）, 323-337.

Sawyer, R.G., Thompson, E.E., & Chicorelli, A.M.（2002）. Rape myth acceptance among intercollegiate student athletes : A preliminary examination. *American Journal of Health Studies, 18* （1）, 19-25.

Shulman, L.B., & Clifton, G.E.（2011）. Sexual harassment and professional sports organizations. *Professional Sports and the Law, 1* （6）, 1-3.

Starr, K.（2013, January 16）. Breaking down sexual abuse in sports. *Huffington Post.* Retrieved from www.huffingtonpost.com/katherine-starr/breaking-down-sexual-abus_b_2500956.html

Steinbach, P.（2012）. Abuse victim Katherine Starr launches Safe4Athletes. *Athletic Business.* Retrieved from www.athleticbusiness.com/athlete-safety/abuse-victim-katherine-starr-launches-safe4athletes.html

Toftegaard-Nielsen, J.（2001）. The forbidden zone : Intimacy, sexual relations and misconduct in the relationship between coaches and athletes. *International Review for the Sociology of Sport, 36* （2）, 165-182.

USA Gymnastics.（2013, May）. Permanently ineligible members. Retrieved from http://usagym.org/pages/aboutus/pages/permanently_ineligible_members.html

USA Swimming.（2013）. Individuals permanently suspended or ineligible. Retrieved from www.usaswimming.org/ViewMiscArticle.aspx?TabId=1963&mid=10011&ItemId=5107

Volkwein, K.A.E., Schnell, F.I., Sherwood, D., & Livezy, A.（1997）. Sexual harassment in sport : Perceptions and experiences of American female student-athletes. *International Review for the Sociology of Sport, 32* （3）, 283-297.

Welsh-Huggins, A.（2013, May 24）. Grand jury resumes investigating Steubenville rape case. *The Columbus Dispatch.* Retrieved from www.dispatch.com/content/stories/local/2013/05/24/grand-jury-resumes-investigating-case.html

Wetzel, D.（2013, March 13）. Steubenville rape trial divides Ohio town. *YahooSports.com.* Retrieved from http://sports.yahoo.com/news/

highschool--steubenville-rape-trial-divides-ohio-town-052958178.html

Willmsen, C., & O'Hagan, M.(2003). Coaches continue working for schools and private teams after being caught for sexual misconduct. *Seattle Times*. Retrieved from http://seattletimes.com/news/local/coaches/news/dayone.html

Women's Law Project.(2012). The impact of sexual victimization on women's and girls' health. In *Through the lens of equality : Eliminating sex bias to improve the health of Pennsylvania's women*. Philadelphia, PA : Women's Law Project. Retrieved from www.womenslawproject.org/resources/TLE_Chapter3B.pdf

● 第 11 章 ●

Ain, M.(2012). The body issue : Hope Solo. *ESPNW*. Retrieved from http://espn.go.com/espnw/body-issue/6974155/hope-solo

Association for Women in Sports Media (AWSM). (2013, April 29). AWSM responds to Cherry's comments about women in locker rooms. Retrieved from http://awsmonline.org/awsm-response-to-cherry-comments

Barnett, B.(2013). The babe/baby factor : Sport, women, and mass media. In P. Pedersen (Ed.), *Routledge handbook of sport communication* (pp.350-358). New York, NY : Routledge.

Billings, A.C., Angelini, J.R., & Eastman, S.T.(2005). Diverging discourses : Gender differences in televised golf announcing. *Mass Communication & Society*, 8 (2), 155-171.

Brennan, C.(2012, July 25). Finally : It's all about the women at the London Olympics. *USA Today*. Retrieved from http://usatoday 30.usatoday.com/sports/story/2012-07-25/London-Olympics-Brennan-women/56488526/1

Bruce, T., & Hardin, M.(2014). Reclaiming our voices : Sportswomen and social media. In A.C. Billings & M. Hardin (Eds.), *Routledge Handbook of Sport and New Media* (pp.774-795). New York, NY : Routledge.

Byerly, C.M.(2011). Global report on the status of women in the news media. International Women's Media Foundation. Retrieved from http://iwmf.org/pdfs/IWMF-Global-Report.pdf

Chambers, D., Steiner, L., & Fleming, C.(2004). *Women and journalism*. New York, NY : Routledge.

Clavio, G., & Eagleman, A.N.(2011). Gender and sexually suggestive images in sports blogs. *Journal of Sports Management*, 25 (4), 295-304.

Cooky, C., & LaVoi, N.M.(2012). Playing but losing women's sports after Title IX. *Contexts*, *11* (1), 42-46.

Cooky, C., Messner, M.A., & Musto, M.(2015). "It's dude time!" : A quarter century of excluding women's sports in televised news and highlight shows. *Communication & Sport*, 1-27.

Creedon, P.(1994a). From whalebone to spandex : Women and sports journalism in American magazines, photography and broadcasting. In P. Creedon (Ed.), *Women, media, and sport : Challenging gender values* (pp.108-158). New York, NY : Sage.

Creedon, P.(1994b). Women in toyland : A look at women in American newspaper sports journalism. In P. Creedon (Ed.), *Women, media, and sport : Challenging gender values* (pp.67-107). New York, NY : Sage.

Eastman, S.T., & Billings, A.C.(2000). Sportscasting and sports reporting. *Journal of Sport and Social Issues*, *24*, 192-224.

Fink, J.S., & Kensicki, L.J.(2002). An imperceptible difference : Visual and textual constructions of femininity in *Sports Illustrated* and *Sports Illustrated Women*. *Mass Communication & Society*, *5* (3), 317-339.

Fitz-Gerald, S.(2013, April 27). Don Cherry on female reporters : "I don't believe women should be in the male dressing room." *National Post*. Retrieved from http://news.nationalpost.com/sports/nhl/don-cherry-on-female-reporters-i-dont-believe-women-should-be-in-the-male-dressing-room

Goldstein, R.(2008, Sept. 22). Mary Garber, sportswriter, dies at 92. *New York Times*. Retrieved from www.nytimes.com/2008/09/23/sports/23garber.html

Hardin, M., & Shain, S.(2005a). Female sports journalists : Are we there yet? "No." *Newspaper Research Journal*, *26* (4), 22-35.

Hardin, M., & Shain, S.(2005b). Strength in numbers? The experiences and attitudes of women in sports media careers. *Journalism & Mass Communication Quarterly*, *82* (4), 804-819.

Hardin, M., Shain, S., & Shultz-Poniatowski, K.(2008). "There's no sex attached to your occupation" : The revolving door for young women in sports journalism. *Women in Sport and Physical Activity Journal*, *17* (1), 68-79.

Hardin, M., & Whiteside, E.(2006). Fewer women, minorities work in sports departments. *Newspaper Research Journal*, *27* (2), 38-51.

Hardin, M., & Whiteside, E.(2009). Token responses to gendered newsrooms : Factors in the career-related decisions of female newspaper sports journalists. *Journalism*, *10* (5), 627-646.

Hardin, M., & Whiteside, E.(2014). From second-wave to poststructuralist feminism : Evolving frameworks for viewing representations of women's sports. In A.N. Valdivia & E. Scharrer (Eds.), *The International Encyclopedia of Media Studies, Vol III* (pp.116-136). Oxford,

England : Blackwell.

Hatton, E., & Trautner, M.N.(2011). Equal opportunity objectification? The sexualization of men and women on the cover of *Rolling Stone*. *Sexuality & Culture*, *15* (3), 256–278.

Herman, R.(2013, July 16). How far have we really come? *espnW*. Retrieved from http://espn.go.com/espnw/w-in-action/nine-for-ix/article/9481107/espnw-how-far-female-journalists-really-come

Horky, T., & Nieland, J.-U.(2011). *First results of the International Sports Press Survey 2011*. Cologne, Germany : German Sport University. Retrieved from www.playthegame.org/filead min/image/PTG2011/Presentation/PTG_Nieland-Horky_ISPS_2011_3.10.2011_final.pdf

Jones, A.H.(2011). Visual and verbal gender cues in the televised coverage of the 2010 Winter Olympics. *The International Journal of Interdisciplinary Social Sciences*, *6* (2), 199–216.

Jones, R., Murrell, A.J., & Jackson, J.(1999). Pretty versus powerful in the sports pages print media coverage of U.S. women's Olympic Gold Medal winning teams. *Journal of Sport & Social Issues*, *23* (2), 183–192.

Kane, M.J.(2011, July 27). Sex sells sex, not women's sports. *The Nation*. Retrieved from www.thenation.com/article/162390/sex-sells-sex-not-womens-sports/

Kane, M.J., LaVoi, N.M., & Fink, J.S.(2013). Exploring elite female athletes' interpretations of sport media images : A window into the construction of social identity and "selling sex" in women's sports. *Communication & Sport*, *1* (3), 269–298.

Kaszuba, D.(2003). They are women, hear them roar : Female sportswriters of the roaring twenties [Doctoral dissertation]. The Pennsylvania State University. Retrieved from https://etda.libraries.psu.edu/paper/6174/1455

Knoppers, A., & Elling, A.(2004)."We do not engage in promotional journalism" : Discursive strategies used by sport journalists to describe the selection process. *International Review for the Sociology of Sport*, *39* (1), 57–73.

Krane, V., Ross, S.R., Miller, M., Rowse, J.L., Ganoe, K., Andrzejczyk, J.A., & Lucas, C.B. (2010). Power and focus : Self-representation of female college athletes. *Qualitative Research in Sport and Exercise*, *2* (2), 175–195.

Lapchick, R., Burnett, C., Farris, M., Gossett, R., Orpilla, C., Phelan, J., ... Snively. D.(2013, March 1). The 2012 Associated Press sports editors racial and gender report card. Retrieved from www.tidesport.org/RGRC/2012/2012_APSE_RGRC.pdf

Messner, M.A., & Cooky, C.A.(2010). Gender in televised sports, news and highlights shows, 1989–2009. Los Angeles, CA : Center for Feminist Research, University of Southern California.

North, L.(2007)."Just a little bit of cheeky ribaldry"? *Feminist Media Studies*, *7* (1), 81–96.

Nylund, D.(2007). *Beer, babes, and balls : Masculinity and sports talk radio*. Albany, NY : State University of New York Press.

Pedersen, P., Lim, C.H., Osborne, B., & Whisenant, W.(2009). An examination of the perceptions of sexual harassment by sport print media professionals. *Journal of Sport Management*, *23*, 335–360.

Riley, L.(2013, July 13). Claire Smith's locker room exile a reminder of how far we've come. *The Courant*. Retrieved from http://articles.courant.com/2013-07-13/sports/hc-riley-column-0714-20130713_1_san-diego-padres-espn-documentary-claire-smith

Rowe, D.(2007). Sports journalism : Still the "toy department" of the news media? *Journalism*, *8* (4), 385–405.

Walsh-Childers, K., Chance, J., & Herzog, K. (1996). Sexual harassment of women journalists. *Journalism & Mass Communication Quarterly*, *73* (3), 559–581.

Whiteside, E., & Hardin, M.(2010). Public relations and sports : Work force demographics in the intersection of two gendered industries. *Journal of Sports Media*, *5* (1), 21–52.

Whiteside, E., & Hardin, M.(2012). On being a "good sport" in the workplace : Women, the glass ceiling, and negotiated resignation in sports information. *International Journal of Sport Communication*, *5* (1), 51–68.

● 第 12 章 ●

Acosta, V., & Carpenter, L.(1990). *Women in intercollegiate sport : A longitudinal study, thirteen-year update, 1977–1990* [Unpublished report]. Brooklyn, NY : Brooklyn College.

Associated Press.(2015, June 3). Rita LeBlanc testifies of grandfather Tom Benson's unsound mind. *ESPN*. Accessed from http://espn.go.com/nfl/story/_/id/13007327/granddaughter-new-orleans-saints-new-orleans-pelicans-owner-tom-benson-concludes-testimony

Bergeron, D.M., Block, C.J., & Echtenkamp, B.A.(2006). Disabling the able : Stereotype threat and women's work performance. *Human Performance*, 19, 133–158.

BLS Reports.(2013, February). *Women in the labor force : A databook*. Washington, DC : U.S. Bureau of Labor Statistics.

Burstyn, V.(1999). *The rites of men : Manhood, politics, and the culture of sport*. Toronto : University of Toronto.

Chin, Y.W., Henry, I., & Hong, F.(2009, March). Gender, interculturalism, and discourses on women's leadership in the Olympic Movement. *International Journal of the History of Sport, 26* (3), 442–464.

Claringbould, I., & Knoppers, A.(2007). Finding a "normal" woman : Selection processes for board membership. *Sex Roles, 56* (7), 495–507.

Daddario, G.(1997). Gendered sports programming : 1992 Summer Olympic coverage and the feminine narrative form. *Sociology of Sport Journal, 14* (1), 103–120.

Di Giorgio, M.(n.d.). Golf for business for career and business success. *Par Excellence Magazine.* Retrieved from www.parexcellencemagazine. com/business-golf-for-women-golfers/mass mutual-promotes-successful-women.html

Disch, L., & Kane, M.J.(1996). When a looker is a real bitch : Lisa Olson, sport, and the heterosexual matrix. *Signs, 2* (12), 278–308.

Ernst & Young.(2013, May). Women athletes business network. Retrieved from www.ey.com/br/ pt/about-us/our-sponsorships-and-programs/ women-athletes-global-leadership-network ---join-the-network

Ernst & Young.(2014, October). Female executives say participation in sport helps accelerate leadership and career potential. Retrieved from www.ey.com/GL/en/Newsroom/News-releases/news-female-executives-say-partici pation-in-sport-helps-accelerate--leadership-and-career-potential

Espinosa, P.(2012). Golden girl : Olympic champion Donna de Varona champions others. Retrieved from www.wagmag.com/golden-girl

Florio, M.(2013, April 4). Aponte could be on track to become NFL's first female GM. *NBC Sports.* Retrieved from http://profootballtalk. nbcsports.com/2013/04/14/aponte-could-be-on-track-to-become-nfls-first-female-g-m

Game changers : Women in sports business. (2011). *Street & Smith's SportsBusinessJournal.* Retrieved from www.sportsbusinessdaily.com/ Journal/Issues/2011/10/10/Game-Changers/ Intro.aspx

Hall, M.A.(1996). *Feminism and sporting bodies : Essays on theory and practice.* Champaign, IL : Human Kinetics.

Hardin, M., & Whiteside, E.(2006, Spring). Fewer women, minorities work in sports departments. *Newspaper Research Journal, 27* (2), 38–51.

Heilman, B.(1962, April 16). Still on top at 14. *Sports Illustrated.* Retrieved from http://sport sillustrated.cnn.com/vault/article/maga zine/MAG1073687/

Henry, I.P., & Robinson, L.(2010). *Gender equal-ity and leadership in Olympic bodies : Women, leadership and the Olympic Movement, 2010.* Lausanne, Switzerland : International Olympic Committee.

Hock, L.(2013, June 14). Lydia Nsekera becomes first women elected to FIFA executive board. *The S.H.E. Network.* Retrieved from www.wom enssportsfoundation.org/en/sitecore/content/ home/she-network/sports/lydia-nsekera-becomes-first-woman-elected-to-fifa-execu tive-board.aspx

Hovden, J.(2010, July). Female top leaders—prisoners of gender? The gendering of leadership discourses in Norwegian sports organizations. *International Journal of Sport Policy, 2* (2), 189–206.

Kane, M.J., & Stangl, J.(1991). Employment patterns of female coaches in men's athletics : Tokenism and marginalization as reflections of occupational sex-segregation. *Journal of Sport & Social Issues, 15* (1), 21–41.

Kanter, R.M.(1977). *Men and women of the corporation.* New York, NY : Basic Books.

Knoppers, A., & Anthonissen, A.(2005). Male athletic and managerial masculinities : Congruencies in discursive practices? *Journal of Gender Studies, 14* (2), 123–136.

Kuttler, H.(2014, August 14). For ex-WNBA chief Donna Orender, NBA breakthrough for women a show of respect. *JTA.com.* Retrieved from www.jta.org/2014/08/14/arts-enter tainment/for-ex-wnba-chief-donna-orender-nba-breakthrough-for-women-a-show-of-respect

Lapchick, R., Domingues, J., Haldane, L., Loomer, E., & Pelts, J.(2014). *The 2014 racial and gender report card : Major League Soccer.* Retrieved from www.tidesport.org/Final%202014%20 MLS%20RGRC.pdf

Lapchick, R., Donovan, D., Loomer, E., & Martinez, L.(2014). *The 2014 racial and gender report card : National Basketball Association.* Retrieved from www.tidesport.org/The%20 2014%20Racial%20and%20Gender%20 Report%20Card-%20NBA.pdf

Lapchick, R., Donovan, D., Rogers, S., & Johnson, A.(2014). *The 2014 racial and gender report card : National Football League.* Retrieved from www.tidesport.org/The%202014%20NFL%20 Racial%20and%20Gender%20Report%20 Card2.pdf

Lapchick, R., Johnson, A., & Yacaman, A.(2014). *The 2014 Women's National Basketball Association racial and gender report card.* Retrieved from www.tidesport.org/The%202014%20 Racial%20and%20Gender%20Report%20Card-%20NBA.pdf

Lapchick, R., Lecky, A., & Trigg, A.(2012). *The 2012 racial and gender report card : National Basketball Association*. Retrieved from www.tidesport.org/RGRC/2012/2012_NBA_RGRC%5B1%5 D.pdf

Lapchick, R., & Salas, D.(2015). *The 2015 racial and gender report card : Major League Baseball*. Retrieved from www.tidesport.org/Ammended%20-%20The%202015%20MLB%20Racial%20&%20Gender%20Report%20Card.pdf

Mathis, K.(2015, February 23). First Coast success : Donna Orender connects to reach her goals. *Daily Record*. Retrieved from www.jaxdailyrecord.com/showstory.php?Story_id=544942

Maylon, H.(2011). Leadership, women in sport, and embracing empathy. *Advancing Women in Leadership, 31* (1), 160-165.

Messner, M.(2002). *Taking the field : Women, men, and sports*. St. Paul, MN : University of Minnesota Press.

Messner, M., & Sabo, D.(1990). *Sport, men, and the gender order : Critical feminist perspectives*. Champaign, IL : Human Kinetics.

Messner, M., & Solomon, N.M.(2007). Social justice and men's interests : The case of Title IX. *Journal of Sport and Social Issues, 31* (2), 162-178.

Moore, M., Parkhouse, B., & Konrad, A.M. (2000). Women in sport management : Advancing the representation through HRM structures. *Gender in Management : An International Journal, 25* (2), 104-118.

National Collegiate Athletic Association.(2014). *NCAA race and gender demographics database : Student-athlete data*. Indianapolis, IN : Author.

Newman, E.(2013, March 8). Ranking the 10 most influential women in sport. *Sports Illustrated*. Retrieved from http://sportsillustrated.cnn.com/more/news/20130308/women-sports-power-list

Orender, D.(2015, March). A conversation about gender equity. *Gen W Now*. Retrieved from www.genwnow.com/author/donna-orender

Pfister, G., & Radtke, S.(2006). Dropping out : Why male and female leaders in German sports federations break off their careers. *Sport Management Review, 9* (2), 111-139.

Riley, L.(1999, November 4). de Varona still a pioneer. *The Courant*. Retrieved from http://articles.courant.com/1999-11-04/sports/9911040073_1_female-athletes-womensports-celebration-women-s-sports-foundation

Rogers, P.(2000, May 15). Making waves : Olym-pian Donna De Varona charges ABC fired her because of her age. *People*. Retrieved from www.people.com/people/archive/article/0,,20131248,00.html

Roenigk, A.(2012, February 17). Sebastian Coe a champion for women. *ESPNW*. Retrieved from http://espn.go.com/espnw/olympics/article/7588059/sebastian-coe-champion-women

Rossingh, D.(2013, March 8). Former Olympian de Varona spearheading women's network. *Bloomberg*. Retrieved from www.bloomberg.com/news/2013-03-08/former-olympian-devarona-spearheading-women-s-network.html

Sartore, M.L., & Cunningham, G.B.(2007). Explaining the under-representation of women in leadership positions of sport organizations : A symbolic interactionist perspective. *Quest, 59* (2), 244-265.

Shaw, S., & Hoeber, L.(2003). "A strong man is direct and a direct woman is a bitch" : Gendered discourses and their influence on employment roles in sport organizations. *Journal of Sport Management, 17* (4), 347-375.

Smith, M.M., & Wrynn, A.M.(2009). *Women in the 2000, 2004 and 2008 Olympic and Paralympic Games : An analysis of participation and leadership opportunities, a Women's Sports Foundation research report*. New York, NY : Women's Sports Foundation.

Smith, M.M., & Wrynn, A.M.(2010). *Women in the 2002, 2006 and 2010 Winter Olympic and Paralympic Games : An analysis of participation and leadership opportunities, a Women's Sports Foundation research report*. New York, NY : Women's Sports Foundation.

Smith, M.M., & Wrynn, A.M.(2013). *Women in the 2012 Olympic and Paralympic Games : An analysis of participation and leadership opportunities, a Women's Sports Foundation research report*. New York, NY : Women's Sports Foundation.

Staurowsky, E.J.(2011). *The WISE/Ithaca College Status of Women in Sport Industry Survey findings* [Unpublished report].

Staurowsky, E.J., Brown, K., & Weider, N.(2009). *Women's reflections on working in the sport in the sport industry*. Paper presented at the To Remember Is to Resist Conference, Toronto, Ontario, CANADA.

Tahmincioglu, E.(2012, June 29). Playing youth sports helps women in their careers. *USA Today*. Retrieved from www.today.com/money/playing-youth-sports-helps-women-their-careers-853207

Wentworth, C.(2009). The role of collegiate sports participation in preparing women for executive leadership [Doctoral dissertation]. Retrieved from http://athenaeum.libs.uga.edu/handle/10724/11744

Whisenant, W.A., Pedersen, P.M., & Obenour, B.(2002). Success and gender : Determining the rate of advancement for intercollegiate athletic directors. *Sex Roles, 47*, 485-491.

White, M., & Kay, J.(2006). Who rules sport now? White and Brackenridge revisited. *International Review for the Sociology of Sport, 41* (3), 465-473.

Women in Sports and Events (WISE).(n.d.). Our History. Retrieved from http://wiseworks.org/about/history

● 第 13 章 ●

Acosta, V., & Carpenter. L.(2007). Intercollegiate sports. In M.A. Hums, G.G. Bower, & H. Grappendorf (Eds.), *Women leaders in sport : Impact and influence* (pp.45-62). Oxon Hills, MD : AAHPERD.

Acosta, V., & Carpenter, L.(2012). *Women in intercollegiate sport. A longitudinal, national study. Thirty-five year update. 1977-2012* [Unpublished report]. Retrieved from http://acostacarpenter.org/AcostaCarpenter2012.pdf

Amy Huchthausen named conference's fourth commissioner [Press release].(2011, December 8). *American East Communications*. Retrieved htpp://america east.com/news/2011/9/29/205304418.aspx205304418

Barlow, K.A.(1999). Factors that impact the present and future of women high school athletic directors. *Dissertation Abstracts International, 59* (7).

Barron, D.(2012, February 13). Five women ADs in area proof of change in high school athletics. *Houston Chronicle*. Retrieved from www.chron.com/sports/highschool/article/5-women-ADs-in-area-proof-of-change-in-high-3357536.php

Blom, L.C., Abrell, L., Wilson, M.J., Lape, J., Halbrook, M., & Judge, L.W.(2011). Working with male athletes : The experiences of U.S. female head coaches. *The ICHPER-SD Journal of Research in Health, Physical Education, Recreation, Sport & Dance, 6* (1), 54-61.

Borland, J., & Bruening, J.E.(2010). Navigating barriers : A qualitative examination of the under-representation of Black females as head coaches in collegiate basketball. *Sport Management Review, 13* (4), 407-420.

Bracken, N.(2009). *Gender equity in college coaching and administration : Perceived barriers report*. Indianapolis, IN : NCAA.

Brockman, E.(2000, March 5). A woman's power tool : High heels. *New York Times*. Retrieved from www.nytimes.com/2000/03/05/weekinre

view/a-woman-s-power-tool-high-heels.html

Brook, S.L., & Foster, S.(2010). Does gender affect compensation among NCAA basketball coaches? *Journal of Sport Finance, 5* (2), 96-106.

D'Costa, K.(2012). Power, confidence, and high heels. *Scientific American*. Retrieved from http://blogs.scientificamerican.com/anthropology-in-practice/from-the-archives-power-confidence-and-high-heels

DeNava-Walt, C., Proctor, B.D., & Smith, J.C.(2012). *Income, poverty, and health insurance coverage in the United States : 2011*. Washington, DC : United States Census Bureau.

Equity in Athletics Disclosure Act Report 2011-2012.(2012). U.S. Department of Education. Retrieved from http://ope.ed.gov/athletics

Ford, B.(2012, March 26). Fruit punch, basketball, and a desire to improve. *espnW*. Retrieved from http://espn.go.com/espnw/title-ix/article/7728181/bonnie-ford-playing-women-basketball-oberlin-college-title-ix

Gentry, J.K., & Alexander, R.M.(2012, April 2). Pay for women's basketball coaches lags behind that of men's coaches. *New York Times*. Retrieved from www.nytimes.com/2012/04/03/sports/ncaabasketball/pay-for-womens-basketball-coaches-lags-far-behind-mens-coaches.html

Goisman, M.(2011, June 8). Somerville High AD Nicole Viele. Retrieved from http://mgoisman.sportsblognet.com/2011/06/08/somerville-high-ad-nicole-viele-%E2%80%98our-program-is-so-much-bigger-than-wins-and-losses%E2%80%99

Grappendorf, H., Lough, N., & Griffin, J.(2004). Profiles and career patterns of female NCAA Division I athletic directors. *International Journal of Sport Management, 5* (3), 243-261.

Greenawalt, N., Fleischman, R., & Smeaton, P. (2013). Modern sexism and preference for a coach among select National Collegiate Athletic Association Division I female athletes : A quantitative and qualitative analysis. Paper presented at the North American Society for Sport Management Conference, Austin, TX.

Groller, K.(2013, July 9). Diane Jordan is ready for the challenge as Freedom's new athletic director. *The Morning Call*. Retrieved from http://articles.mcall.com/2013-07-09/sports/mc-aroundthevalley-0708-20130709_1_assistant-ad-new-ad-sam-senneca

Hoffman, J.(2011). Inside the huddle : Gender stereotyping work among senior level women athletic administrators. *International Journal of Sport Management, 12* (3), 255-274.

Hook, J.(2012, November 8). Another "Year of the

Woman" in Congress. *The Wall Street Journal*. Retrieved from http://online.wsj.com/article/SB100014241278873240735045781073426868 81904.html

Howard, J.(1994). Donna Lopiano and the art of reform. In R. Rapoport（Ed.）, *A kind of grace : A treasury of sportswriting by women*（pp.37-43）. Bandon, OR : Zenobia Press.

Igasaki, P.(1997). *EEOC notice : Enforcement guidance on sex discrimination in the compensation of sports coaches in educational institutions*. Equal Employment Opportunity Commission. Retrieved from www.eeoc.gov/policy/docs/coaches.html

Irick, E.(2012). *NCAA sports sponsorship and participation rates report 1981-1982—2011-2012*. Indianapolis, IN : National Collegiate Athletic Association.

Kamphoff, C.(2010). Bargaining with patriarchy : Former female coaches' experiences and their decision to leave collegiate coaching. *Research Quarterly for Sport and Exercise, 81*（3）, 360-372.

Kamphoff, C.S., & Gill, D.(2008). Collegiate athletes' perceptions of the coaching profession. *International Journal of Sports Science and Coaching, 3*（1）, 55-72.

Kline, K.(2012, March 9). High heeled affair for SEC coaches. *Full Court*. Retrieved from www.fullcourt.com/kelly-kline/5533/high-heeled-affair-sec-coaches

Lapchick, R., Farris, M., & Rodriquez, B.(2012, November 28). *Mixed progress throughout collegiate athletic leadership : Assessing diversity among campus and conference leaders for Football Bowl Subdivision（FBS）schools in the 2012-2013 academic year*[Unpublished report]. Retrieved from www.tidesport.org/Grad%20 Rates/2012_D1_Leadership_Report.pdf

Lapchick, R., Agusta, R., Kinkopf, N., & McPhee, F.(2013). *The 2012 racial and gender report card : College sport* [Unpublished report]. Retrieved from http://tidesport.org/RGRC/2012/2012_College_RGRC.pdf

LaVoi, N.(2013, May 23). Female coaches in high school sports : Data released. *Women in Coaching Blog*. Retrieved from www.nicolemlavoi.com/female-coaches-in-high-school-sports-data-Released

Magnusen, M.J., & Rhea, D.J.(2009). Division I athletes' attitudes toward and preferences for male and female strength and conditioning coaches. *Journal of Strength and Conditioning Research, 23*（4）, 1084-1090.

Mather. M.(2007). Interscholastic sport. In M.A. Hums, G.G. Bower, & H. Grappendorf（Eds.）, *Women leaders in sport : Impact and influence* (pp.25-44). Oxon Hill, MD : AAHPERD.

Mazerolle, S.M., Borland, J.F., & Burton, L. J.(2012). The professional socialization of athletic trainers : Navigating experiences of gender bias. *Journal of Athletic Training, 47*（6）, 694-703.

National Collegiate Athletic Association.(2012). Race and gender demographics report. Retrieved from http://web1.ncaa.org/rgdSearch/exec/instSearch

Preuss, A.(2012, March 31). Lisa Campos hired to replace Jim Fallis at NAU. *PHXFan*. Retrieved from http://phxfan.com/2012/03/lisa-campos-hired-to-replace-ad-jim-fallis-at-nau

Reid, S.M.(2011, April 21). UCLA basketball : Close will lead in her own way. *Orange County Register*. Retrieved from www.ocregister.com/ucla/strong-462371-close-ucla.html

Reynolds, R., & Crockett, R.O.(2013, April 2). Leadership in the field : Interviews with global leaders : Val Ackerman. Retrieved from www.russellreynolds.com/sites/default/files/rr_video_series_v3.pdf

Rhode, D., & Walker, C.(2008). Gender equity in college athletics : Women coaches as a case study. *Stanford Journal of Civil Rights and Civil Liberties, 4*, 1-50.

Richards, A.(1988, July 19). Address to the Democratic National Convention. *New York Times*. Retrieved from www.nytimes.com/1988/07/19/us/text-richards.html

Sandberg, S.(2013). *Lean in : Women, work, and the will to lead*. New York, NY : Random House.

Sartore, M., & Cunningham, G.(2006). Stereotypes, race, and coaching. *Journal of African American Studies, 10*（2）, 69-83.

Schneider, R.C., Stier, W.F., Henry, T.J., & Wilding, G.E.(2010). Senior women administrators' perceptions of factors leading to discrimination of women in intercollegiate athletic departments. *Journal of Issues in Intercollegiate Athletics, 3*, 16-34.

Shriver, M.(2009). *The Shriver Report : A woman's nation changes everything*. Washington, DC : Center for American Progress.

Solomon, J.(2015, October 26). New C-USA commish Judy McLeod breaks female barrier ; more must fall. *CBSSports.com*. Retrieved from www.cbssports.com/collegefootball/writer/jon-solomon/25354623/new-c-usa-commish-judy-macleod-breaks-female-barrier-more-must-fall

Stangl, J.M., & Kane, M.J.(1991). Structural variables that offer explanatory power for the underrepresentation of women coaches since Title IX : The case of homologous reproduction. *Sociology of Sport Journal, 8*（1）, 47-60.

Staurowsky, E.J.(2011, September). Traversing the gender tightrope : Reflections from the NACWAA Convention. *College Sports Business News*. Retrieved from http://collegesportsbusinessnews.com/issue/october-2011/article/traversing-the-gender-tightrope-reflections-from-the-2011-nacwaa-convention

Staurowsky, E.J., Murray, K., Puzio, M., & Quagliariello, J.(2013). Revisiting James Madison University : A case analysis of program restructuring following so-called Title IX cuts. *Journal of Intercollegiate Sport*, 6 (1), 96-119.

Staurowsky, E.J., & Proska, M.(2013, July 15). Gender equity at the high school level. *Women in Coaching Blog*. Retrieved from http://stream.goodwin.drexel.edu/womenincoaching/2013/07/15/gender-equity-at-the-high-school-level/#more-3948

Staurowsky, E.J., & Weight, E.(2011, December). Title IX literacy : What coaches don't know and need to find out. *Journal of Intercollegiate Sport*, 4 (2), 190-209.

Staurowsky, E.J., & Weight, E.(2013). Discovering dysfunction in Title IX implementation : NCAA administrator literacy, responsibility, and fear. *Journal of Applied Sport Management : Research That Matters*, 5 (1), 1-30.

Summit, P., & Jenkins, S.(2013). *Sum it up : A thousand and ninety-eight victories, a couple of irrelevant losses, and a life in perspective*. New York, NY : Random House.

Tyler, G.(2012, December). The pay gap between men's and women's sports lives on 40 years after Title IX. *The Sport Digest*. Retrieved from http://thesportdigest.com/2012/12/the-pay-gap-between-mens-and-womens-sports-lives-on-40-years-after-title-ix

U.S. Department of Education.(2012). The Equity in Athletes Data Analysis Cutting Tool. Retrieved from http://ope.ed.gov/athletics

Whisenant, W., Miller, J., & Pedersen, P.(2005). Systemic barriers in athletic administration : An analysis of job descriptions for interscholastic athletic directors. *Sex Roles*, 53 (1), 911-918.

White, M.(2012, October 5). A new direction : Women athletic directors on the rise. *Pittsburgh Post Gazette*. Retrieved from www.post-gazette.com/stories/sports/high-school-other/varsity-xtra-the-changing-face-number-of-women-ads-rising-sharply-656292

Wright, C., Eagleman, A.N., & Pedersen, P.M.(2011). Examining leadership in intercollegiate athletics : A content analysis of NCAA Division I Athletic Directors. *Choregia*, 7 (2), 35-52.

Yiamouyiannis, A., & Osborne, B.(2012, May). Addressing gender inequities in collegiate sports : Examining female leadership representation within NCAA sport governance. *Sage Open*. Retrieved from http://sgo.sagepub.com/content/2/2/2158244012449340.full.pdf+html

● 第14章 ●

Ackerman, V.(2013, July 5). Division I women's basketball white paper. *NCAA*. Retrieved from www.ncaa.org/wps/wcm/connect/public/ncaa/pdfs/2013/ncaa+division+i+womens+basketball+white+paper+2013

Adams, W.L.(2011, July 2). Game, sex, and match : The perils of female sports advertising. *Time*. Retrieved from www.time.com/time/business/article/0,8599,2081209,00.html

Antil, J., Burton, R., & Robinson, M.J.(2012). Exploring the challenges facing female athletes as endorsers. *Journal of Brand Strategy*, 1 (3), 292-307.

Badenhausen, K.(2012, July 30). Olympic stars top list of the 10 highest-paid female athletes. *Forbes*. Retrieved from www.forbes.com/sites/kurtbadenhausen/2012/07/30/seven-london-olympic-athletes-among-the-worlds-highest-paid-female-stars

Badminton World Federation.(2010/2011). *BWF handbook II (laws of badminton & regulations)*. Retrieved from www.worldbadminton.com/rules/documents/bwfHandbook2010.pdf

Bahk, C.M.(2000). Sex differences in sport spectator involvement. *Perceptual and Motor Skills*, 91 (2), 79-83.

BBC Sport.(2004, January 16). Women footballers blast Blatter. Retrieved from http://news.bbc.co.uk/sport2/hi/football/3402519.stm

Belknap, P., & Leonard, W.(1991). A conceptual replication and extension of Erving Goffman's study of gender advertisements. *Sex Roles*, 25, 103-118.

Bem, S.L.(1981). Gender schema theory : A cognitive account of sex typing. *Psychological Review*, 88, 354-364.

Bush, A.J., Martin, C.A., & Bush, V.D.(2004). Sports celebrity influence of behavioral intentions of Generation Y. *Journal of Advertising Research*, 44, 108-118.

Bush, V.D., Bush, A.J., Clark, P., & Bush, R.P.(2005). Girl power and word-of-mouth behavior in flourishing sports market. *Journal of Consumer Marketing*, 22 (5), 257-264.

Castillo, J.(2011, August 7). The marketing of Moore is a team challenge. *New York Times*. Retrieved from www.nytimes.com/2011/08/08/sports/basketball/maya-moores-deal-with-jordan-brand-could-be-breakthrough.html

Cuneen, J., & Claussen, C.(1999). Gender portrayals in sports product point-of-purchase advertising. *Women in Sport and Physical Activity Journal, 8* (2), 73-102.

Cunningham, G., Fink, J.S., & Kenis, L.J.(2008). Choosing an endorser for a woman's sporting event : The interaction of attractiveness and expertise. *Sex Roles, 58* (5/6), 371-378.

Dyson, A., & Turco, D.(1998). The state of celebrity endorsement in sport. *Cyber Journal of Sport Marketing, 2* (1).

Fans of PGA, LPGA tours continue to skew older, have high incomes.(2011, July 28). *SportsBusiness Daily.* Retrieved from www.sportsbusiness daily.com/Daily/Issues/2011/07/28/Research-and-Ratings/Golf-demos.aspx

Farrell, A., Fink, J.S., & Fields, S.(2011). Women's sport spectatorship : An exploration of men's influence. *Journal of Sport Management, 25,* 190-201.

Fink, J.S., Cunningham, G.B., & Kensicki, L.J.(2004). Using athletes as endorsers to sell women's sport : Attractiveness vs. expertise. *Journal of Sport Management, 18,* 350-367.

Fink, J.S., Trail, G.T., & Anderson, D.F.(2002). Environmental factors associated with spectator attendance and sport consumption behavior : Gender and team differences. *Sport Marketing Quarterly, 11* (1), 8-19.

Footwear industry statistics.(2012). Statistic Brain Research Institute. Retrieved from www.statis ticbrain.com/footwear-industry-statistics

Grau, S.L., Roselli, G., & Taylor, C.R.(2007). Where's Tamika Catchings? A content analysis of female athlete endorsers in magazine advertisements. *Journal of Issues & Research in Advertising, 29* (1), 55-65.

Guest, A.M., & Cox, S.(2009). Using athletes as role models? Conceptual and empirical perspectives from a sample of elite women soccer players. *International Journal of Sports Science & Coaching, 4* (4), 567-581.

Hardin, M., & Greer, J.D.(2009). The influence of gender-role socialization, media use and sports participation on perceptions of gender-appropriate sports. *Journal of Sport Behavior, 32* (2), 207-227.

Howard, J.(2011, June 23). Twelve years later, still the best. *ESPN.* Retrieved from http://sports. espn.go.com/espn/commentary/news/story? page=howard-110623

Irick, E.(2012). *NCAA sports sponsorship and participation rates report : 1981-1982 to 2011-2012.* National Collegiate Athletic Association. Retrieved from www.ncaapublications.com/ productdownloads/PR2013.pdf

Jessop, A.(2012, November 26). How new marketing approaches helped the NFL achieve tri-ple-digit growth in women's apparel sales. *Forbes.* Retrieved from www.forbes.com/sites/ aliciajessop/2012/11/26/how-new-marketing-approaches-helped-the-nfl-achieve-triple-digit-growth-in-womens-apparel-sales

Joseph, S.(2013, March 25). Sports brands to go beyond pink to woo women. *Marketing Week.* Retrieved from www.marketingweek.co.uk/ news/sports-brands-to-go-beyond-pink-to-woo-women/4006092.article

Kamins, M.A.(1990). An investigation into the match-up hypothesis in celebrity advertising : When beauty may only be skin deep. *Journal of Advertising, 19* (1), 4-13.

Knight, J.L., & Guiliano, T.A.(2001). He's a Laker ; she's a looker : The consequences of gender-stereotypical portrayals of male and female athletes by the print media. *Sex Roles, 45,* 217-229.

Knight, J.L., & Guiliano, T.A.(2003). Blood, sweat, and jeers : The impact of the media's heterosexist portrayals on perceptions of male and female athletes. *Journal of Sport Behavior, 26* (3), 272-284.

Koo, G.Y., Ruihley, B.J., & Dittmore, S.W.(2012). Impact of perceived on-field performance on sport celebrity source credibility. *Sport Marketing Quarterly, 21,* 147-158.

Krane, M.J., Choi, P.Y.L., Baird, S.M., Aimar, C.M., & Kauer, K.J.(2004). Living the paradox : Female athletes negotiate femininity and muscularity. *Sex Roles, 50* (5/6), 315-329.

Krasny, J.(2012, February 17). Infographic : Women control the money in America. *Business Insider.* Retrieved from www.businessin sider.com/infographic-women-control-the-money-in-america-2012-2

Lee, J.(2004, July 19-25). NCAA panel wants branding for women's hoops. *SportsBusiness Journal, 7* (12), 6.

Longman, J.(2011, May 26). Badminton's new dress code is criticized as being sexist. *New York Times.* Retrieved from www.nytimes.com/ 2011/05/27/sports/badminton-dress-code-for-women-criticized-as-sexist.html

Maxwell, H., & Lough, N.(2009). Signage vs. no signage : An analysis of sponsorship recognition in women's college basketball. *Sport Marketing Quarterly, 18,* 188-198.

McCarter, N.(2013, January 4). 5 reasons why Americans' favorite team is USWNT, not USMNT. *Bleacher Report.* Retrieved from http://bleacherreport.com/articles/1468184-5-reasons-why-americans-favorite-team-is-uswnt-not-usmnt

McCracken, G.(1989). Who is the celebrity endorser? Cultural foundations of the endorsement process. *Journal of Consumer Research, 16,* 310-321.

McGinnis, L., Chun, S., & McQuillan, J.(2003). A review of gendered consumption in sport and leisure. *Academy of Marketing Science Review, 5,* 1-24. Retrieved from www.amsreview.org/articles/mcginnis05-2003.pdf

Messner, M.(2010, June 3). Dropping the ball on covering women's sports. *Huffington Post.* Retrieved from www.huffingtonpost.com/michael-messner/dropping-the-ball-on-cove_b_599912.html

National Collegiate Athletic Association (NCAA). (2012). Women's basketball attendance. Retrieved from www.ncaa.org/wps/wcm/connect/public/NCAA/Resources/Stats/W+Basketball/attendance.html

National Women's Soccer League (NWSL). (2013, April 18). NWSL, FSMG announce national TV agreement. Retrieved from http://nwslsoccer.com/home/711844.html

Ohanian, R.(1990). Construction and validation of a scale to measure celebrity. *Journal of Advertising, 19* (3), 39-53.

Ohanian, R.(1991). The impact of celebrity spokespersons' perceived image on intention to purchase. *Journal of Advertising Research, 31* (1), 46-54.

On, E.(2012, August 15). The 9 highest paid female athletes of 2012. *Total Pro Sports.* Retrieved from www.totalprosports.com/2012/08/15/highest-paid-female-athletes-of-2012/

Rhoden, W.C.(2012, October 7). Amid successes, WNBA is still facing challenges. *New York Times.* Retrieved from www.nytimes.com/2012/10/08/sports/basketball/amid-successes-wnba-is-still-facing-challenges.html

Ridinger, L.J., & Funk, D.C.(2006). Looking at gender differences through the lens of sport spectators. *Sport Marketing Quarterly, 15,* 155-166.

Ross, S.R., Ridinger, L.L., & Cuneen, J.(2009). Drivers to divas : Advertising images of women in motorsport. *International Journal of Sports Marketing & Sponsorship, 10* (3), 204-214.

Rovell, D.(2013, April 22). *Maria Sharapova, Porsche reach deal.* Retrieved from http://espn.go.com/tennis/story/_/id/9198876/maria-sharapova-inks-3-year-endorsement-deal-porsche

Sargent, S.L., Zillmann, D., & Weaver, J.B. (1998). The gender gap in the enjoyment of televised sports. *Journal of Sport & Social Issues, 22* (1), 4-64.

Shank, M.D.(2008). *Sports marketing : A strategic perspective* (4th ed.). Upper Saddle Ridge, NJ : Prentice-Hall.

Shaw, S., & Amis, J.(2001). Image and investment : Sponsorship and women's sport. *Journal of Sport Management, 15,* 219-246.

Sirak, R.(2008, February 8). The LPGA's new money game : Endorsements spread rapidly as firms capitalize on circuit's global reach. *Golf Digest.* Retrieved from www.golfdigest.com/story/gw20080208sirak bunker

Sports fan/social media report.(2012). *Sports Business Research Network.* Retrieved from www.sbrnet.com/fanreports

Till, B.D., & Busler, M.(2000). The match-up hypothesis : Physical attractiveness, expertise, and the role of fit on brand attitude, purchase intent, and brand beliefs. *Journal of Brand Advertising, 29* (3), 1-14.

Tippett, A.B.(2012, July 30). Star power squandered. *UDaily.* Retrieved from www.udel.edu/udaily/2013/jul/study-female-athletes-073012.html

Wann, D.L., & Ensor, C.L.(2001). Family motivation and a more accurate classification of preferences for aggressive sports. *Perceptual and Motor Skills, 92* (2), 603-605.

Whiteside, E., & Hardin, A.(2011). Women (not) watching women : Leisure time, television, and implications for televised coverage of women's sports. *Communication, Culture, & Critique, 4* (2), 122-143.

Wolter, S.(2010). The Ladies Professional Golf Association's five points of celebrity : "Driving" the organization "fore-ward" or a snap-hook into the next fairway? *International Journal of Sport Communication, 3* (1), 31-48.

WTA.(n.d.). Strong is beautiful. Retrieved from www.wtatennis.com/strong-is-beautiful

Yancey, A.(2008). Role models. In W. Darity, Jr.(Ed.), *International Encyclopedia of the Social Sciences* (pp.273-275). Detroit, MI : Macmillan Reference.

● 第 15 章 ●

Acosta, V., & Carpenter, L.(2012). *Women in intercollegiate sport : A longitudinal, national study. Thirty-five year update. 1977-2012* [Unpublished report]. Retrieved from http://acostacarpenter.org/AcostaCarpenter2012.pdf

Bernstein, C.(2008). *A woman in charge : The life of Hillary Rodham Clinton.* New York, NY : Vintage Books.

Bhutto, B.(2008). *Reconciliation : Islam, democracy and the West.* New York, NY : Harper Perennial Press.

Brady, M., & Khan, A.(2002). *Letting girls play : The Methare Youth Sport Association's football program for girls.* New York, NY : The Population Council.

De Beauvoir, S.(1949/1989). *The second sex*. New York, NY ： Vintage Books.(Original work published in French.)

Donnelly, P., & Donnelly, M.(2013). *The London 2012 Olympics ： A gender equality audit*. Toronto, Ontario, Canada ： University of Toronto Center for Sport Policy Studies.

Daly, M.(1973). *Beyond God the Father ： Toward a philosophy of women's liberation*. Boston, MA ： Beacon.

Fasting, K., Huffman, D., & Sand, T.(2014). *Gender, participation, and leadership in sport in southern Africa ： A baseline study*. Oslo, Norway ： The Norwegian Olympic and Paralympic Committee and Confederation of Sports.

Freeman, S., Bourque, S., & Shelton, C.(2001). *Women on power ： Leadership redefined*. Boston, MA ： Northeastern University Press.

Henry, I., & Robinson, L.(2010). *Gender equality and leadership in Olympic bodies ： Women, leadership and the Olympic Movement*. Lausanne, Switzerland ： International Olympic Committee.

Horney, K.(1967). *Feminine psychology*. New York, NY ： W.W. Norton.

International Olympic Committee (IOC).(2014). *Olympic Charter*. Retrieved from www.olympics.org/Documents/olympic_charter_en.pdf

International Olympic Committee, Department of International Cooperation and Development.(2013). *Olympism in action ： Sport serving humankind*. Lausanne, Switzerland ： International Olympic Committee.

International Working Group on Women and Sport.(1994.)*The Brighton Declaration on women and sport*. Retrieved from http://iwg-gti.org/index.php/iwa-content/cid/117/the-brighton-declaration-on-women-and-sport/

Jennings, A.(1996). *The new lords of the rings*. London, England ： Pocket Books.

Kirk, D.(2012). *Empowering girls and women through physical education and sport ： Advocacy brief*. Bangkok, Thailand ： UNESCO.

Leigh, M.H., & Bonin, T.M.(1977). The pioneering role of Madame Alice Milliat and the FSFI in establishing track and field competition for women. *Journal of Sport History, 4* (1), 72-83.

Lenskyj, H.(2000). *Inside the Olympic industry ： Power, politics and activism*. Albany, NY ： State University of New York Press.

Meier, M.(2005). *Gender equality, sport and development*. Biel, Switzerland ： Swiss Academy for Development.

Miner, M., & Rawson, H.(2006). *The Oxford dictionary of American quotations*. New York, NY ： Oxford University Press.

Neumann, E.(1955). *The great mother ： Analysis of the archetype* (R. Manheim, Trans.). Princeton, NJ. ： Princeton University Press.

Oglesby, C.(1974). Social conflict theory and the sport organization system. *Quest, 22*, 63-73.

Oglesby, C.(1978). *Women and sport ： From myth to reality*. Philadelphia, PA ： Lea & Febiger.

Oglesby, C., Greenberg, D., Hall, R., Hill, K., Johnston, F., & Ridley, S.(1998). *Encyclopedia of Women and Sport in America*. Phoenix, AZ ： Oryx Press.

Rich, A.(1986). *Of woman born ： Motherhood as experience and institution*. New York, NY ： W.W. Norton.

Smith, M., & Wrynn, A.(2010a). *Women in the 2010 Olympic and Paralympic Winter Games ： An analysis of participation and leadership opportunities*. East Meadow, NY ： Women's Sports Foundation.

Smith, M., & Wrynn, A.(2010b). *Women in Olympic and Paralympic Games ： An analysis of participation and leadership opportunities*. Ann Arbor, MI ： SHARP Center for Women and Girls.

UNDAW.(2008). *Women 2000 and beyond ： Women, gender equality and sport*. New York, NY ： Division for the Advancement of Women of the United Nations Secretariat.

United Nations.(2008). *Resolution 63/135. Sport as a means to promote education, health, development and peace*. Retrieved from www.un.org./wcm/webdav/site/sport/shared/sport/pdfs/Resolutions/A-RES-63-135/2008-12-11_A-RES-63-135_EN.pdf

● 終章 ●

Angelou, M.(1993). The inauguration ： Maya Angelou—On the pulse of the morning. *New York Times*. Retrieved from www.nytimes.com/1993/01/21/us/the-inauguration-maya-angelou-on-the-pulse-of-morning.html

Gerber, E., Felshin, J., Berlin, P., & Wyrick, W.(1974). *The American woman in sport*. Boston, MA ： Addison-Wesley.

Obama, M.(2014). Remarks by the First Lady at memorial service for Dr. Maya Angelou. Retrieved from www.whitehouse.gov/the-press-office/2014/06/07/remarks-first-lady-memorial-service-dr-maya-angelou

O'Neill, T.(2015, June 4). Abby Wambach's big goals ： Win the World Cup and change FIFA forever. *Rolling Stone*. Retrieved from www.rollingstone.com/sports/features/abby-wambachs-big-goals-win-the-world-cup-change-fifa-forever-20150604

写真クレジット

p. viii : Photo courtesy of Jesse Owens family : p.xi (Staurowsky) : Photo courtesy of Drexel University Media Relations : p.xi (Antunovic) : Photo courtesy of Steve Sampsell, College of Communications, Pennsylvania State University : p.xii (Carter-Francique) : Photo courtesy of Texas A & M University : p.xii (Daniels) : Photo courtesy of the University of Lethbridge : p.xii (Farneti) : Photo courtesy of Richard J. Bolte, Sr. School of Business, Mount St. Mary's University : p.xii (Hardin) : Photo courtesy of John Beale, College of Communications, Pennsylvania State University : p.xiii (Hums) : Photo courtesy of University of Louisville College of Education and Human Development : p.xiii (Krane) : Photo courtesy of Vikki Krane : p.xiii (McDowell) : Photo courtesy of Jacqueline McDowell : p.xiv (Oglesby) : © Ginny Naumann : p.xiv (Phillips) : Photo courtesy of University of Waikato, Media Relations : p.xiv (Sell) : Photo courtesy of Hofstra University Media Relations : p.xiv (Smith) : Photo courtesy of Maureen Smith : p.116 : Gian Mattia D'Alberto/Hassan Ammar : p.176 : © Mary A. Hums

あとがき

　女性アスリートの活躍は、女性の社会進出を象徴する存在として語られることが多いのですが、その華やかな活躍とは裏腹に、彼女たちが抱えている悩みや苦しみは多岐にわたります。日本のスポーツ界では、これらの問題が顕在化されることが少なく、問題解決の糸口を見つけるにはまだ時間を要するようです。

　このたび、西村書店よりご縁をいただき、津田塾大学の「健康余暇科学科目」を担当している私たちが、『WOMEN AND SPORTS』を翻訳することになりました。本学は1900年の創立以来、女性の自立を教育理念として掲げ、女子教育に力を注いできました。本書には、女性アスリートをエンパワーしたい、女性アスリートの問題をスポーツに携わっている人だけではなく、一般の人にもわかっていただきたい、そして、解決への道のりを共に歩んでいきましょう、という私たちの想いが込められています。

　お忙しい中、監修、そして序文をお寄せ下さった宮下充正先生、翻訳を担当して下さった先生方、翻訳に協力して下さった方々、これらの多くの方々のお力添えをいただき、出版の運びとなりました。心よりお礼を申し上げます。

監訳者　井上則子　山田ゆかり

　この本の出版に際しては、津田塾大学より2019年度特別研究費（出版助成）を得ました。

【日本語版監修】

宮下充正（みやした・みつまさ）

東京大学名誉教授、学校法人日本教育財団首都医校校長。東京大学大学院人文科学研究科博士課程修了。教育学博士。著書に『脳の働きをまもるウォーキングのすすめ』（杏林書院）、監訳書に『女性のスポーツ生理学』（大修館書店）などがある。

【監訳】

井上則子（いのうえ・のりこ）

津田塾大学学芸学部教授。東京学芸大学大学院教育学研究科修士課程修了、修士（教育学）。著書に『次世代がつくりあげたもう一つのセンス・オブ・ワンダー』（かもがわ出版）などがある。

山田ゆかり（やまだ・ゆかり）

総合型地域スポーツクラブ一般社団法人飛騨シューレ代表理事、津田塾大学非常勤講師、スポーツライター。94〜96年インディアナ州立ボール大学、ジョージア州立大学訪問研究員を経て、子どもとスポーツ、女性とスポーツを主な視点として活動を行っている。著書に『女性アスリート・コーチングブック』（大月書店）、訳書に『スポーツ・ヒーローと性犯罪』（大修館書店）などがある。

女性・スポーツ大事典　子どもから大人まで課題解決に役立つ

2019年5月30日　初版第1刷発行

編　　　　著	エレン・J・スタウロウスキー
日本語版監修	宮下充正
監　　　訳	井上則子　山田ゆかり
発　行　人	西村正徳
発　行　所	西村書店
	東京出版編集部
	〒102-0071 東京都千代田区富士見 2-4-6
	Tel.03-3239-7671　Fax.03-3239-7622
	www.nishimurashoten.co.jp
印　　　刷	三報社印刷株式会社
製　　　本	株式会社難波製本

本書の内容を無断で複写・複製・転載すると，著作権および出版権の侵害となることがありますので，ご注意下さい。

ISBN978-4-89013-494-6